Tilman Mayer
Prinzip Nation

Forschungstexte
Wirtschafts- und Sozialwissenschaften
Band 16

Tilman Mayer

Prinzip Nation

Dimensionen der nationalen Frage,
dargestellt am Beispiel Deutschlands

2. durchgesehene Auflage

Leske + Budrich, Opladen 1987

Für Utzi

CIP-Kurztitelaufnahme der Deutschen Bibliothek

Mayer, Tilman:
Prinzip Nation: Dimensionen d. nationalen
Frage, dargest. am Beispiel Deutschlands /
Tilman Mayer. — 2., durchges. Aufl. — Opladen:
Leske und Budrich, 1987.

ISBN: 3-8100-0671-8

NE: GT

© 1987 by Leske Verlag + Budrich GmbH, Opladen
Druck und Verarbeitung: Temming-Druck, Bocholt
Printed in Germany

*The first thing therefore, that I shall speak to,
is That, that is the first lesson of Nature:
Being and Preservation . . .
The conservation of that ,,namely our National Being"
is first to be viewed with respect to those who seek to undo it,
and so make it not to be.*

Cromwell 1656

Die Nation ist souverän, und alle Nationen sind gleichberechtigt.

Stalin 1913

*Il n'y a plus d'esprit national allemand.
La nation allemande n'existe plus qu'en apparence, formellement*

Zinoviev 1982

Vorwort

Die Frage nach der Tauglichkeit dessen, was in der Politischen Wissenschaft und in der politischen Praxis Nation genannt wird, bildete den Ausgangspunkt für diese Arbeit. Als Deutscher kommt man weder an einer bestimmten Vergangenheit vorbei, die eine moralische Hypothek hinterlassen hat, noch an einer Gegenwart, die durch das Stichwort Teilung gekennzeichnet ist. Nimmt man (als „Betroffener" sozusagen) sich der vorbelasteten Sache Nation – weder apologetisch, noch affirmativ, noch anklagend, sondern analytisch – an, so verwundert, daß die Fragwürdigkeit der Nation in einem theoretischen Rahmen auch in Deutschland kaum zur Sprache gebracht wird. So gibt es ein Forschungsdesiderat bezüglich einer Theorie der Nation, obwohl es eine Bibliotheken füllende Literatur zu „Nationalem" und „Deutschem" gibt, die in den letzten Jahren nochmals sehr erweitert wurde.

Die oben angegebene Frage ist als Aufgabe aufgenommen worden zu untersuchen, ob angesichts der trans-, supra-, inter- und multinationalen Herausforderungen der Nation als politischer Kategorie noch ein realer Sachverhalt entspricht.

Würde mit der gesamten Untersuchung eine Rehabilitierung dieser keineswegs unproblematischen Kategorie erreicht, so wäre eine nüchterne, weitere Diskussion der nationalen Frage in Deutschland, vielleicht auch in hier angedeuteten Ausmaßen, wünschenswert. Einen Erkenntniszuwachs gerade für die deutsche Frage zu erreichen, ist mit der Untersuchung angestrebt.

Um den Wirklichkeitsaspekt Nation zu erfassen, werden Definitionen riskiert, Linien über das eigene Fach hinaus gezogen und Thesen formuliert, die deutlich (und diskutabel) markieren sollen, wie das Untersuchungsfeld vermessen, das Problem „encadriert" wird.

Wenn auch in aller Bescheidenheit behauptet werden darf, daß dabei neue Überlegungen angeboten werden können, so ist die Arbeit doch nicht zu denken ohne die Werke besonders folgender Persönlichkeiten, die zur hier verhandelten Thematik beigetragen und sie vorangetrieben haben: Bauer, Bendix, Boehm, Bromlej, Conze, Emerson, Francis, Kohn, Kosing, von Krockow, Lemberg, H. Mommsen, Plessner, Renner, Schieder, Schulz, Smith, Stürmer, Weidenfeld, Willms, Winkler und Ziegler.[1] Der Verfasser jedenfalls verdankt diesen Autoren (und nicht nur ihnen) viel, wenn er auch bei manchem zu ganz anderen Ergebnissen kommt. Bei den dabei versammelten, unterschiedlichen Positionen dürfte dies wohl kaum verwunderlich sein.

Zu danken habe ich in erster Linie Prof. Dr. Paul-Ludwig Weinacht. In vielen Diskussionen und Gesprächen erhielt ich wertvolle und weiterführende Hinweise. Seine immer entgegenkommende, kritische Aufnahmebereitschaft hat mir, seitdem ich als Assistent bei Prof. Weinacht tätig bin und besonders während meiner Arbeit an der Dissertation, sehr geholfen.

Danken darf ich besonders auch Prof. Dr. Wolfgang Lipp für seine freundliche und sehr aufgeschlossene Unterstützung.

Für fast zahllose, notwendig gewordenen Fernleihbesorgungen, aber auch für Ausleiharbeiten, durfte ich die guten Dienste der Universitätsbibliothek Würzburg in Anspruch nehmen. Für prompte und freundliche Erledigung bin ich zu Dank verpflichtet.

Schließlich möchte ich mich für die umfangreichen Schreibarbeiten bei Frau Ute Rückert und Herrn Fritz Stirnweiß sehr bedanken.

Nicht zuletzt gilt ein ganz besonderer Dank meiner Frau, die mir bei vielen Arbeiten sehr behilflich war.

Die vorliegende Arbeit ist die etwas überarbeitete Fassung einer im November 1983 von der Philosophischen Fakultät III der Universität Würzburg angenommen Dissertation. Neuere Literatur wurde eingearbeitet. Herrn Verleger Edmund Budrich darf ich für die freundliche Unterstützung danken.

Würzburg, den 15. 3. 85   *Tilman Mayer*

Anmerkungen

*Die Anmerkungen sind hinter die einzelnen Kapitel geschaltet. Sie sind entsprechend den drei Buchteilen jeweils durchnummeriert.

Otto *Bauer*: Die Nationalitätenfrage und die Sozialdemokratie ([1]1907), Wien 1975; Reinhard *Bendix*: Könige oder Volk, Frankfurt 1980, ders.: Freiheit und historisches Schicksal, Frankfurt 1982; Max Hildebert *Boehm*: Das eigenständige Volk ([1]1932), Darmstadt 1965; Julian V. *Bromlej*: Ethnos und Ethnographie, Berlin (Ost) 1977; Werner *Conze*: Die deutsche Nation. Göttingen [2]1965 u. a. Arbeiten; Rupert *Emerson*: From Empire to Nation. The rise of self-assertion of Asian and African peoples, Boston [7]1970; Emerich *Francis*: Ethnos und Demos. Soziologische Beiträge zur Volkstheorie, Berlin 1965; Hans *Kohn*: Die Idee des Nationalismus, Frankfurt 1962; Alfred *Kosing*: Nation in Geschichte und Gegenwart, Berlin (Ost) 1976; Christian Graf von *Krockow*: Nationalismus als deutsches Problem, München 1970; Eugen *Lemberg*: Nationalismus, Reinbek 1964/1968 u. a. Arbeiten; Hans *Mommsen*: Arbeiterbewegung und nationale Frage, Göttingen 1979; Helmut *Plessner*: Die verspätete Nation (1935), Frankfurt 1974; Karl *Renner*: Das Selbstbestimmungsrecht der Nationen in besonderer Anwendung auf Österreich, Leipzig/Wien 1918; Theodor *Schieder*: Typologie und Erscheinungsform des Nationalstaats in Europa, in: HZ-1966, u. v. a. Arbeiten; Eberhard *Schulz*: Die deutsche Nation in Europa, Bonn 1982; Anthony D. *Smith*: Theories of Nationalism, London 1971 u. a. Schriften; Michael *Stürmer*: Das ruhelose Reich, Berlin 1983 u. a. Arbeiten; Werner *Weidenfeld*: Die Frage nach der Einheit der deutschen Nation. München 1981; Bernard *Willms*: Die deutsche Nation. Theorie, Lage, Zukunft, Köln 1982; Heinrich August *Winkler* (Hrsg.): Nationalismus, Königstein/Ts. u. a. Arbeiten; Heinz O. *Ziegler*: Die moderne Nation, Tübingen 1931

Inhalt

Vorwort 7
Abkürzungsverzeichnis 13

I. Einführung 15

1. *Theoretisch-methodische Vorbemerkungen* 17
2. *Zur Definition, Typologie und Soziologie der Nation* ... 21
   Wortgeschichtliche Vorbemerkungen 21
   Vergemeinschaftung 22
   Eigenschaften einer Nation 23
   Nationale Entwicklung 23
   Entwicklungstypologie 25
   Kritik weiterer typischer Nationskennzeichen 26
   Kulturnation 27
   Willensnation 29
   Nation und Staat 30
   Abschließende Typisierung 30
   Soziologie der Nation 32
3. *Die Entstehung der Deutschen Nation* 37
   Anmerkungen zur mittelalterlichen Nation 42
4. *Herausforderungen der deutschlandpolitischen Lage* 47
   Das Unbehagen an der nationalen Frage 48
   Der antinationale Affekt 48
   Bismarcks Lösung der deutschen Frage: eine Lösung? 50
   Lehren für das Nationsverständnis 53

II. Darstellung des Prinzips Nation: Grundlagen und Dimensionen der nationalen Frage 57

1. *Grundlagen: Praktische Philosophie und Nation* 59
   Natur 60
   Politik 65
   Polis 67
   Polis und Nation 69
   Nation und Praktische Philosophie 71
2. *Dimensionen der nationalen Frage* 82
2.A *Einführung in die Konzeption der nationalen Frage* 82
2.B *Das offene System der nationalen Frage* 84

2.B.1	Soziale Frage	88
2.B.2	Ökonomische Frage	95
2.B.3	Staatliche Frage	104
2.B.4	Ethnische Frage	109
2.B.5	Sprachliche und kulturelle Frage	113
2.B.6	Moralische und religiöse Frage	119
2.B.7	Konstitutionelle Frage	127
2.B.8	Territoriale Frage	132
2.B.9	Machtfrage	136
3.	*Nation als Subjekt der Geschichte*	141
	Subjekt der Geschichte	142

III. Darstellung des Prinzips Nation: Ordnungsmodell und Wirklichkeitscharakter der Nation ... 147

1.	*Ethnizität*	149
	Ethnische Gruppen	149
	Assimilation	151
	Ethnizität	153
	Abstammungsgemeinschaft	155
	Ethnischer Faktor und Natürlichkeit	156
2.	*Differenzierte Nation: Ethnos und Demos*	161
	Kritik der inneren Selbstbestimmung: Volkssouveränitätskritik	162
	Nation und Demokratie	164
	Das Recht der Nation	165
	Zum Status der ethnischen Integrität	168
3.A	*Die pluralistische Nation*	177
3.B.	*Überholter oder moderner Nationalstaat?*	180
	Der klassische Nationalstaat	180
	Der moderne Nationalstaat	181
	Nationalstaatliche Funktionsdefizite	182
	Leistungen der modernen Nationalstaaten	182
4.	*Nationale Identität, Teilung und Nationalbewußtsein*	188
4.A	*Nationale Identität*	188
4.B	*Nation und Teilung*	194
4.C	*Nationalbewußtsein*	196
5.	*Nationaler Wandel*	203
	Lernfähigkeit	203
	Kultureller Wandel	204
	Modernisierungsdoktrin	205
	Kritik der Modernisierung	206
	Politische Modernisierung und weitere nationale Wandlungsformen	208
	Bi-Nationalisierung Deutschlands?	210
	Realitätstheorem	211
6.	*Weltgesellschaft oder nationales Pluriversum?*	218
	Pluriversum	218

	Supranationalität	220
	Weltpolitik	222
	Das Sowjetvolk / Sovetskij narod	224
7.	*Konkurrenzlage der Nationen*	229
	Konkurrenz, nationaler Wandel oder Konter-Nationalismus	230
	Konkurrenztheorem	230
	Der Ost-West-Gegensatz	232
	Frieden und Konkurrenz	234

IV. Resümee:

Thesen zum Prinzip Nation 237

Literaturverzeichnis 242
Personenregister 261
Sachregister 265

Abkürzungsverzeichnis mehrfach verwendeter Zeitschriften

AZP	= Allgemeine Zeitschrift für Philosophie
CRSN	= Canadian Review of Studies in Nationalism
CSSH	= Comparative Studies in Society and History
DA	= Deutschland Archiv
DVBl	= Deutsches Verwaltungsblatt
EA	= Europa Archiv
EE	= Europa Ethnica
FAZ	= Frankfurter Allgemeine Zeitung
FR	= Frankfurter Rundschau
GWU	= Geschichte in Wissenschaft und Unterricht
HJB	= Historisches Jahrbuch
HRG	= Handwörterbuch zur deutschen Rechtsgeschichte
HZ	= Historische Zeitschrift
KZSS	= Kölner Zeitschrift für Soziologie und Sozialpsychologie
NPL	= Neue Politische Literatur
NWB	= Neue Wissenschaftliche Bibliothek (Buchreihe)
NZZ	= Neue Züricher Zeitung
PK	= Politik und Kultur
PM	= Politische Meinung
PVS	= Politische Vierteljahresschrift
RFSP	= Revue Française de Science Politique
SR	= Soziologische Revue
SZ	= Süddeutsche Zeitung
VN	= Vereinte Nationen
WP	= World Politics
ZfPol	= Zeitschrift für Politik
ZfSoz	= Zeitschrift für Soziologie

I. Einführung

1. Theoretisch-methodische Vorbemerkungen

Die Arbeit erhebt den Anspruch, eine Theorie der Nation umrißhaft zu profilieren. Ihre wissenschaftliche Aufgabe sieht sie in der richtigen, handlungsorientierenden und forschungsfördernden Aufklärung über die Bedeutsamkeit der Nation. Die umfassende Frage nach der Wirklichkeit und Bedeutsamkeit der Nation ist die leitende Fragestellung, d.h. es wird immer die gängige Gegenfrage selbstkritisch zu reflektieren sein, ob „Nation" nicht vielleicht nur eine fiktive, eingebildete Wirklichkeit ist, von der immer wieder viel gesprochen wird, der aber „real" und „politisch" nichts entspricht, ob daher „Nation" nicht vielmehr politisch nebensächlich, nur mehr als historische Konkursmasse angesehen werden muß. Das methodische Porblem[1] besteht darin, die Nation nicht reduktionistisch zu betrachten, begrenzt auf Bereiche wie Teilung, Einheit, Staatsbildung, familiäre Bindungen, Gesellschaftsformationen usw. usf., sondern sie – „einfach" – als hochkomplexes Gebilde zu erkennen und wissenschaftlich-begrifflich zu erfassen. Der Theoriebeitrag ist nicht daraufhin angelegt, die Wirklichkeit „abzubilden". Der politikwissenschaftliche Ansatz konkurriert oder ersetzt nicht andere, etwa rechtswissenschaftliche Theorien (Staats- und Verfassungstheorien) oder soziologische Theorien (Gesellschafts-, Systemtheorien) oder z.B. universalhistorische Konzepte; vielmehr wird eine politikwissenschaftliche Ergänzung im Sinne einer Wirklichkeitserfassung, die theoretisch überfällig ist, intendiert. Die Nation ist keine partikulare Erscheinung im allerdings politisch fiktiven Weltganzen, sondern gerade weltpolitisch-konstitutiv, d.h. eine universell verbreitete Form der historisch vielfältigen Möglichkeiten des politischen Zusammenlebens der Menschen, das Nationsprinzip gilt universell. Nur als je konkret diese ist die Nation, wie Staat und Gesellschaft auch, partikular[2]. Nation ist ein Allgemeinbegriff.

Die Nationalismusforschung unterscheidet zu wenig zwischen Nation, Nationalismus[3], Nationalstaat, nationaler Bewegung, nationaler Ideologie usw. Es ist daher von einer Nationstheorie *vergleichsweise* noch gar nicht zu reden, wenn man etwa an die traditionsreiche Staatstheorie denkt.

Von einer Nationstheorie, gerade und besonders in Deutschland, wird man kein Wissenschaftsverständnis verlangen wollen, das einem positivistischen, vermeintlich normativ indifferenten Wissenschaftskonzept entspricht. Prämisse der hier vorgelegten Theorie ist, daß es die Aufgabe und das Ziel jeder Nation ist, zu einer gerechten Gesellschaftsordnung zu gelangen[4]. So ist das Bewußtsein von den Bedingungen, dem Rahmen des politischen Handelns und des politischen Zusammenlebens zu stärken, die Fähigkeit, die Nation bewußt und rational, d. h. ohne ideologisch-emotionale Emphase (Nationalismus) zu erfahren und zu erörtern, „Nationsvergessenheit" (*Willms* 1982, 67) als Wirklichkeitsverlust aufzuweisen. Eine Nationstheorie ist sachlich aussagekräftig, wenn sie Urteile, die mit Max Weber als solche besonders gekennzeichnet werden müssen, die aber auch notwendig sind, um die empirische Wirklichkeit „in gültiger Weise denkend ordnen" (*Weber* 1973, 160) zu können, zu fällen möglich macht und wenn sie über eine Deskription hinaus systematisch-prospektiv bzw. „zirkumspektiv" (*Hennis* 1980) sich versteht. Mit einem aufgabenorientiertem Nationsverständnis ist eine realitäts- und nationskritische Position einzunehmen möglich, ohne sich auf pure Funktionserkenntnis[5] zurückziehen zu müssen.

Der theoretische Rahmen der Arbeit ist folgendermaßen zu umreissen:

Zunächst wird der wortgeschichtliche und definitorische Befund des Begriffs „Nation" geboten. Dann wird eine Skizze der sozialen Trägerschichten der Nation, die geschichtlich eine Rolle spielten, angeschlossen. Die Erscheinungsformen der Nationen, eine bisher kaum überzeugend auf den Begriff gebrachte Vielfalt, sollen durch Typisierungsversuche annäherungsweise strukturiert werden, wobei auch eine Periodisierung angestrebt wird. Das allgemeine Problem der Nationsbildung soll am deutschen Beispiel demonstriert werden; die Absicht dabei ist zu zeigen, daß es eine nationale Kontinuität gibt, die die historische Resistenz der Nation belegt. Das Entstehungsproblem verweist neben der konkreten, von Historikern zu leistenden Historiographie auf das theoretische Problem der historischen Substanz dieser Entstehung. Es ist zu fragen, ob die Nationenentstehung aus einer *historischen Konstellation*, ereignis-, sozial-, struktur- oder personengeschichtlich darstellbar ist, oder ob nicht historisch langlebige Substanzen in Gestalt der beteiligten ethnischen Konstellationen als natürliche Substrate herangezogen werden müssen, um die Nationentstehung zu erklären. Die Frage gilt also – als historisches Basisproblem zu verstehen – der Grundlage der Kontinuitätsfähigkeit der Nation.

Schließlich wird die deutsche Lage in ihrer Bedeutung für die Fassung des neuen Nationskonzepts kritisch bedacht.

Im Mittelpunkt des II. Hauptteils steht die Konzeption der Komplexität der Nation (*Komplexitätstheorem*). Die komplexe nationale Wirklichkeit wird multidimensional in einem Frageensemble erschlossen und mit einigen notwendigen Theoremen zu interpretieren versucht. Die nationale Frage als universelle Frage, wie sie hier theoretisch konzipiert ist, kann erkenntnislogisch nicht durch die Individualien einer russischen, amerikanischen oder deutschen Frage definiert werden, sondern bedarf der allgemeinen Begründung. Deshalb wird streng zwischen den deutschen Exemplifizierungen bei der Behandlung der nationalen Frage und dem allgemeinen Begriff der Nation unterschieden. Daß mit der nationalen Frage *nur eine* individuelle Nation zu charakterisieren wäre, kann also logisch nicht gelingen.

Mit dem *Realitätstheorem* werden Wirklichkeitsaspekte für die innen- und außenpolitische Untersuchung der Nationen herangezogen; dabei werden auch Meinungen über das „Unrealistische" des Nationendenkens reflektiert und in Frage zu stellen versucht. Mit dem *Universalitätstheorem* wird die weltpolitische Präsenz der Nationen angesprochen. Mit diesem Theorem verbunden wird ein weiteres formuliert, daß nämlich die nationalen Einheiten sich *konkurrierend* gegenüberstehen, und daß diese Konstellationen für die einzelnen Nationen Auswirkungen haben („nationaler Wandel").

Wichtige allgemeinbegriffliche und normative Grundlagen der Nation werden durch die praktische Philosophie geklärt. Der Natur- und Politikbegriff (Tiefendimension) wird dort entwickelt.

Das *Ethnizitätstheorem* besagt, daß in der Ethnizität ein zentraler Bestimmungsgrund (aber auch eine massive ideologische Manipulationsmöglichkeit) für „Staatsnationen" bzw. für „Nationalstaaten" liege. Die Ethnizität führt auch zu einer theoretischen Differenzierung der Nation in Ethnos und Demos.

Nichts liegt dem Verfasser ferner als zu behaupten, mit dem Umriß dieser Nationstheorie sei das Untersuchungsfeld vollständig erfaßt; Ergänzungen und Erweiterungen sind nicht nur denkbar, sondern wohl auch notwendig. Das makropolitische Subjekt

Nation ist nur schwer theoretisierbar. Die Offenheit unseres Frageansatzes sucht dieser Schwierigkeit Rechnung zu tragen. Ein subjektiver Faktor bleibt die Auswahl der angeschnittenen Themenbereiche. Ihre Berechtigung liegt in ihrer erhofften Fruchtbarkeit.

Die Politikwissenschaft vermag wie keine andere Wissenschaft die Komplexität des Untersuchungsfeldes zu erfassen. Zwar kann man von geschichts- wie von rechtswissenschaftlicher Seite aus hören, daß nur von dort aus die nationale Frage kompetent behandelt werde. Diesem Wissenschaftsverständnis kann mit politikwissenschaftlicher Skepsis schon deshalb begegnet werden, weil es eine Tradition und Geschichte des Faches gibt, die diese Wissenschaften inkorporierte. Methodisch kann ein toleranter, kooperativer Wissenschaftsstil im Bewußtsein der Fachgeschichte vertreten werden, welcher die Beteiligung anderer Wissenschaften ermöglicht. Eine interdisziplinäre Erforschung des Nationssubjektes[6] unter politikwissenschaftlicher Perspektive und Synopsis[7] dürfte der Erfassung des pluralen nationalen Wirklichkeitssegments am ehesten gerecht werden.

Die Wissenschaft von der Politik ist als Demokratiewissenschaft, als die sie nach dem gescheiterten deutschen Sonderweg 1945 mit amerikanischem Druck in Deutschland wieder eingeführt worden ist, nicht auf positiv-formale Verfahren reduzierbar, sondern auf die Demokratie hin orientiert. Ihr Anliegen muß es daher sein, ihr politisches Subjekt, d. h. das Volk (Demos) bestmöglich zu bestimmen. Vielleicht ist es der Schwierigkeit, daß die umständliche Erklärung, was die deutsche Nation konkret sei und meint, zuzuschreiben, daß man in Westdeutschland relativ wenig von den Irreversibilitäten „Volk" und „Nation" politikwissenschaftlich, unter politikwissenschaftlicher Perspektive, redete, stattdessen, abstrakter, von Gesellschaft und System. Die Bestimmung des politischen Subjekts erledigt sich mit diesen Schwierigkeiten nicht.

Anmerkungen

1 Im Unterschied zum methodischen Problem, das zu erkennen ein zentrales wissenschaftliches Anliegen dieser Arbeit ist, ist, mit Heinrich *End* gesprochen, der methodische Ansatz nicht so entscheidend, wie die Fragestellung (1973, 177, Anm. 3)
2 Vgl. zur epistemologischen Seite der Definition bei K. R. *Popper*: Logik der Forschung, Tübingen[6] 1973, S. 37; vgl. dagegen die Partikularisierung der Nation bei B. *Willms:* Die deutsche Nation, Köln 1982, S. 49 u. ö.
3 Unter Nationalismus sei eine nationshypertrophe Bewußtseinshaltung verstanden, die in Nationen in ganz· unterschiedlicher Weise auftreten kann, aber nicht muß. In dieser Arbeit wird diese Haltung, die das individuelle nationale Dasein ideologisiert, im Kapitel „Nationalbewußtsein" angesprochen. Der Nationalismus ist aber, insbesondere als politische Bewegung, nicht notwendiger Bestandteil einer Theorie der Nation.
4 Damit ist eine Distanz angedeutet zu allen Anschauungen, die ein naturrechtliches Sprechen vom besten Gemeinwesen ablehnen. Vgl. *von Krockow* 1970, S. 50f.
5 Daß man in eine funktionalistische Diktion auch eher unbewußt abgleiten kann, läßt sich an einem Zitat von H.-P. *Schwarz* belegen: „Die Einheit der deutschen Nation kann nicht mehr als Wert an sich verstanden werden. Sie hat vorwiegend funktionale Bedeutung zur Durchsetzung liberaler, demokratischer und humanitärer Werte in der DDR . . .". Wir wollen *Schwarz* nicht unterstellen, daß er das Verfassungsgebot des Grundgesetzes der Bundesrepublik Deutschland, die „nationale und staatliche Einheit zu wahren", auf einen Funktionswert herunterzuschrauben beabsichtigt. Zur „reduktionistischen Tendenz, die in den modernen Sozialwissenschaften eine große Rolle spielt" R. *Bendix* 1981, 21.
6 Weitere Geschichtssubjekte wie Staaten, Reiche, Imperien, Herrschaftseliten, Klassen, die als Subjekte behauptet wurden, sind damit historisch nicht in Frage gestellt. Die einzelnen Subjekte schließen sich z.T. nicht aus. Der Subjektcharakter der Nation kommt an „Staat" (Nationalstaat) und „Imperium" (Blöcken) heute nicht vorbei. (Vgl. Kap. „Nation und Konkurrenz"). Für

den rigoristischen Ansatz J. *Wallersteins* sind diese Geschichtssubjekte Petitessen angesichts des kapitalistischen Weltsystems.
7 Vgl. A. *Bergstraesser* ²1966, S. 29. Das induktive Schlußfolgern scheint uns für die Theoriebildung allerdings unmöglich.

2. Zur Definition, Typologie und Soziologie der Nation

Die undankbarste Aufgabe aller nationstheoretischen Beschäftigungen ist die Definition dessen, wovon man spricht. Allein mit Definitionsversuchen lassen sich fast Bücher füllen und dennoch stellen auch die namhaftesten Nations- und Nationalismusforscher fest, daß die Nation sich eindeutig nicht bestimmen lasse, d.h. nicht auf bestimmte eindeutige Kriterien festlegbar sei. Eugen Lemberg spricht von der Austauschbarkeit nationsbildender Merkmale (*Lemberg* 1964)[8].

Wortgeschichtliche Vorbemerkung

Nation hat als Wort seit der Französichen Revolution Karriere gemacht, doch ist es wesentlich älter.

Bei Cicero soll „natio" die Göttin der Geburt gewesen sein. Diese Bedeutung klingt noch im Baseler „Historischen und Geographischen Allgemeinen Lexikon" von 1726 nach:

„nascio/oder natio/ eine von den Heyden erdichtete gottheit, welche über diejenige, so erst auf die Welt kommen, eine absonderliche aufsicht haben solte, . . ."

„Natio", lateinisch, stammt von „nasci", „geboren werden" und bedeutet Geburt[9]. Dieser lateinisch-ursprüngliche Zusammenhang kommt im Wörterbuch von Roth aus dem Jahre 1571 zum Ausdruck: „Ein volck das in einem Landt erborn ist, ein gantz geschlecht oder menge eins Volcks im Landt. Als die Teutsch, Welsch, Griechisch nation."

„Nation" soll Ende des 14. Jahrhunderts aus dem Lateinischen entlehnt worden sein[10]. In der lateinischen Sprachkultur Deutschlands ist das Wort aber schon lange vertreten. Hier werden hauptsächlich einige frühmittelalterliche Belege geliefert, um das Alter des Wortes zu dokumentieren.

Über die Reichsteilung nach dem Tode Ludwigs des Frommen (eines der Söhne Karls des Großen) berichtet Adrevald von St. Fleury: „. . . regnum Francorum, quod ex diversis nationibus solidum corpus fuerat effectum, . . ." (*Rexroth* 1978, 280). Das karolingisch-fänkische Reich setzte sich also aus Nationen zusammen.

Hrabanus Maurus fordert in der ersten Häflte des 9. Jahrhunderts: „differentia non debet esse in deversitate nationum, quia una est ecclesia catholica per totum orbem diffusa" (*Beumann* 1978, 333) Sehr modern wird der Nationsbegriff bei Regino von Prüm gefaßt (um 900). Im Widmungsbrief seines Handbuchs „De synodalibus causis" spielt er auf die „diversae nationes populorum" an, die durch Abstammung, Sitten, Sprache und Gesetze voneinander verschieden sein (inter se discrepant genere moribus lingua legibus") (*Beumann/Schröder* 1978; 19, 55, 65. 352). Neben diesem Wortgebrauch gibt es eine ganze Reihe anderer Verwendungen. Sie beziehen sich z.B. auch auf Stämme oder die Herkunft aus einer Stadt. Bei Frechulph von Lisieux (um 830 in seiner „Weltchronik") gibt es die „nationes Theotiscae", die alle aus Skandinavien stammen (*Buchner* 1968, 577; *Rexroth* 1978, 302f.). Heute würden wir von germanischen Nationen sprechen. Ein einheitlicher Wortgebrauch ist dem Mittelalter fremd.

Wichtig ist jedenfalls, daß der Wortgebrauch des Mittelalters auch mit dem modernen zu verbinden ist.

Auch nach der karolingischen Zeit läßt sich der Wortgebrauch verfolgen. Bei Helmold von Bossau (in seiner Slavenchronik) werden die um das baltische Meer herum wohnenden „nationes" erwähnt, nämlich Dänen, Schweden im Norden und Russen, Polen, Preußen im Süden (*Görlich* 1964, 103).

Die Universitäten werden landsmannschaftlich in Korporationen, die sich als „nationes" bezeichnen, eingeteilt, so die Deutschen erstmals 1205/6 in Bologna (*Becker* 1981, 864).

Auch auf den Konzilien, z.B. in Konstanz, wird in Nationen unterteilt, wobei es vier Hauptnationen gibt, zu denen jeweils eine Reihe weiterer Nationen hinzugezählt werden. 1416 kam Spanien zu Frankreich, Deutschland, Italien und England hinzu. Zur Differenzierung der Gruppe der „natio Germanica" sprach man von der „natio Teutonica", wenn man die deutsche (Sprach-)Nation meinte.[11] Mit dem Auftauchen des Begriffs „Heiliges Römisches Reich Deutscher Nation" wurde das einigende Band der Reichsstände gegenüber Papst und Kurie deutlich (*Schröcker* 1974, 22 u. 138).

Die weitere Verwendung des Wortes, z.B. im 16. Jahrhundert durch die Humanisten, braucht hier nicht belegt zu werden, da sie lexikalisch gut erfaßt ist.[12]

Die wortgeschichtliche Vorbemerkung kann jedoch nicht abgeschlossen werden ohne den Hinweis darauf, daß das Begriffsbedeutungsfeld „Nation" mit dem Wortfeld „natio" deshalb nicht ganz übereinstimmt, weil zur diachronischen Nationssemantik auch populus, gens, patria, Reich, Volk, Vaterland, Land, Stamm u.a. mit zu beachten wäre. Auf „theodisc" kommen wir noch zu sprechen (s. u. I.3.). Nur eine koordinierte Wort- und Bedeutungsgeschichte könnte das Begriffsfeld Nation zureichend erfassen.

Im folgenden soll die Nation begrifflich zu erfassen gesucht werden.

Vergemeinschaftung

Schaut man die vielfältigen Formen der Nation in der Welt an, so muß man zunächst ganz allgemein, grundlegend definieren: Die Nation ist eine *politische Vergemeinschaftungsform* (*Weber* 1976, 21 ff) der menschlichen Spezies (*Debray* 1978, 80). Ihrem Vergemeinschaftungscharakter kann man eine Natürlichkeit insofern zuschreiben, als Menschen sich immer zu Gemeinschaften zusammenschließen. Die kleinste Gemeinschaft ist die Familie, auch sie wird gerne als natürlich angesehen und genauso wie die Nation deshalb kritisiert. Daher müssen beide Formen von Gemeinschaften von organizistischen oder romantischen Vorstellungen unterschieden werden können.

Die Natürlichkeit der politischen Vergemeinschaftung, die allen Menschen eignet, ist dennoch erst dadurch bestehend, wirksam, daß sie einmal „gegründet" wurde. Hierin liegt die Kontingenz aller dennoch natürlichen Ordnungen. Familien, Nationen können aufgelöst werden, ihre Glieder können sich scheiden, getrennte Wege gehen, den vergemeinschaftenden Prozeß beenden und neue Prozesse dieser Art stiften.

Im Unterschied zu Vergesellschaftungen jedoch ist die Gemeinschaft ein menschlicher Verband, der durch die Möglichkeit der Fortpflanzungsgemeinschaft elementar charakterisiert ist. So wird man in der Regel in eine bestehende Gemeinschaft „hineingeboren".[13] Bildet sich eine Möglichkeit des generativen Zusammenlebens heraus, so ist damit eine Gemeinschaft als natürliches Gebilde entstanden, die ihre ethnische Ordnung daraus entwickelt. Eine Nation kann hierauf aufbauen.

Eigenschaften einer Nation

Zur Nation wird man sagen können, daß sie der größtmögliche (*Emerson* 1970, 96) politische Identitätsraum ist auf der Basis politischer Vergemeinschaftung, wobei das jeweilige politische Identifikationskriterium sehr unterschiedlich ausfällt. Damit ist die Frage nach den Merkmalen, Eigenschaften und Kriterien von Nationen angesprochen. Zunächst gilt: monokausale Gemeinschaftsbegründungen sind nicht wirklichkeitsadäquat, haben fiktiven Charakter. Daher sind folgende Nationscharakteristika abzulehnen, wenn sie je als einziges Kriterium in den Mittelpunkt der Definition gestellt werden: Kulturnation, Verfassungsnation, Sprachnation, dynastische Nation, ideologische Nation, religiöse Nation, Willensnation, Verwaltungsnation, Wirtschaftsnation, Adelsnation, Abstammungsnation, Staatsbürgernation, Klassennation. Damit sind noch keineswegs alle monotyisierenden Nationsbezeichnungen aufgelistet. Sie mögen nationsindividuell treffend einen nationalen Sachverhalt beschreiben, aber sie sind nationstheoretisch *in dieser Verkürzung* deshalb unzureichend[14], weil sie einen Teil für das Ganze ausgeben.

Man kann allen Nationen folgende hinreichende Eigenschaften zuschreiben.

Alle haben: — ein Territorium oder wollen es haben,
— ein Unterscheidungskriterium gegenüber benachbarten Nationen,
— ein Bewußtsein der Zugehörigkeit[15] zu einer Gemeinschaft, die eine natürliche und geschichtliche Grundlage hat (Identität),
— das Bestreben, unabhängig zu sein oder zu werden und sich (identitär oder repräsentativ) selbst zu bestimmen (politisches Kriterium)[16].

Nationale Entwicklung

Bis die Nationen den Zustand erreicht haben, daß von ihnen gesagt werden kann, sie hätten eine nationale geschichtliche Gemeinschaft gebildet, d.h. sie hätten auf der Basis einer Schicksalsgemeinschaft (nicht: Gleichartigkeit des Schicksals) zu einer Charaktergemeinschaft (vgl. *O. Bauer*) sich ausgebildet, muß ein *Prozeß nationaler Vergemeinschaftung* als vorausgegangen angenommen werden. Dieser Prozeß erfolgt durch zwei politische Impulse:

A. Bewußtwerdung
B. Selbstbestimmung

Beide Impulse greifen für die hier vorzuschlagenden Typen von Nationen in unterschiedlichen historischen Etappen:

1. Auf der Basis einer erfolgten Ethnogenese (s. u. III.1) hat sich ein Ethnos gebildet, das sich in politischer Bewußtwerdung als Nation (im deutschen und osteuropäischen Sprachgebrauch häufig: Volk) versteht und als solches als Gemeinwesen und als politische Einheit angesehen werden muß.
   In einem zweiten politischen Schritt, einem Akt der nationalen Selbstbestimmung, erfolgt eine Staatsbildung. Fremde Hilfe wie eine günstige politische Konstellation u.a.m. können zu den Begleitumständen dieser *Nationalstaatsbildung* gehören.
2. Auf der Basis einer bestimmten Herrschaft oder bestimmter historischer Herrschaftsverhältnisse entwickelt sich (oder wird entwickelt) das politische Bewußtsein ereignis-, sozial-, personengeschichtlich begründeter Gemeinsamkeiten, die zusammen einen Staat ausmachen bzw. zur Grundlage haben.
   In einem zweiten politischen Schritt, einer Nationalisierung[17] des Staates, wird dieser von der (im besten Fall: ganzen) Bevölkerung als Nation selbst bestimmt. Aus dem Staat hat sich die *Staatsnation* entwickelt.

Für den Nationalstaat ist ein ethnisches Gebilde die Voraussetzung, für die Staatsnation ist es der Staat im weitesten Sinne des Wortes.

Von welchem Punkt der Entwicklung bzw. der Gemeinschaftsbildung an man von „Nation" sprechen kann, ist offen; sicherlich ist eine entsprechende Selbstbezeichnung von Bedeutung.

Ähnlich wie hier unterscheiden J. Kocka (1981, 15), Eugen Lemberg (1971, 20), Mostafa Rejai und Cynthia H. Enloe (1969, 140 ff) zwischen state-nation und nation-state, wie Edmund S. Glenn[18] formuliert:

1. „The state is the first of the two to come into being. It establishes common practices of public administration and political life. These practices lead to common customs; these in turn determine common experiences and common feelings of belonging together. A Gemeinschaft develops to fit an existing Gesellschaft, and to strengthen by subconscious feelings of loyalty the contractual rights and obligations defining the state. This process may be called the development of a state-nation.
2. The nation ist the first of the two to come into being. People having subconscious feelings of belonging together set up common institutions of public administration. A Gesellschaft develops to fit an existing Gemeinschaft, to provide the institutions necessary to translate into action the needs of an existing community, and to endow with precision and clarity existing but unexpressed customs and values. This process may be called the development of a nation-state."

Beiden Vergemeinschaftungen wird man den Nationsbegriff dann nicht absprechen wollen, wenn die politische Kohäsion auf der generativen Basis nicht durch separationswillige Tendenzen in Frage gestellt ist. Die Entwicklung zur Staatsnation ist gefährdeter, weil die Angleichungsprozesse aus ethnischen, kulturellen, politischen, religiösen, sozialen Gründung aufgekündigt oder doch in Frage gestellt werden können. Die ethnische Resistenz einer Bevölkerunggruppe kann, wenn sie sich politisiert hat, einen Assimilationsprozeß verhindern. Auf diese Weise wird aus einer werdenden Staatsnation ein Nationalitätenstaat, der seine politisch sich organisierenden Volksgruppen, d.h. seine Nationalitäten (Alter 1985, 24) respektieren muß. Umfaßt aber ein derartiger Nationalitätenstaat ganze Nationen, ist er also ein Vielvölkerstaat, so kann aus ihm heraus auch eine Nation sich verselbständigen wollen, genauso, wie sie umgkehrt ihr Daein in diesem multinationalen Staat fristen möchte.

Selbstverständlich ist auch eine Separation aus anderen als ethnischen Gründen theoretisch möglich. Religiöse Gründe können z.B. eine Rolle spielen. Zwischen dem Separationswillen und seiner Durchsetzung klafft zumeist eine unüberbrückbare Lücke.

Mit der Nationstypologie werden die entstehungsgeschichtlichen Prozesse der nationalen Wirklichkeit auf der ganzen Welt offengelegt und annerkannt:

1. von ethnischer „Homogenität" zur ethnisch homogenen Nation, die sich bereits staatlich organisiert hat oder den Willen dazu zum Ausdruck bringt (nationalstaatliche Entwicklung)
2. von einer partikularen oder sogar ethnoindifferenten Basis zur ethnisch heterogenen bzw. polyethnischen Nation (staatsnationale Entwicklung)

Mit dieser Typologie wird nicht mehr in Nationen und solche politischen Erscheinungsformen, die keine Nationen sind, diskriminiert. Die unterschiedlichen nationalen Bestände werden mit dieser Synthese anerkannt. Der Blick auf deutsche Lagen darf nicht im Mittelpunkt stehen. Die meisten Ansätze einer Lösung der Definitionsprobleme „scheitern wegen ihrer Beschränkung auf einzelne Länder schon im Ansatz" (*Nairn* 1978, 10).

Für beide nationale Wege gilt: Der Begriff der Nation ist nicht nur durch

> „rein objektive Merkmale festzustellen, sondern er erfordert auch subjektive Empfindungen. Mein Volk (=Nation – T.M.) sind diejenigen, die ich als mein Volk ansehe, mit denen ich mich verbunden weiß durch unlösbare Bande."[19]

Diese unlösbaren Bande liegen auch bei Renans Beschreibung der Nation zugrunde: „Die Nation wie das Einzelwesen ist das Ergebnis einer langen Vergangenheit voller Anstrengungen, Opfer und Hingebung" (*H. Vogt* 1967, 141).

Entwicklungstypologie

Man kann (und sollte) die Nation *zeitlich differenziert* einordnen. Abgesehen von gewissen Phasen der Nationsentwicklung, die oben dargestellt wurden, ist eine historische Einordnung erforderlich. Zumindest zwei zeitliche Nationstypen sind dabei in Europa und Asien konturierbar: eine mittelalterliche und eine moderne. Die mittelalterliche Nation wird unten am deutschen Beispiel untersucht; staatsnationale Pendants sind in Frankreich[20] etwa erkennbar. Die moderne Nation läßt man gerne mit der Französischen Revolution und der Nationalisierung (als Charakteristikum) der Massen beginnen. In Deutschland ist vor der Befreiungsbewegung zu Beginn des 19. Jahrhunderts dieses Charakteristikum auszumachen. Daß dazu in Deutschland kulturnationale, mittelalterlich-vielfältige Ausgangsbedingungen bestanden, in Frankreich aber vorrevolutionär galt: „La nation ne fait pas corps en France, elle réside tout entière dans la personne du roi,"[21], ist durch den sogenannten Gegensatz von französischem und deutschem Nationsbegriff bekannt. Der eigentliche „Gegensatz" liegt aber zwischen einem staatlichen (staatsnationalen) und einer staatenlosen oder kleinstaatlich aufgefächerten (pränationalstaatlichen) Nation[22].

Eine weitere Unterscheidung in der nationalen Entwicklung mit typisierendem Charakter dürfte mit dem Nationalstaatstyp des 19. Jahrhunderts angegeben sein. Seine generell akzeptierte Position als die ultima ratio der Politik, als absolut souveräne Handlungseinheit, insbesondere als nationaler Macht-, Wirtschafts- und Militärstaat in einem setzt ihn deutlich ab gegenüber dem Nationalstaat, wie er sich nach zwei Weltkriegen noch behaupten konnte. Der klassische Nationalstaat des 19. Jahrhunderts ist von hegemonialen Supermächten überboten und in seinem politischen Geltungsraum abgelöst und depossediert worden[23].

Vor dem Hintergrund könnte zeitlich schließlich einfach zwischen alten (z.B. europäischen) und jungen (z.B. afrikanischen) Nationen (Staatsnationen) unterschieden werden[24]. Diese letzte Einteilung kann man zugleich auch noch räumlich und kontinental-kulturell (als Staatsnationen Südamerikas, Afrikas und Südasiens)[25] differenzieren.

Kritik weiterer typischer Nationskennzeichen

In oberflächlicher Betrachtung schätzt man *den Wert der Sprache* für die Nation manchmal gering ein, weil manche Sprachen nicht nur in einer Nation gesprochen werden, sondern in mehreren. Sprachenkämpfe indes belegen, daß Sprache sehr wohl ethnosignifikante Bedeutung hat und sogar identitätsstiftend wirken kann. Dies wird sie insbesondere in Randzonen tun, vor allem in Staatsnationen, in denen verschiedene Sprachen oder Dialekte gesprochen werden. Die „ethnosignifikante Funktion" (*Bromlej* 1977, 52 f.), so muß nationstheoretisch eingeschränkt werden, hat keine nationbegründende Kraft, wohl aber eine nationsidentifizierende, zusammen mit anderen Merkmalen. Die Bezeichnung „Sprachnationen" erklärt so gesehen nichts, vielmehr gilt: „Überall geht hier das nationale (und regionale – T.M.) Wollen nach Besonderheit der sprachlichen Differenzierung voran." *(Ziegler* 1931, 41; *Schieder* 1978, 128 - 30).

Ahistorisch-gewaltsam ist die Bestimmung der Nation über eine *Ideologie.* Der bedeutende Nationalismusforscher Eugen Lemberg definierte die Nation folgendermaßen: „Was also Nationen zu Nationen macht ... das ist ... eine Ideologie, die ... diese Großgruppe integriert und gegen ihre Umwelt abgegrenzt" (*Lemberg* 1964, Bd. II, 250). Der Nationalismus ist zweifelsohne eine Ideologie, die Nationen zu integrieren vermag, und andere Ideologien können eine ähnliche Rolle spielen: aber eine Nation läßt sich nicht auf eine Ideologie aufbauen, sondern sie muß schon „da" sein, bestehen, um sie dann allerdings ideologisch zu gestalten. Was Lemberg zuerst darstellt, ist die politische Dynamik der Ideologie, die *auch* eine Nation bilden kann, aber keinesfalls muß[26]. Die Ideologie stabilisiert und ermöglicht, unterstützt von wirkungsvollen Machtmitteln, eine (etwa ethnopluralistische) Staatsnation, hier hat sie eine integrierende Funktion. Lembergs Ausgangspunkt bleibt[27] aber die Ideologie: ihre Internalisierung bindet sie bei Lemberg *nicht* nur an eine Nation, sondern genauso z.B. auch an ein Imperium. Hier ist jedenfalls, wenn Worten Realitäten entsprechen sollen, mit der Nation allein nicht mehr zu argumentieren. Vielleicht müßte man den Lemberg'schen, gigantischen Nationstyp als *catch-all-nation* bezeichnen. Durch eine unbesehene Ideologisierung *jeder* nationalen und transnationalen Politik fiele es schwerer etwa die besondere sozialistische oder kapitalistische Nation[28] unter einen spezifischen Ideologieverdacht zu stellen. Die DDR ist keine sozialistische Nation, der DDR-Staat hat solange keine nationsbildende Kraft, als die nationale Identität nicht auf die DDR begrenzbar ist, d.h. daß die (gewaltsam verhinderte) nationale Selbstbestimmung den staatsnationalen Prägeversuchen erfolgreich entgegensteht. Mit anderen Worten: In einem Raum, der eine nationalstaatliche Ordnung in Freiheit zuließe, ist eine staatsnationale Separation kaum erfolgreich.

Die *kommunikationstheoretische* Nationsbegründung leidet wie die durch die Ideologie daran, daß sie die Nation zwar zu beschreiben vermag, aber wenn ein Volk ein „ausgedehntes Allzweck-Kommunikationsnetz" sein soll, kann dies bei weitem nicht hinreichend sein. Weitere kommunikationsunabhängige Kennzeichen wie Kultur oder Ähnlichkeiten der Gewohnheiten und Charaktere müssen hinzugenommen werden[29]. Der Vorteil dieses Ansatzes ist dennoch seine technische Anwendbarkeit in einer vergleichenden empirischen Nationsforschung.[30]

Die Nation als *Abstammungsgemeinschaft* zu definieren ist dann falsch, wenn man eine *unilineare* Entwicklung annimmt, die sich durchhalte. Diese Auffassung bezeichnet man als romantisch, weil etwas angenommen wird, was gewünscht wird, aber nicht der geschichtlichen Wirklichkeit entspricht. Es sind eben nicht alle Vorfahren der heutigen Deutschen Deutsche im ethnischen Sinne gewesen, noch sind alle Nachfahren der Deutschen des 12. Jahrhunderts heute etwa Deutsche (vgl. *Pan* 1970).

Auch Rassenmerkmale, die es zweifellos gibt, können eine nationale Abstammungsgemeinschaft nicht begründen.

Demgegenüber ist eine Nation eine transrassische, politische Erscheinung mit einer je *spezifischen* ethnischen Mischung mehr homogener oder heterogener Art, die sie individuell bestimmt.

Kulturnation

Die Kulturnation ist ein historisches Gebilde, das besonders gepflegt wurde, als Deutschland in „balkanisiertem" Zustand sich befand und die Idee der Kultur, die über Sprache, Literatur, Religion u.a. vermittelt wird und sie zusammenfaßt, der gemeinsame Nenner alles Deutschen zu sein schien. Volk und Sprache insbesondere sind die im mittel- und osteuropäischen Raum wirksam gewordenen kulturnationalen Schlüsselbegriffe. Sie wurden das Medium z.T. romantischer Wiedererinnerungen ganzer Nationen.

Es kommt jedoch einer Legende gleich, der Kultur den exklusiven Rang einer einigenden Kraft in der nationalen Entwicklung zuzuschreiben.

Dagegen ist auch hier der Primat der Politik gegenüber allen kulturellen Bestimmungen herauszustreichen. Was ist damit gemeint?

„Kulturnation" ist eine vorpolitische, vor allem und zuerst bildungsbürgerliche[31] Bestimmung von Gemeinsamkeiten, die sprachlich und literarisch begründet werden. Auch die Idee des spirituellen Volksgeistes gehört herher. Abgesehen davon, daß, wie so oft in der deutschen und der italienischen Geschichte, die Kultur in Blüte stehen konnte, während die Nationen darniederlagen, ist die Kultur nur unter der sprachlichen und nationalliterarischen Verengung als Nationalkultur zu verstehen. Die Masse der Kulturgemeinschaften ist indes gerade pränational chrakterisiert, wie die griechische und römische Kultur oder überhaupt die sogenannten Hochkulturen, wie die Ägyptens z.B., auch das polynationale christliche Abendland oder die jetzt bestehende euroamerikanische Kultur oder Zivilisation. Sie sind nicht geeignet, daraus etwas besonderes, eigenes und individuelles zu reservieren[32]. Selbst wenn man diesen Kulturbegriff als zu weit gefaßt annimmt, ist mit der Kultur als solcher sprichwörtlich „kein Staat zu machen", d.h. politisch nichts zu bewegen, weil Kultur nicht als politischer Akteur verstanden werden kann. Es sind nur *bestehende* Zustände als kulturell zusammengehörend oder nicht zusammengehörend zu identifizieren.

Weil die Kulturnation sprachlich begründet ist, entspricht ihr deshalb die klassisch sprachnationale Paulskirchen-Formel: „Soweit die deutsche Zunge klingt" (*Wollstein* 1977, 316 u. ö.). Desgleichen ließe sich kulturnational eindeutig das Nationalitäten-Prinzip begründen, oder umgekehrt: seine Überholtheit ist kulturnational betrachtet uneinsehbar. Mit der Kulturnation lassen sich die bestehenden Verhältnisse in Deutschland nicht prägnant bestimmen, denn manche deutschsprachige Region Europas gehört politisch nicht mehr zur deutschen Nation. Der Unterschied zur deutschsprachigen Schweiz ist – jenseits kultur- und sprachnationaler Gemeinsamkeiten – z.B. darin zu sehen, daß der deutsche Nationsbegriff nur mit einer einsprachigen Nationalität verknüpfbar ist. Hierin liegen übrigens die Gemeinsamkeiten des deutschen, französischen und englischen Nationsbegriffs.

Die bezeichnende Differenz zu Frankreich und England — und ein Stück deutschen Sonderweges — liegt bezeichnenderweise darin, daß Frankreich und England Kulturnationen *und* Staatsnationen sind, während Deutschland für einen nationalstaatlichen Weg bis 1871 die Kraft fehlte. *Das* ist der entscheidende Mehrwert einer primär von der politischen Einheit her definierten Nation. Im kulturnationalen Bereich wird das Politische zweitrangig und daher nicht erreicht. Polen, Tschechen, Serben, Griechen unter anderen Nationen sind nicht durch das autonome Überströmen kultureller Kräfte mächtig geworden. Nationalsprache, Dichtung und Geschichte werden gepflegt,

> „weil der Druck der politischen Ohnmacht zwingt, den nationalen Neubau aus kleinsten Anfängen zu beginnen und in scheinbar unpolitischer Gelehrsamkeit Deckung gegen den Argwohn der Fremdherrschaft zu suchen . . . die Einheitsbestrebungen zerteilter Völker im 19. Jahrhundert (sind) wesentlich vom bewußten politischen Willen ausgegangen . . . , daß viel eher dieser überströmend die kulturelle Leistungsfähigkeit der Völker befruchtet hat, als umgekehrt."[33]

Nach wie vor grenzt man in der Bundesrepublik, wie vor 80 Jahren, nach der bedenklichen Arbeit Meineckes „Weltbürgertum und Nationalstaat" ([1] 1907, [9] 1969) Kulturnationen und Staatsnationen voneinander ab, d.h. ohne die wesentliche politische Differenz in der Begriffsbedeutung in einem solchen Vergleich zu registrieren. Neben dem schon genannten politischen Mehrwert Frankreichs und Englands, wird bei Meinecke schon damals deutlich, daß

1. die staatsnationalen „Kinder" der kulturnationalen „Mutter" in ihrer Staatlichkeit politisch überlegen sind;
2. die „ältere" Kulturnation (die „vegetative") keinen „Drang" verspürte, einen Nationalstaat oder eine Staatsnation zu bilden;
3. die „Stufe der Kulturnation" niedriger ist, als diejenige des aktivierten Nationalstaates (*Meinecke* 1969, 11ff.; vgl. *Ziegler* 1971, 216ff. und E. *Francis* 1965, 110).

Auf Meinecke kann man sich also ernsthaft nicht berufen, wenn man die Nation als etwas Politisches ansieht. Bei ihm entspricht die Kulturnation einem unpolitischen Kulturvolk. Nimmt man aber dennoch, wie Otto Bauer, an, daß die Nation „nur kraft der Gemeinschaft der Kultur besteht", so führt diese Einseitigkeit dazu, daß die deutschen Bauern über historisch weite Strecken zum „Hintersassen der Nation" definiert werden müssen (*Bauer* 1975, 115 u.ö.). Ein geistesgeschichtliches Prinzip interpretiert so die sozialgeschichtliche Situation eines Standes, die Kluft zwischen Ritter und Bauer wird auf diese Weise zu einer nationalen.

Auch die sogenannten Nationalitäten, d.h. die zahlreichen Völker oder Volksgruppen Europas, verstanden und verstehen sich (zu Recht) wesentlich kuturnational, ihre angestrebte Kulturautonomie, wenn sie denn erreicht wird, dient vorzugsweise dazu, das kulturelle Eigenleben (Unterrichtswesen insbesondere) autonom zu regeln. In der Eröffnungsrede zum Nationalitätenkongreß vom August 1926 in Genf verlangte J. Wilfan (Triest) von Volksgruppen: sie „müssen orgnisiert sein und einen selbständigen nationalen Kulturwillen haben, ohne daß die Mehrheit in ihnen selbst das Auftreten als besondere Gruppe ablehnt."[34] Volksgruppen können daher als loyale, kulturnationale Gruppierung im Ganzen einer Staatsnation definiert werden, die ethnisch-kulturell sie selbst bleiben wollen. Ein politisches Mandat werden sie erst dann beanspruchen, wenn sie z.B. über eine eigene Partei in der Staatsnation mitzuwirken suchten (*Alter* 1985, 24; *Francis* 1965, 180; vgl. *Veiter* 1966 u. Zeitschrift „Europa Ethnica").

Der Wandel der kulturellen Verhältnisse der Nationen läßt es zumindest heute zweifelhaft erscheinen, die Kultur als ersten Nationsfaktor anzuerkennen. Die sogenannte Kulturrevolution in der westlichen Welt ist von den Nationen verkraftet worden, ohne daß sie ihre Identität geändert hätten, was kulturnational zu erklären schwerfiele. Kulturnationale Gefühle der Einheit sind unverbindlich, wenn sie nicht politisch aktualisiert werden.

Halten wir fest:
1. Die Deutschen sind politisch *eine* Nation, sie sind nicht nur ein kulturnationales Phänomen in der Mitte Europas, das man beliebig staatlich unterteilen kann. Deshalb ist, neben weiteren Gründen, die deutsche Frage offen.
2. Daß neben der politischen Bestimmung der Nation ihre kulturelle Signifikanz in Deutschland besonders hervorzuheben ist, steht außer Zweifel und ist von oben ausgeführter Kritik nicht betroffen. Auf die Gewichtung kommt es an.

Willensnation

Das Wollen als hypostasiertes Kriterium klassifiziert keine Nation. Dennoch hält sich, insbesondere nach 1945 in der Bundesrepublik, die Meinung, eine *Willensnation* sei nach den nationalsozialistisch-rassistischen Nationsdeformationen eine harmlose Formel, auf die man sich einigen könne. Bundeskanzler Schmidt erklärte: „Nation hängt allein vom Willen derjenigen ab, die Nation sein wollen. Insofern ist Nation ein fortwährendes Plebiszit."[35]. Wir unterstellen diese voluntaristische Volte Helmut Schmidt nicht, denn sie stimmte schon bei Ernest Renan nicht[36], der die Formel von Moritz Lazarus übernahm[37]. Otto Vossler treibt den Voluntarismus auf die Spitze mit der Formel: „Der Wille entscheidet über die Nationalität" (*Vossler* 1937, 17). Das mag für einzelne richtig sein, z.B. in der Situation der Emigration, nicht jedoch in bezug auf die Existenz der Nation. Die willensnationale[38] Bestimmung der Nation setzt diese immer schon voraus, sonst wäre keine Entscheidungsgrundlage da. Eine gewollte Nation ist noch keine, auch keine staatsnationale, auch eine Staatsnation ist mehr als eine Willenskraftanstrengung. Das läßt sich an manchen gewollten Staatsnationen Afrikas etwa ablesen, deren gewollte einheitliche Nationalität an Stammesrivalitäten, am überstürzten Industrialismus, in der sozialen Depravierung scheiterte und damit dem staatsnationalen Wollen die Basis entzog und leerlief. Oft tritt zur staatsnationalen Entwicklung ein ideologisches Moment hinzu. Dennoch war und ist man im Westen der Meinung, daß es regelrechte voluntative Nationsrezepte geben könne:

„Ein neues nationales Bewußtsein entsteht auf folgende Weise: Regierungen oder Intellektuelle belehren national noch indifferente Menschen dahin, daß sie mit bestimmten Menschen gegen andere Menschen zusammmengehören. Da günstige psychologische Voraussetzungen in der Regel gegeben sind und die Menschen sich gerne in Gruppen gegen andere Gruppen absondern, findet die neue Lehre erst den Beifall einer Elite und danach den der Mehrzahl der Beteiligten." (Sulzbach 1962)

Drei Schlußfolgerungen können gezogen werden:
1. Die Formel von der Willensnation ist dann falsch, wenn sie suggeriert, daß ein voraussetzungsloser Wille genüge, um Nationen zu kennzeichnen[39].
2. Eine in perpetuum angewandtes staatsbürgerliches Wollen („Selbstbestimmung") erzeugt nach der voluntaristischen Logik immer neue Nationen (*Ziegler* 1931, 225).
3. Die Frage nach dem politischen Subjekt kann nicht ohne die geschichtlich

präsenten, ethnischen Konstellationen und die soziale Lage eines bestimmten Landes beantwortet werden.

Nation und Staat

In Deutschland wurden diese Begriffe gesondert definiert. In Frankreich und England setzte man sie tendenziell gleich. Heute ist diese Gegensätzlichkeit noch rekonstruierbar, aber bestimmend wirkt sie nicht mehr.

Der Staat kann national bestimmt sein, er bedarf jedoch zu seiner Definition nicht der nationalen Bezüge.

Die Nation kann ohne einen Staat oder in mehreren Staaten (arabische und deutsche Staaten) bestehen.

Von einer Identität von Staat und Nation ist deshalb nicht generell auszugehen, weil es zwar völkerrechtlich anerkannte Staaten[40] gibt, die Nationen sind aber auch Nationen, die keine Völkerrechtssubjekte geworden sind und es schließlich geteilte Nationen gibt, die Mitglieder der UNO sind, aber solange sie als geteilt angenommen werden müssen, als Mitgliedsstaaten dennoch keine Nationen (weder Staatsnationen noch Nationalstaaten) sind. Das Baskenland und Kurdistan sind als Nationen keine Völkerrechtssubjekte. Polen war im 19. Jahrhundert als Nation ebenfalls keines.[41]

In Mittel- und Osteuropa wird zwischen Volk und Nation kaum unterschieden, d.h. die *politische Differenz* (vgl. III. 2.) nicht herausgestrichen. Wir kommen auf die Thematik „Volk und Ethnizität" noch zu sprechen. In diesem Raum, also auch für uns, gilt: *„das deutsche Volk"* ist identisch mit *„die deutsche Nation"*. *Als Deutscher muß man sich dieser Differenz bewußt sein.* Die terminologische Übersetzungsleistung von dem Begriff „Nation" (Staat) im Sinne der Vereinten Nationen und „Nation" im Sinne von deutscher Nation (Volk) wurde versucht durch die staatsnationale und nationalstaatliche Begriffsbildung zu erreichen, d.h. *international vertretbar* zu machen.

Abschließende Typisierung

Wir unterscheiden zwischen zwei gleichen Typen von Nationen: Nationalstaat und Staatsnation. Der Nationalstaat ist eine Nation, die einen Staat trägt (*Francis* 1965,202).

Die Staatsnation hingegen setzt sich aus einem Staatsvolk zusammen, das Minderheiten einschließt, die sich von der Mehrheit im Staatsvolk ethnisch unterscheiden können.

Von der Staatsnation läßt sich nochmals der Nationalitätenstaat unterscheiden, in dem verschiedene Nationen und Nationalitäten (= Volksgruppen) zusammengeordnet sind, von denen eine den Staat beherrscht oder durch ihre Mehrheit bestimmt.

Die Gleichstellung von Staatsnation und Nationalstaat überwindet die Kluft zwischen staatszentriertem und volkszentriertem Denken.[42] Für das mittel- und osteuropäische Denken, bei dem nach wie vor Volk – Nation – Nationalstaat als Entwicklungslinie gedacht wird, muß die Staatsnation apokryph erscheinen. Durch die typisierende Differenzierung der Realität muß es sich mit der polymorphen Gestalt der Nationen „versöhnen", weil dadurch keine Diskriminierung mehr statthat.

Dennoch wird man die beiden wichtigsten Nationstypen zwar gleich wertvoll und gleichwertig, aber nicht als gleich ansehen müssen.

Die Staatsnation (kritisch *Maugue* 1976 u. 1979) kann als ethnisch heterogenes Gebilde instabiler sein als ein Nationalstaat, dessen ethnisch homogene Bevölkerung im Idealtypus stabiler und daher kontinuitätsfähiger sein kann.

Nicht überall, wo ein Staat besteht, wird eine staatsnationale Entwicklung determiniert. Solche Automatismen gibt es nicht, weil immer auch die Bevölkerung definitorisch berücksichtigt werden muß. Es stellt sich immer wieder heraus, daß die Bevölkerung sich anders definiert, sieht, bestimmt, als sie durch Kabinettspolitik, unterschiedliche Konferenzbeschlüsse, Kolonialherschaft und Parteibeschlüsse definiert, gesehen, bestimmt wird. Man denke in Deutschland dabei nur an Preußen, die DDR oder das Saarland, in denen die unterschiedliche staatliche Entwicklung nicht staatsnational steuerbar war und ist. Auch in manchen ehemaligen Kolonialgebieten verhält sich die Bevölkerung anders als von der herrschenden Klasse gewünscht.

Sogenannte deutsche Landesnationen haben also nicht den Stellenwert von Staatsnationen. Staatsnationen wurden trotz ihre möglichen Gefährdetheit in einer Entstehungsphase, auch in manchen Krisenphasen, durch eine in der Regel lange historische Bewährung zu einer politischen Einheit zusammengeschmolzen, die sie von homogenen Nationalstaaten nur noch historisch-genetisch unterscheidbar macht. Von der Entstehung her sind England und Frankreich Staatsnationen. Da sie jedoch in vielerlei Hinsicht als eine Einheit angesehen werden müssen, können (und werden) sie auch als Nationalstaaten bezeichnet, wobei die genetischen Einigungsprozesse machtstaatlich verstärkt wurden. Das Nationalbewußtsein mancher Staatsnationen in diesem Sinne ist heute sogar dynamischer und ausgeprägter als das mancher Nationalstaaten.

Zur landesnationalen Entwicklungen hat es in Deutschland reichlich Gelegenheit gegeben:

> „Die Dynastie war die einzige Staatsursache. Jederzeit waren so Erweiterungen, neue Kombinationen, Vereinigungen verschiedener Länder möglich ... ja, solche Kombinationen dynastischen Ursprungs griffen weit über den Boden des römischen Reichs hinaus, was den Reichsbau unvorstellbar komplizierte. Hannover war mit England dynastisch verbunden, Sachsen und Polen unter einer Dynastie vereint, Dänemark und Schleswig-Holstein gerieten in Personalunion, und Brandenburg dehnte sich in Preußen auf polnische Lehen aus. Noch in der Zeit Napoleons fehlte es nicht an fantastischen Entwürfen zu neuen Kombinationen dieser Art, die schließlich immer mehr an Boden unter den Füßen verloren, je weniger sie auf ethnographische und geographische Gegebenheiten Rücksicht nahmen. ... Je weiter im Osten, desto schlimmer wurde die Geringachtung des bevölkerungspolitischen Elements. Die Teilungen Polens sind das klassische Beispiel dafür. Napoleon ist nicht zuletzt daran gescheitert, daß er, den die Völker des Ostens als Befreier erwarteten, in den Bahnen der Kabinettspolitik blieb. Auch er dachte vom Staat und von dessen Machtphysik her, während eben damals die Völker aus anderen Gesetzen heraus zu erwachen begannen." (*Lemberg* 1950, 128 f.)

Das Heilige Römische Reich darf deshalb nicht ohne weiteres staatsnational und schon gar nicht nationalstaatlich interpretiert werden, weil es über den Völkern des Abendlandes ruhte, sie aber nicht assimilierte. Die Einheit wurde durch die verklammernden Eliten hergestellt, die ethnisch heterogen wie ihre Bevölkerungen waren. Weil keine moderne individuelle Rechtsgleichheit bestand, sondern die mediävale Vielfalt belassen bzw. respektiert wurde, kann das Reich bestenfalls als eine elitär begrenzte Staatsnation angesehen werden. (*Francis* 1965, 203)

Die oben aufgeführte tendentiell vorpolitische Kulturnation kann noch am ehesten als Sonderfall eines vorstaatlichen Nationstyps gesehen werden, weil sie im deutschen und arabischen Raum politisiert zu Staatsbildungen geführt hat, die theoretisch sowohl als Staatsnationen oder auch als Nationalstaaten angesehen werden könnten, wenn man beidesmal die ethnischen Umstände außer acht läßt.

Oben wurde schon darauf hingewiesen, daß eine separierte Staatsnationsbildung in ethnisch homogenen, einsprachigen Räumen schwieriger ist, wenn dieses Volk seine Gemeinsamkeit auch gegen staatlich-historische Umstände als wertvoll und erhaltens- und entwickelnswert ansieht, d.h. als politische Gemeinschaft im ganzen Raum sich durchhalten möchte.

In Nationalitätenstaaten ist zwischen einer Kulturautonomie (wir erwähnten sie bereits) und einer nationalen Autonomie zu unterscheiden. Die Basken in Spanien streben eine nationale Autonomie an, während die Bretonen eine kulturelle anstreben. Der größte Nationalitätenstaat der Erde geht offiziell, seit seiner Verfassung von 1977, auf einen neuen menschheitlichen Zustand zu, das Sowjetvolk. Damit wird der bestehende föderative Vielvölkerstaat mit einem zentralisierten Politikmonopol (KPdSU) zu einer Staatsnation gleichgeschaltet, die Nationen und Völker und Volksgruppen werden „konstitutionell abgesichert" einem Verschmelzungsprozeß ausgeliefert (s.u. III. 6.).

Die Schweiz könnte man einen kantonalisierten Nationalitätenstaat nennen, desgleichen sie aber auch als multinationalen Staat ansehen. Begriffe können der komplizierten Wirklichkeit auch Gewalt antun. Dennoch sind die Schweiz wie die USA wichtige Tests jeder Nationsbegrifflichkeit. Nach unserem Modell sind die USA eine Staatsnation; weil sie eine Einwanderungsnation größten Ausmaßes sind, kann man sie als offene Nation bezeichnen (geschlossene Staatsnationen sind alle diejenigen, deren Bevölkerung nicht von außen dauernd verändert wird).

Unser Nationsmodell läßt sich wie folgt graphisch darstellen:

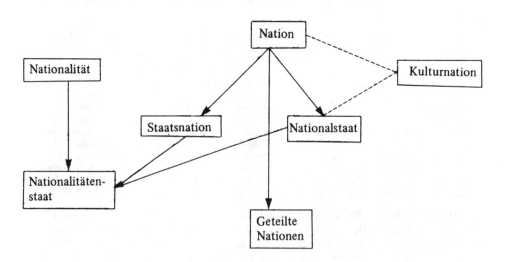

Soziologie der Nation

Fragt man, wer die sozialen Träger der Nation sind, muß man zunächst unterscheiden, ob die ideellen oder die politischen Träger gemeint sind.

Diese Frage ist wiederum zu unterscheiden von der Frage, wer die Nation ist, d.h. aus welchen sozialen Gruppen, Schichten, Ständen, Klassen, Institutionen sie sich zusammensetzt. Dabei ist historisch besonders aufschlußreich, welche Gruppen (usw.) von den Historiographen als in bestimmten Epochen von der Nation ausgeschlossen erklärt werden: weil bestimmte soziale Schichten dies behaupten und sich entsprechend verhielten.

Schließlich ist es eine beliebte Methode geworden nach der Funktion der Nation für bestimmte Schichten (usw.) zu fragen. Oft ist dann das Ergebnis, daß entsprechend den Offerten, Nutzen und Chancen, die mit, in, durch und wegen einer Nation erreicht werden können, die Position dieser Schicht zur Nation gewissermaßen determinierbar ist.

Diese soziologischen und sozialhistorischen Fragen wurden im folgenden für Deutschland beantwortet. Entsprechend der unterschiedlichen sozialstrukturellen Situation in den deutschen Territorien, im deutschen Reich, in verschiedenen wirtschaftsgeschichtlichen Epochen läßt sich nur ein ungefähres Bild wiedergeben. Hier ist nicht der Ort, dieses soziale Gebilde auszugestalten. Vor Augen zu stellen, welche sozialen Träger es politisch und ideell gegeben hat, ist von nationstheoretischem Interesse, besonders unter dem Aspekt, welche künftigen derartigen Träger denkbar sind.

Dem deutschen Adel schreibt man ständische Interessen zu, deren Spezifikum es unter nationalem Aspekt war, daß sie terrritorial-landschaftlich waren und nur insoweit mit nationalen Interessen harmonierten, als etwa Sprache, Sitte, Gebräuche, Ideen usw. nicht denen der historischen Landschaften widersprachen. Der latente Widerspruch zwischen beiden Interessen war für den Reichsadel des ersten Reiches solange und deswegen keiner, weil seine Interessen in den garantierten mittelalterlichen Partikularismen sich niederschlugen. Desgleichen widersprach die Ausdifferenzierung dieser historischen Landschaften zu Territorialstaaten nicht dem Interesse des Hochadels, wohl aber dem Reich, das dadurch gewissermaßen, um es bildlich auszudrücken, vom Boden zum Dach wurden. Was man unter einer polnischen Adelsnation zu verstehen hat, ist die ausschließliche Beanspruchung des nationalen und politischen Status durch den Adel und den Ausschluß anderer Schichten. In Frankreich konnte de Maistre diese Separierung auf die Spitze treiben mit der Frage: „Was ist eine Nation? Der Souverän und die Aristokratie." Abbé Sieyès drehte diese Formel revolutionär um:

> „Der Dritte Stand umfaßt also alles, was zur Nation gehört und alles, was nicht der Dritte Stand ist, darf sich nicht als zur Nation gehörend betrachten. Was ist also der Dritte Stand? Alles."

Das Schema der sozialen Interessen des Adels und seiner daraus abzuleitenden Stellung zur Nation ist als Schema, nicht als die Geschichte schematisierend zu verstehen. Hier und im folgenden wird kein sozialer Determinismus vertreten.[43]

Die politische Dominanz des Adels wurde vom Bürgertum erst sehr spät abgelöst, aber auf der kulturnationalen, sprachlichen Ebene wurde durch die lutherdeutsch-einheitliche Sprache wieder eine größere Einheit auch für bürgerliche Schichten sichtbar. Zum Bauern trat der Bürger als eine soziale Schicht, die mit dem König oder Kaiser als Träger des Reiches gemeinsame Interessen gegenüber dem Adel haben konnte. Allerdings trat diese Gemeinschaft durch den wirtschaftlichen Stadtpartikularismus der Bürger und die Akzeptanz schützender Fremdherrschaft vor „einheimischer" Herrschaft durch die Bauern wieder in den Hintergrund. Das Zentrum des Reichs konnte keine soziale Macht erzeugen.

Mit der Industrialisierung, als der von bürgerlichen Schichten getragenen sozioökonomischen Entwicklung, erhielt das kulturnationale Selbstverständnis dieser Schichten eine sozioökonomische Basis, aber bildungs- und gesetzbürgerliches Selbstverständnis wurde erst durch den Zollverein, d. h. nur auf einer ökonomischen Basis national realisiert. In dem Maße, wie das Bürgertum zur bürgerlichen Gesellschaft wurde, erhob es auch entsprechenden Anspruch auf Mitwirkung, scheiterte aber 1848/49. Von der überständischen, tendenziell klassenlosen Ausgangslage der nationalen Bewegung in Frankreich, Deutschland, Italien kann seit der Trennung der nationalen Bewegung von der sozialen Bewegung in Deutschland nicht mehr die Rede sein. Beide gingen getrennte soziale Wege in der Nation.

Dabei war die Arbeiterbewegung zunächst mit der Nationalbewegung eins gewesen, nicht nur von der Theorie des Dritten Standes und seinem (unzutreffenden) Repräsentationsanspruch her. Namhaft zu machen sind Handwerksgesellen und das Kleinbürgertum. Die Interessen der Arbeiter galten dem Fernhalten fremder Konkurrenten auf dem Arbeitsmarkt, der Auflehnung gegen den fürstlichen Obrigkeitsstaat und dem Kampf gegen eine Kapitalistenklasse, die dem nationalen Markt diktieren konnte. Als „enttäuschte Patrioten im Nationalstaat" trennten sie sich von den mobilen Mittelschichten.

Neben dem Bürgertum oder mit ihm werden die Intelligenzschichten zu den Promotoren der Nation vom 18. bis ins 20. Jahrhundert und besonders der nationalen Bewegung im 19. Jahrhundert gerechnet. Sie sind wesentlich die Träger der kulturnationalen *Idee* der Nation. Aber auch sozial- und nationalrevolutionäre Tendenzen kamen durch sie in die Ideengeschichte der Nation.

Daneben wäre noch die Rolle der Militärs, der Turner, der Burschenschaften, der der Großagrarier, der Verbände, der Parteien u. a. m. in Deutschland anzugeben; zusammenfassend läßt sich sagen, daß die „bürgerliche Gesellschaft" bis heute von einem ständigen Hineinwachsen neuer sozialer Schichten gekennzeichnet war. Anders formuliert: man kann keine soziale Gruppe mehr identifizieren, die mit antinationalen Interessen zu kennzeichnen wäre (dies ist dann richtig, wenn kein national-sozialer Harmonismus darunter verstanden wird). Problematischer und verbreiteter dürfte eine ideelle nationsindifferente Einstellung in der politischen Kultur sein. Transnationale ökonomische Interessen haben vom Begriff her die Nation überwunden, ob auch realiter bleibt z. B. als „ökonomische Frage" zu untersuchen. Die Kirchen haben sich desgleichen auch als nationale Kirchen verstanden, aber diese Frage läßt sich nicht nur kurz ansprechen.[44]

Man hat behauptet, für eine deutsche Einheit in der zweiten Hälfte des 20. Jahrhunderts gebe es keine soziale Trägerschicht. Das ist allgemein gesehen falsch, für eine spezielle Schicht aber richtig. Da die bürgerliche Gesellschaft der Nation nicht mehr als eine des Bürgertums im Sinne des frühen 19. Jahrhunderts zu interpretieren ist, sondern umfassend die Nationbürger „integriert" hat (und sei es sogar bis hin zur „sozialistischen" Gesellschaft), ist die These vom größeren Markt, der ursprünglich bereits der nationale war, in Deutschland nach wie vor aktuell. So gesehen gibt es also ein breites Interesse am größeren Deutschland.

Zur sozialstrukturellen Genese von Staatsnationen und Nationalstaaten hat Eugen Lemberg fogende Charakteristik gegeben, die wir als wertvoll hier an den Schluß stellen möchten:

> „Der erste dieser Fälle ist dort gegeben, wo eine bedeutende Herrscherfamilie ihre zusammengeerbten oder -geheirateten Bevölkerungen oft nur recht heterogener Sprache und Herkunft durch Erziehung, Verwaltung und Kulturpolitik oder auch durch Gewohnheit und gemeinsames Schicksal allmählich zu einer ihrer Einheit und Eigenart bewußten Nation geformt hat. Jahrhundertelang mag dabei zunächst nur die Führungsschicht die Sprache des Hofes gesprochen haben, die sich später bei den aufsteigenden Schichten durchsetzte und in neue Nation zur Sprachgemeinschaft integrierte, während die frühen Sprachen ins Unterschichtliche,

Mundartliche absanken oder ausstarben. Beispiele für diese Nationbildung durch den Staat sind Frankreich, Spanien, England.
Der andere Typ der Nationbildung ist dort zu beobachten, wo ein vielleicht schon eingeleiteter Prozeß der ebengenannten Art erfolglos geblieben ist. Das kann geschehen sein, weil die politischen und ideologischen Traditionen der Teilgruppen zu stark waren, um ihre Integration durch die einigende Dynastie zu gestatten. Ein Beispiel dafür ist die Habsburgermonarchie, deren Völker, trotz mancher Ansätze, nicht zu einer österreichischen Nation wurden, sondern moderne, den Gesamtstaat sprengende Nationen ausbildeten. Umgekehrt konnte ein gemeinsames ethnisches Merkmal... mehrere dynastische Staaten zum Zusammenschluß zwingen. Dafür sind Deutschland und Italien die bekanntesten Beispiele. Daß dabei jeweils einer jener dynastischen Staaten – Preußen bzw. Piemont – diesen Zusammenschluß durch seine Hegemonie über die anderen herbeiführte, ändert nichts am Wesen der Sache: das ethnische... Prinzip war in beiden Fällen die Voraussetzung für diese Hegemonie" (*Lemberg* 1972, 50).

Anmerkungen

8 *H. Mommsen* 1971 u. 1979, 79; *P. Chr. Ludz/M.R. Lepsius/R. Scholz*, Bonn 1974, 66 - 69; von *Krockow* 1970, 24
9 Vgl. auch im Französischen „naitre", „naissance", (desgl. it., frz., span.). Den etym. Zusammnenhang von natio/natura (Geburt) zu belegen kann hier nicht geleistet werden
10 *F. Kluge*: Etymologisches Wörterbuch der Deutschen Sprache, Berlin [19] 1963; im *Grimm'* schen Deutschen Wörterbuch ist noch davon die Rede, daß „das (eingeborene) Volk" unter Nation zu verstehen und daß das Wort seit dem 16. Jh. aus dem Frz. übernommen worden sei.
11 ebd.; vgl. weiter *L. Schmugge*: Über „nationale" Vorurteile im Mittelalter in: Deutsches Archiv f. Erforschung des Mittelalters 38/2-1982/440, wo ein englischer Kleriker auf dem Konstanzer Konzil zitiert wird, der „*natio*" zu definieren sucht: „Sive sumatur natio ut gens ... sive secundum diversitatem linguarum ... sive etiam sumatur natio pro provincia" (Vgl. dazu *H. Finke*, HJB 57/1937/338). *H. Müller:* Königtum und Nationalgefühl in Frankreich um 1400, in: HJB 103/1983/131 - 145)
12 Hingewiesen sei dazu bes. auf den „Grand Dictionnaire Universel du 19. Siècle, Paris 1874, Bd. 11, S. 854f.
13 Vgl. zu den Begiffen „Gemeinschaft" und „Gesellschaft" die Literaturhinweise zum Kapitel „Praktische Philosophie und Nation"
14 Ihre stereotypisierende Wirkung (Deutsche-Kultur, Juden-Religion, Franzosen-Wille usw.) macht ihre Problematik am individuellen Fall deutlich
15 Das Kriterium der Zugehörigkeit zu dieser Gemeinschaft ist sehr unterschiedlich: Ethnos, Verfassung, Staat, Religion, Sprache, Kultur usw.
16 Vgl. die Nationsdefinition bei *Lepsius/Ludz/Scholz* 1974, 71; *E. H. Carr/M. G. Balfour* 1966, S. XX; *K. W. Deutsch* 1972, 24; *J. Stalin* 1976, 32; *St. Rokkan* 1973 Bd. 1, S. 30; *G. K. Francis* 1965, 36f.
17 Eine andere Anwendung des Nationalisierungsbegriffs bei *G. Mosse* 1976
18 *E.S. Glenn* 1970, 352; vgl. auch *O. Pflanze:* Nationalism in Europe 1848-1871 (1966), zit. n. H. *Mommsen* 1971, 637
19 *G. Rühmelin*, zit. n. *H. O. Ziegler* 1931, 49
20 *H. Beumann* (Hrsg.): Beiträge zur Bildung der französischen Nation im Früh- und Hochmittelalter, Sigmaringen 1982
21 So Ludwig XIV. in seinen Memoiren, zit. n. *F. Hertz* 1927, 13
22 *E.-W. Böckenförde* (in Anlehnung an Franz Schnabel) in ders.: Moderne deutsche Verfassungsgeschichte, Meisenheim[2] 1981, S. 27
23 Zum „Nationalstaat" s.u. entsprechende Kapitel. Vgl. auch die dreiteilige historische Nationaleinteilung bei *Th. Schieder*; Typologie und Erscheinungsform des Nationalstaats in Europa (1966) in *H. A. Winkler* 1978, 119ff.
24 *L. W. Doob* unterscheidet ähnlich „traditional, insular und modern nations" 1964, 18; vgl. auch die case-study zu Quebec v. *Ruth Gorny:* Nationalismus heute. Drei Versuche einer soziologischen Klärung, Winterthur 1976, dies.: Eine Typologie nationalistischer Ideologien, in: Schwei-

zer Zeitschrift für Soziologie 5/1-1979/35-52. Eine höchst diffizile empirische Untersuchung bei *M. Dechmann* u.a. 1968/1 - 72 (bes. 1 - 25)

25 Der Vorschlag stammt von *R. Bendix* 1981, 20; *H.-J. Puhle* 1978, 267f.; *D. Rothermund* 1982, 140ff. (bes. aufschlußreich bzgl. der Stellung des Islam und des Hinduismus zur Nation), in demselben Band auch die Arbeit von *H. F. Illy* über den afrikanischen Nationalismus

26 Der hohe Stellenwert des Ideologischen bei *Lemberg* wurde auch bei seinen weiteren Arbeiten deutlich, vor allem: Ideologie und Gesellschaft. Eine Theorie der ideologischen Systeme, Stuttgart u.a. 1971

27 So auch 1971, S. 207. Dies ist erstaunlich angesichts der früh geübten Kritik: *H. Mommsen*, in: NPL 11/1966/67-76, bes. S. 75

28 *A. Kosing* 1976; *W. Schmidt*, in: Einheit 2-1975, 199; *M. Bensing* 1969, S. 478 heißt es, egal ob die ganze oder nur ein Teil der Nation sozialistisch umgewandelt sei: „In beiden Fällen ist der soziale Typenwandel der *Gesamtnation* in Gang gesetzt . . .", bei *Stalin* (1929), 1971, hieß es noch, daß die sozialistische Nation „auf den Ruinen der alten Nation" entstehe (S. 341)

29 *K. W. Deutsch:* 1972, 204. *M. Hroch* spricht von historisch gefestigten Beziehungen unter den Menschen, in: Das Erwachen kleiner Nationen als Problem der komparativen sozialgeschichtlichen Forschung, in: *Th. Schieder* 1971, 129

30 Vgl. Kap. „Pluriversum" u. *K. Stavenhagen:* („Die Verkehrssprache ist eben ein bloß technisches Instrument zur Verständigung und vermag als soeches so wenig wie andere techische Verkehrsmittel, etwa Telephon oder Radio, ein Volk zu bilden.") 1934, 15

31 „Wird die Kultur im höheren Sinne verstanden, so liegt der Scluß nahe, daß nur wenige diese Kultur haben, daß also diese wenigen die eigntliche Nation sind. Gerade diese wenigen Hochkultivierten stehen aber erfahrungsgemäß meist über dem Nationalen, sie sind Weltbürger der Kultur und der Gesinnung nach – so werden also die empirischen Nationen durch diese Art von Definitionen aufgelöst . . ." *F. Hertz*, 1927, 54. Vgl. auch *Max Weber* 1912, 72f.

32 *P. Sorokin:* Die amerikanische Kultur von heute, in ders.: Die Krise unserer Kultur, ihre Entstehung und Überwindung, Frankfurt 1950, S. 232f. u. 251; *E. Schulin* 1974, 29

33 *H. Herzfeld*: Nation und Kulturgemeinschaft, in: *A. Bozi/A. Niemann* (Hrsg.): Die Einheit der nationalen Politik, Stuttgart 1925, S. 46 (der kaum zitierte Band enthält auch Aufsätze von H. Rothfels, A. Stegerwald, F. v. Papen, H. v. Gleichen, u.a.)

34 „Nationalitätenkongress" in Genf, o.O., o.J., Ms; vgl. *R. Michaelsen*: Der europäische Nationalitätenkongress 1925-28. Aufbau, Krise, Konsolidierung (Diss., Mainz), im Druck; vgl. weitere kritische Einwände bei *W. J. Mommsen* 1983, 185ff.

35 Zit. n. *W. G. Grewe/J. Hacker/B. Meissner:* Die außenpolitische Lage Deutschlands am Beginn der 80-er Jahre, Berlin 1982, S. 104

36 Renan war kein Voluntarist, als den man ihn wegen der Plebiszit-Formel einschätzt. In dieser Arbeit wird Renan ohne diesen Voluntarismus ernst genommen. Wie falsch im übrigen der Glaube an den puren Willen ist, dokumentiert *Axel Bein* schlagend an Renan, der sogar vor rassistischen Wertungen nicht zurückschreckte, deren er sich als Rassenforscher hätte enthalten können. *A. Bein*, Die Judenfrage. Biographie eines Weltproblems, Stuttgart 1980, I, S. 221. Die Formel Renans vom „Plébiscite de tous les jours" hört sich wesentlich weniger tagespolitisch-zufällig an, wenn man auch zitiert, was folgt: „comme l'existence (!) de l'individu est une affirmation perpétuelle de la vie." (Ziegler 1931, 220)

37 „Volk ist ein geistiges Erzeugnis der einzelnen, welche zu ihm gehören; sie *sind* nicht ein Volk, sie schaffen es nur unaufhörlich". Was heißt national, 1888, S. 13, zit. n. *M. H. Böhm* 1965,338

38 Vgl. dazu *D. Löcherbach*: Nation und kollektive Identität, in PVS 24/2-1983/208

39 Vgl. etwa die Versuche *M. R. Lepsius* durch eine höchst individuelle Staatsnationsterminologie und durch die Konstruktion der Nation als „gedachte Ordnung" eine Staatsnationalisierung in Deutschland erkennen zu wollen, in: *Winkler*, 1982, S. 13 u. in anderen Aufsätzen

40 Von einem völkerrechtlichen Staat ist dann zu sprechen, wenn sich „ein auf einem bestimmten Gebiet seßhaftes Volk (demos - T. M.) unter einer selbstgesetzten, von keinem anderen Staate abgeleiteten, effiktiv wirksamen und dauerhaften Ordnung organisiert hat", *Verdross/Simma* 1981, 201ff.

41 Einige Legitimitätsprobleme werden im Kapitel „Differenzierte Nation" erörtert

42 *H. Rothfels* 1956, 7f.; *E. Lemberg* 1966, 3 - 17; *F. Valsecchi* 1970, 14 - 33; *E. K. Francis* 1968, 338ff.

43 *A. Sieyès* 1923, 40; *F. Hertz* 1927, 14 - 17; *E. Lemberg* 1950, 129 - 131; *W. Zorn-*1971. 101; *O. Dann* 1979, 52ff.

44 *E. Lemberg* 1980, 129; *W. Zorn* 1971, 105 - 107, 115; *O. Dann* 1979, 52ff.; *O. Dann* 1978, 77ff. u. 209ff.; *M. Weber* 1976, 529f.; *E. Zechlin* 1979, 174ff.; *W. Conze/D. Groh* 1966; Th. Schieder 1978, 131 - 135; *Hertz* 1927, 67f.; *H. A. Winkler* 1979, 50; *G.-L. Mosse* 1976, 162

3. Die Entstehung der deutschen Nation

Die Absicht dieses Kapitels ist eine doppelte: Einmal soll der „Primat des 19. Jahrhunderts" in der (vor allem deutschen) Nations- und Nationalismusforschung in Frage gestellt werden, zum anderen sollen die Grundlagen für ein *Kontinuitätstheorem* gelegt werden. Es besagt, daß eine Nation sich in einer identifizierbaren Weise historisch „durchgehalten" haben muß, will man denn von *einer* Nation sprechen.

Unter dem *„Primat des 19. Jahrhunderts„*, sei verstanden, daß die Frage nach der Entstehung der deutschen Nation hauptsächlich mit dem 19. Jahrhundert verbunden wird. Man konstatiert ein sich seit einigen Jahrhunderten mehr oder weniger regendes Nationalbewußtsein, aber vor allem die Befreiungskriege im 19. Jahrhundert, die nationale Frage in der 48er Revolution und schließlich die Gründung des zweiten Reiches sind die historischen Essentials der Nationalismusforschung. Gegen den exklusiven Anspruch dieser Forschung wird hier Einspruch angemeldet und mit der kontinuierten Nation als historisch differenziertem Gebilde zu untermauern versucht.

Dadurch soll nicht der Konzeption der „verspäteten Nation" ihre Berechtigung abgesprochen werden, denn sie läßt sich z.B. modernisierungstheoretisch aus dem 19. Jahrhundert heraus begründen, doch muß man sie auf jeden Fall geschichtlich relativieren. Desgleichen gewinnt die Nationalstaatsbegrifflichkeit neue Konturen, die Rede von „dem" deutschen Nationalstaat gerät unter Differenzierungszwang.

Die mittelalterliche Nation hat mit der Schwierigkeit zu tun, daß sie in einer Art *Archäologie der Nation* rekonstruiert werden muß. Es ist die allgemeine Auffassung der mediävistischen Forschung, daß, um es bildlich auszudrücken, ein zu grobes Filter keine Substanz für eine mittelalterliche Nation läßt. Weil sich dieser historische Nationstyp nur sehr schwer profilieren läßt, darf man nicht die neuzeitliche oder jetztzeitliche Erwartung an die alte Nation stellen. So ist mit folgender Position Hans Mommsens die Nation nicht beschreibbar: man müsse „Formen spezifischen vornationalen landschaftlichen Zusammengehörigkeitsbewußtseins (Patriotismus, Stammesbewußtsein, Heimatgefühl) und bloßer Fremdenfeindschaft" ausschließen. (*Mommsen* 1971, 627)

Eine Analyse des mittelalterlichen Nationstyps muß einen wortgeschichtlichen Befund darstellen (A) und eine theoretische Aufteilung der nationalgeschichtlichen Entwicklung bieten können (B), die allerdings nur sehr schwer in der historischen Wirklichkeit tatsächlich auseinanderzuhalten ist. Die wissenschaftlich-theoretische Analyse hat daher eher hypothetischen Charakter und stellt so eine Annäherung an die realgeschichtliche Entwicklung dar. Drei ineinandergreifende Prozesse sind auf diese Weise zu unterscheiden:

B. 1. Ethnogenese,
B. 2. Nationswerdung,
B. 3. Nationalstaatsbildung.

A. Zunächst zur *sprachlichen* Archäologie der Nation. Im Jahre 775 hat es ein lateinisch-althochdeutsches Wörterbuch gegeben. Die sog. ‚deutschen Hermeneumata' werden in Fulda unter angelsächsischer Beteiligung erarbeitet[45]. Die ältesten deutschen Schriftzeugnisse stammen aus der 2. Hälfte des 8. Jahrhunderts (*Eggers* 1974, 28). Bischof Arbeo von Freising (764-783) wurde zum ersten namentlich bekannten deutschen Schriftsteller. Er wirkte mit der Übersetzung eines lateinischen Stilwörterbuchs auf das althochdeutsche Schrifttum ein (*Löwe* 1981, 145 u. 153, Anm. 31). Die Schule Alkuins am Hofe Karls des Großen war sich der „sprachlichen und ethnischen Zusammengehörigkeit der Germanen bewußt". Daher griff man das mittellateinische Wort von der *theodisca lingua*, das erstmals 786 *belegt* ist, auf, um sich von den Romanen abzugrenzen. Bereits 794 wurde das Sprachbewußtsein so weit getrieben, daß man davon sprach, daß die lingua theodisca, deren Grammatik Karl der Große bearbeiten ließ, vor Gott mit dem Hebräischen, Lateinischen und Griechischen gleich stünde (*Löwe* 1981, 167). Das Althochdeutsche war eine Sprache der Dialekte, wobei das Fränkische politisch dominierte (*Eggers* 1974, 39). Diesen sprachgeschichtlichen Ausgangspunkt ermöglicht die Rede Hugo Mosers vom sprachlichen Weg von der Vielfalt zur Einheit (*Eggers* 29).

Auf der Reichsversammlung von 788 wurde der bayerische Herzog Tassilo wegen eines Verbrechens zum Tode verurteilt, „quod theodisca lingua harisliz digitum" (das in der deutschen Sprache, d.h. in der den Stämmen gemeinsamen Sprache, Heerspaltung oder Flucht genannt wird (*Eggers*, 44). Auf der Synode zu Tours im Jahre 813 waren die Geistlichen von Karl dem Großen eingeladen worden ihre Predigten zu übersetzen „in rusticam Romanam linguam aut theodiscam, quo facilius cuncti possint intellegere, quae dicuntur", (in die romanische Vulgärsprache oder die des germanischen Volksteils, damit alle um so leichter verstehen, was gesagt wird) (*Eggers*, 42). Der Nachweis des Ethnicums teudiscus, d. h., daß der Sprachname zum Volksname geworden ist, wird über die Redewendung des Sachsen Gottschalk geführt, der um die Mitte des 9. Jahrhunderts von der gens teudisca spricht (*Rexroth* 1978, 290ff.). In der ostfränkischen Historiographie weist Wolfgang Hessler auf zahlreiche weitere Belege eines sich abzeichnenden Nationalgefühls hin (*Hessler* 1943), z. B. auch bei Rudolf von Fulda, über den sein Schüler Meginhard in einem Nachruf schreibt, daß er in „apud totius paene Germaniae partes" vorbildlicher Historiograph gewesen sei. Rudolf von Fulda empfahl seinerseits Tacitus als Geschichtsschreiber. So ist mit dem Begriff Germanica eine „nationale Bedeutung Rudolfs angedeutet, insbesondere wenn seine volkssprachliche Tätigkeit mitberücksichtigt wird[46].

Um 880 ist das *althochdeutsche* „diutisce" auch in einem Salzburger Dokument belegt, was außer von der althochdeutsch-sprachgeschichtlichen Bedeutung her auch deshalb herauszustellen ist, weil dadurch ein Beleg außerhalb der Abgrenzungszone vom vom Romanischen gegeben ist (*Sonderegger* 1978, 241). Das Althochdeutsche ist zweifelsohne als Volkssprache politisch bedeutsam geworden. *Literarisch* unterlag es einigen Schwankungen, denn das Althochdeutsch Otfried von Weißenburgs[47], wurde von dem St. Galler Notker dem (Deutsch-)Stammler bzw. dem Deutschen (wahrscheinlich) nicht gekannt und war vergessen (*Schröder* 1978, 430). Auch nach Notker gab es – literatursprachlich gesehen – eine „Pause". Die Volkssprache wurde literarisch nur sehr bedingt gepflegt, aber Vereinheitlichungstendenzen eines geschriebenen Althochdeutschen sind dennoch sprachwissenschaftlich nachweisbar (*Sonderegger*, 267), so daß Stefan Sonderegger für seine umfangreiche Studie schlußfolgern kann, die Entstehung der deutschen Nation im Frühmittelalter spiegele sich im zunehmend einheitlicher werdenden Sprachsystem des Deutschen vom 8. bis 11. Jahrhundert (273).

Das politisch wichtigste Dokument stellen wir an den Schluß des sprachlichen Abschnitts dieses Kapitels: die Straßburger Eide[48]. Sie dokumentieren eine auf die fränkische Oberschicht begrenzte Zweisprachigkeit in Gallien (*Pfister* 1978, 140). Die „nationalen" Heere einer „internationalen" Oberschicht sind politisch zu beachtende Faktoren für die dynastische Politik geworden. Die Straßburger Eide stehen am Ende einer Entwicklung, „die von den Stammessprachen zur deutschen Sprache als Sprache eines Volkes oder einer Nation führte" (*Schmidt-Wiegand* 1978, 203).[49]

B.1. Die *deutsche Volkswerdung* baut auf der germanischen Landnahme auf. Südgermanische gentile Verbände stießen bei ihrer Südwanderung auf die Römer, die sie bis zur Errichtung des Merowingerreiches verdrängen konnten. Gentile Verbände hatten sich zu Kleinstämmen zusammengeschlossen und eine territoriale Einheit gebildet mit der Überzeugung gleicher Abstammung[50]. Aus den Auseinandersetzungen mit dem Römischen Imperium, die von Tenkterern, Sugambrer, Ubiern, Usipetern, Chatten, Bakterern, Marsern, Chatuariern, Cheruskern u.a. getragen wurden (*Herrmann* 1982, 124), bildeten sich im Laufe der Jahrhunderte Großstämme, deren Namen heute bekannter sind, wie beispielsweise die der Alemannen und Franken. Noch von zusammengeschlossenen Kleinstämmen wurde der germanische Aufstand im Jahre 9 n. Chr. getragen, der von dem Cherusker Hermann geleitet wurde. Die germanische Landnahme wurde damit endgültig stabilisiert[51]. Von den Großstämmen schälten sich die Franken als die geschichtsmächtigsten heraus. Ihre Reichsbildung auf straffer monarchischer Basis und der Unterordnung des Adels bewirkte eine Ausdehnung des germanischen Einflußraumes auch nach Westen. Die Christianisierung trug ebenfalls zur Festigung dieser Verbände bei (*Herrmann* 1982, S. 163, 209, 219, 227f).

Seit dem 1. Jahrhundert v. Chr. war Gallien ebenfalls mit germanischen Einwanderern in Berührung gekommen. Die römische Assimilationskraft absorbierte den germanischen Einfluß in den weiteren Jahrhunderten, so daß die im 6. Jahrhundert n. Chr. einströmenden Franken die assimilierten Germanen als Römer betrachteten. Das von Chlodwig in Tournai errichtete Regnum Francorum bildete aber bereits den Kern des Karolingerreiches und damit des Abendlandes[52]. Mit dem Reich Karls des Großen haben die Franken die Grundlage zweier unterschiedlicher ethnischer Subjekte geschaffen, wobei die ethnische Konstellation des späteren Frankreichs heterogener war als die des späteren Deutschland. Dennoch fließen auch in die deutsche Ethnogenese keltische, slawische, illyrische unter anderen Elementen ein. Bereits im Reich Karls des Großen sind jedoch eindeutig Differenzen zwischen Ost- und Westreich festzustellen, die es berechtigt erscheinen lassen, von einer im 8. Jahrhundert abgeschlossenen deutschen und französischen Volkswerdung zu sprechen. Die Jahrhunderte dauernde Vorgeschichte wirkte, verstärkt durch die Christianisierung und die kulturelle Entwicklung des Karolingerreiches, ethnisch kohärierend. Die imperiale Einheit des dynastischen Reiches wurde vom fränkischen Adel und Klerus getragen. Der Widerspruch aus imperialer Einheit und ethnischer Vielfalt wurde mit einer starken zentralen Führung kompensiert[53].

Differenziert man die Ethnogenese nochmals in drei Typen ethnischer Vereinigungsprozesse, die Julian Bromlej aufstellt (1977, 145. Vgl. Kap. III.1.), so entspricht die deutsche Ethnogenese dem Typ eines Konsolidierungsprozesses, der den Zusammenschluß sprachlich und kulturell verwandter ethnischer Einheiten zu einer ethnischen Gemeinschaft bedeutet. Der französische Typ entspricht einem Assimilationsprozeß (*Aubin* 1929, S. 9 u. 14; *Hugelmann* 1955, 228f.)

Walter Schlesinger resümiert den deutschen Prozeß der Ethnogenese folgendermaßen:

„An der Bildung dieses deutschen Volkes sind gentile Elemente beteiligt, aber sie sind nicht ausschlaggebend, und das deutsche Volks ist kein gentiler Verband alten Stils wie noch die deutschen Stämme. Es ist vielmehr eine mehrere *gentes* umfassende größere Gruppe, deren Solidarität im Kontrastbewußtsein gegenüber ebensolchen Gruppen, den Welschen im Westen und Süden, den Wenden im Osten, wurzelt. Diese Vorstellung ist sehr alt, wird aber erst im 9. Jahrhundert historisch virulent. Grundlegend für das Kontrastbewußtsein scheint der Unterschied der Sprache gewesen zu sein" (*Schlesinger* 1960, 44).

Eine auf die lange Sicht gesehen ethnisch kohärierende Wirkung kommt auch den zahlreichen Kriegen zu: „of all the factors what have gone into creating and sustaining ethnic identities, war has been the most potent and perhaps the most neglected."[54] Mobilisierung, Propaganda, Aufmerksamkeit für Grenzen, innere Ordnungserfordernisse sind Faktoren des Krieges, die „a sense of destinctive collectivity" generieren (*Smith* 1981, 77f).

Der sachsenbewußte Mönch, Widukind von Corvey, nimmt die Zeit Karls des Großen als Volkswerdungsprozeß von Franken und Sachsen an[55], also eine Zeit ausgedehnter Kriege.

Volksbildende Faktoren erkennt der Midiävist Hermann Aubin in der Gemeinsamkeit der Sprache, im gemeinsamen Leben, im gleichen Staat und in einer weniger fest greifbaren gemeinsamen Abstammung[56]. Auch Walter Schlesinger geht von einer Volkswerdung im 9. Jahrhundert aus[57]. Sehr treffend kritisiert schließlich der Mitherausgeber des großartigen Werkes „Aspekte der Nationenbildung im Mittelalter", Werner Schröder, alle diejenigen, die die Volkswerdung der Staatsbildung nachordnen. Der DDR-Historiker Bartmuss ist exakt dieser Meinung:

„Das wichtigste Ergebnis dieser Untersuchung aber ist, daß sich dieses ‚deutsche Volksbewußtsein' offenbar erst nach der Entstehung des frühfeudalen deutschen Staates kräftiger entwickelt haben kann. Wenn sich seine Anfänge auch schon im 9. Jahrhundert herausgebildet haben, so ist es doch höchst unwahrscheinlich, daß sie in dieser Zeit schon historisch wirksam geworden sind." (*Bartmuss* 1966, 105-6)

Abgesehen davon, daß ein historisch wirksam gewordenes Volk als Nation bezeichnet wird, ist auch hier die Verwendung des Staatsbegriffs der Schlüssel. Versteht man darunter ein Machtinstrument der herrschenden Klasse, so gibt es einen „Staat", seit es Herrschende und Beherrschte gibt. Politische *Herrschaft* wäre hier der adäquatere Begriff. Schröders Kritik an der Priorität von Staat gegenüber Volk bzw. Nation trifft aber unabhängig von dieser nicht zu vernachlässigenden Problematik der Begrifflichkeit zu:

soweit „auch immer noch heute die Datierungsvorschläge für die Entstehung der europäischen Nationen auseinanderklaffen, so reichen doch die frühesten Ansätze über die zweite Hälfte des 9. Jahrhunderts nicht hinaus. Zu diesem Zeitpunkt waren bereits mehrere Jahrhunderte nachantiker und somit mittelalterlicher ‚Staatlichkeit' vergangen, ohne daß es zur Nationenbildung gekommen wäre. Die bloße Reichs- oder Staatsbildung als solche vermag das Phänomen also nicht zu erklären."[58]

2. Die deutsche *Nationswerdung* ist dann erfolgt, wenn das deutsche Volk sich auch politisch Geltung verschafft. Im 9. Jahrhundert wurde der Prozeß der Ethnogenese mit der Bildung des ostfränkischen Reiches national fortgesetzt, die Nation machte sich geltend.

Als erster Beleg der Nationswerdung müssen die Straßburger Eide von 842 angesehen werden. Die beiden Karolinger schwören nicht lateinisch oder fränkisch, sondern altfranzösisch und althochdeutsch-fränkisch. Damit ist ein nationaler Unterschied festzustellen und zum Politikum geworden. Von den versammelten Heeren wäre die Sprache der herrschenden fränkisch-karolingischen Klasse, fränkisch-althochdeutsch, nicht mehr verstanden worden, die Heere waren bereits nationalisiert, setzten sich aus zwei verschiedenen Völkern mehr oder weniger einheitlicher ethnischer Konglomeration zusammen. Die sprachlich-nationalen Unterschiede, die hier historisch bedeutungsvoll dokumentiert wurden, wurden indes im Vertrag von Verdun (843) nicht berücksichtigt (*Mayer* 1943, 15), erst im Vertrag von Meersen (870) erfolgten Korrekturen. Die Eidesleistung in Teudisca Lingua[59] ist 1. wegen der Bezeichnung Teudisca bedeutsam und 2. wegen der damit betonten „einheitlichen Bezeichnung der Sprache aller deutschen Stämme des Reiches" (*Baesecke* 1943, 125f), des Ostreiches.

Das ethnisch, territorial, sprachlich gestützte Zusammengehörigkeitsgefühl des ostfränkischen Reiches kann als vages Bewußtsein von der eigenen Nation verstanden werden. Der Gegensatz von Franci und Germani war bereits am Hofe Karls des Großen ein Thema (*Rexroth* 1978, 278). Auch 830 lassen sich solche nationale Parteiungen ausmachen, die zur Auflösung des großfränkischen Reiches beitragen. Selbst ein „gentilium odium", ein Haß von Volk zu Volk, muß konstatiert werden (*Kirn* 1943, 281).

Die „orientalis Francia" ist seit 833 eine politische Größe, seit dort datiert Ludwig der Deutsche seine Urkunden nach Regierungsjahren im Ostfrankenreich (*Tellenbach* (1943), 182). Die Reichsteilung, dynastischen Ursprunges, ermöglicht auch eine, von Dynasten verkörperte politische Darstellung des Reiches und der sich entwickelnden Nation. Die Abgrenzung vom Westreich stärkt eine die Stämme überspannende ostfränkisch-nationale Zusammengehörigkeit. Die königlichen Urkunden sprechen vom „König der östlichen Franken", nicht mehr vom König der Alemannen oder Baiern.

> „Nach 845 ist diese (allgemeine – T. M.) Beziehung ... allein vorhanden; der ostfränkisch-deutsche Feudalstaat wird damit nicht mehr vorrangig als Stammeskonglomerat betrachtet, sondern als bereits relativ feste Einheit" (*Herrmann* 1982, 356f.).

Wenn man von einer „festen politischen Verbindung der deutschen Volksstämme" (*Herrmann* 1982, 391) spricht, wird man auch von einer Nation zu sprechen nicht umhinkommen. Die Nationsbildung wurde 887 bekräftigt, als dort die Ostfranken *für sich* zu bleiben sich entschlossen und Arnulf von Kärnten anerkannten. Insofern ist 887 ein „Epochejahr der deutschen Volksgeschichte" (*Schlesinger* (1948), 331). 911 wurde erneut der nationalen Einheit der Vorzug vor dem Geblütsrecht gegeben (*Schlesinger* (1948), 333; ders. 1975, 529ff.).

Die Rede von der Nation, wie sie beispielsweise bei Regino vom Prüm vorkommt, verstärkt auch wortgeschichtlich die Nationsbildung im 9. Jahrhundert (*Schlesinger* 1978, 19). Allerdings darf man sich an die Wortgeschichte nicht klammern, sie ist nicht einheitlich. Schlesinger stellt in seinem Forschungsbericht fest, daß es mehr als eine Arbeithypothese sei, „die Entstehung der europäischen Nation im Mittelalter anzusetzen". Schlesinger resümiert den *mittelalterlichen Nationstyp* folgendermaßen:

> Die mittelalterliche Nation ist ein offenes System, das dauerndem Wandel unterworfen ist. Sie ist zugleich ein verfaßtes Sozialgebilde von hoher Dauerhaftigkeit und in den meisten Fällen Grundlage der modernen Nation, wenn auch vielleicht nicht immer mit ihr völlig identisch. Fragen der Identität und des Identitätsverlustes werden besondere Aufmerksamkeit finden müssen. Die mittelalterliche Nation ist abzusetzen einerseits gegen vornationale, sog. „gentile" Bildungen wie Stämme oder Völkerschaften, andererseits gegen supranationale „universale" Ordnungen wie die römische Kirche oder das fränkische Großreich."[60]

An diesem mittelalterlichen Nationstyp scheitern eine ganze Reihe von allgemeinen Nationstheorien, die hauptsächlich für das 20. Jahrhundert (öfter auch das 19.) konzipiert zu sein scheinen, d.h. historisch sind[61], um nicht zu sagen historistisch. Eine Differenzierung tut not.

3. Die erste *deutsche Nationalstaatsbildung* kann als im 10. Jahrhundert erfolgt angenommen werden. Ein Gründungsdatum zu nennen fällt im allgemeinen schwer. Wir

können es uns hier insofern leichter machen, das sei deutlich hervorgehoben, als wir ein spätes Datum ostfränkischer Entwicklung auswählen, nämlich 919, das die vorausgegangene Geschichte in der Wahl des Sachsen Heinrich I. noch verstärkte und damit eine Staatswerdung endgültig stabilisierte.[62]

Unser Gründungsdatum genießt breiten, wenn selbstverständlich auch nicht unwidersprochenen, mediävistischen Konsens: Joachimsen spricht vom Geburtstag des Deutschen Reiches, das mit der Wahl Heinrichs I. beginne (*Joachimsen* 1967, 11). Hugelmann spricht von einem Nationalstaat, der 919 entstanden sei[63]. Von Stufen der Reichsbildung (843 - 936) spricht Gerd Tellenbach (1980, 173 u. 212). Bei Mitteis-Lieberich[64] werden mit dem Vertrag von Bonn 926 zwei „selbständige Staaten auf dem Boden des Völkerrechts" konstituiert. Von der „Geburt des ersten deutschen Staates im Jahre 919" spricht auch H.-J. Bartmuss, ohne damit von einem Nationalstaat sprechen zu können, weil dieser für den Marxismus-Leninismus erst im 15. Jahrhundert ausgemacht werden kann.[65]

Für die „Deutsche Geschichte" der DDR-Historiographie ist es deshalb charakteristisch, daß sie den „deutschen Feudalstaat" des 10. Jahrhunderts zwar quasi nationalstaatlich kennzeichnet, aber nicht entsprechend benennt. Dieser Feudalstaat habe entscheidenden Einfluß auf die Dauerhaftigkeit der „Verbindung" der deutschen Volksstämme gehabt. Dieser gefestigte politische Rahmen habe zur „sozialen Annäherung" des Adels der verschiedenen Stämme geführt, aber sogar auch zur „Annäherung" der Bauern der verschiedenen Stämme und zwar sowohl bei sozialen Auseinandersetzungen, als auch beim militärischen Abwehrkampf nach außen" (gegen Normannen und Ungarn). Schließlich habe der zunehmende Landesausbau die bäuerlichen Siedlungen näher zusammenrücken lassen. Die Rodungsunternehmen, an denen Bauern verschiedener Stämme beteiligt waren, taten ein übriges, um, sozialwissenschaftlich formuliert, ein Kommunikationssystem zu bilden. Seit dem 9. Jahrhundert setzte auch ein Warenaustausch von Massenbedarfsgütern über größere Strecken ein; desgleichen entwickelten sich die Handelsverbindungen (*Herrmann* 1982, 391). Das im 10. Jahrhundert als Zentralgewalt erfolgreiche Königtum[66] rundet das nationalstaatliche Bild ab.

Die hier unternommene Dreiteilung der frühmittelalterlichen Nationsgenese suggeriert eine realgeschichtlich exakte Entsprechung. Die Analyse erbringt als Ganze jedoch nur den Aufweis nationaler Prozesse im Mittelalter, so daß man hinter die Erkenntnis, daß die „deutsche Nation (. . .) wie die französiche über ein Jahrtausend alt" (*Conze* 1982, 5) ist, nicht zurückgehen sollte.

Anmerkungen zur mittelalterlichen Nation

Hier sollen einige notwendige Ergänzungen zu diesem Nationstyp geboten werden, die auf die oben ausgeführte Differenzierung (B. 1. - 3.) nicht rekurrieren.

Zum Thema deutsche Nationalstaatsbildung im 10. Jahrhundert muß angemerkt werden, daß durch die Imperialisierung dieses Nationalstaates seine Existenz als nationaler Staat fast schon in der Stunde seiner Geburt aufgegeben wurde. Es gibt, zugespitzt formuliert, keinen deutschen Nationalstaat im Mittelalter, aber es gibt eine mittelalterliche deutsche Nation. Die begriffliche Differenzierung wird hier unumgänglich. Die „universale Aufgabe des Kaisers", die „deutsche Mission für die gesamte Christenheit" (*Aubin* 1929, 82), der „Weltdienst" der deutschen Nation[67] bedingte, daß im Unterschied zu Frankreich und England „in Germany the Emperors neglected or failed to achieve (die Konsolidierung ihrer Macht) before seeking to increase their dominion abroad"[68]. Die Italienzüge der deutschen Könige und Kaiser, die mit Pippin bereits begonnen hatten, dienten der „defensio ecclesiae Romanae" (*Löwe* 1981, 129), nicht aber dem deutschen Nationalstaat, auch wenn noch unter Otto dem Großen für das „regnum Italiae" die hegemoniale Stellung, die Oberlehnsherrschaft, aufrechterhalten wurde. (*Fleckenstein* 1980, 63) Das *imperiale* Königtum mag national auch eine einigende Wirkung gehabt haben, aber es verkörperte jedenfalls keinen Staat einer Nation mehr, sonderen ein Reich (*Beumann* 1978, 362). Vor allem aber „war das nationale Königstum zu schwer mit der Krone des Imperiums belastet"[69], wie sich spätestens im Investiturstreit zeigte, wo die im Unterschied zu Frankreich und England eingegangenen Dependenzen sich gegen das Reich auswirkten. Die Kirche, die unter Otto dem Großen eine der wesentlichsten (politischen und kulturellen) Stützen des Reiches war, was an der Gestalt des Bischofs Brun von Köln sehr deutlich zu erkennen war (*Fleckenstein* 1980, 59), geriet zu einem politischen Machtfaktor (*Bosl* 1963, 23 u. bes. Anm. 46a).

Neben der imperialen äußeren Politik war der nicht gefestigte „Nationalstaat" nach 1250 intermediären Gewalten gegenübergestellt, die sich territorialstaatlich behaupteten (*Aubin* 1961, 81).

Damit ist das *soziale* Moment der deutschen Nationsentstehung angesprochen, das im Feudalismus zu sehen ist. Seit 1180 hatte der jüngere Fürstenstand keine amtsrechtliche, sondern eine lehnsrechtliche Grundlage und fing damit an, Staaten im Staate zu bilden (*Hintze* (1929), 21 u. 59).

Für den Feudalismus ist, nach Otto Hintze, charakteristisch (vgl. auch *Brunner* 1978, 30, 35, 69), daß der Übergang von einer Stammesverfassung zu einer festen Staats- und Gesellschaftsordnung mit einer geschichtlich-imperialen Entwicklung zusammentrifft und so die „normale" Entwicklung unterbricht. Es werden nun beide Entwicklungen miteinander verbunden, was zu einem akzelerierenden Prozeß führt (in dem viele geschichtliche Etappen überflogen werden), der im Imperialismus endet. Der russische, türkische, japanische Feudalismus hat sich ähnlich entwickelt (*Hintze* (1929) 28, 46). Der überstürzte Imperialismus kann jedoch seine „stammestaatlich-nationalen" Inkorporationen nicht verdauen.

Da frühmittelalterliche *Herrschaft* über große Gebiete nicht möglich war, anstaltsstaatliche Formen sich noch nicht entwickelt hatten, bedurfte es einiger Helfer in der Herrschaftsausübung, so daß sich aus der Herrschaft (nicht: Staat) *„Teilhabe und Mitbestimmung,* die in genossenschaftlichen Formen gewonnen und ausgeübt wurde"[70], entwickelte. Die frühmittelalterlichen Herrschaftsverhältnisse sind nach Karl Bosl so zu charakterisieren:

> „Neben König stehen Reichsadel und Stammesadel, neben dem Herzog der Stammesadel, der ihn trägt, neben den altadeligen Herrschaftsträgern arbeiten sich durch Dienst und Leistung die Ministerialen zur Herrschaft empor. Neben dem Stadtherrn steht die communitas burgensium, neben dem Grundherrn die communitas villanorum; erstere erringt durch genossenschaftlichen Zusammenschluß im Schwurverband Beteiligung an der Herrschaft, Bestimmung ihres Schicksals in Selbstregierung und Selbstverwaltung. Da das Reich die Stammesherrschaften bilden, die Königsherrschaft gentilisch verfaßt ist, darum bleibt die Herrschaft des Königs über sie, ihre Einordnung in den Reichsverband, das große Problem. Die Lösung ist gelungen, die Stammesherrschaft wurde ausgehöhlt, aber auch die Königsherrschaft; Gewinner war die Adelsherrschaft, die vom reinen Personalverband der Mitbeteiligten zum institutionellen Flächenstaat der Untertanen sich allmählich wandelte, ein Weg, den trotz größter Anstrengungen das Königtum nicht mitzugehen vermochte. Im Personenverband mit Herrschaftsteilhabe sind Treue und Hulde auf Gegenseitigkeit das ethische Band, das Herrscher und Beherrschte verknüpfte; Schutz und Hilfe sind das Mittel der Bewährung; Herrschaft, Dienst, Gehorsam schaffen „Freiheit", (...). Im Lehenswesen und Lehnrecht fand

der dualistische Charakter der politischen und gesellschaftlichen Grundform, fand die politische und gesellschaftliche Situation mit ihren großen Abständen und Gegensätzen ihren Ausdruck." (*Bosl* 1963. 27f.).

Die imperiale Elargierung des Feudalismus überforderte nicht nur die deutsche Monarchie, sondern auch den deutschen Nationalstaat, wie er 919 entstanden war. Wenn Karl Gottfried Hugelmann (1931, 5) vom „deutschen Nationalstaat des Mittelalters" spricht, so ist dies falsch[71], weil nur für das 10. Jahrhundert, bestenfalls, gültig.

Das „Nationale (. . .) ist vielmehr nur eine Stufe, die, kaum erreicht, sogleich übersprungen wurde . . . " (*Joachimsen* 1967).

Die weitere Entwicklung der Kontinuität eines deutschen Nationalbewußtseins oder Nationalgefühls mittelalterlicher Prägung kann und muß hier nicht weiterverfolgt werden[72]. Ihr roter Faden ist dann leicht aufweißbar, wenn man *alle* „Spuren von Nationalgefühl" wahrzunehmen bereit ist: „Beweise ,bloßer Heimatliebe' und Bodenverbundenheit, von Stammespatriotismus und Nachbarfeindseligkeit." Sie sind damals wie heute nicht belanglos[73], aber im ausgehenden Mittelalter bedarf es der Belegung von Nationalbewußtsein im „normalen Sinne" weniger, weil sie – im Unterschied zum Frühmittelalter – leichter zu haben sind[74]. Verallgemeinernd kann man sagen, daß vom Mittelalter her „unter den europäischen Völkern ein lebendiges Nationalbewußtsein" festzustellen ist[75].

Am Ende kann man folgendes festhalten:

Der Nationalstaat des 10. Jahrhunderts ist mit dem des 19. Jahrhunderts – wenn überhaupt – darin vergleichbar, daß beide historisch geworden sind. Neben einer nationalen historischen Identität, kann der mittelalterliche Nationalstaat belegen, daß eine Nationalstaatbildung keine mit einem Nationalismus zu verbindende Angelegenheit, keine nur moderne, mit der Industrialisierung zu verknüpfende Sache ist und sein muß. Die über oder neben den Nationalstaaten bestehende Nation verdient als geschichtlich sich durchhaltendes, wandlungsfähiges Gebilde mehr Aufmerksamkeit. Ihr pures historisches Alter[76] *ist* ein Argument für die Kontinuität der europäischen und einiger asiatischer Nationen. Der *kleinste* gemeinsame Nenner der politischen Nationalgeschichte wäre die Identifizierung politisch handelnder Angehöriger dieser Nationen, d.h. die Identifizierung von politisch handelnden Deutschen z.B.

Die – in allem Wandel bestehende – sprachliche, territoriale, ethnische Kontinuität als nationalgeschichtliche Erfahrung für das 20. Jahrhundert politisch zu erkennen, trägt zur realistischen, politisch-praktischen Urteilskraft über Nationen bei, die aus einer Nationstheorie sich ergeben können muß.

Anmerkungen

45 *H. Eggers:* Deutsche Sprachgeschichte, Bd. I, Reinbeck[7] 1974, S. 172. Das Wörterbuch selbst existiert noch z.T. in einer St. Gallener Abschrift.
46 *Rexroth*: 1978, 310f. und *Hessler*, 1943, 13ff. Vgl. auch insbes. Regino *von Prüm*, ebd., S. 52ff.
47 Bekannt ist sein Wort von der „frénkisga zúngun".
48 Vgl. u. Abschn. „Nationswerdung" (B. 2.).
49 Vgl. weiter H_2 *Eggers* 1970; *E. Wigner*: Bezeichnung für Volk und Land der Deutschen vom 10. - 13. Jh., ²1976; *F. Petri*: Zum Stand der Diskussion über die fränkische Landnahme und die Entstehung der germanisch-romanischen Sprachgrenze, 1954; *W. Betz*: Karl der Große und die lingua theodisca, in: Karl der Große, Bd. 2, 1966

50 Deutsche Geschichte, Bd. 1., von den Anfängen bis zur Ausbildung des Feudalismus Mitte des 11. Jhs., hrsg. v. d. Autorengruppe *J. Herrmann,* u. a. Köln/Ost-Berlin 1982, S. 40. Dieses massive, auf insgesamt 12 Bde. geplante offiziöse DDR-Geschichtswerk wird hier insbesondere deshalb kritisch herangezogen, weil in ihm am vorsichtigsten Ethnica Verwendung finden. Die historischen Erklärungen werden stets aus sozioökonomischen Verhältnissen zu geben versucht. Nur wo es unumgänglich zu sein scheint, geben die DDR-Historiker ethnische Begründungen (Bisher sind vier Bände erschienen, 1984).
51 Die DDR-Historiker beurteilen dieses bedeutende Ereignis, gestützt auf ein Engels-Zitat, so: „Für die germanischen Stämme bedeutete dieser Sieg '...einen der entscheidenden Wendepunkte in der Geschichte'. Durch die Zurückdrängung der römischen Truppen an die Rheingrenze wurde nicht nur für zahlreiche Germanen die Unabhängigkeit wiederhergestellt, sondern es entstanden Bedingungen für die spätere Herausbildung von Stammesverbänden, auf deren Grundlage sich schließlich das deutsche Volk bildete". S. 128
52 Gallien in der Spätantike. Von Kaiser Kaonstantin zu Frankenkönig Childerich. Römisch-germanische Zentralmuseum Mainz 1980, S. 7, 24, 121, 212, 240 u. a.
53 *E. Zöllner:* Die politische Stellung der Völker im Frankenreich. 1950
54 *A.D. Smith:* The ethnic revival, Cambridge u. a. 1981, S. 74. Smith sieht in Clans, Dörfern, Stadtstaaten, Reichen und Königreichen genauso Subjekte von *warfare*
55 Dieses Urteil aus der Zeit Ottos des Großen ist deshalb auch bemerkenswert, weil es von einem Sachsen geäußert wird. Vgl. *H. Aubin*
56 ebd., S. 70. Unter „Staat" versteht *Aubin* nicht das Reich, wie es sich im 9. und 10. Jh. herauskristallisiert, vgl. dort S. 73
57 *W. Schlesinger* 1941, 465; vgl. weiter das Bozener Kolloquium „frühmittelalterliche Ethnogenese im Alpenraum" vom 24.-29.9.1980 (im Druck), bes. die Referate von *H. Wolfram* u. *V. Bierbrauer.*
58 *H. Beumann/W. Schröder* (Hrsg.): Aspekte, 1978, 9 (Vorwort); zum Volksbegriff vgl. *H. Jacobs:* Der Volksbegriff in den historischen Deutungen des Namens „deutsch", in: Rheinische Vierteljahresblätter 32, 1968. *E. Schulz* schreibt über die europäischen Völker, daß sie „vielmehr in einem Prozeß von eineinhalb Jahrtausenden ... geformt wurden" (Die deutsche Nation in Europa, Bonn 1982, S. 60)
59 *H. Eggers:* Deutsche Sprachgeschichte, S. 255
60 *Schlesinger* 1978, 56 u. 58.
61 vgl. *K.W. Deutsch,* 1972, 29f, 40f, 203f. *Sulzbach* 1961, 46f; *W. Smidt* in: Einheit, 2-1975, S. 202
62 Im Eröffnungsvortrag vor dem Braunschweiger Historikertag von 1974 bestätigt *Schlesinger* in diesem Zusammenhang, daß ein neues Reichsvolk entstanden war, daß das Zusammengehörigkeitsgefühl nicht auf den Adel beschränkt war und daß von einer mittelalterlichen Nation gesprochen werden könne (*W. Schlesinger* 1975, 529-552).
63 *Hugelmann,* a.a.O., S. 232ff. Viele Aussagen Hugelmanns können als nicht mehr vertretbar, ideologisch, angesehen werden.
64 Deutsche Rechtsgeschichte, München ^{10}1981, S. 107.
65 *Bartmuss* 1966, 188ff. Vgl. auch die Zusammenfassung der unterschiedlichen Positionen bzgl. der Jahre 842ff., ebd., S. 85f. B. schildert auch ausführlich die Debatte im 19. Jh. um die Entstehung des deutschen Reiches. Vgl. auch *W. Eggert:* Das ostfränkisch-deutsche Reich in der Auffassung seiner Zeitgenossen, Wien 1973; *R. Faulhaber:* Der Reichseinheitsgedanke in der Literatur der Karolingerzeit bis zum Vertrag von Verdun, 1931 (Historische Studien, Bd. 20); *H. Zatschek:* Wie das erste Reich der Deutschen entstand, 1940.
66 *W. Schlesinger* (1948) 380f. Für die richtige Beurteilung der Leistungen des deutschen Adels muß das Prinzip der Unteilbarkeit des Reiches als eine politische Errungenschaft angesehen werden. Vgl. neben *G. Tellenbach* (1941), 110ff. auch *H. Mitteis:* Die deutsche Königswahl. Ihre Rechtsgrundlagen bis zur Goldenen Bulle, Darmstadt^5 1981 (1. Teil, Volkswahl); *E. Rosenstock-Huessy:* Königshaus und Stämme in Deutschland. 911 und 1250. Aalen^2 1965.
67 *Mitteis-Lieberich,* a.a.O., S. 109 u. 146; *R. Holtzmann:* Der Weltherrschaftsgedanke des mittelalterlichen Kaisertums und die Souveränität der europäischen Staaten, Tübingen 1953. Holtzmann belegt, daß das imperiale Kaisertum die westeuropäischen Souveränitäten respektierte (auctoritas des Kaisers). Die potestas wurde erst im späteren Mittelalter politisch beansprucht und dadurch zur Gefahr für die Souveränität der Einzelstaaten.
68 *F. Hertz* 1945, 208. Hertz fügt hinzu: „This policy resulted in catastrophy and in frustration of national unity for many centuries."
69 *E. Lemberg* 1950, 82; *W. Schlesinger,* 45 schreibt: „Indem die Deutschen das Kaisertum erneuerten, stellten sie sich eine europäische Aufgabe, die die Kraft des geeinten Volkes zwar über-

stieg, zugleich aber durch immer wiederholte Bewährungsproben zur Wahrung der Volkseinheit beitrug."

70 *K. Bosl,* 27 (eigene Hervorhebung – T. M.); vgl. auch O. v. *Düngern:* Adelsherrschaft im Mittelalter, 1927

71 Vgl. *R. Sprandel*: Verfassung und Gesellschaft im Mittelalter, Paderborn ²1978, S. 270. Seiner Nationalstaatsdefinition kann man sich dabei jedoch nicht anschließen.

72 *H. Lutz* 1982, 529 - 559 (bejaht die Kontinuität); *H. Finke:* Die Nation in den spätmittelalterlichen allgemeinen Konzilien (1937), in: *R. Bäumer* (Hrsg.): Das Konstanzer Konzil (WdF 415), Darmstadt 1977, S. 347 - 368; *K. Bosl*: Die germanische Kontinuität im deutschen Mittelalter, in ders.: Frühformen der Gesellschaft im mittelalterlichen Europa, 1964; *J. Ehlers* 1980, 565 - 587; *W. Conze* spricht von einer unbezweifelbaren Kontinuität des deutschen Nationalbewußtseins seit der Mitte des 15. Jhs., auf einer Tagung der Historischen Kommission in Berlin zum Thema: ,,Die Rolle der Nation in der Geschichte Deutschlandes" (Die Welt Nr. 140 v. 20.06. 1983, FAZ vo. 21.06.1983)

73 *P. Kirn* 1943, 13; vgl. *W. Hessler* 1943, 133; *E. Maschke:* Das Erwachen des Nationalbewußtseins im deutsch-slawischen Grenzraum, Leipzig 1933; *F. Kraus:* Die Nationenbildung der Westslawen im Mittelalter, Sigmaringen 1980; *L. Hauptmann:* Universalismus und Nationalismus im Kaiserreich der Ottonen, in: FS *K. G. Hugelmann* Bd. 1, 1951

74 *Kirn* 1943, 54, vgl. auch S. 108 - 110 (für das 12. Jh.)

75 *C.J. Hayes:* Nationalismus, Leipzig 1929, S. 37. Vgl. weiter: *H. Helbig:* Reich, Territorialstaat und deutsche Einheit im Spätmittelalter, in: *Hinrichs/Berges,* S. 94f.; *K. Symmons-Symonolewicz*: National Consciousness In Medieval Europe: Some Theoretical Problems, in: CRSN 8/1-1981/151 - 166, bes. S. 163, wo es vom mittelalterlichen Nationalbwwußtsein heißt: ,,A cluster of interrelated sentiments"; sehr aufschlußreich ist *P. Görlichs* Arbeit: Zur Frage des Nationalbewußtseins in ostdeutschen Quellen des 12. - 14. Jhs., Marburg 1964; *A. Schröcker* 1974, S. 22, 116 ff., 138; Problematischer ist die Arbeit von *J. Szücs*: Nationalität und Nationalbewußtsein im Mittelalter. Versuch einer einheitlichen Begriffssprache, in: Acta Historica 18/ 1972/1 - 38

76 Das pure Überleben als Volk in einem Kriege wie dem Dreißigjährigen zeigt, was mit Alter auch gemeint sein muß. Vgl. *G. Franz*: Der Dreißigjährige Krieg und das deutsche Volk, Stuttgart u. a. ⁴ 1979, S. 60 u. a.; vgl. auch *G. Ipsen*: Bevölkerungsgeschichte, in: *W. Köllmann/P. Marschalk* (Hrsg.): Bevölkerungsgeschichte (= NWB 54), Köln 1972, S. 84 - 92

4. Herausforderungen der deutschlandpolitischen Lage

Die „Ruhe der Welt", le „repos du monde", stand am Anfang der Metternichschen Realpolitik,[77] die auf die Sicherung des europäischen Mächtegleichgewichts zielte. Am Ende der Epoche, am Ende des Biedermeiers, stand die Revolution. Die Realitäten anzuerkennen ist heute ein Gebot der praktischen Politik. Es ist jedoch zu fragen, was die scheinbar unveränderlichen Realitäten sind. Die Antwort setzt die Analyse der realpolitischen Verhältnisse voraus. In diese Analyse müssen die Spannungen im Fundament der wichtigsten weltpolitischen Beziehungen gedanklich zu Ende gedacht werden. Daraus ließe sich eine realistische Position gewinnen, die vor Überraschungen sicherer ist, als eine, die den gegenwärtigen Status quo nur vor Augen hat. Die deutsche Lage (Arndt 1978; Willms 1982) zu bestimmen ist ein wesentlicher Bestandteil dieser Analyse. Für die politische Wissenschaft ist es eine vordringliche Aufgabe, diese Analyse zu erbringen.

Antagonistische Systeme stehen sich auf deutschem Boden gegenüber, spalten die Nation. Die weltpolitische Bedeutung Deutschlands liegt geopolitisch gesehen darin, daß eine Veränderung der deutschen Verhältnisse auch eine weltweite Veränderung bedeutete.

Die gegenwärtige Unwahrscheinlichkeit und Unabsehbarkeit einer Veränderung und vor allem die Unwahrscheinlichkeit, daß Deutsche die Veränderung bewirken können, macht die nationale Frage in Mitteleuropa zu einer vermeintlich akademischen Angelegenheit.

Der gewisse Überhang an feiertäglichen Reden und Absichtserklärungen in der Diskussion zur nationalen Frage hat einen spezifischen, geistesgeschichtlichen Hintergrund, den Max Scheler 1919 bereits treffend kritisierte, als er schrieb, es mangle den Deutschen an der Verpflichtung, irgendeine erkannte Wahrheit oder ein erkanntes Gutes darzustellen, es zu sein, zu leben. Die Unverpflichtetheit durch die eigenen Gedanken und Wertungen, die Werklosigkeit der Deutschen angesichts gedanklicher Kathedralbauten, ihre Berührungsangst mit der Wirklichkeit, all dies erzeugte immer wieder folgendes Phänomen:

> „eine Fügsamkeit in jedes beliebige historische Gewaltverhältnis, ein Vertrauen in die geschichts- und gottgegebenen Abhängigkeitsverhältnisse, ein Mißtrauen in die *Freiheit und Kraft* des Menschen, seine Angelegenheiten zu lenken und zu leiten" (Scheler (1919), 210 u. 215)

Das Unbehagen an der nationalen Frage

Die Dauer der Ost-West-Teilung und ihr unabsehbares Ende wirft für die Deutschen das Problem auf, entweder gegen diesen Zustand anzugehen oder mit ihm zu leben. Das Arrangement mit der Teilung kann der Anfang separater Entwicklungen sein, von Bi-Nationalisierung (vgl. Kap. III.5.) ist schon die Rede. Ob man durch derartige Überlegungen das bestehende Problem aus der Welt zu schaffen vermag, muß eher bezweifelt werden. Die Teilung der Nation durchzuhalten macht also Schwierigkeiten.

Die Debatte selbst, d. h. die engere deutschlandpolitische Diskussion seit und in vier Jahrzehnten, ist aber dazu angetan, solche intellektuellen Eskapismen zu pflegen, weil immer wieder gleiche Argumente und Gegenargumente wiederkehren und oft als Neuigkeiten präsentiert werden. Der nationale Ennui in der deutschlandpolitischen Diskussion entsteht aus den vielen durchschnittlichen Pflichtübungen, die schon ganze Bibliotheken füllen. Die Meinung, für Deutschlandpolitik bedürfe es gar keiner besonderen Kompetenz und sie sei ohnehin nicht zu bewegen, vergrößert die Misere.

Dieses Unbehagen an der nationalen Frage pflanzt sich selbstverständlich fort in einem „labilen Wir-Bewußtsein"; diskutierte deutschlandpolitische Perspektiven „bleiben relativ konturlos, gleichzeitig aber kontrovers" (*Weidenfeld* 1981, 33). Erstaunlich ist, so muß man bilanzieren, daß es angesichts der Teilung einer großen, bedeutenden europäischen Nation in dieser zu keiner institutionellen Ausbildung von „thinktanks" der Nationsforschung gekommen ist. Hans-Peter Schwarz vermutet, daß das „Defizit an Reflexion mit der Sache selbst" zusammenhänge (*Schwarz* 1974, 10). Daß sich seit 1978 eine Diskussion zur deutschen und nationalen Frage entwickelt hat, darf nicht darüber hinwegtäuschen, daß es auch andere Phasen, affektgeladene, gegeben hat.

Der antinationale Affekt

In der Tat ist es für Deutsche schwierig mit ihrer Nation auszukommen. Neben den engeren deutschlandpolitischen Problemen, die sich in ihrer rechtlichen Tragweite auf einem hervorragenden Stand der Diskussion befinden, ist das deutsche Verhältnis zur eigenen Nation getrübt, um nicht zu sagen gestört. Man kann geradezu von einem immer wieder virulent werdenden antinationalen Affekt sprechen. Schwarz erklärt die Erfolglosigkeit der Wiedervereinigungspolitik direkt aus der „Errosion der nationalen Idee in der Bundesrepublik", d.h. „weil sich der emotionale und politische Stellenwert der nationalen Idee deutlich reduziert hat"[78]. Nun ist der Affekt eindeutig auch dadurch zu erklären, daß die „Loyalität gegenüber der Nation (...) durch die faschistischen Systeme so pervertiert war, daß der normative Rang dieses Anspruchs grundsätzlich in Frage gestellt war" (*Winkler* 1979, 65; vgl. *Mayer* 1983). Die affektive Ablehnung, die Berührungsangst mit allem „Nationalen" spricht auch J. R. von Salis an:

> „Wenn irgendwo in einem Gespräch oder einer öffentlichen Diskussion das Wort „Nation" fällt, kann man fast mit Sicherheit einen Streit erwarten. Nach den Exzessen des Nationalismus in unserem Jahrhundert sind die Menschen allergisch geworden, und das war nicht schlecht. Das Problem besteht aber darin, daß es Nationen gibt und daß man sie offenbar nicht zum Verschwinden bringen kann" (*Salis* 1974, 7)

Von der „Flucht vor allem Nationalen" und dem „Rückgriff auf vornationale Orientierungen und Einstellungen" als der herrschenden Tendenz, spricht L. Niethammer (1972,

31). Eugen Lemberg bestätigt vor über drei Jahrzehnte diesen Affekt. 1950 sagte er, daß die „billige moralische Entrüstung", die man vielfach antreffe, fehl am Platze sei, sie führe sogar zu einer gefährlichen Selbsttäuschung. „Denn man hat sich mit keinem Gegner wirklich auseinandergesetzt, solange man nicht den berechtigten Kern in seinem Anliegen erkannt hat."[79] 1972 schreibt Lemberg von der unter Westdeutschen verbreiteten Allergie gegen alles Nationale, die für die Existenz der Nation befürchten lasse. Die Diskussion sei

> „durch eine eigentümliche Introvertiertheit gekennzeichnet: sie beharrt im eignen deutschen Erlebnisbereich, Reaktionen auf die jüngste deutsche Geschichte beherrschen sie, Erfahrungen und Begriffe aus anderen Epochen und Kulturkreisen werden so gut wie nie in Betracht gezogen" (*Lemberg* 1972, 49).

Es ist hier also wieder eine spezifisch deutsche Position eingenommen: Die individuelle deutsche Nation wird, im (so sagt man den Deutschen nach) typisch deutschen Gegensatzdenken, heute zu verdrängen gesucht, die ein oder zwei Generationen früher noch um jeden Preis verteidigt wurde. Es scheint ein objektiver Maßstab zur Beurteilung der Nation, zur Einschätzung ihres Wertes zu fehlen. Stattdessen wird das, was geliebt wurde, bei vielen verachtet.

Wie lassen sich derartig extreme Reaktionen erklären? Man könnte von einem *Umkehrnationalismus* sprechen. Umkehrnationalismus ist die Reaktion einer als nationalistisch stigmatisierten Gesellschaft. Sie sublimiert den Nationalismus als politische (extrovertierte) Haltung und kehrt ihn (introvertiert) ins Private um. Die in den 50er Jahren in der Bundesrepublik grassierende Ohne-mich-Haltung ist exakt der Ausdruck dieses Phänomens. Die Wiedervereinigungspolitik hat so einmal mehr Alibi-Charakter, sie wird verbalisiert, aber nicht realisiert[80]. Sie ist der Widerspruch zwischen der umkehrnationalistischen Bewußtseinshaltung und der unveränderten geographischen Lage der Deutschen. Dieses widersprüchliche Verhältnis der Deutschen zur Nation, im Unterschied zu der Frankreichs, wo trotz unterschiedlicher politischer und sozialer Herkunft der Bürger der französischen Nation die Nation als Wert akzeptiert, ja voraussetzt, läßt sich nicht etwa bei politischen Radikalen nur feststellen, sondern gerade auch bei der „bürgerlichen Mitte", die von Schwankungen der öffentlichen Meinungen besonders beeinflußbar ist. Vor einem Hintergrund nationaler Gemeinsamkeiten mutet beispielsweise folgende Meinung etwas übertrieben an, aber sie ist bezeichnend für den Stellenwert nationaler Charakteristika im öffentlichen Meinungsspektrum. Schwarz sagt, ein naturwissenschaftlich gebildeter Akademiker hätte meist mit seinen entsprechenden Kollegen im In- und Ausland „wesentlich mehr gemein" als mit Angehörigen der Pop- und Hippiesubkultur seines eigenen Volkes (*Schwarz* 1974, 23 f.). Unter der Hand werden hier aus „two cultures" internationalistische Sozialprofile.

Eine diesem Denken „entgegengesetzte" Position nahm — in anderen Zusammenhang — W.W. Schütz 1965 ein. Im Unterschied zum nationsrelativierenden Realitätsbezug von Schwarz, begegnen wir hier einem nationalen Tremolo, das für die Deutschland-Politik absoluten Vorrang forderte:

> „In dieser lebendigen Gestaltung deutscher Politik muß in Zukunft das Ziel der Einheit an die Spitze rücken. Es darf keine Entscheidungen mehr geben, die völlig losgelöst von diesen zentralen Aufgaben fallen. Andernfalls geht die Einheit und damit auch die Freiheit verloren"[81].

Ein weiters eigenartiges Kapitel des deutschen Verhältnisses zur Nation ist eine weit verbreitete Beschäftigung mit der deutschen Größe, die, wenn sie denn einmal existierte, die deutschen Nachbarn schrecken würde und schon durch ihre Vorstellung eine skeptische Haltung des Auslandes zur deutschen Wiedervereinigung bewirke. Man stelle sich vor: eine große geteilte Nation, deren innere Grenzanlage in ihrer Grausamkeit weltweit ohne Beispiel ist, sorgt sich um eine fiktive Größe, von deren Verwirklichung durch Wiedervereinigung sie durch die Weltkonstellation weit entfernt ist. Diese deutschen *Phantomschmerzen*, wie der Mediziner sie nennt, sind aber nicht nur wegen der deutschen Teilung besonders skurril, wobei weiter zu bedenken ist, daß derartige Bedenken besonders eigenartig anmuten angesichts zweier Supermächte, von der die eine die Hälfte Europas und ein Drittel Asiens darstellt, sondern auch wegen der imaginierten Rolle der Deutschen *in weiter Zukunft* und vor allem wegen der germanozentrischen Nichtbeachtung der dann veränderten Verhältnisse Europas. Da eine deutsche Einheit ohne massive Erosion im sowjetischen Imperium gegenwärtig undenkbar ist, müßte man doch, wenn denn dieser Fall doch eintreten sollte, z.B. auch die größte europäische Nation, die russische, die man wohl nicht aus Europa auszuschließen gedenkt, mit in die Kalkulation einbeziehen (vgl. *Zieger* (II) 1984, 14 u. 21). Daß Spanien, Italien, England, Frankreich, Polen Ungarn Rumänien, Jugoslawien dann nur die Sorge haben sollten, eine wiedervereinigte deutsche Nation sei eine Gefahr und nicht vielmehr auch eine Chance für eine polyzentrische Struktur Europas, angesichts der wie auch immer vorhandenen russischen Landmasse und Bevölkerung und deren wahrscheinlicher Wirtschaftskraft, ist nicht ganz einsehbar. Richtig ist, daß es heute ausländische Bedenken gegenüber einem wiedervereinigten Deutschland gibt[82]. Da es aber einem Ansinnen auf eine permanente deutsche Abhängigkeit, um das Mindeste zu sagen, gleichkäme, würde man ernsthaft einem demokratischen Deutschland die Selbstbestimmung verweigern, ist mit dieser Politik realiter und öffentlich nicht zu rechnen und also auch nicht den gegenwärtigen europäischen Verbündeten zu unterstellen. Der eigentliche Kern der Sorge von ausländischen Überlegungen kommt in der Bundestagsrede von H. Schmidt zum Ausdruck: „Wir dürfen nicht übersehen, daß in den Augen anderer die deutsche Teilung heute ein Teil des europäischen Gleichgewichts ist, welches den Frieden in Europa sichert..."[83]. Wenn eine europäische Friedenspolitik die deutsche Teilung voraussetzte, müßte die Frage nach der Art dieses Friedens gestellt werden, der damit den „repos du monde" aktualisierte.

Europa würde von Deutschland zunehmend mehr zur Disposition gestellt werden. Eine Deutschlandpolitik ohne die Perspektive der friedlichen Veränderung des status quo, wäre, abgesehen von ihrer verfassungsrechtlichen Problematik, das Ende der westdeutschen Nationsposition, ihre Glaubwürdigkeit wäre nicht mehr zu erbringen. Erneut erweist sich die Notwendigkeit, sich über die nationale Frage klarzuwerden, d. h. die spezifischen Realitäten wahrzunehmen.

Eine fiktive deutsche Größe kann wissenschaftlich jedenfalls kein Thema sein[84].

Bismarcks Lösung der deutschen Frage: eine Lösung?

Neben dem antinationalen Affekt[85] ist die etatistisch-historische Fassung der sog. deutschen Frage zu untersuchen. Mit anderen Worten: die sog. deutsche Frage der Einheit und Wieder- und Neuvereinigung Deutschlands kann nicht die ultima ratio auch deutschlandpolitischer Überlegungen und besonders nicht nationstheoretischer Konzepte sein (vgl. u. II. 2. A. u. B.). Die Teilung Deutschlands, die es in der Geschichte schon in vielfältiger Form gegeben hat, hat eine soziale, ökonomische, moralische, territoriale, konstitutionelle Seite, die das Politikum der nationalen Frage in Deutschland ausmacht. Faßt man die deutsche Frage „nur" als Problem der Teilung auf, was als allgemeiner Ausgangspunkt heute angenommen werden muß, ist diese Bewußtseinshaltung vergleichbar der des Bürgertums des 19. Jahrhunderts vor der Reichsgründung. Mit der Realpolitik Bismarcks im Jahre 1870/71 war für diese deutsche Bourgeoisie die deutsche Frage schlicht gelöst, was sie selbst vor 1815 und in den Jahren 1848/49 verfehlte, war jetzt von der Dynastie verwirklicht, „der" Nationalstaat war gebildet.

Nicht aus historischem Interesse heraus ist die Haltung der bourgeoisen Saturiertheit zu memorieren, sondern aus dem analytischen Interesse am Nationsbegriff, der damals fatal realpolitisch definiert wurde. Die Kritik am Bismarckreich umfaßt viele bedeutende Namen.[86] Hier geht es nicht um ihre Rezeption, sondern um eine exemplarische Kritik am Reich Bismarcks, mit der eine unzulängliche Nationsvorstellung demonstriert werden soll. Unter der Voraussetzung der *Anerkennung der großen Leistung Bismarcks* soll der Beginn eines reduzierten Nationsdenkens skizziert werden, um daraus einen Anstoß für die Bildung eines realistischeren Nationsbegriffs und -konzepts zu erhalten. Vorausgesetzt wird, daß man zumindest im wissenschaftlichen Bereich, aus der Geschichte lernen kann.

Der Historiker Heinrich von Sybel drückt die bürgerliche Haltung 1871 in folgenden Worten aus:

„Wodurch hat man die Gnade Gottes verdient, so große und mächtige Dinge erleben zu dürfen? Und wie wird man nachher leben? Was 20 Jahre der Inhalt allen Wünschens und Strebens gewesen, das ist nun in so unendlich herrlicher Weise erfüllt! Woher soll man in meinen Lebensjahren noch einen neuen Inhalt für das weitere Leben nehmen?" (zit. n. *W. J. Mommsen* 1974, 16).

Für Sybel war anscheinend die nationale Frage gelöst und daher bestanden für ihn Irritationen über die nationalen Aufgaben. Ob man aus dieser Haltung eine Flucht in die ökonomische Gründerepoche oder in Weltpolitik heraushören kann, sei als hier nicht interessierende Spekulation dahingestellt. Im Gegensatz zu von Sybel ist zu erkennen, daß verschiedenen politischen Bereichen des Reiches national, d. h. im Bezug auf die Entwicklung der Nation gesehen, verhängnisvolle Tendenzen innewohnten, die die erreichte Einheit zu untergraben drohten. Es wird nicht behauptet, daß man diese Tendenzen damals hätte feststellen müssen. Hier wird retrospektiv eine Gesellschaft zum Demonstrationsobjekt gemacht. Welches waren diese Tendenzen und Sachverhalte?

Zunächst war die territoriale Lösung nur eine kleindeutsche, die ethnisch gesehen sowohl unvollendet, als auch spannungsreich war. Es bestanden kleindeutsch-österreichische Beziehungen (Freundschaften, Abhängigkeiten, Rivalitäten), sie schlugen sich aber nicht staatlich-territorial nieder, sondern wurden erst in der Weltkriegsbegeisterung vom August 1914 politisch wirksam. Die großdeutsche Kampfgemeinschaft war dynastischen Ursprungs; das Habsburger-Reich brachte seine ungelösten Nationalitätenprobleme in den Krieg mit ein. Die kleindeutsche Lösung erbrachte den Anschluß polnischer, dänischer, französischer und deutschfranzösicher Minderheiten. Die ethnische Frage war ungelöst. Eine staatsnationalistische Germanisierungspolitik entsprach vielleicht einer dynastisch bestimmten Staatsräson, die vielfach Verteidiger in Verbänden und Parteien fand, aber nicht den Interessen einer potentiell großdeutsch zu definierenden Nation. „Nationale Interessen" können hier konkret historisch z.B. aus der Krimkriegssituation erklärt werden: eine Nation, die ihre Existenz dieser internationalen Lage verdankt, hat diese immer wieder zu berücksichtigen und damit sich zu bescheiden. Unter nationalem Interesse wird hier die Wahrung der Einheit und Entwicklungsmöglichkeit einer Nation verstanden. Differenzen zu einer Staatsräson sind dadurch sehr wohl möglich. Da das Interesse für alle Nationen gilt, ist deshalb der Eingriff in polnische und ungeklärte französische Besitzansprüche zu kritisieren – und zu verurteilen.

Die Mißachtung nationaler Interessen anderer Nationen konnte eine Feindschaft mit diesen Völkern zumindest nicht ausschließen, was nicht im nationalen deutschen Interesse liegen konnte.

Die Einheit Deutschlands vom Jahr 1871 wurde unter preußischer Führung vollzogen, doch Preußen ging nicht, wie monarchisch verlautbart wurde, in Deutschland auf, sondern wurde Deutschlands innerer Hegemon.[87] Die konstitutionell verankerte Übermacht, das Dreiklassenwahlrecht (als sozial diskriminierendes Verfassungsinstitut) und weitere konstitutionelle Fragen ließen die deutsche Verfassungsfrage als nationale Aufgabe ungelöst und als eine Herausforderung erscheinen, da konstitutionelle Forderungen aus dem antinapoleonischen Befreiungskampf nach wie vor im Raum standen. Schlaglichtartig deutlich wird der Widerspruch zwischen nationalem Denken in der damaligen Zeit und der „auf der preußischen Macht" aufruhenden Bismarckschen Reichsverfassung durch das völlige Fehlen des Begriffs „Nation" in dieser Konstitution (s. u. II. 2. B. 7.).

Die kulturelle Intoleranz des neuen Nationalstaates gegenüber seinem katholischen Bevölkerungsteil, dokumentiert im Kulturkampf, gefährdete die historisch überhaupt nicht selbstverständliche nationale Einheit im Innern. Eine konfessionelle Desintegration wurde provoziert.

Die politische Intoleranz hatten weiter die Sozialisten zu erdulden. Die Unterdrückung der Organisierung der Arbeiterbewegung, d.h. einer sozialen Klasse, spaltete die Nation. Sie drohte eine Schicht, die zu Beginn des 19. Jahrhunderts mit der nationalen Bewegung verbunden war und die unter der enormen sozialen Frage zu leiden hatte, der Nation politisch zu entfremden (*Conze/Groh* 1966).

Die expansionistische Großmachtpolitik[88], die mit einer dynamischen Wirtschaftsentwicklung des Wohlfahrtsstaates einherging, scheint neben einer außenpolitisch zumindest nicht kriegsverhindernd wirkenden Tendenz auch eine innenpolitische kompensierende Auswirkung insofern gehabt zu haben, als eine politische Partizipation nicht betrieben wurde. Die errungene nationale Position unter den Nationen, an deren Verhalten man sich naiv maß, schien vielen – *nach der deutschen Zersplitterung* zwar verstehbar – zu genügen, d.h. man war saturiert in der Zeit Bismarcks.

Karl Renner hat die Kritik der Nationalstaatsbildung unseres Erachtens sehr treffend in seiner Diktion formuliert, gerade wenn das dahinterstehende Nationskonzept getroffen werden soll. Das deutsche Reich und das Königreich Italien seien nicht durch den revolutionären und demokratischen Nationalismus, sondern

> „durch die reaktionäre dynastische Gewalt der Waffen begründet (...) Nicht die Nation trat in Deutschland die Herrschaft an, nicht sie benutzte den Staat als Werkzeug ihrer Kultur, wie Philosophen und Dichter geträumt. Binnen kurzem war das Reich das Werkzeug der Junker und diente anderen Zwecken. Das bürgerliche Nationalitätsprinzip ging in mannigfacher Verballhornung über in die Hände alldeutscher Gruppen und irredentistischer Sekten; die kulturelle und politische Idee der Nation entartete bei ihnen zum Rassenfanatismus und Teutonismus, zu lächerlichem Sprachreinigungs- und Wodansfirlefanz und derlei geschmacklosen Spielereien mehr. Der nationale Gedanke aber, als die hervorragende Ideologie der Zeit und beherrschende Denkweise der bürgerlichen Klasssen, gewann einen neuen, im Wesen verschiedenen Inhalt. Der siegreiche Junker, als Ökonom wie als Bürokrat, bestimmte das nationale Ideal und die nationale Denkweise" (*Renner* 1918, 91).

Lehren für das Nationsverständnis

Die Lehren, die aus der Kritik des Bismarckschen Nationalstaates[89] zu ziehen sind, liegen erstens darin, daß die nationale Frage in Deutschland durch die nationale Einheit allein als nicht gelöst angesehen werden kann. Eine derartige Auffassung zu kultivieren wäre, aus den deutschen Erfahrungen heraus beurteilt, verhängnisvoll.

Die zweite daraus resultierende Lehre, die gezogen werden muß, ist die Komplexität der nationalen Frage als solcher und speziell auch der deutschen Frage. Der Historiker Lothar Gall hat diesen Sachverhalt richtig, als historiographisches Problem formuliert, gesehen: Die sogenannte Deutsche Frage sei

> „immer zugleich ein soziales, ein verfassungspolitisches, ein außenpolitisches Problem gewesen", wobei „diese Probleme in sehr wechselnder und sich in unterschiedlichster Form überlagerndern Beziehungen zueinander standen" (1971, 19).

Beide Lehren sind die Grundvoraussetzungen der vorliegenden Arbeit. Für die „Wirtschaftsgesellschaft" Bundesrepublik Deutschland sind sie bereits jetzt aktuell[90].

Die Verbindung der beiden Bedeutungsfelder „Nation" und „Einheit" hat in der bundesdeutschen Gesellschaft keinen erstrangigen Stellenwert, weil Einheit nur unter einigen Prämissen ein politisches Ziel für die Bundesrepublik ist. Der Wert der Freiheit wird seit 1970 etwa gleichrangig mit dem Friedenswert betrachtet. Welche Bedeutung haben diese Werte für die Sicht der Nation?

Der Einheitswert hatte in der nationalen Bewegung des 19. Jahrhunderts Konjunktur, als der geschichtsreiche deutsche Partikularismus bekämpft wurde. Diesem Kampf entsprach auch das als chauvinistisch mißverstandene Deutschlandlied in seiner ersten Zeile: „Deutschland" sollte über allen Partikularismen und skurrilen Sonderentwicklungen *in* Deutschland stehen (*Tümmler* 1979, 23-27). Totalitäre innenpolitische Bestrebungen, eine einheitliche Gesinnung in der Nation zu schaffen, d.h. den bestehenden Pluralismus zu opfern, ließen den Wert sinken.

Wenn der Wert des Friedens höher angesetzt wird als der der Nation, so soll unter diesem Vergleich wohl verstanden werden, daß ohne Frieden im Atomzeitalter die ganze Nation gefährdet wäre. Wenn allerdings darunter verstanden würde, dem Frieden die Freiheit zu opfern, so wäre diese Art von Friedensapologie ein radikaler Pazifismus, der einem Ansinnen auf Unterwerfung gleichkäme. Eine nicht verteidigungsbereite Nation gibt sich selbst auf. Sie weckt die Begehrlichkeit ihrer Nachbarn oder ihrer möglichen Eroberer. Der Frieden wird unsicherer. Deshalb muß die Freiheit der Nation unzweifelhaft gesichert werden, wenn der Frieden bestehen soll. Nation und Frieden bedingen einander.[91]

Vor allem Freiheit wird als politischer Wert mit der Nation, wenn sie ernstgenommen wird, in Verbindung gebracht. Die Verteidigung der Freiheit nach innen und außen ist die vornehmste Aufgabe des Staates Bundesrepublik Deutschland. Freiheit in bezug auf die deutsche Nation gesehen, kann aber nur heißen, daß die Freiheit die Einheit wäre. *Die bundesdeutsche Freiheit ist keine nationale Freiheit.*[92] Deshalb ist die Freiheit, individuell und kollektiv betrachtet, eine ungelöste nationale Aufgabe. Grundwerte und kollektive Freiheit sind nicht zu trennen[93]. Der Begriff der Nation, gerade nach den Erfahrungen mit autoritären und totalitären Regimen auf deutschem Boden, ist wissenschaftlich von dem ethischen Wert Freiheit nicht zu trennen (s. u. III.2.). Dieser Nationsbegriff ist zu untersuchen.

Was den Terminus „Nationale Aufgabe" angeht, so ist er gerade in seiner Verbindung mit der „nationalen Würde", wie von Aretin formuliert, *auch* als innenpolitische Dimension zu erkennen. Diese Erkenntnis hängt mit unseren gewonnen Lehren zusammen. Das „Aufspüren neuer nationaler Aufgaben, die nicht von Prestigedenken geprägt sind, sondern die Entwicklung unseres Volkes zur freien Nation vorantreiben können", sei wichtig für das Schicksal der deutschen Nation (*Aretin* 1962). Diese „innere" Nationsbeziehung ist in Deutschland nicht selbstverständlich.

Traditioneller ist die Aufgabe der nationalen Intersssenwahrung, zumal in einer geteilten Nation. Diese Interessenwahrung, wie sie seit 1949 von den Bundesregierungen betrieben wurde, muß gegen eine Reihe von Illusionen kämpfen, deren Desillusionierung Deutschlandpolitik im engeren Sinne nicht erleichtert. Desillusioniert ist man von den Wiedervereinigungserwartungen der 50er Jahre. Die Neutralitätsillusion mußte ebenfalls aufgegeben werden, sei es durch die taktische Politik Stalins, wie sie aus der Stalin-Note vom März 1952 selbst albzulesen ist (*Motschmann* 1979, 226-234), sei es durch die zunehmende Westbindung der Bundesrepublik[94]. Damit hängt auch der Abbau der Souveränitätsillusion zusammen (*Kimminich* 1970, 63, 87, ff; *Rumpf* 1973), die durch europäische Integration zu kompensieren ebenfalls sich bisher als Illusion herausstellte. Die Verantwortung für „Deutschland als Ganzes" liegt unabhängig von der Bundesregierung und der europäischen Politik der Integration bei den Alliierten, was die Existenz der Bundesrepublik indirekt festigt. Die Flucht nach vorne durch eine de-facto-Anerkennung des status quo, war mit einer erwartungsvollen Anerkennungsillusion verknüpft[95], doch „Wandel durch Annäherung" und „Entspannung" blieben eher einseitige Entwicklungen[96].

In diesen Desillusionierungsprozessen (vgl. *Knopp* 1981) verlor die Deutschlandpolitik insgesamt an Bedeutung. Die Nationsvorstellung droht dabei ebenfalls steril zu werden.

Illusionsfreie Nationskonzepte, die nicht auf deutschlandpolitischen Durststrecken dem jeweiligen Zeitfortschritt erliegen, können nur schwer erbracht werden. Klar geworden sein sollte, daß es wiederum eine nur deutschlandspezifische Nationskonzeption zu entwickeln hieße, erneut alte Individualitätsideen zu kultivieren, die nicht nur theoretisch allgemeinen Ansprüchen nicht genügen, sondern sogar den deutschen Interessen widersprechen. Völkische Eigenbrötelei, wie sie in den 20er Jahren gepflegt wurde, ist nicht theoretisierbar und schon gar nicht universalisierbar. Eine westdeutsche Nationstheorie kann nicht absehen von der politischen Konstellation Deutschlands in Europa und im Ost-West-Konflikt überhaupt[97]. Der Schlüsselrolle, „die Deutschland seit Entstehung des europäischen Staatensystems stets für seine Nachbarn spielte und spielen mußte" (*Stürmer* 1983, 11), ist es zuzuschreiben, daß der deutschen Frage, „eine weltpolitische Dimension" eignet (*Hacker*, 1977, 12), der sich auch eine Nationstheorie nicht entziehen kann. So hat man endlich auch zur Kenntnis zu nehmen, daß die Bundesrepublik in einem „Interpretationskampf um den Nation-Begriff" steht und diesen aushalten muß (*Weidenfeld* 1981 u. 1983), wenn sie als wesentliches politisches Subjekt der deutschen Nation geistig bestehen will.

Die Herausforderung der deutschen Lage, die auch eine europäische ist, besteht, während im osteuropäischen und außereuropäischen Bereich, insbesondere der Dritten Welt, die moderne Nation sich entwickelt. Es bedarf der wissenschaftlichen Durchdringung der nationalen Frage gerade von den europäischen Nationen aus, weil das Erscheinungsbild der Nationen seit dem Zweiten Weltkrieg sich verändert. Neue bestandsfähige Konzepte des Nationalstaatsdenkens zu entwickeln ist eine wissenschaftliche Aufgabe geworden. Die deutsche Nationalstaatsbildung mag utopisch erscheinen, aber sie ist denkmöglich. Eine realistische Nationstheorie zu entwickeln, die universell greift, ist gerade auch eine deutsche Aufgabe geworden, jenseits von Sonderwegen: diese Aufgabe kann hier selbstverständlich nicht gelöst, sondern nur skizziert werden.

Anmerkungen

77 Vgl. das wiederaufgelegte Werk von *L. A. v. Rochau:* Grundsätze der Realpolitik, hrsg. u. eingeleitet v. *H.-U. Wehler,* Frankfurt 1972; *K. G. Faber:* Realpolitik als Ideologie. Die Bedeutung des Jahres 1866 für das politische Denken in Deutschland, in: HZ 203/1966/1-45; *K. H. Ruffmann:* Die deutsche Frage im Kräftefeld und als Funktion der Internationalen Politik vom Beginn des 19. Jhs. bis zum Ende des Zweiten Weltkrieges, in: *G. Jasper* (Hg): Tradition und Reform in der deutschen Politik. Gedenkschrift für *W. Besson,* Frankfurt 1976, S. 54 - 69.
78 Ebd., S. 21 - 23. Dies scheint auch die Meinung von Schwarz zu sein, denn es ist ihm „die Wiederherstellung eines deutschen Nationalstaates nicht mehr sinnvoll (. . .), wenn man das Ziel zu den dafür aufzuwendenden Risiken und Mühen in Relation setzt . . ."
79 *E. Lemberg* 1950, 274. So ist dennoch auch das moralische Anliegen sehr ernst zu nehmen, es gehört zum Komplex der nationalen Frage, gerade in Deutschland
80 *E. Nolte* 1974. Nolte schrieb damals von der „Befreiung von der bloßen Umkehrung der nationalistischen Überheblichkeit...", S. 601. *W. Conze* schreibt von einer „negativnationalistischen" Ablehnung eines deutschen Selbstbewußtseins, in: PK 9/5-1982/16
81 *W. W. Schütz* 1965, 13. Über die Bundeskabinette seit der Großen Koalition schreibt *A. Baring:* „Seither ist Politik in der Bundesrepublik wesentlich nur noch Wirtschaftspolitik – aber ganz großen Stils. Das Kabinett verhandelt und beschließt, wie die Protokolle seiner Beratungen zeigen, über andere Themenbereiche nur noch am Rande", Machtwechsel, Bonn 1982, S. 136
82 vgl. die Stellungnahme v. *R. Dahrendorf,* in: Deutschlandpolitik. Öffentliche Anhörung des Ausschusses für Innerdeutsche Beziehungen des Deutschen Bundestages, Bonn 1977, S. 13ff., insbes. 17ff. u. 33ff. *A. Fontaine* 1981, 329ff.
83 zit. n. *G. A. Craig:* Über die Deutschen, München 1982, S. 341. Craig meint nach diesen Worten des deutschen Kanzlers dem Epigramm Schillers zustimmen zu können, in dem es von den Deutschen heißt, daß sie sich vergeblich mühten, eine Nation zu bilden.
84 Es ließen sich dutzendfach Belege für das Trauma der deutschen Größe angeben. Neben Schwarz (S. 30) u. Craig (S. 26) sind es die Liberalen *K. Moersch:* Sind wir denn eine Nation? Die Deutschen und ihr Vaterland, Stuttgart 1982, S. 111 (ein im übrigen sehr lesenswertes Buch) u. *R. Dahrendorf* (s. o.), die entsprechende Positionen vertreten. Sehr zu empfehlen sind die durchdachten und ausführlichen Aussagen zu diesem Thema von *E. Schulz* 1982, 113ff. u. 135ff. u. *W. Kamlah* 1962, 20
85 Dieser Affekt soll nicht als politisch dominierende Haltung mißverstanden werden. Es ist aber politisch mit ihm in Deutschland von Zeit zu Zeit zu rechnen.
86 *Frantz, Lagarde, Freytag, Fontane, Gervinus,* u.v.a.m., vgl. einleitend *H. Hallmann* (Hg): Revision des Bismarckbildes und die Diskussion der deutschen Fachhistoriker 1945 - 1955, Darmstadt 1972, z. B. S. 287ff. Weitere Lit. s. u.
87 Selbstverständlich ist nicht die Größe der Bevölkerung oder des Territoriums, die Wirtschaftskraft oder das militärische Potential Stein des Anstoßes, sondern die daraus unvermittelt resultierende politische Stellung Preußens, die politisch vielfältige asymmetrische Struktur des Reiches. Die preußische Führung Deutschlands kam dem Sieg der fürstlich-dynastischen über die bürgerlich-demokratische Autorität gleich.
88 Hier ist vor allem die Periode zwischen 1890 und 1917 gemeint; vgl. dazu *M. Stürmer* 1983u. *A. Hillgruber* sowie, aus der Zeit, der Jubelband „Deutschland als Weltmacht. 40 Jahre Deutsches Reich". Berlin 1911
89 Zur Literatur über das Bismarckreich sei folgende Literatur angegeben: *H.-U. Wehler* 1973, *Th. Schieder* 1961; *A.J.P. Taylor:* Bismarck. Mensch und Staatsmann, München [4]1963;*H.A. Winkler* 1979; *W.J. Mommsen:* Max Weber und die deutsche Politik 1890-1920, Tübingen 1959; G. Ritter: Machtstaat und Utopie, München/Berlin [4]1943; *R. Dahrendorf:* Gesellschaft und Demokratie in Deutschland, München 1968; J. Becker 1979, 185ff; *D. Blackbourn/G. Eley* 1980; *D. Calleo* 1981 (vgl. zum „deutschen Sonderweg" auch u. Kap. „Sprachlich-kulturelle Frage"); *H. L. Koppelmann* 1956; *H. Plessner* 1974
90 Der Begriff stammt von *H. Ehmke,* zit. bei *E. Richert:* Gesellschaftspolitische Vorstellungen, in: Außenpolitische Perspektiven des westeuropäischen Staates, München 1972, S. 127. Eine bürgerliche Saturiertheit in politicis ist in der Bundesrepublik schon heute weitgehend verbreitet. Die plausiben Alibis faßt *J. Dittberner* zusammen: „Die Nachbarn im Osten und Westen, die Polen und Franzosen zumal, empfinden derzeit überwiegend relative Sicherheit und fragen sich, wie es mit ihrer Sicherheit im Falle der Veränderung des status quo in Europa aussehen würde. Die Bürger der Bundesrepublik sind zunächst an Konsum, an Wohlstand und sozialer Sicherheit interessiert, aber nicht an unwägbaren Veränderungen in der ,nationalen Frage'. Die Deutschen in

der DDR und in Ostberlin wünschen sich vielleicht in der Mehrheit eine deutsche Vereinigung; sie glauben aber nicht daran, daß sie kommt und ziehen sich in Nischen des privaten Glücks zurück" (1980, 15).

91 Die „Erhaltung des Friedens rangiert noch vor der Frage der Nation. Dies ist ein Dienst, den das deutsche Volk den europäischen Völkern leistet." W. Brandt in der „Regierungserklärung des zweiten Kabinetts Brandt/Scheel v. 18.1.73, Bonn 1973, S. 19. 1963 hatte sogar die SED noch unter der Überschrift: „Die Friedenspolitik der sozialistischen Einheitspartei Deutschlands und die Lösung der nationalen Frage in Deutschland" die Wiedervereinigung als notwendig bezeichnet, weil nur so der Frieden gesichert werden könne (zit. n.: Die deutsche Nation – von der Geschichte überholt oder geschichtlicher Auftrag? Die nationale Frage und die beiden deutschen Staaten, hrsg. v. d. Fr. Ebert-Stiftg., Bonn 1974, S. 22). Weiter schließlich E. Bahr: Die nationale Frage. Das Problem der Wiedervereinigung und die Pflicht zum Frieden, in: Die Zeit Nr. 12 v. 19.3.82/16, wo es heißt: „Meiner Auffassung nach haben wir durch die Ergebnisse der Entspannungspolitik folgendes erreicht, daß die erste Priorität für uns die Erhaltung des Friedens ist; denn wenn das nicht funktioniert, funktioniert gar nichts mehr. Wir haben also die ideologischen Fragen zurückgestellt und damit auch die Frage der Nation an die zweite Stelle gerückt. Es gibt kein nationales Ziel, das es wert wäre, den Frieden zu gefährden, also mit Gewalt durchgesetzt zu werden. Infolgedessen rangiert die Nation nicht an erster Stelle, sondern höchsten an zweiter. Wäre es anders, so hieße das, Deutschland über alles, Frankreich über alles und das hieße auch Rußland über alles oder Polen über alles. Im Zeitalter der nuklearen Zerstörungsmittel ist es nicht mehr möglich, die Nation als ersten und einzigen Bezugswert zu haben. Der oberste bezugspunkt politischen Denkens und Handelns muß der Friede sein. Wer aber als ersten Bezugspunkt die Ideologie hat, ist ein kalter Krieger . . ." (vgl. *Tümmler* 1979).

92 Es klingt daher zumindest bundesdeutsch-egoistisch, wenn man wie *A. Schwan* formuliert: Frei vor vereint, in: Politische Meinung 28/206-1983/31-39. Was heißt „bei uns" in folg. Textstelle: „Der deutsche Nationalstaat mag vergangen, die deutsche Nation mag kontingent, die Bundesrepublik mag provisorisch sein – die Sicherung und Entwicklung von Freiheit und Demokratie bei uns und anderen, die unsere Unterstützung oder Kooperation bedürfen, sind die nicht relativierbare Aufgabe unserer Politik in Gegenwart und Zukunft." (S. 39)

93 Darauf wird zurückzukommen sein – vgl. u. Kap. „Nationaler Wandel" und die dortigen Bemerkungen zur sog. Bi-Nationalisierung und die Verhandlungen des Zusammenhangs von Nation und Demokratie im Kap. „Differenzierte Nation", vgl. schließlich Kap. „Konstitutionelle Frage".

94 *K. Erdmenger*: Das folgenschwere Mißverständnis, Bonn und die sowjetische Deutschlandpolitik 1945-55, Freiburg 1967. *Th. Schweisfurth* 1982, 81ff. *K. Gotto* 1974, 3 - 91 u. 129ff.

95 Die späte, seit Mitte der 70er Jahre auftauchende Behauptung „illusionsloser Entspannungspolitik" kann der Erkenntnis nicht entgehenstehen, daß am Anfang dieser Wende in der Deutschland- und Ostpolitik eindeutige Erwartungen standen, die sich ebenfalls als völlig illusionär erwiesen: „Als Staat deutscher Sprache auf deutschem Boden wird die DDR auf Mauer und Mienen verzichten müssen. Sie wird ihre Grenzpraxis normalisieren müssen wie andere Staaten. Je mehr die Günde für ihre künstliche Abkapselung in den Augen der Welt an Kraft verlieren – um so stärker werden die Gemeinsamkeiten der Sprache, der Überlieferung, der Literatur, der Geschichte sich bei beiden feindlichen Brüdern geltend machen können." *H. Plessner* 1967, 57 (zur Kritik dieser kulturnationalen Perspektive s. u. „Begriff der Nation" u. „Nationale Identität"). *P. Bender* trat gar, wie später der Amerikaner *Sonnenfeld*, für eine „Stabilisierung der DDR" ein, in: Zehn Gründe für die Anerkennung der DDR, Frankfurt 1968, S. 92. *E. Fraenkl:* Der Streit um die Anerkennung der DDR im Lichte der Politischen Wissenschaft, in: Aus Politik und Zeitgeschichte Nr. 17 v. 25.4.1970

96 Um aus der umfangreichen Literatur zur Entspannungspolitik zunächst zwei Arbeiten zu nennen, sei auf das Heft „Aus Politik und Zeitgeschichte", B 41 v. 16.10.82 verwiesen, in dem *W. Kaltefleiter* und *W. Woyke* eine ausgezeichnete Expertise liefern. Markante Positionen vertreten *B. Willms*: Politische Koexistenz. Zur Theorie des Ost-West-Konflikts, Paderborn 1982; *H. Rüddenklau*: Die Deutschlandfrage nach Westintegration und Entspannung, in: Die Welt 271/21.11.81 u. ebenfalls in der Welt (Nr. 145 v. 25.6.1983) *B. Kirsch*: In der Welt von Jalta eingerichtet? Über die sog. Realitäten: Eine Bilanz der deutschen Ostpolitik; weiter: *H.-P. Schwarz*: Entspannungspausen, in: Aus Politik und Zeitgeschichte Nr. 50 v. 18.12.82, S. 27ff. (vgl. auch den Beitrag v. *A. Mertes*, ebd. S. 3ff.); *W. v. Bredow:* Die Zukunft der Entspannungspolitik, Köln 1979; *J. Füllenbach/E. Schulz* (Hg.): Entspannungspolitik am Ende? München 1980

97 vgl. *E. Schulz* 1982; *B. Willms* 1982. Von DDR-Seite: *A. Kosing* 1976. Eine Theorie des Nationalismus ist leichter zu haben, vgl. *H. A. Winkler/Th. Schnabel*: Bibliographie zum Nationalismus, Göttingen 1979 u. *H. Mommsen* 1971, Sp 623

II. Darstellung des Prinzips Nation: Grundlagen und Dimensionen der nationalen Frage

Nachdem wir im ersten Teil einen Einstieg gefunden haben in den methodischen und begrifflichen Ansatz der Arbeit und die deutsche historische und gegenwärtige Lage unter dem Aspekt ihrer Bedeutung für die Nationstheorie angesprochen haben, ist es nun das Ziel, eine allgemeine Grundlage für das Denken der Nation zu finden, den prinzipiellen Zugang zur nationalen Frage zu fundieren und die historischen und begrifflichen Erkenntnisse aus dem hinführenden Teil in die, wie zu sehen ist, multidimensionale nationale Frage, als Frage nach der wirklichen Nation, einzubringen.

1. Grundlagen: Praktische Philosophie und Nation

Praktische Philosophie

Politische Philosophie ist das allgemeine Denken des Gemeinwesens. Als Praktische Philosophie fragt sie nach dem menschlichen und politischen Leben und Handeln im Gemeinwesen[1].

Politische und Praktische Philosophie ist am wirksamsten und vornehmsten in der griechischen Antike gedacht worden. Ihre historische Wirklichkeit war die Polis, der griechische Stadtstaat.

Nicht die Allgemeinheit, sondern die Ursprünglichkeit und Wichtigkeit der damals gestellten Fragen macht die Praktische Philosophie aktuell. Ein derartiger Rückgriff muß undogmatisch, nicht scholastisch betrieben werden, d.h. es kann *nicht die geschichtlich verortbare* praktische Philosophie im Vordergrund der Erörterungen stehen. Im Falle der dogmatischen politischen Philosophie droht sonst die Erstarrung in Ideologie, wie der orthodoxe Rückgriff auf Marx, d. h. das 19. Jh., zeigt. Nicht also der Rückgriff oder dessen zeitliche Tiefe ist problematisch, sondern die methodische Abgeschlossenheit.[2]

Die wichtige Frage der Politischen und Praktischen Philosophie gilt der politischen Ordnung, die die beste bezüglich der Natur ist[3], in der der Mensch Glück aktualisieren kann. Weitere zentrale Fragen, die im Sinne der Politischen Wissenschaft und nicht im Sinne von beliebigen Meinungen[4] zu beantworten sind, gelten dem Worumwillen von Herrschaft, dem Zusammenhang von Ethik ud Politik, dem Gemeinwohl, der Gerechtigkeit, dem Gesetzgeber, dem Bürger. Im wahrsten Sinne grundlegende Frage sind die nach dem Politischen, nach dem Gemeinwesen und deren Grundlagen. Der Anspruch der Praktischen Philosophie wird über die Frage nach dem politisch guten Leben deutlich. Das normative Moment, das Gute für den Menschen und für das Gemeinwesen, eröffnet zwei Möglichkeiten: die Kritik und die Legitimation der Gemeinwesen[5]. Die „sokratische Differenz" zu bestimmen zwischen dem transhistorischen Maßstab des fundamental Guten und den hier und jetzt bestehenden Werten und Gütern[6] ist Aufgabe der Politischen Philosophie. Sie entfaltet aber, als Analyse und Reflexion, „nicht nur analytisch-reflexive, sondern auch sittliche Kraft"[7]. „Sittlichkeit" ist in der industriegesellschaftlichen Moderne eine scheinbar überholte Sache, meint aber nichts anderes als „modern gesprochen, ein Zu-Sich-Selbst-Kommen des Menschen, die Realisierung dessen, was für das Menschsein wesentlich ist: ein Aktualisieren von Humanität."[8]

Muß man es als die Aufgabe der Politischen Philosophie ansehen, nach der politischen Ordnung, dem politischen Gemeinwesen oder, am allgemeinsten formuliert, dem politischen Zusammenleben zu fragen, das *das Beste bezüglich der Natur* ist, so wird man zahlreiche Antworten in diesem Denkrahmen finden, die aber nicht alle richtig sein können.[9] Hier ist also eine Aufgabe formuliert, der die Politische Philosophie sich immer wieder zu stellen hat.

Wenn wir annehmen, daß Philosophie sich nicht ausschließlich der Klassikerrezeption widmen kann, sondern aktualisierbar ist, wird sie sich auch der Frage stellen müssen, was heute der Polis der Sache nach vergleichbar ist.

Unsere Annahme lautet nun, daß die *Nation* im Bewußtsein der Politischen und Praktischen Philosophie gedacht werden kann. Nicht, daß die Nation der Polis entspräche, wohl aber, daß sie in diesem Bewußtsein der Sache nach aufeinander bezogen werden können, ist die u. E. vergessene Wirklichkeitsdimension einer Praktischen Philosophie[10] im 20. Jahrhundert.

Im Rahmen des Fragehorizonts einer Praktischen Philosophie werden die als fundierend zu sehenden Elemente einer Theorie der Nation bestenfalls propädeutischen Charakter haben:

1. These: Die politischen Vergemeinschaftungen sind natürlichen Ursprungs[11]
2. These: Der Mensch ist von Natur aus politisch, das Politische hat universellen Charakter[12]

Diese aristotelischen Grundannahmen, die hier als Thesen gefaßt sind, seien im folgenden andiskutiert.

Natur

In der „Nikomachischen Ethik" unterscheidet Aristoteles grundlegend zwischen dem Naturrecht und dem Gesetzesrecht in der Polis. Während das Naturrecht unabhängig von Zustimmung der Nichtzustimmung gelte, also überall dieselbe Kraft der Geltung besitze, sei das Gesetzesrecht verbindlich geworden, weil es einmal festgelegt wurde[13]. Es ist also zu unterscheiden zwischen dem, was von Natur, was „immer" besteht und dem, was konventionell gilt, gesetzt wurde.

Die Polis (ihre Allgemeinheit als Vergemeinschaftungsform) gehört, so stellt Aristoteles in der Politik fest, zu „den naturgemäßen Gebilden"[14]. Die Polis (das Ganze) ist ursprünglicher als ihre Teile (das Haus oder die Einzelnen), denn „das Ganze muß ursprünglicher sein als der Teil"[15]. Die Teile wie das Ganze sind also natürlich.

Der Mensch wird jedoch nicht nur vom Ganzen her als ein natürliches Wesen deduziert, sondern selbst als ein gemeinschaftsbezogenes Lebewesen[16] gesehen, „von der Natur für das Zusammenleben bestimmt", für die Gemeinschaft der Polis[17]. Daher kann Aristoteles den Menschen als ein von Natur politisches Lebewesen[18] sehen.

Entsprechend dem teleologischen Naturbegriff des Aristoteles, erreicht die Natur ihren Abschluß, ihr Ende, ihren Zweck im Ziel, d.h. die Natur hat dort ihre Höchstform, die Autarkie[19] erreicht.

Der (sprach- und vernunftbegabte) *Mensch* kann erst in und durch die politische Gemeinschaft seine Natur aktualisieren, er ist dann vollendet und das Beste der Lebewesen[20]. Das gemeinschaftslose Individuum oder das autark sich selbst genügende wird (metaphorisch) als Tier oder Gott bezeichnet[21], also vom Natürlich-Politischen ausgenommen. Der Mensch wird außerhalb der politischen Ordnung, d.h. „abgetrennt von Gesetz und Recht", zum schlechtesten aller Lebewesen[22], weit entfernt von der natürlichen Entwicklungsmöglichkeit.

Auch *die Polis* ist kein natürlich-statisches, sondern ein sich entwickelndes Gebilde, das zunächst einmal um des bloßen Lebens willen entstanden ist, dann aber „um des vollkommenen Lebens willen besteht"[23]. Wer diese entwickelte Gemeinschaft „als erster aufgebaut hat, ist ein Schöpfer größter Güter"[24], er hat die Natur der Menschen und der Gemeinschaft aktualisiert[25].

Mit diesen Ausführungen hat Aristoteles den in der abendländischen Philosophiegeschichte nicht durchgehaltenen Zusammenhang von Natur und politischer Gemeinschaft begründet, auf den es dauerhaft ankommt.[26] Die Anthropologie des Aristoteles ist gekennzeichnet durch die Ambivalenz des Menschen:

> „Der Mensch bezieht sich bei jeder menschlichen Handlung auf andere oder vielmehr er wird auf andere hingewiesen, gleichgültig, ob diese Handlung „sozial" oder „antisozial" ist. Seine Gesellschaftlichkeit geht somit nicht von der Berechnung der von der Vergesellschaftung erwarteten Lust aus, sondern er leitet die Lust von seiner Vergesellschaftung ab, weil er von Natur aus ein geselliges Wesen ist. Liebe, Zuneigung, Freundschaft und Mitleid sind ihm ebenso natürlich wie das Interesse an seinem eigenen Wohl und die Berechnung dessen, was zu seinem eigenen Guten führt."[27]

Vernunft und Sprache, als die den Menschen allein auszeichnenden natürlichen Eigenschaften, machen den Menschen „in höherem Grade" zu einem politischen (gemeinschaftsbildenden) Lebewesen, unterschieden von allen anderen natürlichen Lebewesen, denn die Natur macht nichts vergebens[28]. Weil der Mensch also so veranlagt ist, „daß er ohne andere Menschen nicht oder nicht gut leben kann"[29], kann man sagen, daß die politische, gemeinschaftsbildende Natur des Menschen (bei Aristoteles) prämiiert wird[30]. Deshalb kommt der Sprache eine politische Bedeutung zu, da die (Urteils-) Gemeinschaft, d.h. die Übereinstimmung in der Wahrnehmung des Guten und Schlechten, des Gerechten und Ungerechten kohärierend wirkt, der politisch-ethische[31] Komplex wirkt gemeinschaftsstabilisierend.

Neben dieser Lehre vom Menschen haben wir bereits deutlich auf die Lehre von der Natur der Polis, der politischen Gemeinschaft – eine Art „Politologie" – hingewiesen, denn beide gehören zusammen, bilden eine Einheit: „The theme of political philosophy is the City and Man."[32]

Damit ist der Kern und die Mitte[33] der Praktischen Philosophie angesprochen.

Auf den möglichen Begründungszusammenhang von Natur und Politik richtet sich unser Interesse, denn das nicht hintergehbare, grundlegende Naturargument hat klassischen Charakter, d. h. es hat insbesondere argumentativ bleibende Bedeutung. Helmut Plessner hat die Bedeutung des Naturarguments für jede Anthropologie herausgearbeitet:

> „Jede Lehre, die das erforschen will, was den Menschen zum Menschen macht, sei sie ontologisch oder hermeneutisch-logisch, und die methodisch oder im Ergebnis an der Naturseite menschlicher Existenz vorbeisieht oder sie unter Zubilligung ihrer Auch-Wichtigkeit als das Nicht-Eigentliche bagatellisiert, für die Philosophie oder für das Leben als das mindestens Sekundäre behandelt, ist falsch, weil im Fundament zu schwach, in der Anlage zu einseitig, ..."[34]

Der Begriff der Natur, wie er in einer Praktischen Philosophie grundgelegt ist, ermöglicht durch seine – heute anders zu erklärende – teleologische Anlage die Unterscheidung von hier und jetzt Gültigem und einem natürlich bestmöglichen Gültigen. Natur und Naturrecht gehören zusammen. Der Begriff der Natur im klassischen erinnerungs- und aktualisierungswürdigen Sinne meinte die Natur (Physis) der Dinge bzw. Lebewesen, also die Natur im umfassendsten Sinne *(a)*. Heute (miß-)versteht man die Natur als die (individuellen) Dinge und Lebewesen der Natur[35]: „Physis war ein, wie wir heute sagen, normativer Begriff: was naturwidrig ist, ist auch nicht gut"[36] *(b)*.

(a) Das Naturargument, zu dem wir zwei (aristotelische) Thesen aufgestellt haben, hat **eine lange Tradition, die mit dem Naturrechtsdenken zusammenfällt.** Die Prakische Philosophie baut, wie jede anspruchsvolle Politische Philosophie, auf der Wahrheit des Satzes auf, daß das Wirkliche nicht nur das Gegenwärtige ist[37].

Diese fundamentale Einsicht gilt es trotz aller epistemologischen Probleme zu bewahren. **Das Naturrecht besagt, daß der Mensch**

„nur jene Potenzen entfalten (könne), die seiner Natur eingepflanzt sind. Es besteht daher ein Wesenskern des Menschen der alle geschichtlichen Lagen überdauert. Die Entfaltung des Menschen in der Geschichte hat also eine übergeschichtliche Grundlage".[38]

Der Mensch als geschichtliches Wesen wird damit nicht ahistorisch in Zweifel gezogen, aber die transhistorische Natur des Menschen läßt alle historistischen Strategien, den Menschen nur hic et nunc zu sehen, als obsolet erscheinen. Der Naturrechtsmaßstab ermöglicht es ferner, das Gegenwärtige daran zu messen, ob es einem naturgemäßen Leben entspricht oder nicht und ob die ggf. schlechte Wirklichkeit verändert werden muß. Natur ist naturrechtlich-politisch gesehen, eine gesellschaftliche Oppositionskategorie[39].

Das Naturrecht bringt das menschliche Verpflichtet-Sein[40] gegenüber einer Natur zum Ausdruck, die als Korrektiv gesehen werden kann, immer erneut interpretiert werden muß. Vom Verpflichtungsaspekt wird auch die politische Gemeinschaft nicht ausgeschlossen (s. u.).

Die Interpretationsleistung ist eine beständige Aufgabe der Prakischen Philosophie. Aus der erkenntnistheoretischen Unmöglichkeit heraus, die Natur im engeren Sinne more geometrico[41], d.h. szientistisch-mathematisch zu erfassen, kann man das Naturargument nicht kritisieren. Aber erkenntnistheoretisch bleibt das Problem der Erkennbarkeit des Natürlichen, d.h. des als „natürlich" Behaupteten, bestehen. Andererseits muß das Natürliche auch gesellschaftliche, rechtliche, konventionalistische Argumente bereits hinterfragt haben, bevor es in die Diskussion kritisch eingebracht werden kann. Die Erkennbarkeitsprobleme negieren aber nicht die Sache selbst, das muß festgehalten werden. Es ist davon auszugehen, und hier ist erneut die Politische Philosophie befragt, daß das, was natürlich ist, immer umstritten sein wird, bzw. immer auch für eine Kritik offengehalten werden muß. Die Politische Philosophie als Wissenschaft stellt sich der Aufgabe, die epochal unterschiedlichen Antworten und Lösungskonzepte im unveränderlichen Denkrahmen, wir kamen oben darauf zu sprechen, zu analysieren und auf ihre Richtigkeit, ihren Wahrheitsgehalt hin zu begutachten.

Praktische Philosophie kann, *wenn* man sie *undogmatisch* versteht, nicht sich durch die Meinung ernsthaft kritisiert fühlen, sie sei nur mit sog. Wesenseinsichten (Essentialismus) befaßt.[42]

Eine *moderne* Praktische Philosophie wird 23 Jahrhunderte nach Aristoteles nicht allein mit den Erkenntnissen und Überlegungen auskommen wollen, die damals angestrengt wurden. Der modernen Naturwissenschaft als Humanwissenschaft kann nicht mehr nur bescheinigt werden, daß sie hypothetisches Wissen[43] anhäuft, was sie sicherlich auch tut. Der Hiatus zwischen der Politischen Wissenschaft im Sinne der Praktischen Philosophie und der Naturwissenschaft ist ein wissenschaftsgeschichtlich entstandener, aber kein substantiell unüberbrückbarer Gegensatz.[44]

Es sei damit angedeutet, daß eine sog. Sozialnatur des Menschen, wie sie in den Humanwissenschaften angenommen wird, nicht länger mehr ignoriert werden kann.[45] An dieser Stelle kann es nicht um diese Zusammenschau beider Wissenschftskomplexe gehen. Die Frage nach dem Natürlichen für den Menschen wird hier auch nicht einfach mit dem Hinweis auf Naturwissenschaften erledigt[46]. Im 19. und 20. Jh. wurden z.B. sozialdarwinistische und rassistische Aussagen „naturwissenschaftlich" begründet[47]. Dennoch läßt sich naturwissenschaftlich beispielsweise das teleologische Denken kritisieren bzw. entsprechende Sachverhalte anders erklären[48]. Der aristotelisch formulierte Drang zur politischen Gemeinschaft wird naturwissenschaftlich anders begründet und formuliert. Aber immerhin: Naturwissenschaft und geisteswissenschaftliche Disziplinen brauchen keine Gegensätze zu sein, d. h., sie müssen sich auch zu ergänzen lernen.

(b) Um die naturrechtliche Position der klassischen Praktischen Philosophie etwas abzugrenzen, sei ein kurzes Schlaglicht auf einige Naturperspektiven geworfen.

Für Machiavelli ist die Natur der Menschen so geschaffen, „daß sie alles begehren können, aber nicht alles zu erlangen imstande sind"[49]. Die Menschen sind als Domestizierte nie zufriedenzustellen, weil sie ein diffuser Appetit, mehr haben zu wollen, ständig umtreibt.

Auch für Hobbes suchen die Menschen nur „unter dem Zwang ihrer Natur einander" auf, aber die Absicht, „weshalb die Menschen sich zusammenschließen, ergibt sich aus dem, was sie nach einem Zusammenschluß tun". Der Mensch ist „nicht von Natur, sondern durch Zucht zur Gesellschaft geeignet"[50]. So ist ein Zusammenleben nur unter Zwang vorstellbar. John Locke sieht den Menschen des Naturzustandes gegenüber der politischen Gewalt, die er damit konfrontiert. Der natürliche Zustand ist einer der „vollkommenen Freiheit innerhalb der Grenzen des Gesetzes der Natur", weiter ist es ein „Zustand der Gleichheit, in dem alle Macht und Rechtsprechung wechselseitig wird." Der Mensch ist hier „zum Genuß (...) geboren"[51]. Rousseau spielt die gute Natur gegen die schlechte Gesellschaft aus, wenn er die berühmten Sätze verfaßt:

„Wenn man die natürliche Beschaffenheit der Dinge betrachtet, dann scheint der Mensch eindeutig dazu ausersehen zu sein, das Glücklichste aller Geschöpfe zu sein. Betrachtet man aber den heutigen Zustand, dann scheint das Menschengeschlecht das Beklagenswerteste zu sein."[52]

Im 20. Jh. überwiegen dann Naturkonzepte, die in der Natur ein Chaos[53] sehen, d.h. einer Natur, die kulturell gestützt, institutionell gesichert werden muß. Der Mensch hat dann die „ständig zu leistende Selbstbehauptung gegenüber der Natur"[54] zu vollbringen um sich freizuschaffen für politische Selbstbehauptung. Hier ist ein „moderner" Naturbegriff an der Tagesordnung, der nur noch ein Naturgegenüber, eine Umweltnatur kennt, die eigene zur animalischen *macht*, d.h. sie depotenziert[55]. Für die moderne „Restnatur" ist die Frage allein interessant: „Wie die Menschen drohende Naturübel technisch bewältigen können." Die Alten dagegen interessierte: „Wie die Menschen praktisch einer natürlichen Ordnung entsprechen können."[56]

Die Konsequenzen aus einer Natursicht, die in der Natur nur das Böse erkennt, das bezwungen werden muß, sind immer wieder zu vergegenwärtigen. Gegenüber dem selbstermächtigten Naturbezwinger in Gestalt des starken Souveräns bleibt nur die Gehorsamspflicht:

„Dem Willen dieses Souveräns können mithin rechtliche Schranken von einer Natur, *gegen* die er doch konstruiert ist, nicht gezogen werden – sowenig wie der demokratisch umgestülpten und moralisch verinnerlichten Souveränität des allgemeinen Willens bei Rousseau"[57].

Die Frage nach dem Stellenwert des Naturarguments ist von der Politischen Philosophie her mit dem Primat der Natur in der Natur-Recht-Beziehung beantwortbar. Naturrecht ist kein irrationales Recht von Natur im Sinne einer ungewissen Ermächtigung, keine bloße Natur, Art und Weise des Rechts oder der Sache. Ein Primat des Rechts im Naturrechtsdenken würde das Naturargument überflüssig machen, verwässern oder zur Metapher werden lassen: vor allem würde es einen logischen Zirkel bedeuten, den man gerne dem Naturrecht vorwirft. Die petitio principii lautet mit den Worten von Hans Welzel:

„Das Naturgemäße, das in Wahrheit nur eine Funktion des Guten ist, wird scheinbar zum Real- und Erkenntnisgrund des Guten. Das Naturgemäße, das nur vom Guten bestimmt wird, wird zum scheinbaren Bestimmungsgrund des Guten umgewandelt"[58].

Hier werden das Gute und das Natürliche unzulässigerweise gegeneinander ausgespielt. Die Annahme eines logischen Zirkels ist deswegen nicht richtig, weil die Bestimmung des Natürlichen durch das Gute schlicht ideologisch und dogmatisch wäre.[59] Hier ist an die sokratische Differenz zu erinnern[60]: Das Gute hier und jetzt braucht nicht dem Guten an sich zu entsprechen. Konkret: „Der gute Bürger ist nicht ohne weiteres identisch mit dem guten Menschen"[61]. Der gute Bürger eines kommunistischen Staates dürfte kaum ein guter Bürger in einem demokratischen Staat sein. „Das Wissen vom Wesen des Staates oder dem politisch Guten, so wird fortzufahren sein, weist seinerseits über sich hinaus auf ein vorgängiges Wissen vom Menschen und dem Menschlich-Guten"[62]. Die Differenz von bonum politicum und bonum humanum entspringt dem Unvermögen, die Natur zu aktualisieren[63].

Der Stellenwert der Natur ist also der eines Maßstabes, nicht jedoch der einer Autorität:

> „Wollte man die Natur als die höchste Autorität bezeichnen, so würde man den Unterschied verwischen, mit dem die Philosophie steht und fällt, den Unterschied nämlich zwischen Vernunft und Autorität. Durch die Unterwerfung unter die Autorität. würde die Philosophie und besonders die Politische Philosophie ihren Charakter verlieren. Sie würde in Ideologie degenerieren, d.h. in Apologetik für eine gegebene oder entstehende Sozial- und Gesellschaftsordnung..."[64].

Weil die Natur nicht als Autorität gelten kann, also für das selbständige und selbstverantwortliche Denken der Autoren nicht verantwortlich zu machen ist, ist der Vorwurf besonders unreflektiert, daß man mit dem Naturrecht alles beweisen und rechtfertigen könne — „bis zu den Gaskammern von Auschwitz"[65]. Im übrigen kann die reductio ad Hitlerum eine reductio ad absurdum nicht ersetzen.

Da die „Ausarbeitung eines allgemeingültigen und vollständigen Naturrechtssystems ausgeschlossen" ist, sollte man den Stellenwert der Natur nicht mit einer Grundnorm vergleichen, zumal damit der Charakter des Gesetzten, d.h. Positiven gemeint war[66]. *Das Naturrecht bildet ein Orientierungswissen, das keine Pränormierung des Politischen darstellt, sondern eine ständige Vergewisserungsleistung, etwa im Sinne der sokratischen Differenz, erfordert.*

Im Gegensatz zur positivistisch neutralisierten rechtlichen und politischen Ordnung, ist die politische Gemeinschaft als solche im aristotelischen Sinne eine *sittliche Ordnung*. Wie in der „Politik", gibt es auch in der „Ethik" die Unterscheidung des Tradierten und immer schon Gepflegten (Sitten) und des für den Menschen gleichbleibend Guten, Wahren, Schönen.

Die letzten drei Begriffe klingen heute oft als Zumutung, weil sie als leer, nichtig und phrasenhaft empfunden werden. Man muß erklären können, was sie bedeuten, wenn man schon ihr Pathos bemüht. Ihrem Pathos entspricht ein Ethos, d. h. eine auf Praxis gestellte sittliche Haltung. Das „Sittliche" haben wir bereits definiert. Die ethischen Eigenschaften des Menschen entstehen aus den entsprechenden Tätigkeiten[67], d.h. in Gewöhnung. Die natürliche Anlage, die man hat, muß gefördert und durch Übung erst wirklich werden. Also kann man sagen, daß die Gerechtigkeit nicht angeboren ist (und somit das Ethische überhaupt), sondern im gerechten eingewöhnten Handeln erst verwirklicht wird[68]. Die Gesetzgeber haben die Aufgabe, im Gemeinwesen dieses Handeln möglich zu machen, nicht jedoch, es zu normieren, es ist der freien Zustimmung und Praxis der Individuen überantwortet.[69] *Diese* politische Gemeinschaft ist eine *gute*, wohlgeordnete, aktualisationsfähige. In ihr kann der Mensch seiner Natur gemäß das gute Leben erreichen, das Leben glückt — oder anders gesagt:

> „Men are by nature inclined to the city because they are by nature inclined to happiness, to living together in a manner which satisfied the needs of their nature in proportion to the natural rank of these needs"[70].

Die Aufgabe der Politischen Wissenschaft ist die Erforschung des Guten[71], das Gute für den Menschen ist sein höchstes charakterlich gebildetes Handeln gemäß der besten Tugenden. Zur Verwirklichung der ethischen Tugendarten bedarf es der Mitte zwischen Übertreibung und Mangel. Die Tugend ist eine Haltung, „die das, was sozial zu billigen ist, individuell verfolgen läßt"[72]. Damit ist die „Immanenz des Guten"[73] angesprochen: in jeder Gesellschaft kann kritisch identifiziert werden, was „sozial zu billigen", besser: politisch anzuerkennen ist, was wahr ist — und nicht nur konventionell gilt.

Das Schöne (Kalon), von dem oben die Rede war, ist dabei die verlorengegangene Einheit des ästhetisch Schönen und dem moralisch Guten[74]. „Schön" in diesem Sinne wäre eine „natural harmony between the whole and the human mind. Man would not be capable of happiness if the whole of which he is a part were not friendly to him"[75]. Joachim Ritter definiert dieses Glück als den „Stand der Bürger in einem Leben (...), in welchem das, was der Mensch seiner Natur nach zu sein vermag, Wirklichkeit erhält"[76]. Das beste Leben für Individuen wie für Gemeinschaften ist das Leben der Tugend, aber: „Wer das Leben des Tyrannen am meisten schätzt, wird auch jenen Staat für den glücklichsten halten, der über die meisten anderen herrscht"[77].

Man könnte auch in einer moderneren Rede den nicht zu sehr geschätzten Begriff der Tugend zu ersetzen suchen, aber dies braucht nicht unsere Sorge zu sein[78]. Für die Praktische Philosophie, im Unterschied zu einer Metaethik[79], ist wichtig festzuhalten, daß die „menschliche Wirklichkeit unter Ansprüchen, sittlichen Ansprüchen steht und auch nur so erfahren und beschrieben werden kann"[80]. Was die Praktische Philosophie als Ethik rehabilitierungsfähig macht, ist ihr Aufweis des unaufgeregten, alltäglichen, „normalen" Handelns der Bürger eines politischen Gemeinwesens. Die Zugehörigkeit zu einer solchen allgemein-menschlichen politischen Vergemeinschaftungsform *aktualisiert* man, indem man an dem politisch-ethischen Gemeinwesen partizipiert[81]. Nach der fundierten Frage nach dem Natürlichen wäre nun die Frage nach dem Politischen zu stellen.

Politik

„Politisch" attribuiert man — idealtypisch — Gemeinschaften, deren Charakteristikum im allgemeinen im sprachlich-einheitlichen, angestammten, territorial begrenzten, selbstorganisierten und -regierten, öffentlichen Zusammenleben besteht. Selbstorganisation und Öffentlichkeit des Zusammenlebens, d.h. die Freiheit der Teilhabe am Gemeinwesen, lassen eine fremdbestimmte oder eine von Arcana geprägte Herrschaft auf die Dauer nicht zu. Die gemeinsame, öffentliche Sache, die Sache aller, wäre nicht mehr zu erkennen und damit wäre das Zusammenleben gefährdet. Eine politische Gemeinschaft hört auf, *eine* politische, d.h. öffentlich-gemeinsame zu sein, wenn sich an ihrer Stelle *neue* Formen und Formationen des angeführten Zusammenlebens entwickelt haben.

Die Art des politischen Zusammenlebens, *die Form* der Herrschaft, bestimmt die *Qualität* der politischen Gemeinschaften. *Die Tyrannis* ist keine Selbstorganisation des angesprochenen Zusammenlebens, die Freiheit zur selbstbestimmten Herrschaft gilt nicht mehr und nur die täglich erneuerte Repression oder auch nur die angemaßte Gewalt oder sogar nur durch die zu große (politische, soziale, moralische usw.) Uneinigkeit der Regierten wird das Regime ein solches bleiben. Daß die Qualität eines solchen Regimes nicht als gut zu beurteilen ist, ist ein praktisches Urteil, das aus dem politischen Sein abzulesen ist. Der politische Körper wird, wenn er irgend mit dem Leben im Sinne von Zusammenleben zu tun hat, seinen vollkommenen, seinen politischen Zustand dann erreicht haben, wenn er zumindest tendenziell das Zusammenleben aller garantieren kann und um das Wohl aller besorgt ist.

Der Begriff des Politischen, wie er hier verwendet wird, gilt universell. Das Politische ist ein transhistorischer, universeller Sachverhalt. Will man den Grund des Politischen bestimmen, d. h. also seine Natur, dann kann es schwerlich genügen, seine monistische[82] Basis zu bestimmen oder Ursprünglichkeit im Nomos zu gewinnen versuchen[83] oder eine kratistische[84] Ordnung als grundlegend zu interpretieren; nur in absolutistischen, autoritären oder totalitären Vergemeinschaftsformen vermag der Staat[85] das Politische bei sich zu monopolisieren (L'Etat c'est moi)[86]. Das politische Wir, sei es ständisch oder klassenspezifisch stratifiziert organisiert[87], oder industriegesellschaftlich differenziert[88] gegliedert, verkommt zum schieren „Material" der herrschenden politischen Klasse[89]. Dualistische Herrschaftsverhältnisse dieser Art sind jedoch historisch weniger häufig als Tendenzen polykratischer Herrschaftsdiffusion. Nur ein starkes Königtum vermag politische Herrschaft „höfisch"[90] zu monopolisieren.[91]

Diese extreme Dualität politisch Privilegierter und politisch Entrechteter mit all ihren sozialen und wirtschaftlichen Folgen, kann zum Kennzeichen vorrevolutionärer Gesellschaften[92] werden. Die politische Spaltung wird dann revolutionär umgestoßen in eine neue politische Einheit[93], gescheiterte historische Aufstände intendierten eine solche Praxis[94]. In Umbruchszeiten, deren Ursachen viele sein können, schlägt das politische *Betroffensein* als *Untertan*[95] und *Beherrschter* endlich in *politische Selbstermächtigung* um, entwickelt sich ein *unterschiedlich motiviertes Beteiligungsrecht*[96], das politische Gemeinwesen aktualisiert sich, das Worumwillen des Gemeinwesens wird erneut zur Sache aller[97].

Die Legitimität einer konkreten politischen Ordnung mag jeweils epochal-ideel gültig sein, sei die Form des Gemeinwesens, ihr politisches Leben, wie auch immer: die politische Legitimation eines Gemeinwesens erwächst diesem jedoch nur in dem Maße zu, indem es sich wahrhaft auf das politische Ganze hin orientiert, auf die Verwirklichung des Gemeinwohls aller Bürger. Die politische Verpflichtung auf das Ganze des natürlichen Zusammenhangs von Mensch und Gesellschaft, d.h. auf das Gemeinwesen, *legitimiert*[98] politisches Handeln. Dessen Überleben, d.h. die Daseinssicherung des Bürgers in allen Lagen und nach allen Kräften zu garantieren, ist banalste Angelegenheit, „Interesse", Sache und Recht aller. Diese Sache ist eine politische, weil sie nicht soziale Teile, sondern das Ganze meint. Politische Herrschaft als Staat dient dieser Aufgabe, deren Vervollkommnung als ein bleibendes Thema der Politik seit Aristoteles angesehen wird. Zwischen der Latenz oder der Potentialität des Politischen und seiner Aktualisierung und Manifestierung in seiner natürlichen Höchstform, seiner größten Qualität als politische Identität, liegt das geschichtliche Spektrum der Erscheinungsformen des Politischen. Da die Geschichte nicht der Boden des Glücks ist, kann von ihr auch nicht erwartet werden, daß sie in der Demokratie etwa kulminierte. Das Spektrum des Politischen ist historisch differenziert, aber seine Substanz, wenn man so sagen will, liegt im menschlichen Zusammenleben und nicht darin, daß der Mensch des anderen Feind ist.

Diese Ausführungen erheben nicht den Anspruch, den Begriff des Politischen auch nur annähernd erschöpfend zu behandeln[99]. Es ging darum, zetetisch[100] den „Begriff des Politischen zurückzurufen"[101], sowohl in seiner ursprünglichen Bedeutung als auch seine dauerhafte Aktualität darzustellen, ohne der Geschichte Gewalt anzutun. In Griechenland, so Christian Meier, waren sich erstmals Politisch-Betroffen-Sein und Politisch-Beteiligt-Sein, politische Subjektivität und Objektivität sehr nahegekommen, so „daß das Politische seine Totalität gewann". Die Verbindung dieser „*vollen* Ausprägung des Politischen mit der des Menschlichen" weist auf die Aktualität des Politischen hin[102].

Polis

Welche politische Vergemeinschaftungsform entspricht heute dem klassischen Modell der Polis? Man übersetzt häufig „Staat", wenn im Griechischen Polis gemeint ist. Die Bedeutungsgehalte von modernem Staat und antiker Polis gleichzusetzen scheint aber nicht vernünftig, weil die moderne Unterscheidung von Staat und Gesellschaft in der Polis noch nicht auszumachen ist. Polis schließt Staat und Gesellschaft in sich ein, aber wiederum nur in einem ganz allgemeinen Sinne. Nicht historische und gegenwärtige politisch-konkrete Gestaltungsformen können hier verglichen werden, das ist die Aufgabe der Historiker, es geht um einen grundsätzlichen Vergleich politischer Vergemeinschaftungsformen, nicht aber bereits um einen Vergleich ihrer politischen Verfaßtheit. Wilhelm Hennis, der die Politische Wissenschaft als Politik im Sinne der Praktischen Philosophie in der Bundesrepublik Deutschland mit seiner Habilitationsschrift[103] von 1959/60 vorangetrieben hat, geht darin auf die Frage unseres Vergleichs ein. Weder der überkommene Nationalstaat noch die Klassenschichtung könnten „heute als die eigentlichen Determinaten des Modus des Zusammenlebens empfunden werden." Hennis urteilt, daß die „Abwertung der Nationen" nicht nur eine geistig-emotionale sei, sondern auch eine kausale. Für den westlichen Bürger einer Nation sei es *„zwar nicht gleichgültig, aber doch auch nicht fundamental,* ob er als Schweizer, Engländer oder Kanadier geboren wird." Hennis begründet seine Meinung damit, daß der „Schutz gegen Gefahren von außen (...) überall gleich groß oder gering" sei (Dabei wird die unterschiedlich geographisch bedingte Bedrohung übersehen). Das Maß politischer Freiheit kenne kaum Differenzierungen[104]. Wie weiß Hennis dann, wenn nicht von der Nation (national) und/oder von der Klasse (sozial) her, die politische Gemeinschaft zu bestimmen?

> „Nicht die Zugehörigkeit zu dieser oder jener Nation, sondern der *Charakter der Herrschaft* bestimmt den Charakter der zeitgenössischen politischen Gemeinwesen und das politische Schicksal der Menschen in ihnen. Das verschiedene Schicksal der Deutschen in Ost- und Westdeutschland zeigt dies mit schneidender Eindringlichkeit. Nicht die Nation, sondern die *Herrschaftsweise ist wieder die zentrale politische Kategorie,* ganz wie es bis ins 18. Jh. der Fall war"[105]

Damit entscheidet sich Hennis also indirekt für den Staat, differenziert aber betontermaßen, indem er hier nicht von Staat, sondern nur von der Herrschaftsweise spricht. Der „Staat" im allgemeinen Sinne des guten Gemeinwesens ist also für Hennis die neuzeitliche Chiffre für das, was bei Aristoteles als Polis galt.[106] Auch bei Helmut Kuhn wird die Polis im Sinne des allgemeinen Staatsbegriffs interpretiert. Politische Philosophie wird so zur Staatsphilosophie[107]. Kuhn spricht von einem Siegeslauf des Staates, der mit der „Okzidentalisierung der dem kolonialen Status entwachsenen Welt" angetreten sei[108].

Auch Hannah Arendt hat mit ihrem Hauptwerk[109] sich der Frage angenommen, welche Bedeutung die griechische Vergemeinschaftungsformen für das gegenwärtige Denken und Handeln haben. Hannah Arendt streicht die Gleichsetzung des Politischen mit dem Sozialen heraus, die schon seit Thomas zu erkennen sei: Homo est naturaliter politicus, id est socialis. Sie begrenzt aber ihrerseits das natürliche Zusammenleben auf den Bereich der Familie und den des Hauses. Der bios politicos, davon unterschieden, habe *„historisch"* die Verbände des Natürlichen (Familie, Blutsverwandtschaft) vernichtet[110]. Aus dem Bereich des oikos wächst neuzeitlich die Gesellschaft, die bei Hannah Arendt als eine Art Familienkollektiv, als eine ökonomisch-gigantische Überfamilie anzusetzen ist. Die politische Organisationsform dieser Gesellschaft sei die Nation[111]. Arendts Familiennation läßt den Bereich des Politischen also aus dem Bereich des Notwendigen neuzeitlich-historischen sich entwickeln. So gesehen hat sich aus dem Bereich der Unfreiheit, des oikos, die neuzeitliche Freiheit der Gesellschaft gegen den Zwang des Staates und der Politik gebildet. Der Bereich der Gesellschaft sei aber dennoch nur der Bereich, in der die Tätigkeiten auf die Erhaltung des Lebens beschränkt sind[112] Die Massengesellschaft triumphiert. Der Nationalstaat entwickle sich zur Bürokratie.[113]

In einer der ersten Einführungen in die Politische Wissenschaft, in der das neugebildete Fach in der Bundesrepublik vorgestellt wurde, beschäftigte sich Alexander Schwan mit der Praxis des menschlichen Zusammenlebens das er im Sinne der Praktischen Philosophie erörterte:

> „Im griechischen Verständnis ist die Gemeinschaft näherhin die Polis, das Gemeinwesen, der Ort der Selbstverwirklichung des Menschen, weil ein geglücktes Leben nur dann möglich ist, wenn das gemeinsame Leben geglückt ist. Die Politik (im klassischen Sinne – T. M.) aber hat das Glückenkönnen des gemeinsamen Lebens als solches und damit erst die eigentliche und ganze eudaimonia des Menschen, also das oberste Gut für den Menschen (...) und so das Wesen des Menschen selbst im Blick. So wird die Staatsphilosophie (...) aufs Ganze gesehen zur Frage nach der praktischen Wahrheit (nach der geglückten Praxis) im Zusammenleben der Menschen, dessen einigende, ordnende und raumgebende, somit den Vollzug erst überhaupt ermöglichende Stätte das Gemeinwesen ist, (...) also im neuzeitlichen Sinne der Staat – oder was immer wir heute an seiner Stelle in der *Erfüllung der Funktion des Gemeinwesens* zu suchen haben."[114]

Für Schwan ist es zumindest legitim danach zu fragen, „welchen konkreten geschichtlichen Gebilden jeweils"[115] die politischen Eigenschaften und Aufgaben zuzurechnen sind, die Schwan dem aristotelisch gefaßten Gemeinwesen zuschreibt. Die Fragen des Woher, Wohin, Woraus und Wie sind an dieses zu richten.[116] Das Woraus der Polis erklärt Schwan aus den geschichtlichen Bedingungen, aber das Woher sieht er dann doch im (transhistorischen) „sozialen Wesen des Menschen selbst"[117]. Das Gemeinwesen erhält bei Schwan die Eigenschaften, die auch die Staatslehre dem Staat zuschreibt. Es hat ein Territorium, es bedarf einer Bevölkerungsgruppe und weiterer Vergemeinschaftungen im Innern und außen. Schwan grenzt es dann – in einem gewissen Unterschied zu Hannah Arendt – gegenüber der „reinen Verkehrs-, Interessen- oder Sympathiegemeinschaft"[118] ab. Nur das Gemeinwesen „in seiner Verfaßtheit" verbinde mehrere Menschen durch eine allen gemeinsame Sache zu einer festgefügten Einheit, die „etwas qualitativ vom Einzelnen Unterschiedenes ist." Wenn bei Hennis der Herrschaftscharakter einer Ordnung im Mittelpunkt gestanden hat, so bei Schwan die Verfassung, beidesmal also die Politeia.

In der Einleitung zur History of Political Philosophy sprechen die Herausgeber, Leo Strauss und Joseph Cropsey, das zentrale Thema der Strauss-Schule an, daß die „distiction between nature and convention is fundamental for classical political philosophy and even for most of modern political philosophy."[119] Diese Unterscheidung ist vor allem auf die menschlichen Gemeinschaften anzuwenden: „One cannot understand the nature of man if one does not understand the nature of human society." Die perfekteste Form der menschlichen Gesellschaft sei die *Polis*. Meistens würde man wissen, daß man Staat und Polis nicht gleichsetzen könne, weil damit die Gesellschaft ausgeschlossen werde. Die Polis berge die späte Unterscheidung von Staat und Gesellschaft in sich. Das moderne Äquivalent sei jedoch „the country", wie man etwa von „meinem Land" spricht. Dennoch meinen die Autoren nicht die Nation, die sie merkwürdigerweise mit einem Stamm (tribe) identifizieren, und auch nicht ein Reich (empire). Beides schließe sich aus, weil ein Stamm unfähig sei für eine hohe Zivilisation und eine große Gesellschaft (nach klassischer Auffassung) keine freie Gesellschaft sein könne[120]. Strauss meint an anderer Stelle[121], daß man auch von Vaterland sprechen könne, nicht von Staat und nicht von Nation. Zwischen Vaterland und Nation zu differenzieren dürfte allerdings schwierig sein, zumal dann, wenn man die Nation in modernem Sinne gerade mit der Freiheit verbindet[122]. In einem weiteren sehr bedeutenden Aufsatz[123] schreibt Strauss schließlich, Politische Philosophie sei immer befaßt gewesen mit der besten oder gerechten Ordnung, die überall und immer von Natur aus die beste oder gerechte ist, während es die Politik zu tun habe mit dem „being and well-being of this or that particular society (a polis, a nation, an empire) that is in being at a given place for sometime."

Weniger problematisch scheint Bernard Willms eine fast schon identitäre Beziehung zwischen Polis und Nation zu sehen: „Was aber für Aristoteles die Polis war, ist uns die Nation"[124]. Es sei keine Frage, daß so unterschiedlichen Gebilden wie Polis, Reich, Staat usw. die Notwendigkeit der Institutionalisierung der politischen Grundvoraussetzungen für die Verwirklichung menschlichen Daseins zugrunde liege[125]. Willms versteht die Polis als realgeschichtliche Erscheinung. Ebenso sei der Staat ein epochengebundener Begriff, Polis verweise nur auf den Begriff des Staates, aber von ihrem Konkretheitsgrad her (als realgeschichtliches Phänomen) „über den Staat hinaus" auf die Nation.[126] Polis sei keine abstrakte Vorstellung gewesen, „sondern die konkrete Existenzweise der Griechen, im Denken auf den Begriff gebracht."[127]

Wenn auch die politische Valenz der Nation zeitlich schwanken mag, so kann doch auch kein Zweifel bestehen, daß sie als sog. moderne Nation, d.h. zumindest seit der Französichen Revolution, eine der wesentlichen Quellen des Politischen darstellt und darin ihre Affinität zum griechischen Ursprungsbegriff liegt[128], den sie in mancher Hinsicht noch übertrifft.

Polis und Nation

Ohne Zweifel bietet die Nation die größten Vergleichsmöglichkeiten zum Polismodell, sie hat die *größte prinzipielle Affinität* zur Polis. Beide sind Individuationen politisch-natürlicher Vergemeinschaftung. Man kann aber kaum, auch auf der transhistorischen Vergleichsebene nicht, von einer Identität sprechen. Aber die *politische Analogie der politischen Vergemeinschaftungsformen* ist offensichtlich[129]. Es differiert dabei *historisch* etwa: Die Dichte des Zusammenlebens, die exklusive Reservierung des Politischen auf eine Schicht, die Unfähigkeit zu einer pluralistischen Existenzweise, u.v.a.m. Der umfassende Bereich des Politischen war historisch gesehen territorial sehr klein. Die historische Leistung der europäischen Nationen ist die Elargierung des Politischen auf einen wesentlich größeren Rahmen hin[130], den nationalen, den die Griechen nicht zu erreichen vermochten. Die Herleitung der Nation aus Staat oder Gesellschaft ist[131] daher nicht ganz richtig, wenn man die politische Analogie von Polis und Nation zugibt.

Während also die Positionen von Willms, Strauss, Schwan, Kuhn und Arendt mehr oder weniger mit dieser Konzeption in Beziehung zu bringen sind, ist das Argument von Hennis, z.T. auch das von Schwan eine perspektivische Infragestellung des Bedeutungsgehalts der modernen Nation im wissenschaftlichen Rahmen. Ist der Charakter der Herrschaft der eigentliche, primäre Bestimmungsgrund des Politischen, so wird in dieser Perspektive die Nation marginalisiert, *weil sie von dem Herrschaftscharakter geschieden wird, mit dem sie aber eine Einheit bildet*, genauso wie Staat und Gesellschaft nicht gegen, sondern nur „in" der Nation lokalisiert werden können.

Der dichotomischen Auffassung liegt die Aussage des Aristoteles[132] zugrunde, der von einer anderen Polis spricht, wenn die Herrschaft gewechselt hat, wobei *hier* Herrschaft soviel wie Verfassung bedeutet. Da aber weiter politische Herrschaft und Staat in einem engen Zusammenhang stehen, wenn nicht neuzeitlich identifiziert werden können[133], bestimmt somit vor allem und zuerst die Verfassung den Staat. So könnte man mit Aristoteles von einem anderen „Staat" sprechen, wenn die Verfassung gewechselt wird. Es liegt hier ein absoluter Verfassungsbegriff[134] zugrunde. Die Verfassung gilt dort als der Gesamtzustand der politischen Einheit und sozialen Ordnung eines bestimmten Staates, die Verfassung kann als „Seele" des Staates gelten und sich in der Staatsform ausdrücken. Der Staat *ist* dann jeweils Monarchie, Aristokratie usw., d.h. die These ist dabei, daß der Bereich des Politischen darin aufgeht, diese konkrete Verfassung und dieser konkrete Staat zu sein bzw. darin am stärksten zum Ausdruck zu kommen[135].

Es gilt wohl wesentlich den Herrschaftswechsel zu beachten, d.h. die prägende Kapazität der Herrschaft. In der Regel ist der Wechsel von einer Monarchie zur Aristokratie oder zur Oligarchie zwar wichtig, aber nicht fundamental: eben weil die prägenden Kapazitäten den Bereich des Politischen, z. B. der bürgerlichen Gesellschaft, nicht aufsaugen. Die Ausnahmen der Regel sind gänzliche Umbrüche des politischen Kräftefeldes, in denen es zu einer Veränderung von Verfassung, Herrschaft, Staat und weiterer Bereiche kommt. Der totale Staat etwa sucht, als Monopolist des Politischen, alles Nichtstaatliche — das ist ein Definitionsproblem — zu entpolitisieren (potentielle Partizipationsversuche etwa), bzw. alles zu „verstaatlichen", d.h. unter seine Herrschaftsgewalt zu zwingen. Ein solcher Herrschaftswechsel ist tendenziell total (man spricht von autoritärer oder gesteigert von totalitärer Herrschaft). Der neuen Herrschaft korrespondiert jedoch nicht eine neue Nation oder eine neue Gesellschaft, eine neue Geschichte, eine neue Sprache, ein neues Territorium. Die Bürgerschaft der Polis[136] bleibt die gleiche, aber die Aktiv-Bürgerschaft wechselt je nach Herrschaft; das *„Volk in der Nation"*[137] bleibt, ob beteiligt oder nicht, gleich, auch sein Mitwirkungsinteresse bleibt potentiell gleich[138]. Der Modus des Zusammenlebens wird eben auch nicht unwesentlich national bestimmt, beispielsweise ist eine im 20. Jh. praktizierte Form der Demokratie in Indien, England, Mexiko, Südafrika sehr verschieden[139]. „Forma autem regiminis mutata non mutatur ipse populus"[140].

Das Herrschaftsproblem, exemplifiziert an der deutschen Lage der Gegenwart, heißt die doppelte Herrschaft in Deutschland erkennen: eine freie und eine oktroyierte. Die Grundvoraussetzung der politischen Existenz, das natürliche Zusammenlebenwollen, wird verweigert, verhindert und versucht, vergessen zu machen, oder mehr noch, einer geschichtlich-kontingenten Lösung zuzuführen (sozialistische deutsche Nation, DDR). Politische Herrschaft ist wesentlich mit der Nation verbunden, weil die Nation ein politisches Gemeinwesen ist. Die Herrschaft eines Teils des Gemeinwesens *über* das Ganze, z. B. einer Klasse, eines Standes oder einer Partei, kann — und wird — politisch nur durch ideologische Manipulation gerechtfertigt werden, weil alles Politische auf die Sache aller, auf das Zusammenleben in einem Gemeinwesen „zielt". Eine Klassen- oder Standesherrschaft zielt mit dem Herrschaftsanspruch und der Durchsetzungsmacht auf die ganze politische Einheit. In Wirklichkeit ist der Anspruch unwahr, weil er einen Teil zum Ganzen machen will. Die Herrschaft ist also *ein* bedeutender Faktor zur Bestimmung einer Nation, die Form der Herrschaft bestimmt die politische Qualität des Gemeinwesens Nation, aber die Pluralität der politischen Wirklichkeit, die jeden Bürger einer Nation bestimmt, wird nur von der Herrschaft bestimmt. Das Politische, vom begrifflichen Ursprung her auf die politische Gemeinschaft bezogen und also auch auf die nationale, transportiert selbstverständlich aber auch trans- und subnationale Ideen, es ist nicht auf die Nation begrenzbar.

Nation und praktische Philosophie

Fragt man, was eine undogmatisch und nicht scholastisch interpretierte[141] Praktische Philosophie mit der Nationalen Frage zu tun hat, so kann man, wie wir oben anführten, zunächst auf den Ursprungsort der Politischen Wissenschaft, die Polis, zurückgehen, um von ihr aus die moderne Entwicklung kritisch in Blick zu nehmen. Die Aufgabe der Politischen Wissenschaft ist so immer gewesen, auf der Höhe der Zeit über sie hinaus, d.h. in kritischer Distanz zur Wirklichkeit, das politische Handeln und Zusammenleben der Menschen zu beurteilen, d.h. nach der Qualität des Politischen zu fragen und aktuell die politischen Zustände danach praktisch zu begutachten. Das Maß der so verstandenen und erneuerten Politischen Wissenschaft muß im letzten Sinne die Natürlichkeit sein. Die methodischen und erkenntnistheoretischen Schwierigkeiten im Umgang mit „Natürlichkeit" können die Sache selbst, ihre Wirklichkeit, nicht berühren[142]. Die natürliche Grundlage politischer Gemeinschaften ist als wiedergewonnene *Orientierung* für die Praxis nicht zu überschätzen. Allerdings auch nicht die Schwierigkeit eines solchen Unternehmens.

Das Politische ist, jenseits von „sozial" und „antisozial", begründend nur über die Natur zu bestimmen. Der an Aristoteles orientierte Naturbegriff läßt zu beurteilen zu, daß der Mensch allein, atomisiert, nicht gut leben kann. Die gute Ordnung des politischen Zusammenlebens, die allen und damit dem Gemeinwohl dient, kann das summum humanum zum summun bonum in der politischen Einheit tendentiell möglich machen. Politisch ist hier ein universeller Qualitätsbegriff. Er ist ein politisch-ethischer Begriff, im klassischen Sinne ein Urteilsmaßstab. Erforderlich ist die praktische Ureilskraft der Menschen, deren Wahl des Naturbildes – geschichtlich examiniert[143] – über Erfolg und Mißerfolg ihrer politischen Selbstbehauptung und über die Qualität ihres politischen Daseins entscheidet. Wer das Naturrecht, d.h. das, was von Natur rechtens, das Rechte ist, kurz: was natürlich fundiert ist und nicht nur gesellschaftlich gemacht, hergestellt ist, ablehnen zu können meint, sollte wissen, was er tut. Er legt die Axt an die Wurzeln des Selbstverständnisses der westlichen Welt. Menschenrechte[144] sind nichts anderes als die historisch-konkrete Darstellung und spezifische Anwendung der individualistischen Seite des Naturrechts. Die natürliche Grundlage, die im Politischen aktualisiert werden kann, weil der Vergemeinschaftungsprozeß immer wieder dargestellt, gegeneinander und miteinander durchgesetz wird, macht eine Gemeinschaft regierbar, beherrschbar und läßt sie nicht als eine Zwinganstalt von anarchischen einzelnen verstehen. Durch den Zusammenhang von Natur, Politik und Nation läßt sich, wie gezeigt, nicht nur Wirklichkeit begründen, sondern es wird auch der Begründungsrahmen zur Selbstbehauptung der nationalen Freiheit des Westens angesprochen, der durch gesellschaftliche Argumente (ideologischer Art oder nicht) nicht hinterfragbar ist, diese vielmehr umgekehrt fundamental[145] kritisierbar macht[146].

Eine nicht-sophistische, Praktische Philosophie kann als Philosophie des gegenwärtigen Gemeinwesens aktualisiert werden. Sie ist keine halbideologische Wertphilosophie oder Weltanschauung, sondern praktische[147] Politische Wissenschaft. Sie muß ihr Terrain, das sie hat: das Politische, radikal ernst nehmen, wenn sie ernst genommen werden will.

Joachim Ritter vermag eindringlicher unsere Annahme einer „Bindung der unmittelbaren Politischen Theorie an die Polis" auszudrücken:

> „Die Beziehung der politischen Begriffe und der Politik auf die Polis, die die Geschichte der Wörter des politischen Bereichs in sich bewahrt, kann nicht als ein dem Gedanken und dem allgemeinen Begriff nur äußerliches Moment genommen werden, von dem man, um zum

Wesen der Sache zu gelangen, absehen kann. Sie hat grundsätzliche und inhaltliche Bedeutung, sie gehört konstitutiv zur Politik"[148].

Politische Theorie hat heute ihre Bindung an die gegenwärtigen, der Polis entsprechenden, politischen Gemeinwesen zu reflektieren. In diesem Reflexionsprozeß wird man die Nation erkennen und anerkennen müssen, will man ihrer weltweiten Verbreitung gerecht werden.

Anmerkungen

1 In diesem Kapitel soll von politischer Gemeinschaft oder von politischen Gemeinwesen gesprochen werden, wenn der Polisbegriff umschrieben wird. Auch der Begriff des politischen Körpers wäre sinnvoll zu vertreten. In England entwickelte sich aus der älteren Vorstellung des „body politic" der englische Nationsbegriff. Zu beachten ist auch die in England nahezu synonyme Verwendung von „community" und „society" (vgl. HZ 198/1964/25 ff.) Dagegen soll die aristotelische Konnotation der Polis als koinonia politike nicht über die lateinische Begriffsrezeption als societas civilis sive civitas sive res publica geführt bzw. verstanden werden, gleichwohl dies der begriffsgeschichtliche Weg des Wortes von Cicero bis Kant war. Bei Albertus Magnus heißt die Reihe civitas sive communicatio civilis, sive politica; bei Suárez schiebt sich auch noch populus in die Synonymen-Reihe ein. Die englische und französische Rezeption von „political or civil society" usw. ist bekannt. Das damit angedeutete Problem entsteht bei der deutschen Übersetzung. Manfred Riedel hat in mehreren Aufsätzen gezeigt, daß die Übersetzungslinie von politike koinonia zu societas civilis zu bürgerlicher Gesellschaft führe und führen müsse. Der gegenwärtige, maßgeblich und bleibend von Hegel geprägte und vom Marxismus weidlich benützte Begriff meint jedoch mit bürgerlicher Gesellschaft gerade nicht die, wie Böckenförde vermittelnd vorschlägt, Gesamtgesellschaft (Gemeinwesen), sondern die Gesellschaft im engeren Sinne, d. h. das System der Bedürfnisse, oder „Sphäre privater Interesssen" (O. Brunner, s. u.). Wenn Riedel gar von „bürgerlicher Polisgesellschaft", „bürgerlicher ... Gewalt" spricht, so geht seine Anhänglichkeit an diese begriffsgeschichtliche Herkunft doch etwas weit, zumal auch er dem Leser gelegentlich erläutern zu müssen meint, daß bürgerlich politisch meint. Die Tabuisierung des Gemeinschaftsbegriffs ist gerade nach dem lateinischen Übersetzungsangebot von civitas, (civilis) und societas (civitas) nicht hanz einzusehen, ganz zu schweigen von „gesellschaftswissenschaftlichen" und „gesellschaftstheoretischen" Konsequenzen für eine Wissenschaft, die nicht ohne Grund und Tradition politisch sein nennen darf.
Manfred Riedel: Der Begriff der ‚bürgerlichen Gesellschaft' und das Problem seines geschichtlichen Ursprungs, in: Staat und Gesellschaft, hrsg. von E. W. Böckenförde, (WdF 471) Darmstadt 1976, S. 77 ff., bes. S. 78, 83 f., 99 u. a. Manfred Riedel: Metaphysik und Metapolitik. Studien zu Aristoteles und zur politischen Sprache der neuzeitlichen Philosophie, Frankfurt 1975, S. 29 ff. und 154 ff; E. W. Böckenförde (Hg): Staat und Gesellschaft, Darmstadt 1976, Einleitung S. XI und XV; Otto Brunner: Vom Gottesgnadentum zum monarchischen Prinzip, in ders.: Neue Wege der Verfassungs- und Sozialgeschichte, Göttingen[2] 1968, S. 183; G. W. F. Hegel: Grundlinien der Philosophie des Rechts oder Naturrecht und Staatswissenschaft im Grundrisse, Frankfurt 1976, § 189 ff., vgl. auch § 303; Ferdinand Tönnies: Gemeinschaft und Gesellschaft, Grundbegriffe der reinen Soziologie, Darmstadt 1972, 3. durchgesehener und berichtigter Nachdruck d. A. v. 1963. Vgl. zu Tönnies Werner Cahnmann: Tönnies und die Theorie des sozialen Wandels: Eine Rekonstruktion, ZfSoz 10/1981/7-16; weiter Walter Heinrich: Dualistische Lehrgebäude in den Sozialwissenschaften. Zur Frage der Polaritätsdenkens in Soziologie und Nationalökonomie, Wien 1964 (= Österr. Ak. d. Wiss., Phil.-hist. Kl., Sitzungsberichte, 43. Band, 1. Abhdlg.) S. 8 ff.; vgl. zum Begriff der societas civilis im deutschen Sprachraum: Paul-Ludwig Weinacht: Staat. Studien zur Bedeutungsgeschichte des Wortes von den Anfängen bis ins 19. Jh., Berlin 1968 (= Beiträge zur Politischen Wissenschaft Bd. 2), S. 173 ff., bes. 193 ff.; vgl. zu Aristoteles (in kritischem Bezug auf Riedel) Eckhart Schütrumpf: Kritische Überlegungen zur Ontologie und Terminologie der „aristotelischen Politik", in AZP 2/1981/26-47; vgl. ders.: Die Analyse der Polis durch Aristoteles (Studien zur Antiken Philosophie, Bd. 10), Amsterdam 1980, bes. S. 27 - 32

2 „Der Rückgriff betrifft also die theoretische Gundlegung der Wissenschaft von menschlicher

und gesellschaftlicher Ordnung, nicht etwa die besondere Form einer Theorie der Polis, die sie angenommen hat". Erik *Voegelin*: Die neue Wissenschaft der Politik. Eine Einführung, Salzburg^2 1977, S. 15. Kritisch zum historischen Philosophieren *B. Willms*: Offensives Denken. Philosophie und Politik, Opladen 1978, S. 42f.

3 NE 1135 a (Nikomachische Ethik = NE) zit. n. der Übersetzung von *F. Dirlmeier*, Darmstadt 1975 u. E. *Rolfes*, Hamburg ^{3}1972. Vgl. zu dieser Stelle Leo *Strauss:* On Aristotle's Politics, in ders.: City and Man, Chicago u. London ^{2}1978, S. 17

4 Diese Unterscheidung ist grundlegend (Episteme/Doxai), sie grenzt die Politische Wissenschaft, wie sie *Voegelin* (ebd.) wiederbegründet hat von Meinungserhebungen ab.

5 H. *Kuhn*: Der Staat. Eine philosophische Darstellung, München 1967, S. 26, 28 u. 36. Der Staatsbegriff bei Kuhn ist eine Unternehmung, die der hier unternommenen in gewissem Sinne parallel läuft. Für das Kuhn'sche Unternehmen muß man allerdings voraussetzen, daß der Staat kein epochegebundener Begriff ist, sondern ein allgemeiner.

6 *Kuhn*, a.a.O., S. 29; L. *Strauss* bringt die Differenz exakt auf den Begriff: „Ursprünglich war das Angestammte die Autorität par excellence oder die Wurzel aller Autorität. Durch die Entdeckung der Natur wird dem Anspruch des Angestammten der Boden entzogen. Die Philosophie wendet sich vom Angestammten zum Guten, zu dem, was im Innersten, d.h. von Natur aus gut ist." (Naturrecht und Geschichte, Stuttgart 1956, S. 94). Natur ist für Strauss ein Ausdruck der Unterscheidung. Bei der Frage nach dem Guten wiederum muß zwischen dem guten Bürger und dem guten Menschen unterschieden werden (City and Man, a.a.O., S. 45f.).

7 O. *Höffe*; Ethik und Politik. Grundmodelle und Probleme der Praktischen Philosophie, Frankfurt 1979, S. 55

8 *Höffe*, a.a.O., S. 59

9 *L. Strauss*, a.a.O.

10 S. in diesem Kap. d. 4. Abschn.

11 S. 2. Abschn. hier im Anschluß. Es sei aber zugleich schon bemerkt, daß diese These notwendigen, nicht hinreichenden Charakter hat (s. Thesen zur Komplexität)

12 S. Abschn. 3 u.

13 NE 1134 b

14 Pol. 1253 a 1, Politik (= Pol.) zit. n. O. *Gigon*, Zürich ^{2}1971

15 Pol. 1253 a 19ff.

16 Pol. 1253 a 29

17 NE 1169 b 18f. (*Dirlmeier*) u. NE 1097 b 11

18 Pol. 1253 a 2f.

19 Pol. 1253 a 1

20 Pol. 1253 a 31f. . Der autarkisch-höchsten Naturform entspricht der Sklave nicht, weil er „seiner Natur nach nicht sich selbst, sondern einem andern gehört". Pol. 1254 a 14f. Für Aristoteles gibt es also Sklaven *von Natur*, eine Position, die sogar bis ins 19. Jh. noch nicht allgemeine Ablehnung gefunden hat.

21 Pol. 1253 a 27ff.

22 Pol. 1253 a 32f.

23 Pol. 1252 b 29, vgl. Pol. 1280 b 29ff.

24 Pol. 1253 a 30f.

25 Für die Frage des Zusammenhangs von Natur und Politik spielt die weitere Polisbetrachtung von Aristoteles, etwa daß man die Vielheit Polis nicht zu sehr vereinheitlichen soll (Pol. 1261 a 17ff. 1290 a 38ff.) und daß sie durch Erziehung, Gewöhnung, Gesetze oder Philosophie zu einer Gemeinschaft und Einheit gemacht wird (1263 b 36ff.) eine „weniger" wichtige Rolle. Vgl. auch das Problem des Wandels der Polis u. (Pol. 1276 b 39ff. u. 1283 b 40ff. u. 1293 b 4f.).

26 Vgl. J. *Ritter*: Metaphysik und Politik, Frankfurt 1967, S. 126-28 u. 175f.; A. *Baruzzi*, Aristoteles, in: H. *Rausch*, Politische Denker, Bd. 1, München 1977, S. 34f. Wenn H. *Kuhn*: Der Staat, a.a.O., die Staatlichkeit als Wesenszug des Menschen bezeichnet (S. 16 u. 28), so ist in anderer Terminologie das Nämliche ausgedrückt. Vgl. auch M. *Reding*: Politische Ethik, Freiburg 1972, S. 151, wo von der natürlichen Genese der Nation die Rede ist.

27 L. *Strauss:* Naturrecht und Geschichte, a.a.O., S. 153

28 Pol. 1253 a 7ff.

29 L. *Strauss*, a.a.O., ebd.

30 A. *Verdross:* Statisches und dynamisches Naturrecht, Freiburg 1971, S. 17ff.

31 Pol. 1253a 12f.

32 L. *Strauss:* City and Man, a.a.O., S. 1; *Baruzzi*, a.a.O., S. 35

33 J. *Ritter:* Politik und Ethik in der Praktischen Philosophie des Aristoteles (1967) in ders.: Metaphysik und Politik, a.a.O., S. 126f.

34 H. *Plessner:* Macht und menschliche Natur, S. 312 (n. A.)
35 K. *Meyer-Abich:* Zum Begriff einer Praktischen Philosophie der Natur, in ders.: Frieden mit der Natur, Basel/Wien 1979, S. 240
36 ebd.
37 E. *Bloch:* Naturrecht und menschliche Würde, Frankfurt² 1975, S. 140
38 A. *Verdross:* Naturrecht, a.a.O., S. 81; vgl. weiter H. *Krüger:* Allgemeine Staatslehre, S. 191 u. f.; *Böckle:* „Das Grundanliegen der Naturrechtslehre war stets dasselbe, nämlich die objektive Begründung einer sozialen Ordnung", in ders. u. E.-W. *Böckenförde:* Naturrecht in der Kritik, Mainz 1973, S. 204; vgl. weiter die methodologische Arbeit zum Naturrecht von P. *Weingartner:* Auf welchen Prinzipien beruht die Naturrechtslehre? In: Das Naturrechtsdenken heute und morgen. Gedächtnisschrift für René Marcic, hrsg. v. D. *Mayer-Maly*/P. M. *Simons,* Berlin 1983, S. 517ff. In diesem Band weiter zu empfehlen der Aufsatz von O. *Höffe:* Das Naturrecht angesichts der Herausforderung durch den Rechtspositivismus, S. 303ff.
39 E. *Bloch,* a.a.O., S. 86; vgl. auch Blochs marxistische Kritik am Naturrecht, ebd., S. 223 u. 235. Die Nation zählt indes für Bloch bemerkenswerterweise zu den wahrhaft objektiven Figuren des Reichs der Freiheit: ohne Staat, S. 259
40 H. *Welzel:* Naturrecht und materiale Gerechtigkeit, Göttingen⁴ 1980, S. 238
41 H. *Kuhn:* Aristoteles und die Methode der Politischen Wissenschaft, in: M. *Riedel* (Hrsg.), Die Rehabilitierung der Praktischen Philosophie, Bd. 2, Freiburg 1964, S. 267
42 J. *Habermas,* in: R. *Spaemann,* Zur Kritik der politischen Utopie. Zehn Kapitel Politischer Philosophie, Stuttgart 1977, S. 127
43 R. *Spaemann,* in: NZZ Nr. 289 v. 10.12.1976, S. 38
44 Vgl. H. *Kuhn:* Der Staat, a.a.O., S. 147f. Die Literatur zu diesem Gegensatz ist sehr umfangreich. Immer noch wichtig ist H. *Rickert:* Grenzen der naturwissenschaftlichen Begriffsbildung, ⁵1929. Die amerikanischen Versuche, Brücken zu schlagen, sociobiology oder biopolitics, sind nur die neuesten Unternehmungen dieser Art. Vgl. weiter R. *Spaemann:* Naturteleologie und Handlung, in: Zeitschrift für philosophische Forschung 32/3-1978/481-493; E.-M. *Engels:* Teleologie ohne Telos? Überlegungen zum 19. Symposium der Gesellschaft für Wissenschaftsgeschichte zum Thema „Die Idee der Zweckmäßigkeit der Geschichte der Wissenschaften" in: Zeitschrift für allgemeine Wissenschaftstheorie, Bd. 13 H. 1/1982/122-165; J. R. *Pennock*/J. W. *Chapman:* Human nature in politics, New York 1977 (= Nomos Bd. 17); K. *Lorenz:* Die Vorstellung einer zweckgerichteten Weltordnung, in: Österreichische Akademie der Wissenschaften Bd. 113, 1976, Phil.-hist. Klasse; R. W. *Füßlein:* Mensch und Staat. Grundzüge einer anthropologischen Staatslehre, München 1973; R. D. *Masters:* The biological nature of the state, in: World Politics 35/2-1983/161-193. Dort zahlreiche weitere Literaturhinweise.
45 Vgl. J. *Rawls:* Theorie der Gerechtigkeit, Frankurt 1975, S. 567ff.
46 Vgl. zum Zusammenhang von Natur und Politik (insbes.: auch bei Aristoteles) W. *Kullmann:* Der Mensch als politisches Lebewesen bei Aristoteles, in: Hermes 108/1980/419f., B. *Hassenstein:* Biologische Teleonomie, in: Neue Hefte für Philosophie 20/1981/60ff.; F. *Büchner:* Aristoteles im Lichte moderner Biologie und Pathologie. Ein Beitrag zur Lehre vom Menschen, in: Freiburger Universitätsblätter 73/1981/33ff. (allerdings ohne Bezug zur Politik)
47 Eine der besten Darstellungen ist dabei H. E. *Zmarzlick:* Der Sozialdarwinismus als geschichtliches Problem, in ders.: Wieviel Zukunft hat die Vergangenheit? München 1970. Einen Sozialbiologismus, der auf biologisch-naturgesetzlicher Basis die kapitalistisch-antagonistischen Herrschaftsverhältnisse des bürgerlichen Staats angeblich zu rechtfertigen versucht, kritisiert von entsprechender Position H. G. *Marten:* Sozialbiologismus. Biologische Grundpositionen der Politischen Ideengeschichte, Frankfurt/New York 1983
48 vgl. Anm. 44 Lorenz u. Engels
49 „Da nun einmal das Verlangen, zu erwerben größer ist, als die Macht dazu, so entsteht daraus die Unzufriedenheit mit dem, was man besitzt, und die geringe Befriedigung, welche der Besitz gewährt. Hieraus entsteht der Wechsel der menschlichen Schicksale, denn da ein Teil der Menschen mehr zu haben begehrt, der andere das Erworbene zu verlieren fürchtet, so kommt es zu Feindschaft und Krieg" Discorsi I, Kap. 37
50 Vom Menschen. Vom Bürger. Eingeleitet und hrsg. von G. *Gawlick,* Hamburg 1959, S. 76ff.
51 Zwei Abhandlungen über die Regierung, hrsg. v. W. *Euchner,* Frankfurt 1977, S. 201f.
52 J. J. *Rousseau:* Politische Schriften Bd. 1, Paderborn 1977, S. 210
53 Vgl. A. *Gehlen:* Anthropologische Forschungen, Reinbek ⁸1971, S. 59 u. a.
54 B. *Willms:* Die deutsche Nation, 1982, S. 39 u. ö.
55 vgl. neuerdings O. *Marquard,* Verspielter Konservatismus. Thesen über einige geistesgeschichtliche Voraussetzungen der grünen Welle, in: FAZ/262/11.11.82, S. 11
56 J. *Habermas:* Die klassische Lehre von der Politik in ihrem Verhältnis zur Sozialphilosophie, in

ders.: Theorie und Praxis, Frankfurt 1978, S. 57; A. *Schmitt:* Zum Begriff des Glücks in der materialistischen Philosophie, in: A. *Mohler:* Was ist Glück, München 1976, S. 94/95
57 J. *Habermas:* Naturrecht und Revolution, in: Theorie und Praxis, a.a.O., S. 105, vgl. ebd. S. 101. Vgl. die „kapitalistische" „Ausdeutung" des Naturrechts bei Th. *Paine*
58 H. *Welzel:* Naturrecht, a.a.O., S. 31 u. 33
59 In Darstellungen über den sog. „normativ-ontologischen" Ansatz in der Politischen Wissenschaft kann man sich manchmal des Eindrucks nicht erwehren, als ob bewußt gegen diesen Ansatz immunisiert werde. Ohne dem Verf. damit einen Vorwurf machen zu wollen, sind folgende Etiketten doch schiere Worthülsen ohne jede Verständnismöglichkeit für den unvoreingenommenen Leser: „Das Sein als das Wahre", „Das Sollen als das Gute"; es sei „Gesellschaft nicht nur gegeben, sondern aufgegeben". „Im Sein der Gesellschaft verbirgt sich ihre Norm". „Das Wahre ist auch das Gute". „Das Gute ist Ursache und Ziel alles Seienden" usw.: G. *Göhler:* Die Struktur von Begründungszusammenhängen im normativ-ontologischen Verständnis von Politikwissenschaft, in ders.: (Hrsg.): Politische Theorie. Begründungszusammenhänge in der Politikwissenschaft, Stuttgart 1978, S. 138f.
60 s. o. Anm. 6
61 *Kuhn:* Staat, a.a.O., S. 144
62 *Kuhn,* a.a.O., S. 145
63 ebd., S. 28; vgl. S. 154
64 L. *Strauss:* Naturrecht und Geschichte, S. 95. Bei Thomas von Aquin weist U. *Matz* auf das Maß der Natur hin: „Das Naturgesetz ist also das Maß sowohl des Handelns des Menschen in bezug auf sich (Ethik i. e. S.) wie auch des menschlichen Handelns in der sozialen Beziehung, insbes. der Politik. In dieser zweiten Herrschaft ist die *lex naturalis* also Wurzel der politischen und der Rechtsordnung ..." in: „Klassiker des Politischen Denkens", hrsg. v. H. *Maier,* H. *Rausch,* H. *Denzer,* Bd. 1, München ²1968, S. 132 (Das Maß des Naturrechts und das des Naturgesetzes ist jedoch auseinander zu halten).
65 E. *Forsthoff:* Zeitwende, 1948, S. 684, zit. n. A. *Kaufmann:* Rechtsphilosophie und Nationalsozialismus, in: PK 10/2-1983/33.
66 H. *Kelsen:* Reine Rechtslehre (1934), S. 130; vgl. M. J. *Sattler:* H. Kelsen, in: Staat und Recht. Die deutsche Staatslehre im 19. u. 20. Jh., hrsg. v. M. J. *Sattler,* München 1972, S. 100 u. 113. Das Zitat zum Naturrechtssystem stammt von A. *Verdross:* Zum Problem der völkerrechtlichen Grundnorm, in: Rechtsfragen der internationalen Organisation. FS f. H. *Wehberg,* hrsg. v. W. *Schätzel* und H. J. *Schlochauer,* Frankfurt 1956, S. 388
67 NE II. 1. Anfang
68 ebd. Allerdings kann man keinem Lebewesen, „das von Natur in bestimmter Richtung festgelegt ist", ein „anderes Verhalten angewöhnen".
69 O. *Höffe:* Das Naturrecht angesichts der Herausforderung durch den Rechtspositivismus. In: René Marcic zum Gedächtnis, Berlin 1983, S. 303-335, hier S. 323
70 L. *Strauss:* City and Man, a.a.O., S. 41
71 NE 1094 b 7ff.
72 O. *Höffe:* Ethik und Politik, a.a.O., S. 57
73 H. *Kuhn:* Der Staat, a.a.O., S. 29
74 G. *Bien:* Aristotelische Ethik und Kantische Moraltheorie, in: Freiburger Universitätsblätter Nr. 73, S. 57ff., hier S. 68/69
75 *Strauss,* a.a.O., S. 41; „... nichts, was gegen die Natur ist, ist schön. Also nur wenn ein anderer überlegen ist in der Tugend und der Fähigkeit, das Beste zu vollbringen, so ist es schön, diesem zu folgen und gerecht, ihm zu gehorchen. Es muß freilich nicht die Tugend vorhanden sein, sondern die Fähigkeit zu handeln" (Pol. 1325 b 9ff.)
76 J. *Ritter:* Metaphysik und Politik, a.a.O., S. 129
77 Pol. 1324 a 10ff.
78 vgl. zur Bedeutung der *virtù* in einer kämpferischen politischen Ethik: G. *Ritter:* Politische Ethik vom historischen Ursprung ihrer Problematik, in ders.: Vom sittlichen Problem der Macht, Bern 1948, S. 22-23.
79 „... ist Ethik letztlich nur als Metaethik, d. h. als deskriptive Wissenschaft von Normen, nicht aber als normative oder normbegründende Wissenschaft möglich". Somit wäre Aristoteles' Unternehmen von dieser Wissenschaftsrichtung her gesehen erledigbar. W. *Gölz:* Die Frage der Begründbarkeit moralischer Normen – Bestandsaufnahme nach dem Weltkonkgreß 1978, in: AZP 3/1981/S. 37ff., Zitat S. 58. Vgl. dazu N. *Hoerster:* „Wirksamkeit", „Geltung" und „Gültigkeit" von Normen. Ein empiristischer Definitionsvorschlag in: das Naturrechtsdenken heute und morgen, a.a.O., S. 585ff. u. weitere Arbeiten ebd. im Kap. II „Naturrecht und Positivismus"
80 W. *Hennis:* Politik und Praktische Philosophie, Stuttgart 1977, S. 53; vgl. weiter J. P. *Plamenatz:*

Consent, Freedom and Political Obligation, Oxford ²1968
81 O. *Höffe*, Frankfurt, a.a.O., S. 45
82 Chr. *Meier:* Die Entstehung des Begriffs Demokratie, Frankfurt ³1977, S. 25, 15, 69
83 C. *Schmitt:* Der Nomos der Erde, Berlin ²1974. Das „Sinnreich der Erde" wird im ursprünglichen Nomos gesucht, in der aus der *historischen* Landnahme herrührenden Einheit von Ortung und Ordnung; der durch und durch historische Nomos, der dennoch Gesetzen begrifflich, historisch vorausgehen soll, gilt als „konstituierendes geschichtliches Ereignis" aus dem, das ist das Kernanliegen, „*Legitimität*" (S. 42) entspringen soll. Dies ist nicht als Einwand gegen die Deutung und Deskription der Landnahme oder gar des Ius Publicum Europaeum mißzuverstehen. Es geht hier um die Begründung, die Grundlage.
84 vgl. Chr. *Meier*, a.a.O., S. 36 und früher; D. *Sternberger:* ‚Ich wünschte ein Bürger zu sein'. Neue Versuche über den Staat, Frankfurt ²1970, u. a. seiner Schriften. Sieg/Herrschaft (Kratos) des Bürgertums wird in Beziehung gebracht zur politischen Herrschaft
85 Es gilt der berühmte Satz (von 1932) noch immer: „Der Begriff des Staates setzt den Begriff des Politischen voraus." Carl *Schmitt:* Der Begriff des Politischen, Berlin 1963, S. 20. Die Definition oder Encadrierung des Problems des Politischen über die Begriffe Macht, Staat, Frieden u. a. sind bekannt. Das hier angedeutete und zentral wichtige Verständnis des Politischen geht davon aus, *daß* das Politische ein Sachgebiet hat, nämlich das Größtmögliche: die Sache aller, die öffentliche Sache, die Sache des Ganzen. Es kann damit also nicht nur ein Intensitätsgrad sein.
86 Bis zur Machtstellung Ludwigs XIV. vergehen Jahrhunderte der Entmachtung, Entrechtung und damit der Entpolitisierung der Regierten in Frankreich. Otto *Brunner* zitiert dazu Theodor *Mayer:* „Das große und entscheidende Problem ... war, wie es der monarchischen Gewalt gelingen würde, diese ‚Gesellschaft' von Hochadeligen und Freien mit ihren Herrschaften in den ‚Staat' des Königs einzugliedern (Smends' Integration hat hier ihren Ort), die Adelsherrschaft zu zersetzen, aus dem Verband von eigenberechtigten Herren ein Volk von Untertanen zu machen. Es hat Jahrhunderte gedauert, bis aus dem Primus inter pares der Monarch, ein Herr seiner Untertanen geworden ist" (wir setzten im Sinne von O. Brunner Staat und Gesellschaft in Anführungszeichen). Aus: O. *Brunner:* Die Freiheitsrechte der altständischen Gesellschaft, in ders.: Neue Wege der Sozial- und Verfassungsgeschichte, Göttingen ²1968, S.187. Zu beachten ist, daß nur die König-Adel-Beziehung im wesentlichen aus dem politischen Ganzen segmentiert wird.
87 „Faßt man diesen Prozeß, der vom 12. bis zum 18. Jh. dauert, ins Auge, wird man als Ergebnis feststellen dürfen, daß Bürger und Bauern aus ihren lokalen, herrschaftlichen und genossenschaftlichen Bindungen herausgelöst und unmittelbar dem Königsstaat unterstellt wurden". O. *Brunner*, ebd. S. 195. Vgl. zum Anspruch des Königs und zur Stellung der Untertanen als bloß privater, ebd. S. 178 (und dort besonders Anm. 46. und 49.), vgl. weiter die äußerst instruktive Darstellung O. *Brunners:* Sozialgeschichte Europas im Mittelalter, Göttingen 1978 und von R. *Sprandel:* Verfassung und Gesellschaft im Mittelalter, Paderborn 1978 (= UTB 461) Vgl. weiter K. *Wolzendorf:* Staatsrecht und Naturrecht in der Lehre vom Widerstandsrecht des Volkes, Aalen ²1968, S. 80f. u. ö.; E. *Lemberg:* Wege und Wandlungen des Nationalbewußtseins, Münster 1934, S. 35
88 Vgl. E.-W. *Böckenförde:* Lorenz von Stein als Theoretiker der Bewegung von Staat und Gesellschaft zum Sozialstaat, in ders.: a.a.O., S. 131ff., insbes. aber S. 152, 157, 162
89 Bei Gaetano *Mosca:* Die herrschende Klasse. Grundlagen der Politischen Wissenschaft, München 1950, S. 53-55, wird zwischen Masse und politischer Elite unterschieden, was als normales Kennzeichen aller Gesellschaften und Zivilisationen angesehen wird. Den Machteinheiten „legitimer" Potentaten steht die historisch wechselnde Einflußnahme unterschiedlicher Eliten (alphabetischer, theologischer, juristischer, technischer usw. Provenienz) zur Seite, die nicht entpolitisiert werden können. Vgl. dazu insbes. Otto *Hintze:* Weltgeschichtliche Bedingungen der Repräsentativverfassungen, in ders.: Feudalismus – Kapitalismus, hrsg. v. G. *Östreich*, Göttingen 1970, S. 80f. Zur Neuzeit vgl.: H. H. *Hofmann*/D. *Franz* (Hrsg.): Deutsche Führungsschichten der Neuzeit, eine Zwischenbilanz, Boppard a. Rh., 1980
90 Bekanntlich hat höfisch auch mit Höflichkeit, frz. politesse, d. h. mit Politik zu tun. Dualistische Herrschaftsverhältnisse, zwischen Grundherrschaft und Landesherrschaft, lösen oligopole Herrschaftsstrukturen ab; am Ende steht die absolute Königsherrschaft, in der der König *seinen* Staat hat, der die altständischen Freiheiten, z. B. die der Selbsthilfe, abschafft, der also versucht, das Monopol der Gewaltsamkeit bei sich, seinem absolutistischen Staat, zu konzentrieren. (Zur Legitimitätsfrage s. u.) Unsere Thesen zum Politischen müssen sozialgeschichtlich belegt werden: vgl. für die soziale Seite der Herrschaftsverhältnisse: G. *Lenski:* Macht und Privileg. Eine Theorie der Sozialen Schichtung, Frankfurt 1977, S. 283ff.; J. *Kocka:* Stand – Klasse – Organisation. Strukturen sozialer Ungleichheiten in Deutschland vom späten 18. Jh. bis zum frühen 20.

Jh. im Aufriß, in: H.-U. *Wehler* (Hrsg.): Klassen in der europäischen Sozialgeschichte, Göttingen 1979, S. 137ff. Zum Abbau älterer Herrschaftsformen seit dem späten 18. Jh. als sozialem Strukturwandel s. O. *Brunner:* Bemerkungen zu den Begriffen „Herrschaft" und „Legitimität", in ders.: Neue Wege, a.a.O., S. 68, vgl. ebd. insbes.: Die Freiheitsrechte in der altständischen Gesellschaft, S. 190 zur Kontrolle der Selbsthilfe, die in Frankreich als protection et assistance einmal bei der Seigneurie lag, bevor sie der König als Aufgabe übernahm: „Die Innenpolitik mittelalterlicher Herrschaft war in hohem Maße ein Ringen um den Landfrieden, um Reglementierung und letztlich Ausschaltung der Selbsthilfe zugunsten der Rechtsprechung." Der oligopole Herrschaftsraum für eigenberechtigte, adlige, geistliche und genossenschaftliche Lokalgewalten blieb diesen sog. Herrschaftsständen (W. *Schwer*) lange erhalten. Vgl. zur Genese des Dualismus: G. *Östreich:* Das persönliche Regiment der deutschen Fürsten am Beginn der Neuzeit, in ders.: Geist und Gestalt des frühmodernen Staates, Berlin 1969. Grundlegend bleibt für den Dualismus von Land und Herrschaft Otto Brunners gleichnamiges großes Werk.
91 vgl. zur nationbildenden Wirkung dieses Monopols Kap. I. 3. „Entstehung". Sowohl der absolutistische Staat als auch der totalitäre suchen das Politische bei sich, d. h. in ihrer maßgeblichen, souveränen Machtzentrale zu monopolisieren. Im absolutistischen Staat ist *das politische Feld* daher erstmals auf die poli-cey reduziert, sie macht glauben, daß dem König allein der *status politicus* zukommt. Die „prinzipiell ständefeindliche" (O. Brunner) Polizei konzentriert die Staatsgewalt beim König, dessen politisches Exekutionsinstrument sie ist. Sie privatisiert die feudale und korporative Gesellschaft und schafft eine absolut entpolitisierte „Gesellschaft" von Privaten. Vgl. auch K. *Wolzendorf:* Der Polizeigedanke des modernen Staates, Breslau 1918. Vgl. auch weiter H. *Maier:* Die ältere deutsche Staats- und Verwaltungslehre, Neuwied 1966, S. 130ff., G. *Östreich:* Policey und prudentia civilis in der barocken Gesellschaft von Stadt und Staat, in ders.: Strukturprobleme der frühen Neuzeit, Berlin 1980, S. 367ff. Demgegenüber kann es sich der totale Staat leisten, die Gesellschaft von sich (z. B. der Einheitspartei) aus zu repolitisieren. Diese Fundamentalpolitisierung des starken Staates manipuliert dann auch das Politische z. B. zur Herrschaft der Klasse, oder der rassisch Besten usw. Der Staat ist hier das Ganze, weil er die Gesellschaft unterdrückt oder für sich akklamieren läßt, d. h. sie instrumentalisiert. Der geschwächte totale Staat oder der autoritäre Staat neigt dazu, die Gesellschaft als Privatsphäre außerhalb des politisch-öffentlichen Bereichs zu stellen. Z. B. wurde der polnischen Gewerkschaft der politische Status seit 1980 vehement bestritten, und es wurde nach deren Unterdrückung von dessen Vorsitzenden Walesa behauptet, er sei nur noch Privatperson (vgl. Die Welt Nr. 261 v. 9.11.82, S. 6)
92 Selbst im vorrevolutionären Frankreich ist es dem Königsstaat nicht gelungen, eine einheitliche Gesellschaft von Untertanen zu bilden, d. h. der Absolutismus wurde nie zu einer schrankenlosen Despotie vgl. *Brunner,* a.a.O., S. 196f. Für Preußen O. *Büsch:* Militärsystem und Sozialsystem im alten Preußen 1713 bis 1807. Die Anfänge der sozialen Militarisierung der preußisch-deutschen Geschichte, Frankfurt ²1981; G. *Griewank:* Der neuzeitliche Revolutionsbegriff. Entstehung und Geschichte, Frankfurt ³1973
93 vgl. u. die Hinweise auf die Theorie der Nation in diesem Kapitel
94 P. *Blickle:* Die Revolution von 1525, München ²1981
95 Zu belegen, daß der Begriff des Politischen auch den Status des sog. Untertanen umfaßt, ist *wesentliches* Anliegen dieser hier stark zusammengepreßten Theorieelemente. Die Intention ist nicht die eines „lesenden Arbeiters" (B. *Brecht*), sondern die Erfassung des politischen Ganzen von Herrschenden und Beherrschten, Regierenden und Regierten. Es kann hier nur daran erinnert werden, daß die „deutlich ausgebildete Idee von der gegenseitigen Verpflichtung des Herrschers und der Untertanen im Gegensatz zu der Einseitigkeit von Herrscherrecht und Gehorsamspflicht" („politische Herrschaftsverhältnisse") Bestandteil der europäischen Geschichte gewesen ist (so O. *Hintze:* Weltgeschichtliche Bedingungen der Repräsentativverfassung, a.a.O., S. 76). Im Schwabenspiegel heißt es: „Wir sullen den herrn darumb dienen, daz sie uns beschirmen. Beschirmen sie uns nit, so sind wir ihnen nichts dientes schuldig nach rechts" (H. *Rittstieg,* Eigentum als Verfassungsproblem, Darmstadt 1975 S. 4f.) Vgl. für die Neuzeit H. *Maier:* Der Bürger im Obrigkeitsstaat, in ders.: Politische Wissenschaft in Deutschland. Aufsätze zur Lehrtradition und Bildungspraxis, München ²1969, S. 152ff.; Auf P. *Blickle,* Deutsche Untertanen, sei nochmals nachdrücklich verwiesen; vom selben Verfasser auch sehr lesenswert: Aufruhr und Empörung? Studien zum bäuerlichen Widerstand im alten Reich, München 1980, S. 1-68; W. *Schulze:* Bäuerlicher Widerstand und feudale Herrschaft in der frühen Neuzeit, Stuttgart 1980; W. *Kienast:* Untertaneneid und Treuevorbehalt, in: Zs. f. Rechtsgesch., Germ. Abt. 66/1948/111ff; viel zu wenig Beachtung findet Johann Benjamin *Erhard:* Über das Recht des Volkes zu einer Revolution und andere Schriften, München 1970. Zur wechselseitigen Treue von Herrschenden und Beherrschten vgl. F. *Kern:* Gottesgnadentum und Widerstandsrecht im

frühen Mittelalter. Zur Entwicklungsgeschichte der Monarchie, Darmstadt ^{5} 1970, S. 241 u. E. *Reibstein:* Volkssouveränität und Freiheitsrechte, Freiburg 1971, Bd. 1, S. 50. Den politischen Charakter des Untertanenverhältnisses betont schließlich auch Max *Weber* (W. u. G. S. 543). Er legt dort Wert auf den Unterschied zwischen der freiwilligen Verpflichtung für eine Herrschaftsbeziehung und dem unlösbaren Herrschaftsstatus des Sklaven. Politische und despotische Herrschaft sind neuzeitlich nicht mehr zu trennen, aber die Qualität politischer Herrschaft bleibt aristotelisch kritisierbar: diese Kritik ist aktuell, sie liegt der Konzeption des Politischen zugrunde. Der Ost-West-Gegensatz erhält damit eine weitere theoretisch verteidigungsfähige Grundlage. Vgl. K.A. *Wittfogel:* Die orientalische Despotie. Eine vergleichende Untersuchung totaler Macht, Frankfurt u. a. 1977 (zur Frage nach der politischen (bzw. entpolitisierten) Rolle des Untertanen: (der Kürze wegen) S. 26, 123f., 144., 182f., 188f., 199f., 203-206, 383ff., 402ff., 410, 413-7, 454f.). Der sowjetrussischen Variante der Despotie, ihren weltpolitischen Folgen, geht die (parteiliche) Studie von Rudi *Dutschke* nach: Versuch, Lenin auf die Füße zu stellen. Über den halbasiatischen und den westeuropäischen Weg zum Sozialismus . . ., Berlin 1974, insbes. S. 316-32: „In welchem Sumpf sind wir gelandet – und wie raus?" – Die früheste westliche Selbstkritik ist immer noch Tocquevilles „Demokratie in Amerika" (II. 7. u. IV. 6. u. 7. insbes.)

96 *Es gibt ein politisches Beteiligungsrecht,* das dem menschlichen Zusammenleben natürlich eignet. Die latente oder manifeste Teilhabe am politischen Körper haben wir angesprochen. Die Beteiligungs*chance* wird historisch nur selten geboten. Noch seltener ist die Freiheit der Wahl der Wahrnehmung oder Nichtwahrnehmung dieser Chance. Die Teil-habe leitet sich aus dem politischen Teil-sein natürlich ab. Hier ist das Problem lokalisiert, wer „Staatsbürger" ist, ein Problem, das historisch gänzlich unterschiedlich geregelt wird. Dagegen ist die historisch und undifferenzierte natürliche Sozialität mehr als evident: „Der Mensch bezieht sich bei jeder (!) menschlichen Handlung auf andere, oder vielmehr, er wird auf andere hingewiesen, gleichgültig, ob diese Handlung ‚sozial' oder ‚antisozial' ist." (L. *Strauss:* Naturrecht und Geschichte, S. 133). Jenseits optimistischer oder pessimistischer Anthropologien ist hier von Beteiligungsrecht die Rede, wobei ein Recht immer erst historisch erworben , d. h. praktisch werden muß. Erst die Aktualisierung der Natürlichkeit schafft die soziale und schließlich politische Praxis. Wird aber Teilnahme im politischen Gemeinwesen verweigert und nur sozial domestizierte Aktionsformen toleriert oder gewünscht, oder nur bestimmten Individuen (wegen ihres Standes, ihres Eigentums, ihrer Religionszugehörigkeit usw.) Partizipation erlaubt, so wäre es illusionär zu meinen, daß daraus, d. h. aus sozialer und politischer Ungleichheit unmittelbar ein Aufstand oder doch ein revolutionäres Bewußtsein entspringen könne: „Für uns mag eine weit verbreitete Ungleichheit den Gedanken an erbarmungslosen Zwang und an dauernden, latenten Aufruhr nahelegen. *Aber* die breite Masse des Volkes fand sich viele Jahrhunderte lang mit der gegebenen Ordnung ab – aus religiöser Scheu, aus der Sehnsucht nach Frieden und Sicherheit und weil sie unfähig war, sich zu gemeinsamem politischen Handeln zusammenzufinden. In jenen frühen Zeiten erschien das Regiment der privilegierten Wenigen den Vielen wie eine Naturgewalt; man mußte froh sein, wenn es gnädig war, und es ertragen, wenn es dies nicht war." (Reinhard *Bendix* in seinem großen Werk: König oder Volk. Machtausübung und Herrschaftsmandat, 1. Teil, Frankfurt 1980, S. 18, eigene Unterstreichung – T. M.). Dieser zitierte Satz sei gegenüber allen geschichtsfremden Utopismen im Gedächtnis behalten, denn das Politische ist, wie Hannah Arendt (Vita activa, a.a.O.) sagt, das Riskante und Teilhaben und Teilnehmen ist es als Praxis das persönliche und politische Risiko. Partizipation ist im übrigen nicht mit unmittelbarem politischem Handeln der Subjekte zu verwechseln. Partizipation ist schon die Anerkennung des Teilseins, d. h. des status politicus der Regierten. Dabei ist jedoch nicht schon von Freiheit zu sprechen. Was mit dem Teilhabe- oder Beteiligungsrecht allgemein angesprochen wird, ist. z. B. darin zu erkennen, daß man einen Zustand als unerträglich beurteilt: „Dazu bedarf es des Maßstabes für das, was menschlicher Gemeinschaft gemäß ist." (L. *Landgrebe:* Über einige Grundfragen der Philosophie der Politik, a.a.O., S. 207) Damit ist dann jeweils die historisch-politisch konkrete Frage für die politischen Menschen, d. h. für den partizipations*willigen* Menschen aufgeworfen, was rechtens ist, die queastio iuris.

97 Von bourgeoiser, machtgestützter Arroganz zeugt Treitschkes Satz: „Wie mit dem Staat gegeben ist ein Unterschied von Obrigkeit und Untertan, der niemals aufgehoben werden kann" (Historische und politische Aufsätze, II, S. 52) zit. nach Chr. Graf v. *Krockow:* Nationalismus als deutsches Problem, München 1970, S. 51

98 „Verpflichtung" deutet die ethische Dimension des Politischen an. Der Begriff des Politischen ist nicht ethisch neutral, er hat den Spannungen standgehalten, die ihm seit dem janusköpfigen Machiavelli, der den Tyrannen ebenso zu raten vermochte, wie er das „vivre politico" (Discorsi) seinen politischen Freunden empfahl zu verwirklichen, bestimmen. Usurpatorische Poli-

tik, d. h. aristotelisch gesehen (Pol. 1325 a 27) despotische Herrschaft über Unfreie, bleibt im universalen Sinn politisch, freilich weil es um Macht geht, sondern um den politischen Körper, *über* den sich der Diktator und jede andere absolute Macht stellt. Aber auch er kann der politischen Verpflichtung nicht entgehen, die seine „Untertanen" einzufordern das natürliche Recht haben. Spricht man den Menschen dieses ab, d. h. seine Würde, so ist die Prostration (Wittfogel) nicht weit. Wir können Jacques *Maritain* zustimmen, wenn er schreibt: „Man geht ständig das Risiko ein zu vergessen, daß keine menschliche Einrichtung kraft ihrer eigenen Natur das Recht hat, Menschen zu regieren. Jedes Recht auf Macht innerhalb der politischen Gesellschaft befindet sich im Besitz eines Menschen oder einer menschlichen Einrichtung, soweit er oder diese im politischen Körper ein dem gemeinen Wohl dienender *Teil*, ein Teil, *der dieses Recht innerhalb bestimmter festgelegter Grenzen vom Volk,* das sein grundlegendes Recht auf Selbstbestimmung ausübt, *erhalten hat."* (Der Begriff der Souveränität, *in:* H. *Kurz:* Volkssouveränität und Staatssouveränität, Darmstadt 1970, S. 259). Selbstregierung, Selbstbestimmung, politische Aktualisationschance gehört fundamental zu jedem politischen Gemeinwesen, wenn auch die historische Realisationschance herrschaftsspezifisch überwiegend sehr eingeschränkt und reserviert war. Aber die neuzeitliche, „superlégalité constitutionelle" (M. *Hauriou*) spricht diese überzeitliche Verpflichtung ebenfalls an und beschränkt die „pouvoir absolu" (J. J. Rousseau, Politische Schriften, Bd. 1, Paderborn 1977, S. 89/90, = Gesellschaftsvertrag, Buch 2, Kap. 4) eines Volkes *über* sich selbst, eine principio principii, die sich im legalistischen Satz ausdrückt: Lex est, quod populus iubet (nominalistisch kontingent). Mit der Frage nach dem, was „populus" meint, schließen wir wieder an ein zuvor erörtertes Thema an (vgl. C. *Schmitt:* Legalität und Legitimität, Berlin ²1968, S. 27, 30f. u. 60f.). Um den begrenzten Rahmen dieser Erörterung etwas zu erweitern, sei auf die unseres Erachtens unerläßliche Literatur, außer dem Genannten, verwiesen: U. *Matz:* Zur Legitimität der westlichen Demokratie, in: *Kielmannsegg/Matz* (Hrsg.): Die Rechtfertigung politischer Herrschaft. Doktrinen und Verfahren in Ost und West, Freiburg 1978, S. 27ff. Kritisch zur Weberschen Legitimitätskonstruktion: O. *Brunner:* Bemerkungen zu den Begriffen „Herrschaft" und „Legitimität", a.a.O., S. 72ff.; W. *Hennis:* Legitimität, a.a.O., S. 198ff., Hennis betont einmal mehr den Unterschied von Souveränität und Legitimität, und fragt nach dem Woran der Partizipation; J. *Habermas:* Die klassische Lehre von der Politik in ihrem Verhältnis zur Sozialphilosophie, in ders.: Theorie und Praxis, a.a.O., S. 48ff., ders.: Strukturwandel der Öffentlichkeit, in: H.-U. *Wehler:* Moderne deutsche Sozialgeschichte, Düsseldorf 1981, S. 197ff.; Ernst *Bloch:* Naturrecht und menschliche Würde, S. 181

99 L. *Strauss:* Über Tyrannis, S. 219
100 ebd., S. 218
101 J. *Ritter:* Politik und Ethik in der Philosophie des Aristoteles, in ders.: Metaphysik und Politik, Frankfurt 1977, S. 132
102 Chr. *Meier:* Die Entstehung, a.a.O., S. 47
103 W. *Hennis:* Politik und Praktische Philosophie, S. 1-130
104 ebd. S. 14
105 ebd.
106 Hennis stellt in einem Aufsatz 1980 fest, daß die Bundesrepublik ein Staat von unverwechselbarer Eigentümlichkeit geworden sei, der damit auch Ansatzmöglichkeiten biete für einen Gemeinsinn, „wie dies für keine Epoche der älteren deutschen Staatsgeschichte so gelten kann." Der Gemeinsinn entwickle sich auf drei Ebenen. Auf einer sachlichen Ebene, in der gemeinsamen Sorge um den Frieden, um innere und äußere Freiheit, Wohlstand, auf einer personalen Ebene durch eine Zunahme der Bindung der Menschen aneinander und schließlich auf einer funktionalen: durch die partizipatorischen Bemühungen der Bürger. Gleichzeitig konstatiert Hennis aber eine Verarmung Westdeutschlands an dem, woran „wir Deutschen" früher so reich gewesen seien: „Partikularitäten, heimatliche Bindungen, liebenswürdige Besonderheiten, Gemütlichkeiten, Ligaturen" (Dahrendorf). Es sei gewiß kälter in Westdeutschland geworden, aber man könne nicht alles zugleich haben (FAZ, Nr. 136 v. 14.6.1980, Beilage ‚Bilder und Zeiten') vgl. auch vom selben Verfasser: „Legitimität", in ders.: Politik und Praktische Philosophie, S. 213, wo von der Verdrängung der nationalen Probleme die Rede ist.
107 H. *Kuhn:* Der Staat, a.a.O., S. 15
108 ebd. S. 38
109 Vita Activa oder vom tätigen Leben, Stuttgart 1960
110 S. 28-29
111 ebd. S. 32
112 ebd. S. 47
113 ebd. S. 41
114 A. *Schwan:* Die Staatsphilosophie im Verhältnis zur Politik als Wissenschaft, in: D. *Oberndör-*

fer (Hrsg.): Wissenschaftliche Politik, eine Einführung, Freiburg 1962, S. 182
115 ebd. S. 188
116 ebd. S. 184
117 ebd.
118 S. 191, im Sinn der bürgerlichen Gesellschaft
119 Zweite Ausgabe 1972, S. 3
120 ebd. S. 6
121 L. *Strauss:* The City and Man, Chicago ^{2}1978, S. 30
122 Es ist eher die aristotelische Polis nicht mit Freiheit zu verbinden, wenn sie einen „nonegalitarian-character" hat, ebd. S. 41
123 Philosophy as Rigorous Science and Political Philosophy, in: interpretation, Vol. 2, issue 3, p 1
124 B. *Willms,* 1982, 32
125 ebd. S. 43; vgl. auch S. 114
126 ebd. S. 47
127 ebd., S. 32; historistisch-marxistisch verengt scheidet F. *Tomberg* Polis und Nation. Er kommt nach über zweihundert Seiten der Parallelisierung zu der bezeichnenden Feststellung, daß der Mensch als zoon politikon nur in der griechischen Polis zur Wirklichkeit kam. Aristoteles sei im übrigen „an die Schranken gebunden, die dem griechischen Stadbürger der antiken Epoche durch den Verstehenshorizont der Zeit gesetzt waren." (236): Polis und Nationalstaat. Eine vergleichende Überbauanalyse im Anschluß an Aristoteles, Darmstadt 1973
128 J. *Maritain* empfiehlt ausdrücklich *für „Polis"* oder „Civitas" *heute „Nation"* oder „politischer Körper" *zu übersetzen,* a.a.O., S. 246
129 Th. S. *Kuhn* hat für unsere Methode eine aufschlußreiche Formulierung: „Wird einmal ein neues Problem als analog zu einem bereits gelösten gesehen, so ergibt sich ein passender Formalismus wie auch eine neue Art der Verknüpfung seiner symbolischen Konsequenzen mit der Natur. Hat man die Ähnlichkeit erkannt, so benützt man einfach die Verknüpfungen, die sich bereits bewährt haben", Entstehung des Neuen, Frankfurt/M. 1978, S. 401
130 Weniger problematisch ist die Ausdehnung früher gesehen worden: „dieser Gedanke ist im Wege der Ausweitung der auf die Polis beschränkten aristotelischen Naturrechtslehre in der stoischen und christlichen Philosophie entstanden, die übereinstimmend die ganze Menschheit als eine durch das Naturrecht verbundene Einheit betrachten." *Verdross/Simma:* Universelles Völkerrecht, S. 39
131 Vgl. zur Ungeschiedenheit der staatlichen und gesellschaftlichen Seite des griechischen Gemeinwesens: Chr. *Meier,* ES, Bd. 287, S. 13-14 (Entstehung des Begriffs „Demokratie")
132 Pol. 1289 a 16, vgl. u. a. Leo *Strauss:* City and Man, a.a.O., S. 46ff.; Christian *Meier,* a.a.O., S. 65f.
133 „Der Bereich des ‚Staates', der politischen Herrschaft, der öffentlichen Ämterordnung – wie immer man es nennt –", W. *Hennis:* Politik und Praktische Philosophie, a.a.O., S. 218, vgl. auch S. 233. Davon streng zu unterscheiden ist Max Webers historisch begrenzte Definition des Staates durch dessen Gewaltmonopol
134 C. *Schmitt:* Verfassungslehre, Berlin^5 1970, S. 4ff.
135 Es liegt gewissermaßen eine parteilich (z. B. oligarchisch) geprägte Verfassung vor, vgl. Ch. *Meier,* a.a.O., S. 66
136 Daß die aristotelische Bürgerschaft wiederum nicht den Umfang, die politische Identität, wie sie hier gefaßt wird, umschließt, wurde schon betont. Vgl. u. a. Pol. 1278 a 15ff. Wir verstehen hier die Gesamtheit der Bürgerschaft, die in allen denkbaren Verfassungen existiert als unterschieden von denen, die regieren (= Aktivbürgerschaft). Der vollkommene (aristotelische) Staat schließt z. B. schon die sog. Banausen (Handwerker) aus, vgl. Pol. 1278 a 8
137 S. Kap. „Differenzierte Nation"
138 Vgl. zum „Untertan" (als Regiertem) und seinem nicht dem Begriff und dem Stereotyp entsprechenden (realgeschichtlichen) Interesse: P. *Blickle:* Deutsche Untertanen – ein Widerspruch, München 1981; vgl. weiter Karl *Bosl:* Herrscher und Beherrschte im Deutschen Reich des 10. und 12. Jh., München 1963 (Bay. Akad. d. Wiss. Phil.-hist. Kl., Sitzb./H. 2)
139 Die Frage ist, wieweit die konkrete Demokratie dort das politische Leben bestimmt, welche Bedeutung sie für die nationale Identität hat. Andererseits ist ein Identitätsproblem aufgeworfen, wenn sich die Herrschaft radikal verändert. Drei Reaktionen sind möglich: 1. Arrangement mit dem neuen Staat (mit unterschiedlichen Motiven, nationalen und opportunistischen) 2. Formen des Widerstandes oder der Opposition (ebenfalls aus verschiedenen Motiven, die aber alle politischen Ursprungs sind) 3. Emigration. Die Zwangsemigrierung bzw. die Verbannung außer Landes kam übrigens in der Polis fast einem Todesurteil gleich, weil die Identität

mit der Polis so stark war, daß ein Ausstoß aus ihr einem Zusammenbruch der persönlichen Existenz gleichkam. Die Zwangsemigration ist damit in den meisten Fällen durchaus vergleichbar. Vgl. Fustel de *Coulanges:* Der antike Staat, Stuttgart² 1981, S. 269ff.
140 *Verdross/Simma,* a.a.O., S. 204. Vgl. zum Problem der nationalen Identität im Verfassungswandel Kap. „Nationale Identität"
141 Eine dogmatische, scholastische Interpretation müßte z. B. ‚aristotelisch' ein geteiltes Gemeinwesen mit unterschiedlichen Verfassungen als nicht mehr eines, sondern als zwei interpretieren. Vor derartigen Dogmatismen bewahrt geschichtliches Bewußtsein, vgl. z. B. die nach wie vor aufschlußreiche, bereits genannte Schrift von Fustel de *Coulanges:* Der antike Staat.
142 „Die Art und Weise, wie der Mensch zu verschiedenen Zeiten seiner Geschichte die Naturwelt und sich selber versteht und mißversteht, kann sich hinsichtlich ihrer Wahrheit und Falschheit aber auch nur an dem bemessen, was Welt und Mensch selber sind." (K. *Löwith:* Natur und Humanität des Menschen, in ders.: Mensch und Menschenwelt, Stuttgart 1981, S. 269, sämtl. Schriften Bd. 1)
143 Die Möglichkeiten der Naturinterpretationen reichen von der „natürlichen" Lämmerherde bis zum „natürlichen" Wolfsrudel als Symbol menschlichen Verhaltens. Es war bereits die Geschichte selbst, die aufgrund dieser Naturkonzepte entsprechende Experimente mit der menschlichen Natur unternommen hat.
144 Wir kommen darauf zurück, s. Kap. „Differenzierte Nation"
145 Vgl. dagegen J. *Habermas:* Naturrecht und Revolution, in ders.: Theorie und Praxis, a.a.O., S. 122
146 Zu den Elementen einer Theorie der Nation sei auf folgende Literatur ausdrücklich hingewiesen: H. O. *Ziegler,* a.a.O., vor allem S. 266f., 290f., 293, 295f., 304, aber auch 53ff., 96ff.; M. H. *Boehm:* Das eigenständige Volk. Grundlegung der Elemente einer europäischen Völkersoziologie. Mit einem Geleitwort zur Neuausgabe, Darmstadt² 1965, S. 291; P. Graf *Kielmannsegg:* Volkssouveränität. Eine Untersuchung der Bedingungen demokratischer Legitimität, Stuttgart 1977, S. 230ff.; G. *Heraud:* Die Völker als die Träger Europas (Ethnos 4), Wien 1967, S. 27, 30, 33ff.; D. *Murswiek:* Die verfassungsgebende Gewalt nach dem Grundgesetz für die Bundesrepublik Deutschland, Berlin 1978, S. 217, vor allem S. 231, 235, dagegen S. 223; C. *Schmitt:* Verfassungslehre, a.a.O., S. 50f., 79, 231, 311 u. a. Zur Französischen Revolution seien Francois Furet, Bernard Fay und Augustin Cochin nur erwähnt. Vgl. dazu auch Kap. II.2.C.
147 Einen nicht unproblematischen Praxisbegriff pflegt Helmut *Fahrenbach:* Ein Programmatischer Aufriß der Problemlage und systematischen Ansatzmöglichkeiten Praktischer Philosophie, in: M. *Riedel,* a.a.O., Bd. 1, S. 55; vgl. auch N. *Lobkowicz:* Theorie und Praxis, in: D. *Kernig:* Sowjetsystem und demokratische Gesellschaft, Bd. 6, Sp. 411ff.
148 Metaphysik, a.a.O., S. 116f.

2. Dimensionen der nationalen Frage

Im Bewußtsein der Praktischen Philosophie ist nun die Frage nach dem gegenwärtigen Gemeinwesen, der Nation, zu stellen. Die nationale Wirklichkeit wird in die Vielfalt ihrer inneren und äußeren Aufgaben aufgegliedert. Die gute Ordnung, die national erreicht oder bewahrt werden soll, hat eine Wirklichkeit zur Grundlage, die in ihrer Mehrdimensionalität erfaßt werden muß. Das *Komplexitätstheorem* besagt also, daß man der nationalen Wirklichkeit nur dann gerecht wird, wenn man sie in einer Vielfalt von Fragen erfaßt, erschließt und analysiert. Die nationale Wirklichkeit hat eine soziale, ökonomische, ethnische usw. Dimension, die je für sich oder in einer Kombination von Dimensionen zur nationalen Frage werden kann. Das ist der erste Ausgangspunkt für die folgenden Ausführungen.

2.A. Einführung in die Konzeption der nationalen Frage

Die uns umgebende Wirklichkeit des Lebens, in welche wir hineingestellt sind, in ihrer Eigenart zu verstehen, sei Aufgabe der als Wirklichkeitswissenschaft zu interpretierenden Sozialwissenschaft. So hat Max Weber das methodische Problem der Sozialwissenschaft 1904 für die nachfolgenden Generationen prägend zu formulieren gewußt. Wir geben der Nation die wissenschaftlich untersuchungswürdige „Kulturbedeutung", die Weber als den Ausgangspunkt sozialwissenschaftlicher Erkenntnis annimmt (*Weber* 1973, 212). *Die Antwort auf die konkret gestellte nationale Frage muß die Wirklichkeit der konkret untersuchten Nation sein.*

Die wissenschaftliche Aufgabe besteht in der Analyse, d. h. in der Zerlegung der nationalen Wirklichkeit in einige ihrer wesentlichsten Bestandteile. Die wissenschaftlich-analytische Aufteilung der „einen" politisch-alltäglichen Wirklichkeit eröffnet die Möglichkeit zur kritischen Beurteilung der konkreten nationalen „Gesellschaft" (*Conze* 1964, 1ff.).

Sieht man die nationale Frage, deren wortgeschichtliche Genese im 19. Jahrhundert zu suchen ist[149], in ihrer komplexen Zusammensetzung, so muß sie *als die universelle und prinzipielle Frage nach der gerechten, ja der besten nationalen Gesellschaft verstanden* werden. Die Dauer und die Vielfalt der „nationalen Gesellschaft"[150] läßt viele individuelle Antworten und Lösungsformen dieser Frage zu. Die nationale Frage bleibt aber eine ständige Aufgabe, die in einer sich dynamisch entwickelnden und verändernden Welt nicht endgültig gelöst werden kann, d. h. *nationale Antworten auf nationale Fragen zu finden sind beständige politische Aufgaben für die nationalen Vergemeinschaftungsformen dieser Welt.* Transnationale Herausforderungen harren in erster

Linie einer nationalen Antwort, bevor sie, so dies möglich ist, einer internationalen Lösung überantwortet werden können. Die „Lösung" der jeweiligen nationalen Frage mittels eines Machtkonzepts, in dem eine nationale Faktion sich auf Kosten des Ganzen zur Herrschaft aufschwingt und unbeauftragt politische Entscheidungen trifft, oft unter dem behaupteten Zusammenhang von Macht und Nation, d. h. durch Manipulierung des Selbstbehauptungswillens der Gesellschaft, kann nicht als dauerhafte und im politischen Sinne, der das Ganze der nationalen Gesellschaft zum Maßstab hat, als legitim angesehen werden. *Nicht die politische Größe, sondern die politische Qualität des nationalen Gemeinwesens ist aller Interesse.* Daß das nationale Denken trotz dieses Interesses auch traditionellerweise auf den Machtaspekt reduziert wird, belegt Jacob Burckhardt: „Allein in erster Linie will die Nation (scheinbar oder wirklich) vor allem Macht." (nach W. J. *Mommsen* 1974, 24)

Die „Lösung" der jeweiligen nationalen Frage durch ein *ideologisches* Konzept macht aus dem offenen System der nationalen Frage ein geschlossenes, dessen exklusive Lösung sowohl den diskursiven Frageansatz manipuliert, indem nur eine einseitige herrschaftsermöglichende Perzeption von Wirklichkeit erfolgt, als auch den responsiven Aspekt (*Bergstraesser* 1966) mit monokausalen[151] Lösungen, d. h. komplexitätsdestruierend verengt.

Die nationale Frage ist hier als eine *politische Frage* verstanden, sie ist keine historische. Sie hat aber als Problemkomplex ihre Geschichte. Die nationale Frage umfaßt in ihrer höchsten Intensität die ganze politische Einheit. Die nationale Frage kann historisch untersucht bzw. in ihrer jeweiligen Ausprägung individuell rekonstruiert werden. Für den Rahmen dieser Arbeit stellt sich aber zunächst einmal die Aufgabe ihrer Konzeptualisierung als prinzipielles Thema des Politischen.

Weniger konzis und weniger systematisch formuliert könnte man unter der nationalen Frage auch die allgemeine Frage nach der Lage, dem Zustand, der Geschichte usw. einer *bestimmten* Gesellschaft auf einem *bestimmten* Territorium verstehen. Gegenüber dieser individualistischen Variante scheint der Vorteil des auszuführenden Systems der nationalen Frage zu sein, daß es auf präzise Fragekomplexe und Thesen festlegbar ist, die *dann* für eine bestimmte Gesellschaftsanalyse angewendet werden können. Im übrigen ist der Anspruch des Konzepts kein bloß individueller, sondern ein universeller. Es geht um die *Bestimmung des Ordnungsmodells Nation* mittels eines, das ist der zweite Punkt der Komplexität, universell applikablen Konzepts, dessen inhaltliche Implikate über das Fragesystem hinaus noch über die Thesen zur Realität, Universalität, Konkurrenz, Kontinuität, Identität und Ethnizität weiter ausgeführt wurden und werden. Die Ordnungsvorstellung (*Ludz* 1974, 66 u. ö.) Nation, wie sie als bleibende „Aufgabe der Ordnung" (*Bergstraesser* 1966, 30) insbesondere von der Politischen Wissenschaft verstanden werden kann (*Hättich* 1967), muß sich als wissenschaftliches Konzept erst bewähren. Es darf nicht zu einer nur „abstrakt *gedachten* Lage" werden, die Hans Freyer als leere, von Kulissen umstellte Bühne illustriert (*Freyer* 1956, 215). Man kann sich also auch konzeptionell nicht auf die Überlebensleistung einer Nation beschränken, selbst wenn diese Leistung alles andere als selbstverständlich geworden ist (*Toynbee* 1974, 89). Es käme dennoch einer enormen Reduktion gleich, würde man die nationale Frage heute auf das Sicherheitsproblem beschränken, das sie einschließt. Ortega y Gasset hat Arnold Toynbees Prinzip „Herausforderung − Antwort" in diesem Zusammenhang kritisiert. Er sagt, daß das menschliche (politische) Leben nicht nur bei dieser oder jener Gelegenheit, sondern wesentlich und permanent für den Menschen ein Reagieren-Müssen auf die Schwierigkeiten sei, vor die der Mensch sich gestellt sehe, sonst komme er um, d. h., daß ein menschliches Leben unmöglich werde[152]. Sicherheit ist, so gesehen, eine notwendige, aber nicht hinreichende Bedingung nationaler Existenz.

„Die nationale Frage in Rußland" war schon für W. Solowjew „keine Existenzfrage, sondern die Frage nach einer würdigen Existenz." (*Solowjew* 1972, 9). Das einseitige Sicherheits- und Machtdenken hatte schon, sich verselbständigend, für das zweite Deutsche Reich fatale Folgen. Löwenthal sieht die „Bismarck'sche ‚Lösung' der nationalen Frage durch ‚Blut und Eisen'" verbunden mit der Verzögerung der Entwicklung zur Demokratie, einem verfestigten Gegensatz zwischen nationalen und demokratischen Tendenzen. So sei der

> „Grund für die nationalistische Abenteuerpolitik nach außen (durch Wilhelm II. – T. M.) und die Polarisierung im Innern gelegt, die in den kriegerischen Katastrophen, der politischen Instabilität und dem schließlichen Zusammenbruch des neuen Reiches ihre Früchte trugen." (*Löwenthal* 1979, 235).

Die Bismarck'sche „Lösung" der nationalen Frage verdeutlicht, wie wir sahen, die Unmöglichkeit, sie als eine nur staatliche und/oder territoriale Anlegenheit anzusehen. Die nationale Frage hat eine ebenso *außen- wie innenpolitische Dimension*[153]. Von jeder Seite her kann sie zum Problem werden. Von daher kann man die nationale Frage als ein *polypolitisches Problem* ansehen. Seine rationale Erkennbarkeit unterscheidet das Konzept auch von dem Herderschen, dessen historische Wesensschau wenig vergleichbar ist[154]. Analyse und Volksseelenlehre lassen sich nicht kombinieren. Der Herdersche Primat des Kulturellen vor dem Politischen ist nicht zu halten, weil er mit der Wirklichkeit nicht (mehr, wenn überhaupt jemals) übereinstimmt. Schwierig dürfte es auch sein, Patriotismus und nationale Frage kurzzuschließen, wenn man unter Patriotismus versteht, daß man sein Vaterland liebt,

> „weil es mein Vaterland ist, d. h. ohne daß ich mir dabei irgendwelche anderen Fragen stelle. Wenn wir uns Fragen zu stellen beginnen, weshalb und wofür wir lieben – dann fangen wir an Erwägungen, Berechnungen anzustellen, d. h. mit anderen Worten, wir hören auf zu lieben."[155]

Die Differenz besteht in der einerseits fraglosen Affirmation und andererseits in der ratiomorphen Analyse, zwischen „Weltanschauung" und Wissenschaft.

Im Konzept der nationalen Frage wird die These vertreten, daß unter dieser Frage immer „mehr" zu verstehen sei, als unter der jeweils als russisch, kroatisch, türkisch, deutsch bezeichneten Frage üblicherweise verstanden werden kann. Diese Fragen laufen meistens auf ein territoriales oder auch staatliches (Einheits-)Problem hinaus. Die deutsche historische Erfahrung zumindest scheint für das komplexe Konzept zu sprechen (vgl. I.2. oben), wie die gelegentlich von Historikern ausgedehnte Definition der deutschen Frage, die der hier angedeuteten durchaus vergleichbar ist[156], nahelegt. Im übrigen besteht auch um die Konzeption der nationalen Frage zwischen der Bundesrepublik Deutschland und der DDR „ein elementarer Interpretationskonflikt" (*Weidenfeld* 1981, 17), dessen sprachpolitische Dimension in der Bundesrepublik allerdings eher verkannt wird.

2.B. Das offene System der nationalen Frage

Die Systembestandteile der komplexen nationalen Frage sollen hier analytisch vorgestellt werden. Exemplarisch werden historische und politische Belege demonstriert; hypothetischen Charakter haben jeweils die angeführten Exempla. Das Frageangebot ist prinzipiell offen, d. h. es kann sowohl erweitert als auch eingeschränkt werden[157]. Der Umfang der – im wahrsten und besten Sinne des Wortes – Fragwürdigkeit der

Wirklichkeit, hängt von dieser Wirklichkeit und ihrer wissenschaftlich umfassenden, nachprüfbaren Erfassung und Interpretation ab. *Die vielfältige politische Erscheinungsform dessen, was als Nation bezeichnet wird, legt in der Praxis einen entsprechend unterschiedlichen Gebrauch des nationalen Fragerepertoires nahe.* Die Schwerpunkte des Repertoires wechseln in der Geschichte der Nation. die konstitutionelle Frage kann einmal im Mittelpunkt des Geschehens stehen, wenig später aber z. B. eine soziale Problematik. Nicht alle Fragen, die hier verhandelt werden, müssen zur nationalen Frage i. S. v. nationalen Problemen oder gar Krisen sich entwickelt haben; *von einer nationalen Frage ist in den entsprechenden Fällen erst dann zu sprechen, wenn das anstehende Problem, die Sache, die Aufgabe oder die Zukunft der ganzen Nation geworden ist.* In diesem Sinne ist die nationale Frage immer eine politische Frage, muß ein Politikum ersten Ranges geworden sein. Einen Maßstab zu finden, mittels dessen eindeutig feststellbar wäre, ab wann, von welchem Ausmaß ab man von einer nationalen Frage sprechen kann, dürfte allerdings schwer sein, ist aber weniger das Problem. Problematischer dürfte die Bestimmung eines Sachverhaltes als eines von nationaler Bedeutung sein. In der *Konzentration der Fragen* liegt unseres Erachtens das Neue des hier zu vertretenden Ansatzes, daß beispielsweise eine anstehende ökonomische Frage oder Problematik als nationale Frage erkannt wird. Die Berechtigung dieses Ansatzes wird sich bei den unterschiedlichen Fragenkomplexen zu erweisen haben, wobei zwischen der Wahl der Belege und der Berechtigung der jeweiligen Verbindung sehr zu unterscheiden ist. Ideologisch-nationale Vorstellungen differenzieren hier nicht. Ihr Interesse ist es vielmehr, alle ideologisch für wertvoll erklärten Sachverhalte als „national" zu *etikettieren* (*Fröhlich* 1970, 36). „To add labels to objects or actions" (K.W. *Deutsch*) ist eine ideologische Strategie der Nationalisierung, die auch nicht-nationalistischen Weltanschauungen eignet, man denke nur an Stalins „Großen Vaterländischen Krieg".

Das offene System oder das Rahmenwerk der nationalen Frage gibt die Möglichkeit der analytischen Erörterung einer präsenten oder historischen Gesellschaft und ihrer Entwicklung. Es liefert die hinreichenden Bestandteile zur Erfassung der nationalen Wirklichkeit, wenn man die ganze Konzeption erfaßt, die über das Fragesystem, wie oben angedeutet, hinausgeht. Das offene Fragesystem diskriminiert nicht in entwickelte und unterentwickelte Nationen, es mißt nicht an einseitig vorgefaßten Maßstäben (Modernisierungstheorie), nach denen sich alle nationalen Wirklichkeitsformen, wollen sie anerkannt sein, sich zu orientieren hätten. Es legt vor allem schließlich keine ideologische Verengung der national vielfältigen Antworten und Lösungsensembles nahe. „Frage" und „Antwort" werden als Prozeß verstanden, der in der Nation abläuft. Eine „Lösung" kann so gesehen immer nur von temporärer Bedeutung sein. Endgültigkeiten sind nur schwer auszumachen. Dennoch ist mittels eines Fragesystems (und weiterer konzeptueller Theoreme) die Nation in ihrer gegenwärtig und geschichtlich pluralen Wirklichkeit komplex darstellbar. Lösungs- und querschnittsbezogene Fragen illustrieren die Pluralität. Diese Vorteile gilt es bei der Beurteilung dieses mehrdimensionalen Ansatzes zu berücksichtigen. Das System hat immer wieder zu belegen, daß es keine Kompilation von Fragen ist, sondern eine hinreichende Ausgangslage zur Erfassung der fragwürdig gewordenen innen- wie außenpolitischen Lage der Nationen. Ökologische Problemata wurden beispielsweise nicht aufgenommen, weil ihnen eine geschichtliche Dimension mangelt. Ihre aktuelle Bedeutung und Größe spricht allerdings eher gegen diese Ausgrenzung. Es wäre ein Mißverständnis mechanistischen Denkens, würde man annehmen, alle Themata, die irgend mit der Nation zu tun haben, könnte man nun in die Systemmaschinerie eingeben und entsprechende Antworten erwarten. Es handelt sich indes hier um komplexe Fragen und Probleme der Wirklichkeit, nicht um ad hoc gestellte Frageeinfälle.

Die Nation ist ein hochkomplexes Gebilde. Es wäre daher eine weitere Fehlinterpretation, würde man das Konzept auf ein System von Fragen reduzieren. Die Nation ist nicht allein auf Fragen hin konzeptualisierbar, nicht in Fragefiguren allein darstellbar. Es ist u. E. unpassend, von der demokratischen oder der identitären Frage als nationaler Frage zu sprechen. Gleichwohl sind nationale Identität und der Zusammenhang von Nation und Demokratie notwendige und wesentliche Bestandteile einer prinzipiellen Ansprüchen genügen wollenden politischen Theorie der Nation. Die nationale Frage läßt sich also nicht einfach strukturieren, sie ist eine vieldimensionale Angelegenheit.

Die Konflikträchtigkeit von nationalen Fragen für die Gesellschaft, in der sie ausgetragen werden, kann keine Aufforderung sein, sie nicht wahrzunehmen oder zu stellen. Es kommt allerdings einer unzutreffenden Dramatisierung gleich, wenn für den Normalfall nationaler Fragen innergesellschaftlich ein „tödliches Klima" und ein „Kampf absoluter Ansprüche" konstatiert wird (*Dahrendorf* 1968, 16). Wie bei jeder kardinalen politischen Frage ist nie auszuschließen, daß sie bürgerkriegsbildend ausgetragen wird, aber die Dramatik solcher Ernstfälle lenkt eher von der Wichtigkeit, dem friedlichen Ernstfall der „normalen" Wirklichkeit ab. Im übrigen gilt auch hier, daß „Gesellschaften (...) sich nun deutlich in der Art und Weise, in der sie des *Konflikts* in ihren Institutionen Herr zu werden versuchen", unterscheiden (*Dahrendorf*, 41)

Abgesehen vom ganzen Konzept, wie es hier dargestellt wird, eignet sich das Fragesystem trotz seines Systemcharakters nicht ohne weiteres für eine Operationalisierung. Das Problem liegt in der Abstraktheit der Rubriken. Man hätte in jedem Fall immer individuell zu begründen, welches die Indizien für die Annahme einer nationalen Frage sind[158]. Der Vorteil des Systems (und damit auch einer formalen, schematischen Darstellung und Erfassung) liegt dabei in der versuchten Rubrizierung der Vielfalt von Indizien, die alle möglich sind. Die Frage der technischen Nutzung des isolierten Systems, auf das sich eine Operationalisierung beschränken müßte, steht jedoch nicht zur Erörterung an. Es würde sogar die Konzeption verzerren, weil es alle normativen Fragen, die man an die Nation stellt, z. B. die Forderung nach Einheit oder Freiheit oder nach Sozialismus oder nach Größe usw. usf. nur schwer erfassen könnte.

Ralf Dahrendorf beginnt sein 1965 veröffentlichtes Werk „Gesellschaft und Demokratie in Deutschland" mit folgendem Absatz:

> „Daß es eine ‚deutsche Frage' gibt, wissen Menschen in aller Welt; nur in Deutschland selbst meinen viele, die einzige deutsche Frage von Belang sei die, wie man möglichst rasch das ‚dreigeteilte' Land wieder zusammenflicken könne. So wird die ‚deutsche Frage' beinahe unvermerkt zu einer Frage der Deutschen an die anderen, und manches gerät in möglicherweise willkommene Vergessenheit: daß es z. B. eine Frage der anderen an uns Deutsche gibt, vor allem aber, daß es einem Volk nicht übel ansteht, auch Fragen an sich selbst zu richten" (S. 15).

In diesem letzteren Sinne sind die nationalen Fragen, die hier gestellt und meistens am deutschen Exempel illustriert werden, zu verstehen. (Allerdings ist es „anderen" auch nicht zu ersparen, gefragt zu werden.) Wenn Dahrendorf meint, die *deutsche* Frage sei auf eine soziale zu reduzieren und ihr sei vor allem mit „sozialer Aktivität" beizukommen, sie sei keine politische Frage („an andere", S. 480), so ist diese Perspektive ähnlich verfehlt wie jene, die meinte, durch „Kultur" könne das Politische verändert oder gar erklärt werden[159]. Eine politische Theorie der Nationen kommt nicht umhin, den Primat des Politischen vertreten zu müssen. Eine nationale Frage kann nicht politikfern interpretiert werden.

Anmerkungen

149 Vgl. z. B. die Schriften Wladimir Solowjews, in denen Anfang der 80er Jahre des 19. Jhs. von der „nationalen Frage" die Rede ist: Die nationale Frage in Rußland (Werke Bd. 4), München/Freiburg 1972. Auch im Bismarckreich taucht der Begriff auf. Zu vermuten bleibt, daß der Begriff schon 1848 auftauchte.

150 Über den Begriff der „nationalen Gesellschaft" in England schreibt in der „Historischen Zeitschrift" G. A. *Ritter:* „Die Wortverbindungen „civil", „political" oder auch „national society", die mit dem älteren Begriff der res publica, des Gemeinwesens, übereinstimmen, blieben erhalten (vgl. aber Kap., Praktische Philosophie und Nation – T. M.). Der Begriff der Gesellschaft wurde so *nicht* entpolitisiert und erhielt auch nicht den abwertenden Beigeschmack, den er im kontinentalen Staatsdenken so häufig als Inbegriff partikularer und meist ökonomischer Privatinteressen erfahren hat." Dieses Übersetzungs- und Bedeutungsproblem gilt es im Deutschen immer sich zu vergewissern, damit gewußt wird, welcher Gesellschaftsbegriff nun gemeint ist.

151 „Jeder Staat, der nur einem Zweck dient, wird notwendig zur Diktatur, sagt Lord Acton. Könnte die Geisteskrankheit Nationalismus darin bestehen, daß die Nation immer wieder nur unter *einem* Aspekt gesehen, erlebt wird, unter dem Aspekt der kollektiven Machtdemonstration (gegenüber einer feindlichen Umwelt)? Damit wird sie notwendig zum Fetisch und führt zur Selbstvergottung" A. *Mitscherlich/*G. *Kalow* 1971, 127

152 J. *Ortega y Gasset:* Eine Interpretation der Weltgeschichte, München 1964, S. 231, vgl. zur Logik von Frage und Antwort auch R. G. *Collingwood:* Denken. Eine Autobiographie, Stuttgart 1955, vgl. insbes. auch die Einleitung von *Gadamer.*

153 Weder die eine noch die andere kann als politisch bedeutungsvoller angesehen werden. Insofern haben weder *Ranke* noch *Kehr* recht in ihrer jeweiligen Entscheidung.

154 Herders Grundgedanke sei, so meint Lemberg, der, „daß nämlich alle diese bisher gesondert betrachteten und wie Selbstzwecke durchforschten Lebensbereiche, Sprache, Dichtung, Musik, Recht, Philosophie, Politik, Wirtschaft, Religion usw. Äußerungen *eines* Volkes seien und damit Ausstrahlungen *eines* Lebensprinzips, das man wie immer nennen mochte, Volksseele oder Volksgeist oder einfach Volk". Eugen *Lemberg:* Geschichte des Nationalismus 1950, S. 197. (eigene Unterstreichung – T. M.)

155 J. de *Maistre:* Betrachtungen über Frankreich (1796), zit. nach *Solowjew,* a.a.O., S. 293

156 vgl. J. *Becker* 1979, 187: G. *Ritter* 1976, 11; vgl. aber auch *Ludz* 1974 „Die Verbindung von Verfassungsreform und territorialer Neuordnung beeinflußte auch die deutsche Frage im engeren Sinne" in: Materialien, a.a.O., S. 68. Die Summe dieser „Verbindungen" wurde unseres Erachtens bisher zuwenig berücksichtigt.

157 „Ein allen Wissenschaften gemeinsames Merkmal ist sicherlich die Offenheit ihres Fragehorizonts, eben, daß sie ihren ‚Gegenstand' als einen befragten u. immer noch zu erforschenden haben und zugleich doch nicht haben." D. *Oberndörfer:* Politik als praktische Wissenschaft (= Antrittsvorlesung), in ders. (Hrsg.): Wissenschaftliche Politik. Eine Einführung in Grundfragen ihrer Tradition und Theorie, S. 10, Freiburg 1962

158 Die Gewerkschaftsbewegung in Polen ist z. B. ein soziales Problem von nationaler Bedeutung gewesen. Der Indikator hieße also in diesem Falle „Gewerkschaft".

159 vgl. G. A. *Ritter,* der von englischen Denkern und Politikern schreibt, daß sie „weniger in der Sprache und im Kulturleben als in den politischen Traditionen, dem Recht und den Verfassungsinstitutionen des Landes das wesentliche Band der Nation gesehen" hätten. Für J. *Harrington* ist „a good form of government the refined spirit of a nation" (HZ 198/1964/ S. 26). Ritter schreibt auch vom „fast völligen Fehlen einer sozialen Komponente im britischen Nationsbegriff" (ebd.).

2.B.1. Soziale Frage

„1. Was ist der dritte Stand? Alles.
2. Was ist er bis jetzt in der staatlichen Ordnung gewesen? Nichts.
3. Was verlangt er? Etwas darin zu werden" (*Sieyès* 1923, 35).

Mit diesen klassischen Sätzen wurde der Anspruch der nicht am politischen Leben der Nation beteiligten Stände, auch politisch etwas zu bedeuten und nicht nur sozialer Stand zu sein, manifest. Die sozialen Forderungen sind eminent politisch. Sie wurden durchgesetzt und veränderten das politische System Frankreichs grundlegend. Der in der Französischen Revolution erstmals in großem Ausmaß erfolgreich unternommene Versuch der Partizipation am nationalen Gemeinwesen, die Realisierung des Gleichheitsprinzips, „gehört zu den konstitutiven Elementen nationaler Bewegungen. Infolgedessen stellt sich im Zusammenhang einer nationalen Bewegung auch die soziale Frage". (*Dann* 1978, 214). Die Tendenz der Egalisierung war nicht aufzuhalten; sie „lief in die Richtung allgemeiner Gleichberechtigung innerhalb der auf *alle* Menschen ausgedehnten Nation." Die nationale Bewegung des 19. Jahrhunderts war „in ihrer Wurzel auch (eine) soziale Bewegung" (*Conze* 1964, 11). Der antifeudalistische Kampf war sozialen Ursprungs. Die „aufrührerischen Bestrebungen" der Bauern, wie es im Bauernkrieg des 16. Jahrhunderts heißt, mißlingen dagegen, weil die dynastischen Kräfte zu stark, die unterdrückten Massen noch zu schwach waren.

Klassenkämpfe gehören zur Geschichte der Nationen (*Bauer* 1975, 580). Die patriarchalische Gleichbehandlung der Glieder einer Nation, wie sie monarchisch möglich war, kann die geschichtliche Erfahrung von Verarmung, Unterdrückung und Deklassierung der nichtadligen Stände nicht verharmlosen. Die *soziale Frage einer Nation,* d. h.

„die Frage nach den Fehlentwicklungen und Fehlwirkungen der Sozialordnung einer Gesellschaft hinsichtlich der ihr gestellten Gemeinwohlaufgaben, nach deren Ursachen und den Mitteln zu deren Überwindung"[160],

wurde in Deutschland erstmals von den Rechtshegelianern, lange vor Lorenz von Stein und Karl Marx, aufgeworfen (*Lübbe* 1974, 72f.); der Begriff tauchte erstmals 1840 in Deutschland auf. Historisch konkret stellt sich der Konflikt zwischen Arbeit und Kapital, zwischen Produktivkräften und Produktionsverhältnissen als Folge der Bauernbefreiung, der Bevölkerungsexplosion und der Industrialisierung so dar: Überangebot an Arbeitskräften, Frauen- und Kinderarbeit, lange Arbeitszeit bei kargem Lohn und gesundheitsschädigenden Arbeitsbedingungen, akuter Mangel an Bedarfsmitteln des täglichen Lebens, Hunger, Armut, politische und soziale Rechtslosigkeit. Es bedurfte eines Karl Marx, um eine saturierte Bourgeoisie mit der politischen Problemtik der sozialen Not zu konfrontieren, die sie selbst geschichtlich erlitten hatte.

Nicht erst dann, wenn andere Schichten, Stände oder Klassen „betroffen" sind, erhält die soziale Frage nationale Ausmaße, d. h. wenn struktur-funktional gesehen das System nicht mehr „funktioniert", sondern bereits die dauernde Verweigerung der nationalen Mitbestimmung, die Pauperisierung einer Klasse, die Unmöglichkeit einer eigenständig, klassenspezifischen Lösung andauernder eklatanter sozialer Mißstände führt zur Infragestellung der sozialen Kohäsion eines Gemeinwesens und der Glaubwürdigkeit seiner Gemeinwohlverpflichtung.

Die Entwicklung zur sozialen Frage im 19. Jahrhundert spitzt sich auf die soziale Lage der Arbeiterschaft nach der beginnenden Industrialisierung zu. An der Lösung der sozialen Frage des 19. Jahrhunderts in Deutschland arbeiten sowohl Vertreter der Arbeiterbewegung, der Kirchen als auch die staatlichen Instanzen des Bismarckreichs.

Die Motive der letzten sind eindeutig, aber die objektiven Folgen „der unaufhaltsamen Dampfwalze Industrialisierung" (*Dahrendorf* 1968, 56), der Bevölkerungsentwicklung (1825 wurden 28 Millionen Deutsche gezählt, 1900 56 Millionen; *Henning* 1979, 17), der Urbanisierung, machen die soziale Frage für den Sozialisten Rodbertus z. B. „nicht nur zu einer Arbeiterfrage, sondern sie wird für ihn eine nationale Frage, ja die Lebensfrage der Zivilisation überhaupt."[161] Für Liebknecht und Bebel war noch klar, daß „von vornherein die Lösung der nationalen Frage als Voraussetzung zur Lösung der sozialen Frage anzusehen sei" (*Conze/Groh* 1966, 48), denn die bestehenden Produktionsverhältnisse duldeten keine naive Separierung der Probleme. Liebknecht und Bebel schreiben:

> „Die politische Freiheit ist die unentbehrliche Vorbedingung zur ökonomischen Befreiung der arbeitenden Klassen. Die soziale Frage ist mithin untrennbar von der politischen, ihre Lösung durch diese bedingt und nur möglich im demokratischen Staat" (*Conze/Groh*, 79).

In Italien hatte der romantische Nationalrevolutionär Guiseppe Manzini den notwendigen Zusammenhang von nationaler und sozialer Frage angesprochen:

> „Täuscht euch nicht in der Meinung, ihr könntet euch eure Emanzipation aus einer ungerechten sozialen Lage verschaffen, ehe ihr euch ein Vaterland erobert habt; wo kein Vaterland ist, da ist kein gemeinsames Bündnis, auf das ihr euch berufen könnt: da herrscht allein der Egoismus der Interessen (...) Laßt euch nicht durch die Idee verführen, daß ihr eure materielle Lage verbessern könntet, ohne vorher die nationale Frage gelöst zu haben" (*Vogt* 1967, 125).

Alle westlichen Industrienationen, wie sie genannt werden, hatten die soziale Frage zu verkraften. England, die „Werkstatt der Welt", hatte nach Meinung von John Robert Seeleys „im Imperialismus die Lösung der nationalen Frage"[162] entdeckt. Kolonien absorbierten einen wesentlichen Teil sozialer Unfreiheit und aufgestauter Ressentiments – Energien, die in Ländern ohne das Ventil der Kolonien im weiteren Maße den radikalen Bewegungen zufließen würden. Frankreich begegnete der sozialen Frage ebenfalls in einer expansionistischen Politik, aber auch mit einer cäsaristischen Politik im Innern. Im deutschen Reich war das Bismarcksystem ebenfalls „unfähig, die nationale Frage mit der sozialökonomischen zu synchronisieren." (*Würmeling* 1982, 105) Ein nationales Ereignis von europäischer Wirkung war trotzdem das Bismarcksche System der Sozialversicherung, durch das erstmals die Arbeiter gegen Krankheit, Unfall, Invalidität versichert wurden[163]. Die Londoner Times kommentierte damals süffisant, der Deutsche sei eben an amtliche Kontrolle und polizeiliche Überwachung gewöhnt, während „der" Engländer, so das großbürgerliche Blatt, sich durch „Selbsthilfe und spontane Entwicklung besser" behelfe.[164]

Die Desintegration sozialer Schichten, wie sie für das französische Ancien Régime charakteristisch war, ist auch für nachabsolutistische Gesellschaften noch kennzeichnend. Die aus der Geringschätzung sozialer Schichten resultierende soziale Antipathie, die auch zum Haß sich steigern kann, ist in ethnisch gemischten Gesellschaften, z. B. in Vielvölkerstaaten, eklatant. In nicht wenigen dieser polyethnischen Staaten sind ganze Schichten ethnisch bestimmbar. Dadurch wird das soziale Problem des Zusammenlebens auch ein nationales. In der Donaumonarchie der Habsburger stützte sich die Krone bei ihren Versuchen „eine großösterreichische Staatsnation zu bilden", „weitgehend auf das liberale, unitarische deutsche Bürgertum, das seine nationale und soziale Stellung miteinander zu wahren suchte" (*Conze*, 36). Im Böhmischen nützte die Klassenspaltung national und sozial den Tschechen. *Ethnokratische* Strukturen verhinderten nahezu eine soziale Integration[165], die ethnosozialen Schranken hätte überwinden oder doch abbauen müssen. Durch Integration eine „großösterreichische Staatsnation zu bilden", wäre einer ethnischen Nivellierung, einer Völkerverschmelzung gleichgekommen. Grundsätzlich ist bei einer Integrationspolitik immer zu fragen, wer sie wünscht, und wer von ihr profitiert.

Die westdeutsche Gastarbeiterproblematik ist eine soziale Frage von nationaler Bedeutung. In der deutschen Geschichte ist die breite Integration ausländischer Staatsbürger zwar die Ausnahme, aber nicht ohne Beispiel. Die Situation Berlins von der sozialen Seite betrachtet ist heute – quantitativ gesehen – völlig undramatisch, wenn man bedenkt, daß um die Wende vom 17. zum 18. Jahrhundert in Berlin 30% der Einwohner Franzosen waren[166]. Die soziale Seite der Gastarbeiterfrage ist dennoch nicht zu verharmlosen, denn die Gast-Arbeiter treffen in Westdeutschland auf das Ansinnen, sich gewissermaßen germanisieren zu sollen, obwohl sie aus sozialer Not und auf Zeit, nicht als Einwanderungswillige, ihre Heimat verließen. Die Deutschen andererseits gewahren zunehmend eine soziale Spannung zwischen der deutschen Arbeiterschicht und der Schicht anspruchsloser Gastarbeiter. Die Gastarbeiter, die von der westdeutschen Wirtschaft ins Land gerufen wurden, beginnen sich als nationale Minderheit zu verhalten, wenn sie ihre heimatlichen Gepflogenheiten in der neuen Welt zu erneuern trachten. Ihre nationalkulturelle Identität, die gegen die deutsche oft sehr scharf abgrenzbar ist, schützt sie vor der sozialen Entfremdung im modernen Industriestaat Bundesrepublik Deutschland.

Eine nationale Frage entsteht aus der Gastarbeiterfrage, wenn das soziale Zusammenleben von deutschen und ausländischen Arbeitnehmern nicht mehr möglich ist und eine gegenseitige Abkapselung Erfolg hat. Eine ethnisch, kulturell, sprachlich, religiös bedingte Entwicklung auf eine Klassenspaltung hin, ist eine über das Soziale hinausgehende Manifestierung nationaler Gegensätze. Die Nationalisierung der sozialen Auseinandersetzung wurde von keiner der beteiligten Gruppen gewollt. Die Nationalisierung, die bewußt national ausgetragene soziale Auseinandersetzung in der Bundesrepublik Deutschland, läßt von einem nationalen Problem sprechen. Auf deutscher Seite muß rational entschieden werden, ob bezüglich der Einheit der deutschen Nation eine Veränderung der nationalen Zusammensetzung Westdeutschlands gewollt werden kann oder nicht. Eine soziale Politik des Einvernehmens zwischen Ausländern und Deutschen, die die ökonomische Ausgangslage der Gastarbeitermigration in Rechnung stellt, könnte eine international ansehnliche Lösung dieses nicht nur deutschen, nationalen Problems in Aussicht stellen.

Die soziale Desintegration breiter Volksschichten ist auch für die osteuropäischen Volksdemokratien ein permanentes nationales und politischen Problem (*Schulz* 1984, 67). Die „Verschärfung der Klassengegensätze zwischen dem herrschenden Partei- und Staatsapparat und der arbeitenden Bevölkerung" (PK 9/6-1982/78), wie sie in Polen 1980 bis 1982 manifestiert wurde, ist ein latentes Problem kommunistischer Klassenherrschaft. Die sozialen Träger der nationalen Opposition waren Gewerkschaften, Kirche, Partei, die sog. Intelligenz, die unorganisierte Arbeiterschaft u. a. Das Militär war nur in Ungarn ein entscheidender oppositioneller Faktor. Die soziale Abhängigkeit der Bevölkerung von der staatswirtschaftlichen Produktion macht eine soziale Auseinandersetzung, wie in den vorrevolutionären Gesellschaften, zu einer Staatsangelegenheit von nationaler Bedeutung, die den Einsatz der sozialistischen „Staatsmacht" erfordert.

1913 bestritt Josef Stalin den Zusammenhang von nationaler Frage und der russischen Agrarfrage. Er trennte zwar beide Fragen, betonte aber implizit die nationale Bedeutung der Agrarfrage für die russische Nation, wenn er schrieb, daß „in Rußland die nationale Frage nicht als eine selbständige und entscheidende Frage, sondern als ein Teil der allgemeinen und wichtigeren Frage der Befreiung des Landes von seinen feudalen Fesseln hervortritt." (1976, 50f.) Die russische Agrarstruktur bedingte, daß die russische Nation, und sogar nicht nur sie, in feudaler Abhängigkeit gehalten wurde. Die feudalasiatische Despotie war eine sozial verursachte Unrechtsherrschaft gegen die Mehrheit der russischen Nation, deren demokratischer Wille nicht zur Geltung kam. Wie kann man behaupten, wenn die gesellschaftlichen Verhältnisse einer Nation derart sind, die Agrarfrage sei keine nationale? Ihre Behandlung als „nur" eine des sozialen Bereichs wurde für das Zarenregime zum Verhängnis. Für die Bolschewiki wurde die propagandistische Lockung mit der Lösung dieser alles bestimmenden Frage das Vehikel der nationalen Machtergreifung.

Die Funktion der sozialen Frage für die Bolschewiki, die Eroberung der Macht zu ermöglichen, widerspricht nicht ihrer Theorie, die die nationale Frage der sozialen unterordnet[167]. Auch Lenin war Internationalist genug, um die „Verschmelzung aller Nationen" (*Lenin* 1913, 19) als eines der letzten Ziele des Sozialismus zu betrachten. Aber alle Kommunisten wußten, daß ihre Macht aus der staatlichen Beherrschung der Nation resultierte und nicht aus der nur einer sozialen Klasse: „mit anderen Worten, wenn ein Klassenkonflikt real sein soll, muß vorher die Nation real sein, in der er ausgetragen werden soll, die Nation ist logisch dem Klassenkampf (. . .) vorgelagert."[168] Ein „Bund demokratischer Kommunisten Deutschlands" verfaßte das sog. DDR-Manifest", in dem davon die Rede ist, daß die historische Erfahrung in der UdSSR, Vietnam und Korea beweise, „daß die nationale Komponente langlebiger als die soziale ist."[169]

Auch in Deutschland waren die landwirtschaftlichen Herrschaftsverhältnisse, die Junker- und Gutsherrschaft in Ostelbien, die in der Kehrschule der westdeutschen Geschichtswissenschaft eine so große Rolle spielt, ein dauerndes soziales Problem. Das Dreiklassenwahlrecht setzte die soziale Deklassierung verfassungspolitisch um. Diese soziale Frage wurde für die Bundesrepublik schlicht territorial „gelöst", wie der Soziologe R. M. Lepsius trocken konstatiert: Es habe

> „der Verlust der Ostgebiete und die Teilung Deutschlands für die Bundesrepublik zu einer Entlastung von traditionellen strukturellen Konflikten geführt. Das wesentliche Beispiel dafür ist die Lösung des Problems der ostdeutschen Landwirtschaft" dadurch, daß es „mit Territorien verbunden war, die nicht zur Bundesrepublik gehören."[170]

Während sog. bürgerliche Kreise in nationalen Fragen immer eher den Kulturaspekt betonten, unterstrichen sog. sozial-demokratisch-sozialistische Kreise mehr den sozialen Aspekt (*Renner* 1918, 54): vor allem dann, wenn sie die nationalen Argumente nur als Garnierung politischer Klassenherrschaft mißbraucht sahen. Hermann Heller z. B. sah in der Sozialpolitik die „realste deutsche Machtpolitik". Der Sozialist erwärmte sich im Zwischenkriegsdeutschland für eine wahre „sozialistische Volksgemeinschaft", in der die Klasse vernichtet werde. Sozialismus ist ihm die Vollendung der nationalen Gemeinschaft (*Heller* 1931, 38 u. 105).

Durch die Teilung Deutschlands ist der Gedanke des sozialen Wettbewerbs in Deutschland entstanden und von Sozialpolitikern aller großen westdeutschen Parteien anfangs vertreten worden. Die soziale Attraktivität des gesellschaftlichen Systems der Bundesrepublik sollte außer Frage stehen, das System sollte Modellcharakter haben oder gar als Magnet wirken (s. u. III.7.), die gesellschaftlich-politische Herausforderung der DDR (*Kosthorst* 1981, 144) sollte angenommen werden. Die Zerreißung der nationalen Einheit Deutschlands „zwischen spätkapitalistischer Demokratie und autoritärem Sozialismus" (*Krockow* 1970, 124) macht es für die „Selbstbehauptung der deutschen Nation" erforderlich, „die kritische Auseinandersetzung mit den Irrtümern des Kommunismus" zu führen (*Ehmke* 1980, 12), und zwar im Bewußtsein, daß die Entwicklung des Sozialismus „mit keinem Land enger verbunden ist als mit Deutschland" (*Ehmke,* 11). Dies gilt insbesondere dann, wenn man „den" Sozialismus nicht parteipolitisch auslegt, sondern als ein Programm sozialer Gerechtigkeit ansieht. W. W. Schütz meinte Mitte der 60er Jahre, daß die Bundesrepublik als Sozialstaat im Wettbewerb der Systeme bestehen können muß[171]. Umgekehrt müsse auch die DDR als gesellschaftspolitische Herausforderung an- und ernstgenommen werden (*Kosthorst* 1981, 143), die deutsche Frage bleibe dann nicht eine bloß nationale Frage, mit regressiven Komponenten, sie werde zugleich zu einer sozialen und demokratischen Frage. Auch Jakob Kaiser wähnte in den 50er Jahren, daß ein Zusammenschluß (nicht: Anschluß) mit der DDR die Chance eröffnete, die sozioökonomische Basis eines Gesamtdeutschland durch einen *sozialen Volksstaat* und eine aktive Demokratie zu verwirklichen. Kaisers Biograph folgert: „Die nationalpolitische Frage war für ihn wie eh und je auch eine sozialpolitische Frage" (*Kosthorst* 1981, 91).

Ein Resultat der Erfahrung der sozialen Frage des 19. Jahrhunderts war die Bildung des Sozialstaates. Die staatliche Intervention zur Regelung der sozialen Verhältnisse, zur Wahrung des Gemeinwohls[172], zur Sicherung eines menschenwürdigen Daseins aller Staatsbürger basierte auf der Einsicht, daß die bürgerliche Gesellschaft als die Sphäre der liberalen markt-entsprechenden Selbstregulierung aus sich heraus soziale Gerechtigkeit nicht erzielen könnte. Die Entwicklung des Sozialsstaates zur wohlfahrtsstaatlichen Daseinsfürsorge für seine Bürger, d. h. zu einer sozialen Domestizierung der politisch als frei angesehenen Staatsbürger, bedingt einerseits wachsende Ansprüche an dieses staatliche Versorgungssystem, andererseits tendenziell eine soziale und ökonomische Korrumpierung dieser Bürger durch dieses System. Der demokratische, zum Wohlfahrtsstaat gewordene Staat, wird so abhängig von seinen sozialen und ökonomischen Leistungen, die in den Augen seiner massenhaften Nutznießer gar zur Legitimation dieses Staates werden[173]. Demokratische Legitimation droht durch staatlich, d. h. legislativ und exekutiv unterstütztes sozialeudämonistisches Denken verdrängt zu werden. Gelingt es den nationalen Regierungen nicht, dem Erfolgszwang des Wohlfahrtsstaates Genüge zu tun, in dem sie in der „Viereckbeziehung zwischen Sozialpolitik, sozialen Verhältnissen, wirtschaftlichen Verhältnissen und Wirtschaftspolitik"[174] letzterer die Hauptaufmerksamkeit ihres Staatshandelns widmen, gefährden sie, angesichts weltwirtschaftlicher Verflechtungen oft unverschuldet, die Existenzgrundlagen des Staates und damit der Nation.

Hinzu kommt das soziale Phänomen nicht genügend ökonomisch angepaßter, d. h. marktgemäß sich verhaltender Gruppen der Gesellschaft, deren unorganisierbarer Charakter in Verbindung mit ihrer Massenhaftigkeit eine neue soziale Frage mitten im Wohlfahrtsstaat[175], der die soziale Not längst hinter sich gelassen zu haben schien, aufwirft. Damit sind kinderreiche Familien gemeint, die neben Rentnern und Arbeitern die Hauptträger dieses nicht marktgemäß, nämlich familienorientierten Verhaltens sind. Die soziale Ungerechtigkeit erwuchs aus dem neuen Generationenvertrag, der dem Rentenversicherungssystem zugrunde liegt. Diese Versicherung sollte neben der Kapitalbildung die Menschen von dem Zwang befreien, in ihren zahlreichen Kindern eine Zukunftsvorsorge sehen zu müssen, wie es in den sog. Entwicklungsländern noch heute so gesehen wird. Anstelle der Kinder ist formal der die Renten garantierende Sozialstaat getreten. Da jedoch der Generationenvertrag nur auf der Basis der heranwachsenden, immer neu sozial verpflichteten jüngeren Generation funktioniert, ist der Staat, wie vor allem auch der Rentenempfänger auf Kinder, wenn auch nicht auf eigene, in erster Linie angewiesen. Die neue soziale Frage trifft nun aber gerade diejenigen, die mit ihren Kindern das Fundament sozialen Lebens liefern. Sie tragen die Kosten, d. h. das Armutsrisiko[176] für eine Gesellschaft des Wohlstandes, die die Familien, angesichts wohlfahrtsstaatlicher Fürsorgen, fast sich selbst überläßt[177]. Daß die Bevölkerungsabnahme mit diesen sozialen Verhältnissen zu tun hat[178], kann nicht mehr übersehen werden. Die Funktion der kinderreichen Gastarbeiterfamilien, ihre ökonomische Attraktivität für die „Lösung" des Problems der Wohlstandssicherung und des Rentensystems, bedarf keiner Erläuterung. Daß derartige Entwicklungen eine Nation aus ökonomischen Gründen[179] in der Folge fundamental verändert, ohne daß diese Entwicklung als vernünftig, sinnvoll oder gewollt verteidigt wird, liegt auf der Hand.

Sozialpolitik steht nicht nur unter staatlicher, sondern gerade auch unter nationaler Verantwortung, d. h. Sozialpolitik ist keine Instanz im Reparaturbetrieb des spätkapitalistischen Staates, der lediglich für die Folgen marktwirtschaftlichen Verhaltens der Gesellschaft aufzukommen hätte. Sozialpolitik dient der sozialen Gerechtigkeit, die in jeder Nation anders gestaltet wird, aber als soziale Norm der Gemeinwohlfindung überall zum Maßstab genommen wird. Diese Verbindung von sozialer und nationaler Frage liegt auch der bedeutungsvollen Formel Theodor Schieders zugrunde, daß der neue Typ des europäischen Nationalstaates in der tragenden Idee vom *nationalen Weg zur eigenen Sozialordnung* sich Geltung verschaffe (*Schieder* 1966, 134).

Anmerkungen

160 J. *Messner:* Die soziale Frage, Innsbruck [6]1965, S. 23; Vgl. auch E. *Pankoke:* Sociale Bewegung – sociale Frage – sociale Politik, Stuttgart 1970

161 A. *Skalweit* (Hrsg.): C. Rodbertus. Die Forderung der arbeitenden Klasse, 1946, S. 5; vgl. auch F. A. *Lange:* Die Arbeiterfrage, Leipzig, o. J. (ca. 1910), hrsg. v. A. *Grabowsky*

162 Vgl. H. *Kesting:* Geschichtsphilosophie und Weltbürgerkrieg, Heidelberg 1959, S. 95, 94-101, hier S. 101. Großadmiral Alfred v. Tirpitz sah in der Weltpolitik „ein starkes Palliativ gegen gebildete und ungebildete Sozialdemokraten", nach M. *Stürmer* 1983, 294

163 P. A. *Köhler*/H. F. *Zacher* (Hrsg.): Ein Jahrhundert Sozialversicherung in der Bundesrepublik Deutschland, Frankreich, Großbritannien, Österreich und der Schweiz, Berlin 1981

164 Vgl. A. *Schnorbos:* Sozialpolitik – Zähmung des Kapitalismus, in: FAZ 265/14.11.1981/5

165 Der Begriff wird im Kap. „Ethnizität" erläutert. „Dieses Erwachen des Selbstbewußtseins der unteren Klassen gewinnt nun, wie jede soziale Wandlung, in Österreich nationale Bedeutung. Daß die Sprache des Bauern und Dienstboten neben der Sprache des Staates kein Recht hatte, hinter ihr zurücktreten mußte, war einst selbstverständlich gewesen und jeder, der auch nur eine Sprosse auf der sozialen Leiter aufsteigen konnte, ahmte die vornehme Art der Herren, auch ihre vornehme Sprache nach und schämte sich, daß die verachtete Domestikensprache seine Muttersprache war. Jetzt aber will der zum Selbstbewußtsein erwachte Handwerker und Arbeiter gar nicht mehr die Art der Herren nachahmen; jetzt fühlt er sich bewußt anders als die, die ihn ausbeuten und unterdrücken, er will ihnen nicht mehr gleichen und trägt stolz seine Nationalität zur Schau, die Nationalität derer, die seine Feinde geknechtet und verelendet haben; indem er sich stolz zu einer anderen Nationalität bekennt als die verhaßten Herren, ohne Scheu laut die Sprache des Volkes spricht, wo sonst nur die Sprache der Herren ertönte, gibt er dem Klassenkampfgesetz anschauliche, greifbare Gestalt. Alle sozialen Gegensätze im Lande erscheinen als nationale Gegensätze, denn die herrschenden Klassen sind längst deutsch geworden." O. *Bauer:* Werke Bd. 1, S. 284

166 H. *Erbe:* Die Hugenotten, 1937, S. 39; vgl. weiter E. *Gehmacher*/D. *Kubat*/U. *Mehrländer:* Ausländerpolitik im Konflikt, Bonn 1978; G. *Tapinos:* L'immigration étrangère en France, Paris 1975; Aus Politik und Zeitgeschichte B 25/26.06.1982; V. *Höhfeld* (Hrsg.): Die Türkei und die Türken in Deutschland, Stuttgart 1982; K. *Riebschläger:* Vor Ort. Blicke in die Berliner Politik, Berlin 1982; H. *Quaritsch:* Einwanderungsland Bundesrepublik Deutschland? München 1981; K. J. *Bade:* Die importierte soziale Frage. „Preußengänger", „Ruhrpolen" und „Rückkehrzwang". Die Ausländerfrage hat Geschichte, in: Die Zeit 19/07.5.1982/14f.; Themenheft „Die Türkei und die Türken in Deutschland" von „Bürger im Staat", 32/3 – Sept. 1982/165-205; Axel D. *Neu* 1984; Meinhard *Miegel:* Arbeitsmarktpolitik auf Irrwegen. Zur Ausländerbeschäftigung in der Bundesrepublik Deutschland, Stuttgart 1984: Johannes C. *Papalekas* 1983

167 *Ludz:* DDR zwischen Ost und West, S. 234

168 B. *Willms* 1982, S. 93. „Der internationale Gedanke kann doch nur verwirklicht werden zwi-

schen den einzelnen Nationen" Bracke an Geib, 29.07.1870, in: W. *Conze*/D. *Groh*, S. 91
169 Der Spiegel 32/1 – 02.01.1978/24; vgl. *Debray* 1978 in diesem Sinne.
170 R. M. *Lepsius* in: Nachkriegsgesellschaften im historischen Vergleich. München, S. 46.
171 Reform der Deutschlandpolitik, 1965, S. 40. In den Materialien zum Bericht zur Lage der Nation, 1974, heißt es: „Entscheidend (. . .) ist heute der gesellschaftliche Aspekt", S. 68. Daß das Sozialstaatsgebilde differenziert betrachtet werden muß, d. h. bundesrepublikanisch-selbstkritisch und international vergleichend, versteht sich von selbst. R. M. *Lepsius* betont für letzteres das System der Institutionalisierung des industriellen Konflikts durch die Dreistufigkeit von Betriebsverfassung, Mitbestimmung und Tarifautonomie (Nachkriegsgesellschaften a.a.O.)
172 E. R. *Huber:* Rechtsstaat und Sozialstaat in der modernen Industriegesellschaft, in: E. *Forsthoff* (Hrsg.): Rechtsstaatlichkeit und Sozialstaatlichkeit, Darmstadt 1968, S. 589ff.
173 „Gerade die Diskrepanz zwischen dem Erwartungsniveau einer Bevölkerung in bezug auf materielle Güter und den tatsächlichen Möglichkeiten zu ihrer Befriedigung ist in vielen Ländern heute ein politischer Faktor erster Ordnung. Der viel zitierten „revolution of rising expectations' folgt aber nicht selten eine politisch mindestens ebenso relevante Periode der ‚increasing frustrations'". D. *Berg-Schlosser:* Politische Kultur, München 1972, S. 103
174 H. F. *Zacher:* Was können wir über das Sozialstaatsprinzip wissen? In: R. *Städter*/W. *Thieme* (Hrsg.): Hamburg – Deutschland – Europa, Festschrift für H. P. Ipsen, Tübingen 1977, S. 248
175 W. *Engels:* Kritik des Wohlfahrtsstaates, 1979, H. B. *Wiedmaier:* Neue soziale Frage. Soziale Bedürfnisse und ihre Befriedigung im Sozialstaat, in: IHS-Journal 4/1980/245-291; W. *Huppert:* Sozialpolitik – Stolz der Nation. Bedenkliche Folgen des Wohlfahrtsstaates, Zürich 1982
176 „In der Bundesrepublik gibt es wieder bittere private Armut. 5,8 Mio. Menschen in 2,2 Mio. Haushalten verfügen nur über ein Einkommen, das unter dem Sozialhilfeniveau liegt", H. *Geissler:* Die Neue soziale Frage, Freiburg 1976, S. 27, zit. nach M. *Groser:* Die Neue soziale Frage, in: Aus Politik und Zeitgeschichte B 10/11.03.1978. Die Haushalte setzen sich zusammen aus 1,1 Mio. Rentnerhaushalte (2,3 Mio. Personen), 0,6 Mio. Arbeiterfamilien (2,2 Mio. Personen), 0,3 Mio. Angestelltenhaushalte (mit 1,2 Mio. Personen). Die Zahlen wurden zwischenzeitlich angezweifelt.
177 N. *Blüm:* Die Familie als Lastesel der Sozialpolitik, in: FR 238/14.10.1981/14
178 Vgl. W. *Dettling* (Hrsg.): Schrumpfende Bevölkerung – wachsende Probleme? München 1978; W. *Zeidler:* Ehe und Familie, in: Handbuch des Verfassungsrechts, hrsg. v. E. *Benda*/W. *Maihofer*/H.-J. *Vogel*, Berlin - New York 1983, S. 555-607, hier bes. S. 562 u. 589ff.; M. *Wingen:* Bevölkerungsentwicklung – eine politische Herausforderung, München 1980, bes. S. 24-33
179 Vgl. auch Kap. „Ökonomische Frage", wo dieser Aspekt auch familienpolitisch demonstriert wird. Als Ironie der Geschichte kann man das Schreiben Friedrich des Großen an das geistliche Ministerium ansehen, in dem es heißt: „Alle Religionen sind gleich gut. Und wenn Türken und Heiden nach Berlin kommen, so wollen wir Moscheen für sie bauen; wenn sie nur das Land bevölkern. Die Religiones müssen alle toleriret werden; denn hier muß ein jeder nach seiner Façon selig werden", nach W. *Venohr:* Dokumente deutschen Daseins 1445 - 1945, Königstein/Ts. 1980, S. 72

2.B.2. Ökonomische Frage

„Die Ökonomie hat den Primat über die Nation errungen" schreibt 1918 Karl Renner[180]. Walter Rathenau sah in der Wirtschaft „unser Schicksal", 1983 konstatiert Helmut Schmidt „die Weltwirtschaft ist unser Schicksal"[181]. Die enorme Bedeutung gerade der Weltwirtschaft für die politische Existenz aller Nationen bezweifelt heute ernsthaft niemand. Krisen der Weltwirtschaft gehören zu den größten wirtschaftlichen Herausforderungen der Nationen. Die Folgen der Weltwirtschaftskrise von 1929 brauchen nicht angesprochen zu werden.

Diskussionsbedürftig scheint indes die weitverbreitete Meinung zu sein, daß „das Nationale in Europa vom Schauplatz der Geschichte abgetreten" sei und an die Stelle eines Bundes „der Völker und Nationalitäten" die „Konstituierung einer europäischen Erwerbs- und Industriegesellschaft" getreten sei[182]. Als kritische Perspektive interpretiert mag dies richtig sein, aber es bedeutet mehr. Eugen Lemberg meinte 1950 (S. 295), daß das Format der Nationalstaaten nicht mehr genüge, um die großen Wirtschaftsräume zu umfassen. Friedrich Hertz (1937, 433f.) betonte für Österreich, daß in der untergegangenen Monarchie über die Nationen hinweg ein großes inneres Wirtschaftsgebiet sich gebildet hatte. E. Jäckel gab in einer Diskussion Anfang der 70er Jahre zu verstehen, daß sich der Nationalstaat ökonomisch erledigt habe: „Die nationalen Märkte sind jetzt zu klein, man muß supranationale Märkte schaffen" (in: *Mitscherlich/Karlow* 1971, 86).

Tatsache ist, daß es eine weltwirtschaftliche Herausforderung für die Nationalstaaten gibt und daß „*rein* nationale Konzepte und Strategien nicht mehr genügen, um die Probleme der Gegenwart und der Zukunft zu lösen ..."[183]. Der allgemeine Anstieg der Internationalisierung der Produktion, die weltwirtschaftliche Verflechtung der Staaten zu einem Weltwirtschaftskreislauf, die weltwirtschaftliche Verlagerung der Produktionsstätten, die industriegesellschaftliche Steigerung der Produktionskapazitäten über die gesamtwirtschaftliche Nachfrage hinaus und die sog. transnationalen Unternehmen („Multis") lassen nach dem verbliebenen Ort der Nation ernsthaft fragen, werfen die ökonomisch-nationale Frage auf, die unter diesem Themenaspekt eine Frage nach der nationalen Entscheidungskompetenz ist. Konkurrieren die Multis mit den Nationalstaaten?

Die „weltwirtschaftliche Vertrustung"[184] stellt für jede nationale Außenhandelspolitik ein Problem dar, zumal wenn eine Exportabhängigkeit besteht. Probleme dieser Art entstanden erst durch die Inkongruenz der Grenzen nationalstaatlicher Wirtschaftspolitik mit den Grenzen transnationaler Konzernoperationen. Die Verklammerung von Unternehmenseinheiten in verschiedenen Ländern schuf strukturelle Interdependenzen in den beteiligten Ländern[185]. Das „Netz von Weltmarktfabriken", die weltweite Arbeitsteilung, die Standortsouveränität[186], die Ausnützung nationaler Zielsetzung, die hohe Produktionsinnovation und schließlich die großindustrielle Produktion ließen demgegenüber eine nationale, makroökonomische Steuerung als schier illusionär erscheinen. Die Finanztransaktionen gelangen vollends nicht in nationalen Zugriff. Die imponierenden Jahresumsätze, die größer sind als die Staatsbudgets eines europäischen Staates, trugen bis Mitte der 70er Jahre zur Dramatisierung[187] der multinationalen Macht bei. Neben ihrer gigantischen Größe, die sie ins Bewußtsein einer breiten Öffentlichkeit brachte, spielt wirtschaftspolitisch ihre Fähigkeit eine Rolle, die weltwirtschaftliche Produktion zu internationalisieren, d. h. innerhalb des eigenen Konzerns abzuwickeln. Auf die transnationalen Unternehmen entfällt etwa 20% der Weltproduktion an Gütern[188].

Daß Zahlen immer interpretiert werden müssen, erweist sich auch in diesem Fall.
1. Transnationale Unternehmen sind *wirtschaftliche* Unternehmen; sie besitzen *von sich aus* keine politische Macht. Ihre nachweisbare politische Instrumentalisierung widerspricht dieser Tatsache nicht[189].
2. Die (National-)Staaten sind es, die den Konzernen ihre internationalen Filialen ermöglichen, andererseits oft um die Standorte mit anderen Staaten konkurrieren, sie suchen durch viele spezielle Offerten ihren Standort attraktiv zu machen.
3. Die bestehenden internationalen handelspolitischen Vereinbarungen und Organisationen (GATT, UNCTAD, ICSID, IHB, Paris) werden von den völkerrechtlich anerkannten Staaten getragen. Ihnen werden die zweifellos Transnationalen dennoch zu Recht national zugeordnet. Am eindrucksvollsten läßt sich dieser Sachverhalt bei Boykottmaßnahmen belegen: keine Regierung akzeptiert die Fiktion einer Anationalität eines Konzerns[190].

Als ökonomisch-national relevante Entwicklung seit dem Zeitalter des kapitalistischen Imperialismus[191], d. h. eines staatlich gestützten, politischen und sozial erweiterten, extranationalen Expansionsstrebens der Nationalstaaten und Staatsnationen, bleibt gerade für die Zeit nach dem 2. Weltkrieg die Tendenz zur „Entnationalisierung und Globalisierung von Unternehmensstrategien"[192] charakteristisch. Das Neue ist die freihandelsbedingte Anwesenheit externer Unternehmen auf den nationalen Märkten, d. h. „Gastkapital" ändert die internen Marktverhältnisse. Die Höhe des investierten Kapitals und der Grad der Internationalisierung des Marktes kann besonders für Entwicklungsländer[193] bedeuten, daß nationalstaatliche Außenpolitik sich „in vielen Fällen auf den Vollzug transnationaler ökonomischer Strukturzwänge" (*Häckel* 1976, 512) beschränken muß. Solche Zwänge haben politisch keinen kreativen Sinn, so daß man sagen könnte, die Multis trügen zur Einigung Wirtschaftseuropas bei: diese Meinung kann aber als widerlegt gelten[194].

Die Multis tragen öfter auf der regionalen Ebene durch ihre extern betriebene Unternehmenspolitik dazu bei, daß sie auf Ablehnung stoßen müssen. Dieses Verhalten wird konkurrenzkapitalistisch bestimmt. Der Konzern kann sich die effizienteste organisatorische und räumliche Struktur schaffen. Als Beispiel sei hier ein französischer Autokonzern gewählt, der den günstigsten Produktionsstandort im eigenen Land, im Elsaß, das wegen seiner strukturellen Arbeitslosigkeit interessant zu sein schien, aussuchte. Die Regierung unterstützte das Unternehmen. Der Konzern aber „importierte" zur Deckung seines Arbeitskräftebedarfs ausländische Arbeitnehmer aus südlichen Ländern. Die Region wurde von dem Multi dadurch mehr belastet als regional-wirtschaftlich entlastet, „spin-off"-Effekte traten keine auf, da in der Region kaum Unteraufträge vergeben wurden. Das Beispiel[195] zeigt die Kernproblematik, die im in- wie ausländischen Großkapital besteht: Es wird dort „autonom", wo es sich keiner wirtschaftspolitischen Beeinflussung und ggf. Beschränkung durch den Nationalstaat ausgesetzt sieht.

Weil „die" Multis eindeutig national zu verorten sind (wenn dies auch schwierig ist und schwierig gemacht wird festzustellen), ist auch ihr jeweiliges, nationsgebundenes Verhalten zu beachten. Generell kommt der Nationalität, neben der nicht anders zu erwartenden Bedeutung der Industriebranche, Bedeutung zu bezüglich des Wachstums und der Gewinnchancen eines Multis.[196]

Die japanische multinationale Unternehmensstrategie z.B. kann sich – erfolgreich – durch ihren japanisch-kooperativen „multinationalism" eine bessere Nutzung des internationalen Handels versprechen[197].

Daß Multis schließlich zur nationalen Entwicklung beitragen können, ja sogar

„national consciousness" bewirken[198], zeigt, daß eine nationstransformatorische Sicht auch den Multis nicht gerecht wird. In Afrika muß die „Politik" der Multis als nicht erfolgreich angesehen werden:
1. was ein Arbeitsplätze schaffendes Wirtschaftswachstum für die afrikanischen Staatsnationen und
2. was die Möglichkeit der Gewinnthesaurierung angeht[199].

Im europäischen Rahmen ist auf die Herausforderung der Multis, auf ihre „Industrienahme" mit einer sozialen, auch mit einer Art *nationalen Marktwirtschaft* zu reagieren, mit der der jeweilige nationale Markt weder protektioniert noch multinationalen Monopolkonzernen ausgeliefert werden kann, sondern bei *weltwirtschaftlich angepaßten Bedingungen* „gesteuert" wird. Wenn aus dem freien Markt der Markt weniger ausländischer Multis würde, ist von einem freien Markt schwerlich zu reden. Zumindest wäre es eine Aufgabe, der multinationalen Herausforderung in staatlicher und wirtschaftlicher Kooperation zu begegnen[200].

Zur sehr ernstzunehmenden ökonomisch-nationalen Herausforderung transnationaler Unternehmungen kann man abschließend sagen, daß sie keine „Bedrohung für die *Existenz* von Nationalstaaten darstellen"[201] müssen.

Kann man von entsprechenden Wissenschaften mehr Verbluffungsfestigkeit gegenüber diesen Herausforderungen verlangen, so muß andererseits ein allseitiges Interesse an einer weltweiten Entwicklung eines multinationalen Gesellschaftsrechtes für die transnationale Wirtschaftstätigkeit[202] konstatiert werden. Die 1975 entstandene „trilaterale Kommission" hat zum Inhalt die globale Koordination der Wirtschafts-, Entwicklungs- und Sicherheitspolitik der führenden westlichen Regionen (USA, Japan, Westeuropa). Das Ziel dieser Kommission ist, eine stabile, freihändlerisch organisierte Weltwirtschaft zu sichern und zu festigen[203]. Der große Einfluß amerikanischer Multis auf diese Kommission macht sie politisch prekär und erweckt die Befürchtung einer Globalisierung des berüchtigten amerikanischen „militärisch-industriellen Komplexes"[204]. Im Unterschied zu solchen ökonomistischen Ideologien[205] mit unwägbarem Einfluß, stellen die Weltgipfelkonferenzen der größten westlichen Industrienationen und Industriestaaten eine Antwort auf die Herausforderung der weltwirtschaftlichen Verflechtung der nationalen Volkswirtschaften dar. Die *Koordination der nationalen Ökonomien im internationalen Rahmen* trägt diesen Interdependenzen und der Bedeutungszunahme außenhandels- und außenwirtschaftspolitischer Maßnahmen im Vergleich zur früher mehr genügenden binnenwirtschaftlichen Tätigkeit oder Aufsicht der Nationalstaaten Rechnung.

Die entwickelte Weltwirtschaft, die nur durch Kriege oder weltwirtschaftlich dimensionierte Krisen rückgängig zu machen wäre, trägt tendenziell zur Wohlfahrt der beteiligten Nationen bei[206]. Allerdings ist der Warenaustausch international umso intensiver, je gleichrangiger diese Länder einander sind, aber immerhin hatten 1977 die sog. Entwicklungsländer einen Welthandelsanteil von 22% erreicht[207]. Wenn generell der Wohlfahrtsthese zugestimmt werden kann, so ist die allgemeine Behauptung von den protektionistischen Neigungen der Nationalstaaten weniger richtig. Die Behauptung hat eher den freihändlerischen Zweck, die Integrität nationalstaatlich-ökonomischer Politik zu bezweifeln. Die bestehenden angesprochenen weltwirtschaftlichen Vereinbarungen widersprechen im übrigen dieser Behauptung. Neomerkantilistische Politik kann andererseits nicht generell kritisiert werden, wenn darauf Bedacht genommen wird, daß für manche Nationen die sozioökonomischen Kosten einer Anpassung der heimischen Wirtschaft an veränderte weltwirtschaftliche Rahmenbedingungen nicht übernommen werden wollen. Dem Weltmarkt kommt es – langfristig gesehen – zugute, wenn sog. Entwicklungsländer vorrangig den Aufbau binnenwirtschaftlich kohärenter Wirtschaftskreisläufe betreiben und dazu kurzfristig protektionistische Maßnahmen ergreifen, die ihre weltwirtschaftlich momentan noch nicht konkurrenzfähigen Produkte schützen. Lists *Theorie der produktiven Kräfte,* die besagt, daß die „Kraft Reichtümer zu schaffen (...) unendlich wichtiger (sei) als der Reichtum selbst" (*List* 1930, 173 u. Kap. 2), wird durch die weiterhin bestehenden weltwirtschaftlichen Asymmetrien erneut bestätigt. Die Logik dieses Denkens, das im 19. Jh. gegenüber den freihändlerischen, aber eben keineswegs selbstlosen Aussprüchen aus England Paroli bieten wollte, liegt auf eine Formel gebracht in folgendem:

> „Ein Individuum kann Reichtum, d. h. Tauschwerte besitzen; wenn es aber nicht die Kraft besitzt, mehr wertvolle Gegenstände zu schaffen als es konsumiert, so verarmt es" (*List* 1930, 173).

Der transökonomisch-klassische Charakter der Theorie von der produktiven Kraft ist dabei von großer Bedeutung:

> „Aller Aufwand auf den Unterricht der Jugend, auf die Pflegung des Rechts, auf die Verteidigung der Nation usw. ist eine (notwendige und legitime) Zerstörung von (Kapital-)Werten zugunsten der produktiven Kraft. Der größte Teil der Konsumtion einer Nation geht auf die Erziehung der künftigen Generation, auf die Pflege der künftigen Nationalproduktivkraft" (*List* 1930, 178).

Die Mißachtung oder Geringschätzung dieser Lehren muß in manchen Entwicklungsländern als die national-ökonomische Frage angesehen werden[208]. Während die Theorie der produktiven Kräfte sicherlich bleibend richtig ist, können protektionistische Selbstisolierungen auch national nicht dauerhaft nützlich sein. Wirtschaftsgeschichtlich läßt sich dies eindeutig belegen. Gerade in Deutschland hatte die Protektionspolitik gesellschaftlich retardierende Konsequenzen, die man gerne mit dem Stichwort „Ostelbien" andeutet. Die Geringschätzung der produktiven Kräfte, wenn man bei diesem alten, knappen Begriff bleiben will, ist jedoch kein spezifisches Problem unterentwickelter Länder, wie dies auch im List'schen System nach dem Modell der Stufentheorie nicht der Fall war. Was der Vorteil von Entwicklungsländern sein kann oder könnte, kann den sog. hochentwickelten Ländern, die die produktiven Kräfte entfaltet haben oder hatten, zum Nachteil gereichen:

> „Stabile Gesellschaften innerhalb unveränderter Grenzen tendieren im Laufe der Zeit dazu, starre Organisationen und Interessengruppen zu akkumulieren. Im Vergleich zu neueren und dynamischeren Gesellschaften hinken die Industriegesellschaften beim Wirtschaftswachstum und bei Kapazitätsanpassungen hinterher."[209]

Anstelle des modernen dreiseitigen neo-korporativen Systems einer national institutionalisierten Produktivitätskoalition aus Kapital, organisierter Arbeit und Staat international anpassungsfähig zu entwickeln[210], können diese „stabilen", d. h. starren Gesellschaften verkrusten, unflexibles Rollenverhalten annehmen. Ein- oder festgefahrene Strukturen machen dieses System weltwirtschaftlich immer weniger konkurrenzfähig, es wird zu teuer, andere Regionen können ihm, begünstigt beispielsweise durch die Produktionsverlagerung multi-nationaler Konzerne in weniger lohnkostenintensive Länder, den Rang ablaufen, d. h. billiger produzieren.

Die Zerstörung dieser soziökonomischen Strukturen, das ist eine fatale Einsicht von Mancur Olson, hat einen ökonomischen Neuanfang zur Folge. Dieser „Vorteil" kam der Bundesrepublik und der DDR, im Unterschied etwa zu England, zugute. Freihandelsräume verhindern eine Erstarrung und motivieren zur unternehmerischen Flexibilitätsfähigkeit zurückzukehren.

Speziell für die gegenwärtige wirtschaftsgeschichtliche Etappe hoher weltwirtschaftlicher Verflechtung und entsprechender Interdependierung der Nationalstaaten wird sich in Bezug auf deren ökonomisch-nationale Leistungsfähigkeit formulieren lassen, daß eine ökonomisch-nationale Herausforderung dann erfolgreich angenommen wird, wenn die *Auslandsabhängigkeit* nicht zu groß gehalten wird. Mit zunehmender „Auslandsabhängigkeit"[211], die mit steigendem weltwirtschaftlichem Verflechtungsgrad zunimmt, schrumpft der Handlungsspielraum der nationalen Wirtschaftspolitik, verliert die Nation ihre Eigenständigkeit[212]. Protektionistische Maßnahmen lassen immer mehr die sozialen Kosten für die Anpassung an die weltwirtschaftlich ausgelösten Strukturveränderungen steigen. Protektionistische Maßnahmen tragen zusammen mit steigenden sozialen und konsumtiven Erwartungen der Bevölkerung, die mit oben angesprochener Verkrustung stabiler Gesellschaften einhergehen können, zum Flexibilitätsverlust einer Volkswirtschaft bei. Da technischer Fortschritt die Auslandsabhängigkeit tendenziell verringert, muß die Innovationskonkurrenz, auch im Produkt- und Verfahrensbereich, bestanden werden können. Hier ist die Chance nicht erstarrter Länder, z. B. von Entwicklungsländern, zu sehen:

> „Die Möglichkeit, Technologien zu imitieren und zu adaptieren, ist zwar auch mit Kosten verbunden, aber mit weit geringeren Kosten, als eine eigenständige Entwicklung dieser Technologien verursachen würde."[213]

Die Verkürzung des internationalen Imitationslags[214] begründet weiter die Notwendigkeit der intensiven nationalen Pflege der Forschungsentwicklung im allgemeinen und der Technologieentwicklung im besonderen[215].

Die weltwirtschaftliche Herausforderung der nationalen Existenz darf nicht der Meinung Vorschub leisten, als ob die inneren, national-ökonomischen/volkswirtschaftlichen Verhältnisse keine Rolle spielten. Man kann die ökonomische Frage als *nationale Frage* interpretieren, wenn durch äußere oder innere Gründe der Bestand oder die Entwicklung der Nation ökonomisch bedingt negativ verändert wird. Was heißt jedoch negativ? Waren die Weberaufstände, ist die Antiatomkraftbewegung negativ oder positiv zu sehen? Die Weberaufstände zeigen, daß eine soziale Anpassung an neue ökonomische Produktionsweisen von der innovationsbetroffenen sozialen Gruppe allein nicht getragen werden kann, sondern im Rahmen national-ökonomischer Veränderungen mitgeplant und mitverantwortet werden muß.

Auf die nationalitätenstaatliche Chance eine ökonomischen Frage national zu identifizieren, sei nicht näher eingegangen.[216] Walther Bühl (1978, 120) hat im Sinne unserer Definition den Aufbau einer schottischen Erdölindustrie als nationale Frage definiert:

> „eine Frage der britischen oder der schottischen nationalen Identität, die mit transnationalen oder nationalen Mitteln gelöst werden kann und die auf jeden Fall nachhaltige Wirkungen auf das internationale Kräftegleichgewicht haben wird."

Die nationale Frage stellen einige bereits zitierte[217] Autoren auch für Deutschland neu. Sie sehen die nationale Frage für die Bundesrepublik und andere EG-Staaten in der „Aushöhlung der nationalen Demokratie durch die wirtschaftliche Integration Westeuropas", die sie als wirtschaftlich fortschrittlich und daher notwendig begrüßen. Bei ihnen spielt auch der „Import von Arbeit als politisches Problem" eine Rolle. Ihr Fazit: Die „Ökonomie der BRD" sei zur abhängigen Provinz einer komplexen und transnationalen Ökonomie geworden. (S. 27) Eine solche Interpretation der weltwirtschaftlichen Verhältnisse kann unseres Erachtens nicht richtig sein. Dieses Fazit wird insbesondere der Wirtschaftskraft der Deutschen in Mitteleuropa nicht gerecht (*Schulz* 1982, 123ff.).

Eine ökonomisch-nationale Frage, die in „spätkapitalistischen" Gesellschaften fremd erscheint, sprach zu Beginn des 20. Jh. Karl Renner an. Er sah neben der „Produktionskraft" die „*Populationskraft*" einer Nation als ihr bedeutendstes Kapital an (*Renner* 1918, 54). Er verstand darunter die Kraft einer Bevölkerung, ihren Bevölkerungsbestand zu bewahren oder auszubauen. Er mußte seinerzeit konstatieren, daß die sozialen Verhältnisse eine extreme Auslese bewirkten: Nicht nur, daß im Österreich der Jahrhundertwende Hofbesitzer ihre Knechte und Tagelöhner so entlohnten, daß eine Hausstandsgründung unmöglich wurde und die Zahl der unehelichen Kinder anschwoll, sondern auch das Verhalten der Hofbauern selbst, die nur wenige Kinder haben wollten, um den Hof nicht teilen zu müssen, führte dazu, daß sich Wien nicht mehr mit einheimischen (deutschen) Arbeitskräften behelfen konnte. Renner kommt zu dem Ergebnis, daß entgegen den Behauptungen seiner politischen Gegner nicht der Bauernstand, sondern die Arbeiterschaft der Träger der „nationalen Populationskraft" geworden sei. Es komme daher, so Renner damals, auf die *wirtschaftliche* Kraft an, „Kinder zu gebären, zu erhalten und großzuziehen". Der Arbeiter bedürfe daher des ausreichenden Familienlohnes.

Welche Ausmaße das soziale Elend angenommen hatte und wie sehr daher die ökonomisch-nationale Frage aufzuwerfen berechtigt war, läßt sich aufzeigen:

> „Geradezu verheerend auf die Nachzucht der Nation wirkt die hohe Kindersterblichkeit in Böhmen, zumal in seinem deutschen Teil. Im Jahrzehnt 1891 - 1900 starben Kinder

	unter einem Jahre	unter fünf Jahren
in reindeutschen Bezirken	182 612	232 469
in gemischtdeutschen Bezirken	34 651	44 303
	217 263	276 772

> Also mehr als eine Viertelmillion deutscher Kinder starb in Deutschböhmen vor dem schulpflichtigen Alter. Nutzlos, umsonst in einer Viertelmillion Fälle die Schmerzen der Niederkunft, die Sorgen der Eltern, die Kosten für ein paar Kinderjahre! Eine Viertelmillion Kindersärge! Welches Kapital an Menschenkraft! Wie viele Millionen umsonst aufgewendeter Kosten! Und welcher Schaden für die Nation!"[218]

Die Formulierung der „Populationskraft" ist zugleich Beleg für den Zwang der Industriegesellschaften, politische Vorstellungen ökonomisch nachempfunden zu formulieren. Alles wird hier zum Warencharakter. So kann man die Hypothese wagen, daß eine *nationale Frage,* die sich in einer bestimmten Konstellation für eine Nation ergibt, desto eher wahrgenommen wird, je eher sie sich als *ökonomische* lösen läßt. Die Ökonomisierung ist der Ausdruck dafür, daß, nach Marx, die „herrschende Form des Stoffwechsels" der Warenverkehr geworden ist.

> „In der durchkapitalisierten Gesellschaft wird alles Seiende unterschiedlos zur Ware. Alle Gebrauchs- und alle Luxusgegenstände, Lebensmittel, Kleider und Arbeitsgeräte, Worte und Gedanken, Liebe, Haß und Überzeugungen, sogar die Zeit – alles hat Warencharakter und ist gegen Geld eintauschbar ... Die Warenform bemächtigt sich aller Lebensäußerungen und formt die Gesellschaft ... (*Kesting* 1959, 72).

Vielleicht liegt hierin für die sog. hochentwickelten Nationen eine größere Herausforderung, weil alles Politische erst ins Ökonomische „übersetzt" werden muß, als in transnationalen Unternehmen, die damit in die zweite Reihe zurückgedrängt würden; der Kapitalismus wäre dennoch als Herausforderung erkannt.

Die bundesrepublikanische kapitalistische Epoche ist innernational zu sehen – im Sinne der Lehren aus dem zweiten Reich – eine national noch unbewältigte Entwicklung. Die national-ökonomische Größe[219] ist, das darf als Hypothese formuliert werden, national noch nicht „bewältigt". Ob die Deutschen dieser ökonomischen Bedeutung als Nation auch gewachsen sind, würde sich dann endgültig herausstellen, wenn der nicht absehbare Fall einer erneuten Vereinigung der deutschen Nation eintreten würde.

Anmerkungen

180 K. *Renner:* Das Selbstbestimmungsrecht der Nationen, in besonderer Anwendung auf Österreich, Leipzig und Wien 1918 (Nation und Staat, erster Teil) Seite 133. Seite 30 heißt es „Die politische Ökonomie hat die politische Nation überholt"
181 Die *Zeit*, Nr. 9 v. 25.2.1983 Seite 25-31 und weitere Autoren dazu in der Nr. 10ff.
182 E.-W. *Böckenförde:* Lorenz von Stein (1963), in ders. Hrsg.: Staat und Gesellschaft, Darmstadt 1976, Seite 137 (WdF 471)
183 H. *Markmann*/D. B. *Simmert* (Hrsg.): Krise der Wirtschaftspolitik, Köln 1978, Seite 10 (eigene Hervorhebung – T. M.)
184 K. P. *Tudyka:* Grenzen nationaler Wirtschaftspolitik, in: Krise, 1978, 17
185 H.-D. *Jacobsen:* Internationale Verflechtung, wirtschaftliche Macht und das „Management von Interdependenz". Anmerkungen zu dem Artikel von V. *Fjodorow* in: Aus Politik und Zeitgeschehen B 4/82, 30.1.82
186 E. *Kitzmüller:* Die transnationale Ökonomie und die verschleierte Ohnmacht der Politik, in: Krise, a.a.O., S. 32-36
187 E. *Kitzmüller*/H. *Kuby*/L. *Niethammer:* Der Wandel der nationalen Frage in der Bundesrepublik Deutschland. Nationalstaat ohne Nationalökonomie? Teil 1, in: B 33/73, 18.8.73, Seite 22-27, besonders Teil 2, in: B 34/25.8.73; „Der Nationalstaat ist als ökonomische Einheit überholt", Ch. P. *Kindleberger:* American business abroad: six lectures on direct investment, New Haven (Conn.) 1969, S. 207, zitiert nach E. *Häckel:* Rolle . . . (s. Anm. 189), 517; staatliche Einrichtungen hätten bloße „Reparatur- und Hilfsaufgaben" für die Multis zu übernehmen, E. *Kitzmüller*, in: Krise a.a.O., S. 37
188 B. *Hürni:* Kapitalismus international. Ideologie und Praxis der bestehenden Weltwirtschaftsordnung, in: G.-K. *Kaltenbrunner* (Hrsg.): Kapitalismus. Nutzen und Moral, Freiburg 1982, S. 147 (= Initiative 47)
189 E. *Häckel:* Zur Rolle multinationaler Konzerne in der Weltpolitik, in: G. *Jasper* (Hrsg.): Tradition und Reform in der deutschen Politik. Gedenkschrift für W. *Besson* (1929-1971), Frankfurt 1976, S. 481ff., besonders S. 512f.
190 B. *Hürni:* Wem gehören die Multis? Über die Verteilung von Macht und Eigentum in den Konzernen, in: G. K. *Kaltenbrunner* (Hrsg.): Was gehört mir? Vom Nutzen und Nachteil des Eigentums, Freiburg 1982 (Initiative 51), S. 81ff.; besonders S. 84, 87 u. ö.
191 Joseph Chamberlain bekräftigte 1903, „daß der Handel innerhalb unseres Weltreichs für unser Gedeihen in der Gegenwart unbedingt notwendig ist. Geht dieser Handel nieder oder hört er nur auf, im Verhältnis zu unserer Bevölkerung und zu der Abnahme des Handels mit auswärtigen Ländern zuzunehmen, dann sinken wir zu einer Nation fünfter Klasse herab", aus: Weltgeschichte im Aufriß. Arbeits- und Quellenbuch, Band III, Frankfurt u. a. ^{18}1972, Seite 137
192 J. S. *Nye* jr.: Multinationale Unternehmen in der Weltpolitk, in: EA 29/6-1974/196; C. *Brandi:* Multinationale Unternehmen und staatliche Wirtschaftspolitik in westlichen Industriestaaten, Paderborn 1979; V. *Dornschier* (Hrsg.): Multinationale Konzerne, Wirtschaftspolitik und nationale Entwicklung im Weltsystem 1980; sehr informativ die kurze Studie von M. *Takamiya*/W. *Reitsperger:* Japanese multinationals in Europe: Management-Philosophy, personell policy and employee satisfaction (= discussion papers (32) des IIMV/Arbeitsmarktpolitik, IIM/Labour Market Policy des Wissenschaftszentrums) Berlin 1981
193 W. *Ochel:* Die Entwicklungsländer in der Weltwirtschaft, Köln 1982; V. *Timmermann:* Entwicklungstheorie und Entwicklungspolitik, Göttingen 1983
194 E. *Häckel:* Multinationale Konzerne – ein Motor in der europäischen Integration? in: EA 30/ 9-1975/277ff.
195 B. *Mettler-Maibom:* Grundzüge einer regionalen Regionalpolitik. Erfordernisse bei zunehmender Interregionalisierung und Internationalisierung der Produktion, in: Informationen zur Raumentwicklung, H. 5, 1980, S. 274f., vgl. auch P. F. *Drucker:* Die neuen Märkte und der neue Kapitalismus, in: D. *Bell*/J. *Kristoll* (Hrsg.): Kapitalismus heute, Frankfurt/M. 1974, S. 72ff.
196 P. J. *Buckley*/J. H. *Dunning*/R. D. *Pearce:* The influence of firm size, industry, nationality, and degree of multinationality on the growth and profitability of the worlds largest firms 1962 - 1972, in: Weltwirtschaftliches Archiv 114/1978/243-257

197 T. *Ozawa:* Japan's multinational enterprise: the political economy of outward dependency, in: WP 30/1978/517-537
198 A. J. *Pinelo:* The multinational corporation as a force in Latin American politics: a case study of the International Petroleum Company in Peru, New York 1973; vgl. dazu H. J. *Leonard:* Multinational corporations and politics in developing countries, in: WP 32/1980/ 567f.
199 A. *Spandau:* Multinationale Unternehmen in Afrika im Spannungsfeld von Gewinnthesaurierung und Lohnerhöhung, in: Jb. d. dt. Afrika-Stiftung 1981, S. 222ff.
200 H. H. *Nachtkamp* u. H. *Schneider:* Multinationale Unternehmen und nationale Steuerpolitik, in: Ztsch. f. Wirtschafts- und Sozialwissenschaft 100/1980/343ff. und die Rezension von Paulgeorg *Juhl* u. W. *Jungk:* Multinationale Unternehmen und Nationalstaat, Frankfurt 1978, in: Weltwirtschaftliches Archiv 115/1979/779-781
201 *Nye* 1974, s. o., S. 196
202 B. *Hürni:* Kapitalismus international, a.a.O., S. 125
203 A. *Rothacker:* Der Trilateralismus, in: aus Politik und Zeitgeschichte, B 6/1981, 7. Febr. 1981, S. 25-30
204 C. W. *Mill:* Die amerikanische Elite, 1962, passim.
205 Entsprechend der amerikanisch-machtpolitischen Situation ließe sich der traditionelle Imperialismusvorwurf gegenüber den USA mit diesem Denken verbinden, vgl. dazu die Arbeit von H. *Kesting:* Geschichtsphilosophie und Weltbürgerkrieg, Heidelberg 1959, S. 254; Über den *Zusammenhang von Währungsreform und bundesdeutscher Staatsgründung* schreibt der ehem. Staatssekretär im Bonner Auswärtigen Amt, K. *Moersch:* „Der zeitliche Zusammenhang von Währungsreform und Aufforderung zur Staatsgründung durch die Westalliierten war nicht zuzufällig. Die wirtschaftliche Gesundung der westlichen Besatzungszonen galt unbestritten als eine Voraussetzung für soziale und politische Stabilität und damit für eine dauerhafte demokratische Ordnung. Eine Währungsreform und staatliche Zentralgewalt wiederum bildeten die Voraussetzung der erstrebten wirtschaftlichen Gesundung."; ähnlich H.P. *Schwarz* 1979, S. 52-53; ähnlich urteilt G. *Ziebura* über die Marshall-Plan-Hilfe für die „Programmierung" der Westorientierung der Deutschen, in: H. *Steffen* (Hrsg.): Die Gesellschaft der Bundesrepublik, Analysen II, Göttingen 1971, S. 158f.
206 H. H. *Glismann*/E.-J. *Horn*/S. *Nehring*/R. *Vaubel:* Weltwirtschaftslehre. Eine problemorientierte Einführung, München ²1982
207 ebd. S. 16
208 Es ist das Verdienst von D. *Senghaas,* die Aktualität dieser Seite von Lists System erinnert zu haben: F. List und die neue internationale ökonomische Ordnung, in: Leviathan Nr. 3 v. 1975, S. 292ff.; vgl. auch W. *Ochel,* a.a.O.
209 M. *Olson:* The rise and decline of nations, New Haven u. London 1982
210 Anstelle des älteren pluralistischen Modells, nach dem die Interessenorganisationen zersplittert, spezialisiert, nicht hierarchisch koordiniert und vereinheitlicht, staatsunabhängig freiwillig sind und untereinander im Wettbewerb stehen. Allerdings ist gerade das pluralistische System in seiner neoliberalen Ursprünglichkeit, wie es in den USA mit seiner spezifischen Gewerkschaftsbewegung der Fall ist, in weltwirtschaftlichen Krisen möglicherweise anpassungsfähiger; desgleichen das System des „paternalistischen Syndikalismus" Japans; vgl. dazu W. *Streeck:* Neo-korporativistische Kooperation und weltwirtschaftliche Konkurrenz, (= discussion papers des Wissenschaftszentrums) Berlin 1981
211 Helmut *Hesse,* in: Wirtschaftswoche 37/10 - 04.03.1983/59: „Das Ausmaß der *Auslandsabhängigkeit* eines Landes wird nach dem relativen Wohlfahrtsverlust bestimmt, den es nach Ablauf aller Anpassungsprozesse hinzunehmen hätte, wenn es sich zu einer Aufgabe seiner internationalen Wirtschaftsbeziehungen entschlösse."
212 K.-P. *Kriegsmann*/A. D. *Neu:* Globale, regionale und sektorale Wettbewerbsfähigkeit der deutschen Wirtschaft. Konzepte und Ergebnisse, Frankfurt/Bern 1982
213 Weltwirtschaftslehre, a.a.O., S. 155. „Internationale Unterschiede in der Technologie haben weitreichende Konsequenzen für internationale Einkommensunterschiede", S. 154. Die Imitationsintelligenz, die man den Japanern gerade im techno-ökonomischen Bereich nachsagt, läßt sich von der Patententwicklung her nicht belegen, wohl aber aus dem japanischen besseren Marketing mit Patenten (z. B. Wankelmotor)
214 D. h., neuartige Produkte haben eine befristete Monopolstellung, die ihre Investitionsrente erwirtschaften muß
215 An der waffentechnischen Innovationskonkurrenz läßt sich die politische Wirkung dieser Entwicklung am einfachsten zeigen, vgl. auch die Vorlage der Prognos-Studie, die Bundesminister

H. Riesenhuber vorlegte. Die Welt – 180 - 05.08.1983. Hier ist jetzt auch die neue Raumfahrtpolitik seit 1984 zu nennen.
216 Sie darf als akzeptiert gelten. Vgl. K. *Renner:* Selbstbestimmungsrecht, a.a.O., S. 52, § 12 lautet: „Das nationale Problem als ökonomisch-soziale Frage"
217 *Kitzmüller/Kuby/Niethammer* 1973, 4ff.
218 Ebd., S. 61; vgl. zur Bevölkerungsentwicklung F.-W. *Henning* 1979, 17-18 und H. *Kellenbenz:* Deutsche Wirtschaftsgeschichte, Bd. 1, München 1977, s. dort „Bevölkerungsentwicklung", S. 34ff. u. ö. Zu *Renners* Aussagen auch deutlich ausführlicher seine Schrift: Der deutsche Arbeiter und der Nationalismus, Wien 1910
219 J. *Hütter:* Die Stellung der Bundesrepublik Deutschland und Westeuropa. Hegemonie durch wirtschaftliche Dominanz? In: Integration, 3/78, S. 103-113 und M. *Kreile:* Die Bundesrepublik Deutschland – eine „Economie dominante" in Westeuropa? In: PVS, Sonderheft 9/1978, S. 236-256, zitiert nach E. *Schulz* (1982).

2.B.3. Staatliche Frage

Analysiert man die nationale Frage, d. h. teilt man sie in ihre wesentlichen Bestandteile auf, so läßt sich eine staatliche Frage segmentieren. Im historischen Nationalitätsprinzip, das die Vorstellung beinhaltet, prinzipiell jede Nation bedürfe eines Staates, ist auf einen ersten Blick dieses staatliche Segment der nationalen Frage exemplifiziert.

Die staatliche Frage ist nicht eine Frage nach dem Staat, wie er im abendländischen Denken auf den Begriff gebracht wurde, sondern bewußt – und hiermit deutlich gekennzeichnet – reduktionistisch die Frage nach der Organisation (bzw. dem Fehlen) der Staatsgewalt. Daß sozialwissenschaftliche Konzepte den Staat damit annähernd vollständig charakterisieren[220], ist also nicht unsere Auffassung. Daß das Problem des Staatszwecks hier nicht behandelt wird, liegt an der Gliederung der Arbeit[221]. Allerdings ist an dieser Stelle diese Reduktion angebracht, da die Bildung der Staatsgewalt ein zentrales Problem jeder Nation ist (wenn sie nicht über den Staat zur Nation wurde).

Zunächst ist die grundlegende Differenzierung von *Nationalstaat* (I) und *Staatsnation* (II), die wir schon ansprachen, als Ausgangspunkt anzunehmen. Nachgefragt wird beidesmal die Einheit, die einmal von der Nation gebildet wird und die zum anderen eine nationale erst werden soll.

I. Zunächst stellt sich die Frage einer Nation, d. h. eines Ethnos, die sich politisch definiert und daher auch sich selbst bestimmen will und internationale Geltung erlangen möchte.

1. Am Anfang steht das Problem, überhaupt zu einer Nationalstaatsbildung zu kommen. Im 19. Jahrhundert stellte sich die staatlich-nationale Frage so für Italiener und Deutsche. Im 20. Jahrhundert versuchen regionalistische Bewegungen eine Staatsbildung zu erreichen. Für die großen Nationen wurde das Problem als ein Inneres virulent, d. h. es mußten partikularistische Instanzen (die aus dynastischer Staatsgewalt bestehen konnten) überwunden werden, was in Deutschland 1848/49 mißlang, und es stellte sich als ein äußeres, d. h. hier waren hegemonistische, interventionistische oder kolonialistische Widerstände zu überwinden. Die Entkolonialisierung ist dann die Lösung der staatlichen Frage. Die nationale Befreiung von Fremdherrschaft war im Deutschland des beginnenden 19. Jahrhunderts nicht erfolgreich, da nur die Herrschaft wechselte und die erstrebte einheitliche Staatsgewalt nicht erreicht wurde. 1871 wurde die staatlich-nationale Frage gelöst, aber wieder wurde die nationale Befreiung nur nach außen gewährleistet, die innere soziale und konstitutionelle Freiheit konterkariert. Ähnliche Lösungen der staatlich-nationalen Frage, die dann immer mit dem naiven Anspruch verteidigt werden, *die* nationale Frage gelöst zu haben, gelten auch in den entkolonialisierten Nationen. Anstelle der europäisch-dynastischen Befreier, werden dort oft die vormaligen Befreiungsbewegungen zu Zwingherren ihrer eigenen Befreiten (vgl. dazu K. *Rabl* 1984, 136f.).

2. Die staatliche Frage stellt sich auch überall dort, wo der *eine* nationale Staat gegen Annexion (im Polen des 19. Jhs.), eine Teilung (Deutschland, Korea, Vietnam, China usw. im 20. Jh.) und seinen historischen Untergang (Israel) wiederhergestellt werden soll. Die Legitimation der staatlichen Neukonstituierung der Nation liegt in der ethnischen Kontinuität, völkerrechtlich formuliert darin, daß die „in der Geschlechterfolge fortlebende Bevölkerung das materielle Element bildet, das die völkerrecht-

liche Kontinuität der Staaten begründet".[222] Die staatliche Frage stellt sich jedoch nur, wo sie geltend gemacht wird, d. h. durch das politische Durchhaltevermögen eines Kollektivsubjekts ohne Staat, dennoch eine Nation zu bleiben. Neben der jüdischen Volksleistung, Jahrhunderte ohne Staat zu überleben (*Bein* 1980, u. a.), haben die Polen es 130 Jahre vermocht, ihre in mehrere Teile gespaltene Nation zu erhalten (*Lemberg* 1972, 53). Wie bei den Juden haben auch die Polen Momente einer Sonderprägung der Teilungsgruppen des polnischen Volkes entwickelt (sog. „Preußen", „Kongressuwskis" und „Galizianer" (*Boehm* 1965, 124), die aber die nationale Einheit auf die Dauer nicht gefährdeten, obwohl die Polen eingeladen wurden, gemäß der westlichen „Staatsbürgernation"[223], „an den Wohltaten der Civilisation, die Ihnen der preußische Staat bietet", zu partizipieren, damit Sie „mit Freude als unsere Brüder und Landsleute" begrüßt werden können (*Kirchhoff* 1902, 13). Kirchhoffs Auffassungen waren dazu angetan, die Frage der polnischen Identität etatistisch-staatsnational aufzulösen, denn ihm ist das „Merkmal der Zugehörigkeit zu einer Nation" durch die Staatsbürgerschaft gegeben[224]. Nationen ohne staatliche Organisation existieren für diesen Vertreter des Etatismus nicht:

„Gerade die Geschichte des jüdischen Volkes ist ein Beweis für die Wahrheit unseres Nationenbegriffs. Nur solange haben die Juden eine Nation gebildet, als sie feste Staatsgrenzen kannten (...)" (*Kirchhoff*, 25).

3. Von einer sehr schwierigen staatlich-nationalen Frage von internationaler Tragweite ist überall dort zu sprechen, wo der Nationalstaat sich ethnisch zu komplettieren wünscht, d. h. das Nationalitätsprinzip rein zu verwirklichen sich anschickt. Die Basis derartiger Unternehmungen ist völlig legitim die Nation als Personenverbandsstaat, der mit dem bestehenden Staat noch nicht vollständig verwirklicht ist. Die Realisierung dieses Wunsches wird durch das demokratische Selbstbestimmungsrecht der Völker legitimiert. Bei diesem Verfahren kann aber auch der Komplettierungswunsch des Nationalstaats von der nicht im Staatsgebiet lebenden Bevölkerungsgruppe abgelehnt werden (*Neumann* 1888, 69), oder es können die politischen Repräsentanten des Nationalstaates den Einheitswillen der Nation beschränken, wie Bismarck für das zweite Reich es tat[225]. Diese staatliche Frage läßt sich aber auch ideologisch-propagandistisch im Rahmen einer Irredentismusstrategie („Heim ins Reich") stellen, die mit der internationalen Ordnung notwendig in Konflikt gerät, wenn sie die staatliche Ordnung unlegitimiert in Frage stellt. Die rumänische Nation ist heute nicht in einem Staat versammelt, aber die Lösung, ja die Stellung der staatlich-nationalen Frage bedroht die dort bestehenden internationalen Verhältnisse (vgl. u. II.2.B.9.).

4. Schließlich stellt sich die staatliche Frage in Territorialfürstentümern, die die dynastische Staatsgewalt in eine nationale verwandeln möchten und sich dabei auf eine sich entwickelte Regionalnation stüzten können. Hier liegt, wie in den Niederlanden erfolgreich geschehen, eine „nationbildende Kraft des staatlichen Gebildes" vor (*Lemberg* 1934, 235), die für die Staatsnation (ohne vorhandene Nation) konstitutiv ist und für ethnisch homogene Bevölkerungen zur Nationbildung erheblich beitragen kann. Im Deutschen Reich ist es, trotz der Entwicklung von sog. Landesnationen, zu einer Nationalstaatsbildung auf Landesebene nicht gekommen[226].

II. Die staatliche Frage stellt sich weiter für politische Gebilde mit einer heterogenen Bevölkerung (z. B. die USA). Mit der Errichtung des Staates (oder seiner Übernahme aus der Hand der Kolonialmacht) wird zugleich auch der Nationbildungsprozeß eingeleitet, sofern es dem neuen Staat gelingt, seine Bevölkerung zu integrieren, zu assimilieren, zu solidarisieren, zu aktivieren usw. Die staatliche Frage, die hier für keine national-staatliche, sondern für eine *staatsnation*ale Entwicklung gestellt wird, ist dann erfolgreich, d. h. nationenbildend, wenn die Bürger dieses Staates diesen als ihre Nation begreifen, d. h. wenn sich ein Nationalbewußtsein bildet oder gebildet hat. Die Bedeutung der Mitwirkung am Staat ist national konstitutiv, weil es „die Gemeinschaft der im Staat Vereinten und am gemeinsamen Staat Mitwirkenden (ist), die die stärkste integrierende Wirkung" (*Lemberg* 1930, 117) für die neue nationale Existenz hat. Eine Verfassung, aber auch ein Königtum, können die nationale Integration verstärken, sogar begründen. Insofern hat auch die Staatsnation vormoderne, prädemokratische Wurzeln[227]. Die staatsnationale Tradition erwies sich auch schon – als Ausnahme von der Regel des historisch gewordenen Nationalitätsprinzips – als intensiver als die nationalstaatliche Tendenz. Seit 1926 nahmen z. B. bedeutende Kräfte der sudetendeutschen Volksgruppe im tschechischen Staat an der Regierung teil und „begründeten ihre Haltung ideologisch mit einem solchen, vom Staat her gesehen, territorialen Zusammengehörigkeits- oder wenigstens Heimatgefühls"[228]. Doch auch in der Tschechoslowakei hatte, so Volker Glimberg, „der Staat nicht das letzte Wort."[229]

III.1. Ganz besonders in *Nationalitätenstaaten* stellt sich die staatlich-nationale Frage immer wieder. Neben der Tendenz, eine unentziehbare Rechtsposition zu erreichen, kann man davon sprechen, daß die Nationen „Staaten im Staate sein" wollen (*Renner* 1918, 69).

2. Die staatliche Frage stellte sich am häufigsten jedoch als Separationsunternehmen; die großen Reiche der Russen, Osmanen und Habsburger wurden auf diese Weise zerstört. Im größten Nationalitätenstaat der Erde, der UdSSR, besteht zwar ein Austrittsrecht der nationalen Zwangsmitglieder dieser Union, aber Stalin hatte bereits 1913 für diese Möglichkeit die Formen gefunden, dieses Recht zu umgehen.[230]

3. Die Bildung einer Konföderation, eines (National-)Staatenbundes oder Commonwealth kann als Lösung der staatlichen Frage im kontinentalen und transkontinentalen (England) Rahmen angesehen werden. Im Unterschied zum England des 20. Jahrhunderts war die Donaumonarchie zu dieser Anpassungsleistung nicht mehr fähig. Mit dem traditionalistischen österreichischen Staatsgedanken ließ sich keine nationale Solidaritätsform verknüpfen (H. *Mommsen* 1979, 135). Die russische Vorkriegssozialdemokratie im russischen Nationalitätenstaat war mit ihrem Konzept des Selbstbestimmungs- und Lostrennungsrechts (*Stalin* 1976, 48 u. 89) politisch wesentlich erfolgreicher als die österreichische, die den Vielvölkerstaat nicht in Frage zu stellen wagte.[231] Mit dem Commonwealth und ähnlichen Zusammenschlüssen ist eine transnationalstaatliche oder transstaatsnationale Ebene erreicht, die unter anderen Gesichtspunkten behandelt werden muß.[232]

IV. Zum Schluß sei noch kurz das spezifisch deutsche Problem mit der staatlichen Frage resümiert. Die Fortexistenz des deutschen Reiches, die von Juristen behauptet und vom Bundesverfassungsgericht in einem Urteil vom 31.7.1973 bestätigt wurde, bekräftigt das, was als staatliches Problem hier angesprochen wurde; diese Entscheidung wird als ein nicht zu unterschätzendes politisches Kapital für die Bundesrepublik Deutschland gesehen. Es läßt sich aber auch unabhängig von dieser sehr zu beachtenden rechtlichen Lage behaupten, daß die Wiedererlangung *einer* deutschen Staatsgewalt ein legitimes Ziel der Deutschen ist. Anders formuliert:

warum besteht in Deutschland noch eine staatliche Frage, wo man doch positivistisch-machtstaatlich von zwei Staatsbürgernationen ausgehen könnte?[233] Ohne unsere Konzeption der nationalen Frage und die Anlage des ganzen Theoriebeitrages selbst interpretieren zu wollen – die nationale Frage stellt sich multidimensional, also eben nicht nur staatlich – können folgende Fakten für die Offenheit auch der staatlich-nationalen Frage angeführt werden, d. h. dafür, daß eine zentrale deutsche Staatsgewalt als Ziel anzustreben politisch nicht aufgegeben werden muß – und wohl nicht werden kann. Die Deutschen sind eine einheitliche homogene Nation, weil sie *eine* ethnische Abstammungsgemeinschaft, eine Nationalität sind und haben; weil sie eine Schicksalsgemeinschaft bilden („die" Deutschen); weil sie eine Kulturgemeinschaft, eine Kulturnation darstellen, die sich von anderen abgrenzen läßt; weil sie eine Siedlungsgemeinschaft und schließlich eine Willensgemeinschaft bilden. Ähnliches läßt sich von der einen koreanischen Nation sagen. Oben wurde bereits darauf hingewiesen, daß eine Separation[234] von der einheitlichen Nation möglich ist, desgleichen aber auch, daß eine gewaltsame Separierung (in Gestalt einer Teilung etwa) kaum akzeptiert wird.

Diese einzelnen, aufgelisteten Tatsachen werden auch im weiteren Kontext dieser Arbeit immer wieder kritisch untersucht werden. Es sollte jedoch bei der Diskussion der staatlichen Frage, die mit der sog. deutschen Frage verknüpft werden kann, bedacht werden, daß der „Mobilisierung außerstaatlicher Kräfte" (*Lemberg* 1972, 54) für die nationale Existenz eine mindestens gleiche Wirkung zukommt.

Anmerkungen

220 Die Tradition des Reduktionismus läßt sich nur im allgemeinen mit dem „artificial body" des Thomas Hobbes beginnen.
221 Fragen nach dem Staatszweck, d. h. nach Gemeinwohl und Gerechtigkeit, gehen in der ganzen Arbeit in die Analyse der Nation ein. Vgl. „Nation und Praktische Philosophie", „Pluralismus und Einheit". „Staat" spielt immer dort eine Rolle, wo Nationalstaat oder Staatsnation zugrunde liegen. Der allg. Staatsbegriff geht aber auch in unsere Konzeption des politischen Gemeinwesens ein, das die Nation verkörpert
222 *Verdross/Simma:* Universelles Völkerrecht, S. 204. Daß der Verlust des Staatsgebietes die Anspruchsrealisierung schwierig macht, zeigt das jüdisch-israelische Beispiel.
223 M. R. *Lepsius:* Nation und Nationalismus in Deutschland, in: H. A. *Winkler:* Nationalismus in der Welt von heute, Göttingen 1982, S. 23
224 Ebd., S. 23. Die antiethnische Wirkung dieser etatistischen Egalisierung läßt sich bei ihm weiter zeigen: „Die Polen innerhalb unseres Reiches sind thatsächlich Deutsche und müssen als solche offiziell betrachtet werden. Sie müssen daher, wenn sie sich gegen die Thatsache sträuben, politisch deutsch erzogen und uns geistig und sprachlich assimiliert werden." Wer dieses staatsnationale Begehren der ethnischen Gleichschaltung immer noch nicht verstanden haben sollte, dem erklärt Kirchhoff offen: „Offiziell sind also die Polen – mit einem klaren Worte gesagt – zu germanisieren. Sträuben sie sich dagegen, oder versuchen sie, mit Gewalt diesem Bestreben der Staatsregierung Hindernisse in den Weg zu legen, so sind sie einfach als bürgerliche Elemente zu betrachten, deren Aufführung der Staatsruhe und -wohlfahrt zuwiderläuft, und demgemäß zu behandeln. Ohne Härten geht eben die Durchführung eines nationalen Gedankens nicht ab". S. 24
225 „Man muß in allen Kämpfen, sobald die nationale Frage auftaucht, doch immer einen Sammlungspunkt haben, und das ist für uns das Reich, nicht wie es gewünscht werden könnte, sondern wie es besteht". Rede Bismarcks vom 1. April 1895, nach *Kirchhoff,* a.a.O., S. 8
226 Vgl. E. *Lemberg:* Nationalismus, Bd. 1, S. 86ff. (Österreich und Preußen); W. *Conze* 1965, 25/26; A. *Schröcker* 1974, 145. Vgl. auch Kap. „Identität und Teilung"
227 „In Frankreich ist der nationale Staat nicht hervorgegangen aus dem Nationalgefühl des Volkes, sondern umgekehrt der nationale Gedanke ist wesentlich geschaffen worden durch den

Staat". J. *Haller:* Partikularismus und Nationalstaat, Stuttgart 1926, S. 18
228 E. *Lemberg* 1950, 134
229 Sudetendeutsche – Opfer und Täter. Verletzungen des Selbstbestimmungsrechts u. ihre Folgen 1918 - 1982, Hamburg 1983
230 „Die transkaukasischen Tataren als Nation könnten sich, sagen wir, auf ihrem Landtag versammeln und unter dem Einfluß ihrer Begs und Mullahs die alten Zustände wiederherstellen, den Beschluß fassen, sich vom Reich loszutrennen. Nach dem Sinn des Punktes über die Selbstbestimmung haben sie das volle Recht dazu. Läge das aber im Interesse der werktätigen Schichten der tatarischen Nation? Kann die Sozialdemokratie gleichgültig zuschauen, wie bei der Lösung der nationalen Frage die Begs und Mullahs die Massen hinter sich herführen? Soll die Sozialdemokratie hier nicht eingreifen und in bestimmter Weise den Willen der Nation beeinflussen? Soll sie nicht mit einem konkreten Plan für die Lösung der Frage hervortreten, der für die tatarischen Massen und am vorteilhaftesten ist?" J. *Stalin* 1976, 45
231 vgl. K. *Renner* u. O. *Bauer;* vgl. aber H. *Glassl:* Nationale Autonomie im Vielvölkerstaat. Der Mährische Ausgleich, München 1977 (Schriften der Sudetendt. Stiftung); die österreichische Nationalitätenfrage wird laufend aufgearbeitet in den Folgen „Austrian History Yearbook", Houston, Texas und in „Europa Ethnica", Wien; zur „reichsdeutschen" Sozialdemokratie vgl. H.U. *Wehler:* Sozialdemokratie und Nationalstaat, Nationalitätenfragen in Deutschland 1840 - 1914, Göttingen ^{2}1971
232 Vgl. Kap. „Pluriversum" u. „Nation und Konkurrenz, Friedensordnung" u. „Nationalstaat"
233 Wir gehen auf die sog. Bi-Nationalisierung Westdeutschlands noch gesondert ein, s. u. Kap. „Nationaler Wandel"
234 Ob – im deutschen Falle – *Österreich* etwa eine erfolgreiche Separation darstellt, möchte ich bezweifeln. Eine erfolgreiche Separation verlangt mehr als eine staatliche Sonderexistenz, die für Österreich – auch in der geschichtlichen Tradition – außer jedem Zweifel steht. Von einer Lösung Österreichs von Deutschland müßte gesprochen werden, wenn es zu einer „Nationwerdung Österreichs" käme, von der zwar gesprochen wird, die aber nicht manifest ist. Die sog. Österreich-Lösung ließe sich auch im Rahmen einer Analyse von Sonderwegen heranziehen, die Literaturlage läßt dies jedenfalls zu.

2.B.4. Ethnische Frage

> „To be sure, there are class realities but ethnic realities are there as well. Increasingly they are the dominant realities. Social science needs to become much more sensitive to them." (*Moynihan*, zit. n. *Enloe* 1973, 31).

Ethnische Probleme werden in den westlichen Sozialwissenschaften sicher eher zurückhaltend angesprochen, in der Bundesrepublik Deutschland so gut wie gar nicht, in den USA aber doch zunehmend stärker[235]. Das hat, neben bestimmten politischen Gründen, aber auch damit zu tun, daß problematisch gewordene ethnische Verhältnisse schwer *als solche* politisch zu artikulieren sind. Cynthia Enloe verdeutlicht diese Schwierigkeiten, wenn sie schreibt:

> „To join a Marxist movement one need only adopt a certain set of goals and abstract premises, whereas to join an ethnic movement one must *belong* in style, mores, perhaps even language or race." (*Enloe,* 222).

Nicht nur die afrikanische „Lösung" derartiger Artikulationsprobleme ist die Flucht in die Ideologisierung, d. h. dort: des Sozialismus (*Bechthold* 1980). Die Notwendigkeit, Alliierte für die Lösung der ethnischen Frage zu finden, hat einen Ideologisierungszwang zur Voraussetzung, wenn man einmal von puren Machtlösungen absieht. Die Anerkennung ethnischer Fragen ist aber nicht nur für das politische Verständnis der Dritten Welt Grundvoraussetzung, sondern auch für fast alle anderen Staaten der Erde, wenn auch die Konflikte unterschiedlich verteilt sein mögen. Die ethnische Frage ist überall dort auszumachen, wo das *Zusammen*leben der politischen Einheit gestört wird, weil die polyethnische Struktur mit dem Gemeinwesen oder in sich disharmoniert. Am Anfang steht so die Ungleichbehandlung der Ethnien.

Der sog. Friedensvertrag von St. Germain, den die Republik Deutsch-Österreich (als zwangsgetaufte „Republik Österreich") 1919 abzuschließen hatte, enthielt Bestimmungen, die neue ethnische Fragen produzierte. Im Art. 67 war die Gleichsetzung von „Fremdnationalen" mit den Staatsbürgern der eigenen erstmals unabhängig gewordenen Nationen Osteuropas bestimmt worden. Damit blieb den zur Minderheit gewordenen Deutschösterreichern nur angeboten, in den neuen Staatsnations-Mehrheiten aufzugehen. Eine Gleichbehandlung, die einen öffentlich-rechtlichen Status erforderte, wurde durch die freie Assoziation der Individuen, d. h. ihre Verweisung – als Nation! – auf das Vereinsrecht, zu erledigen gesucht. Die Nichtanerkennung als eine Körperschaft de jure stellte die nationale Minderheit „bewußt unter nationale Fremdherrschaft" (*Renner* 1964, 80-83).

Eine Diskriminierung ethnischer Minderheiten, die in der Donaumonarchie nationalitätenrechtlich korrigiert werden sollte und wurde, wurde von den Nachfolgestaaten dieser Monarchie, die nun die Mehrheit in ihrer Staatsnation geworden waren, erneut fortgesetzt:

> „Zur Staatsnation geworden, besinnen sie sich keinen Augenblick, dieselbe Fremdherrschaft, die sie vordem mit Erfolg bekämpft haben, selbst zu üben ... den anderen die innerstaatliche Selbstregierung zu versagen. Sie allein sind der Staat, und ihre Sprache ist Staatssprache, der Staat und alle seine Einrichtungen sind gleichsam Eigentum nur ihrer Nation" (*Renner* 1964, ebd.).

Was liegt allgemein gesehen dieser Politik zugrunde? Es sind ethnokratische Strukturen, die die Grundlage der Ungleichbehandlung liefern. Die grundsätzliche Frage, die in diesem Kapitel zu stellen ist, stellt Rupert Emerson: „In a state composed of diverse and perhaps hostile peoples this question must be translated in simple language to read: who rules whom?" (1970, 329).

In der ungarischen Staatsnation (seit 1867) waren beispielsweise nur Magyaren politisch anerkannt, Nationalitäten jedoch nicht. Die Magyaren machten aus dem ungarischen Nationalitätenstaat einen nationalen Einheitsstaat („Nationalstaat") (*Renner* 1918, 13).

Eine ethnische Frage von weltpolitischer Bedeutung stellt sich im weiß-schwarzen Staat der Republik Südafrika. Hier existieren (mindestens) zwei südafrikanische Nationen, die beide den gleichen Anspruch auf die Staatsgewalt und das Staatsgebiet erheben (*Francis* 1965, 226). Der gemeinsame Staat ist jedoch ausschließlich in weißer Hand, weil die ethnisch (d. h. hier: rassisch) stratifizierte Gesellschaft die Schwarzen nicht politisch anerkennt. Die Aufgliederung der südafrikanischen Republik in sog. „homelands" ist schwerlich dazu angetan, einen territorialen, historischen Kompromiß der beiden territorialhistorisch annähernd gleichberechtigten ethnischen Gruppierungen zu erzielen.

Ebenfalls innerstaatlich stellt sich für die israelische Nation ein ethnisches Problem, dessen politisch mobilisierende Auswirkungen mehr und mehr deutlich werden und nun sogar parteilich zu organisieren versucht werden. Kurz gesagt besteht es darin, daß die orientalischen Juden (Sephardim) „are on the periphery of the political system ... oriental jews were ignored by the early settlers" (*Enloe,* 157).

Ein innerstaatlich-ethnisches Problem stellte im Heiligen Römischen Reich Deutscher Nation die Entwicklung der Peripherie im Nordwesten (Niederlande) und Süden (Schweiz) dar. Während die Verselbständigung der Niederlande sprachlich und geschichtlich bedingt eine Nationbildung zur Folge hatte (*Lemberg* 1934), entwickelten sich landespatriotische Tendenzen innerhalb des Reiches nicht zu Regionalnationen aus.[236] Der ethnoregionale Sonderweg der südrheinischen Alemannen erbrachte für diese sich selbst separat bestimmen wollende (*Koppelmann* 1956, 108; *Veiter* 1980, 58-64) ethnische Gruppe die Lösung der ethnischen Frage, die sich geschichtlich bewährte, weil der ethnische Proporz dieses Nationalitätenstaates peinlich genau eingehalten wird. Die ethnoregionale Absonderung der Schweiz kann jedoch für das Reich, abgesehen von seiner staatlichen Zersplitterung nach dem Dreißigjährigen Krieg, kein ethnisches Problem mehr darstellen, weil ein ethnischer Seperatismus zwar bedauert werden kann, aber nicht das Zusammenleben der ethnopolitischen Einheit (hier: des deutschen Volkes) in Frage stellt. Allerdings stellt sich in solchen Fällen prinzipiell immer ein machtstaatliches Problem: ob die Separation zugelassen wird oder werden muß? (s. II.2.B.3. u. II.2.B.9.) Eine assimilationsorientierte Staatsnation wird hier eher zu machtstaatlichen Abenteuern neigen.

Eine prototypisch ethnozentrische Position, wie sie für die Staatsnation des Westens typisch war und sich z. B. im Südtirol Italiens als „interethnisches Spannungsgefüge", als ethnokultureller Konflikt zeigen ließe (*Pan* 1971, 134), wurde auch gegenüber dem ethnischen Problem der Polen im Bismarckreich vertreten. A. Kirchhoff stellte sich 1902 hinter Staatsminister Hobrecht, der es den Polen gar nicht verdenkt, „wenn sie im privaten Leben sich der polnischen Sprache bedienen". Der Gebrauch der polnischen Sprache in den öffentlichen Schulen jedoch widerspreche dem Reichsinteresse der nur deutschsprachigen Staatsnation Deutsches Reich. Der nicht ganz 4% bildenden Schicht der Polen[237], die von einem deutschen Nationalstaat zu reden von daher eigentlich nicht erlaubt, wurden nationalitätenrechtliche Zugeständnisse nicht gemacht. Die ethnische Frage der Polen wurde von manchen, um nochmals Kirchhoff zu zitieren, nur unter der Rubrik „national-polnische Umtriebe" verstanden; den Polen „auch nur das geringste Entgegenkommen auf Kosten des Deutschtums im Osten" (*Kirchhoff* 1902, 9f.) zu zeigen, war vor dem Ersten Weltkrieg anscheinend nicht möglich.

Ähnliche ethnische Probleme lassen sich in der UdSSR aufzählen, wobei dort die ethnographische Struktur durch das konstitutionelle Austrittsrecht der Nationen bzw. Republiken in seiner, machtstaatlich gesehen, ohnmächtigen Position gerade noch verdeutlicht wird.[238] Die ethnische Frage in der Sowjetunion ist klar zu erkennen: das einseitige Wachsen der nicht-russischen Völker schlägt von einem quantitativen in ein qualitatives Problem um: nicht nur für die Sowjetunion abstrakt, sondern für die sie tragende russische Nation konkret.

Die Verweigerung des ethnischen Existenzrechts, ganz zu schweigen von der staatlichen Konstituierung, ist das Problem zahlreicher Minderheiten, von denen nur die Kurden erwähnt seien.

Zum Schluß sei noch auf das ethnische Problem des Einwanderungslandes USA verwiesen, das neben den bekannten Rassenkonflikten auch für alle Einwanderer die ethnische Frage aufwirft in Gestalt des Imperativs, amerikanisch zu werden, d. h. keine Nationalitäten entstehen zu lassen. Der amerikanische Präsident Th. Roosevelt faßte das Problem in folgende Worte:

> „Wir heißen den Deutschen, den Iren willkommen, der Amerikaner werden will, aber wir können keinen Fremdling gebrauchen, der nicht von seiner Nationalität lassen will. Wir brauchen keine Deutsch-Amerikaner und Irisch-Amerikaner, die eine besondere Schicht in unserem politischen und gesellschaftlichen Leben bilden wollen. Wir können nichts anderes gebrauchen als nur Amerikaner, und wenn sie das ganz sind, dann kann es uns gleich sein, ob sie deutscher oder irischer Abkunft sind."[239]

Niemand wird einem Einwanderungsland den Vorwurf machen, das auf seine nationale Integrität Wert legt. Die ethnische Frage taucht aber dennoch auf, weil die Herkunft und Abstammung nicht durch einen Willensakt geändert werden kann[240], sondern nur im Laufe des generativen Verhaltens der Nachkommen.

Die ethnische Frage als Wille zur Selbstbestimmung und Selbstregierung zu verstehen, hat auch einen quantitativen Aspekt. Ist ein Ethnos, das sich politisch bestimmt und zur Nation entwickeln möchte, zu klein, so ist seine Selbstbehauptung — auch als sog. unabhängiger Staat, aber auch als ethnische Gruppe — von anderen Staaten bzw. Nationen abhängig, was bis zu einem Protektionsverhältnis sich entwickeln kann; eine neokoloniale Abhängigkeit ideologischer, wirtschaftlicher oder anderer Art, ist dabei nicht auszuschließen. Dies kann jedoch nicht der Sinn und Ausdruck einer Selbstbestimmung kleiner Ethnien, Volksgruppen, Nationalitäten sein. Eine Lösung der ethnischen Frage durch einen autonomen Status oder eine Föderation in einem Nationalitäten-Staat[241], der die Ethnien öffentlich-rechtlich garantiert, ist hier sinnvoller, als die Imitation der europäischen Großnation, deren europäischer Weg schon auf dieser quantitativen Ebene seit Jahrhunderten, wenn auch nicht von Anfang an, ein anderer war.

Abschließend sei auf die Relevanz dieser nationalen Frage hingewiesen, die bei den alltäglichen und damit wichtiger erscheinenden sozioökonomischen Fragen zumeist in ihrer Bedeutung unterschätzt wird. Ihre Bedeutung besteht in ihrer lange anhaltenden Wirkung (relative Beständigkeit der Ethnien), wenn einmal staatlich-politische Entscheidungen getroffen wurden. Staatlich-politische (auch dynastische) Entscheidungen negativer Art, die gerade in ethnischer Perspektive von Bedeutung waren, sind z. B. an den deutsch-polnischen Beziehungen (mit und ohne ausländische Mitentscheidung) immer wieder demonstrabel (Annexion, Besetzung, Vertreibung).

Anmerkungen

235 vgl. auch die beiden noch folgenden Kapitel zur „Ethnizität" und der Differenzierung in „Ethnos und Demos". Dort auch wesentliche Literaturhinweise.
236 Hier ist besonders zu erwähnen die preußische Entwicklung. H.-J. *Schoeps* schreibt: „Nach 1763 ist daher auf dem Hintergrund des Ruhmes der drei schlesischen Kriege so etwas wie ein besonderes preußisches Nationalgefühl entstanden. (...) Aber dieser Patriotismus, der das Vaterland frei wählt, ist vom Nationalismus des 19. Jahrhunderts noch weit entfernt gewesen." Die preußische Monarchie habe so eine Staatsnation geschaffen, die über das Provinzialbewußtsein und das Gefühl dynastischer Verbundenheit hinausgegangen sei, es sei „aber nie ein Nationalstaat geworden, da ihm dafür die eigentliche Volkhaftigkeit ermangelte. Preußen war auf staatliche Institutionen gegründet: Königtum, Offizierskorps, Bürokratie. Darum konnte dieses neue Bewußtsein preußischer Nation, der preußische Staatspatriotismus, immer nur Durchgangsstufe sein, nachdem der alte Reichspatriotismus keine effektive Kraft mehr entfaltete." In einem preußischen Finanzedikt vom Februar 1811 heißt es: „Wir behalten uns vor, der Nation eine zweckmäßig eingerichtete Repräsentation sowohl in den Provinzen als auch für das Ganze zu geben, deren Rat Wir gern benutzen werden", Preußen. Geschichte eines Staates, Berlin ^{5}1967, S. 93 u. 122
237 vgl. M. *Broszat:* Zweihundert Jahre deutsche Polenpolitik, Frankfurt 1972, S. 144-146
238 vgl. B. *Lewytzkj* 1982. O. *Liess* 1972; M. *Heller*/H. *Nekrich:* Geschichte der Sowjetunion, 2 Bde., Königstein 1981 und 1982; zur religiös-nationalen Verursachung der ethnisch-nationalen Frage vgl. H. *Carrère d'Encousse:* Risse im Roten Imperium. Das Nationalitätenproblem in der Sowjetunion, Wien 1979; L. *Révész:* Volk aus 100 Nationalitäten. Die sowjetische Minderheitenfrage, Bern 1979; die besonderen sowjetischen „Gebietseinheiten" spricht J. *Arnold* knapp an: Die nationalen Gebietseinheiten in der Sowjetunion, Köln 1973, wobei neben den Deportationen auch die polyethnischen Gruppen dieser „Einheiten" behandelt werden; eine sowjet. Selbstdarstellung vom Novosti Press Agency Publishing House liefert A. *Zevelev:* How the national question was solved in the USSR, Moskow 1977; von der westdt. Osteuropawissenschaft ist bes. zu nennen: G. *Brunner*/B. *Meissner:* Nationalitätenprobleme in der Sowjetunion u. Osteuropa, Köln 1982
239 Th. *Roosevelt* (1858 - 1919), in H. *Vogt* 1967, 149
240 E. *Lemberg* schreibt über die amerikanischen Einwanderer: „Ihr Assimilationsstreben bedeutet einen Verlust an Überlieferungen und Persönlichkeitswerten, an Glaube, Gemütskraft und Stil" (Nationalismus, Bd. 1, S. 263). *Merkel* und *Rabe* schreiben: „Jeder Amerikaner gehört (...) einer Minderheit an, die sich von anderen Minderheiten umgeben weiß." (Politische Soziologie der USA, S. 2-3)
241 Jüngstes Beispiel eines in Afrika sicher noch entwicklungsreichen Prozesses war die Konföderation der UNO-Staaten Senegal und Gambia, die sich künftig Senegambien nennen wollten, vgl. FAZ 267/17.11.1981/5

2.B.5. Sprachliche und kulturelle Frage [242]

Die Steigerung sprachlicher und kultureller Probleme zu solchen von nationaler Bedeutung ist für die dominierenden europäischen Nationalstaaten nicht auszumachen. Dafür läßt sich ein guter Grund angeben. Nach einer von Donald A. Rustow zusammengestellten Tabelle [243] (von Anfang der 60er Jahre), haben folgende Länder eine sprachlich völlig homogene Bevölkerung (100%): Deutschland, Norwegen, Portugal und Korea. Eine geringe sprachliche Heterogenität (98-99%) weisen auf: Österreich, Italien, Griechenland, Schweden, Großbritannien, Japan, Bhutan, Ägypten, Jordanien, Jemen, Lesotho, Haiti, Brasilien, Kuba (u. a.). Daß eine sprachliche Minderheit von nur einem Prozent aber bereits zu einem erheblichen Problem werden kann, bewies das Südtirol-Problem. Für die Italiener stellt es ein Randproblem dar, für die sog. Welschtiroler war diese sprachliche und kulturelle Frage der Mittelpunkt ihrer fremdbestimmten Existenz. Mit anderen Worten: homogene „Nationalstaaten", zu denen die europäischen Nationen sich in unterschiedlicher Weise, mit mehr oder weniger assimilatorischer Gewalt entwickelt haben, sind von der sprachlichen Frage kaum betroffen. Im 20. Jahrhundert ist allerdings das Problem des Irredentismus, d. h. die Anschlußbewegung sprachnationaler Gruppen, die außerhalb des Mutterlandes liegen, ein erhebliches Problem gewesen. Das Irredentismus-Problem wurde politisch durch eine Art Radikalchirurgie zuungunsten der nationalen Minderheiten „gelöst".

Ein weiteres Problem, das trotz der Einsprachigkeit der europäischen Nationen virulent ist, stellt die postkoloniale Erbschaft ehemals imperialistischer Nationen wie Großbritannien, Frankreich und Holland dar, das unter ethnisch-kulturellem Aspekt gesehen werden kann. [244] Nationale Minderheiten in der ganzen Welt lassen das traditionelle Integrations- und Assimilationsprogramm zunehmend als fragwürdig erscheinen. Das Opfer ethnischer, kulturell-sprachlicher Identität der Minderheiten, das dem Immigranten abgenötigt wird, aber nicht ohne Konflikte und Unruhen vollzogen wird, stellt für die niedergegangenen, kolonialistischen Mutterländer einen Faktor politischer Instabilität dar.

Die sprachlich-kulturelle Frage ist also insbesondere für Nationalitätenstaaten mit anerkannten nationalen Gruppen und Volksgruppen und für sog. Staatsnationen, die ihre nationalsprachliche und -kulturelle Heterogenität staatlich integrieren müssen, immer wieder ein zentrales Problem. Zunächst ist bei diesen Staaten zwischen nationalen und ethnischen Gruppen zu differenzieren. Kulturelle Bindungen, wie Sprache und Gebräuche, sind für ethnische Gruppen bedeutungsvoller als für sich politisch organisierende ethnische Gruppen, d. h. für Nationalitäten oder Nationen. Weiter sind für Nationen assimilatorische Tendenzen in einem polyethnischen Staat eher zu verkraften als von Volksgruppen, die direkt ihre spezifisch kulturelle Identität bedroht sehen (*Enloe* 1973, 159).

Für junge sprachlich, kulturell und ethnisch heterogene Staatsnationen mag und muß es attraktiv sein, sogar eine „adoption of a single national language" [245] anzustreben und dadurch ihre territoriale Einheit durch das Sozialisationsmedium Sprache zu verstärken. Den Preis, den die Afrikaner für derartige Modernisierungen bezahlen müssen, kann man sich vorstellen, wenn man bedenkt, daß z. B. der kenianische Sprachenreichtum sich aus etwa 100 Sprachen zusammensetzt. Eine afrikanische Zweitsprache neben dem sprachkolonialen Erbe einzuführen, etwa Kisuaheli in Tansania oder Chichewa in Malawi, ändert an dem sprachlichen Problem Afrikas nichts, der Multilingualität, auf der die ethnokulturelle Identität der afrikanischen Nationen aufbaut. Eine Nationalisierung dieser postkolonialen Staaten führt so meistens über die Ruinen traditionaler Kulturen. Hier ist (oder war) wirklich zu fragen, warum das europäische Nationsvorbild in Regionen kopiert werden mußte, wo eine vergleichbare sprachliche und ethnische Voraussetzung dazu nicht existierte. Die spezifische Lösung der sprachlich-kulturellen Frage Afrikas über eine innernationale, ethnopluralistische Entwicklung zu konzipieren, muß mit den ethnokratischen Strukturen, mit stärkeren und schwächeren Ethnien fertig werden. Es ist schwer zu rechtfertigen, daß politisch kaum existenzfähige, sprachliche und kulturelle Gruppen sich staatsnational organisieren.

Die sprachliche Problematik Algeriens wird einmal durch die soziolektale Teilung der Nation in die Sprache des Hocharabischen, d. h. des Koran und der arabischen Literatur, und in die Sprache der einfachen Algerier, die einen arabischen Vulgärdialekt sprechen, deutlich. Neben dem Französischen, das im westlich orientierten Bürgertum gesprochen wird, existiert weiter die Sprache der in Algerien lebenden Berber, die ein Drittel der Bevölkerung bilden. Die Berber müssen eine Art Kulturkampf um die offizielle Anerkennung ihrer Sprache führen.

Der nationale Sozialisationsfaktor Erziehung spielt eine erhebliche Rolle bei der staatsnationalen Integration (*Emerson* 1970, 147). Umgekehrt ist auf der Seite der Nationalitäten „die Frage der nationalen Schule (...) gewiß die wichtigste von allen nationalen Fragen; denn die nationale Erziehung ist das stärkste Bindemittel der Nation." (*Bauer* 1975, 344) Dies mag für die bürgerlichen Schichten Österreich-Ungarns sicher so verstanden worden sein, aber, so interpretiert Otto Bauer weiter, die Entwicklung keiner Nation hängt ausschließlich, hängt auch nur überwiegend von der Gestaltung ihres Schulwesens ab (*Bauer*, ebd.).

Ein eklatanter Eingriff in die ethnokulturelle Identität ist die Verweigerung des eigensprachlichen Lebens einer Nationalität oder Volksgruppe, wie sie heute noch keineswegs als Ausnahme angesehen werden darf. „Eine Volksgruppe kann nur leben, wenn ihre Sprache in ausreichendem Maße unterrichtet wird." (*Christ* 1968, 12) Die Nationalitäten eines Staatsverbandes bedürfen heute einer öffentlich-rechtlichen Stellung und entsprechender Vollmachten. Das Personalprinzip, aber verbunden mit der Gliederung des „Staatsgebildes in kleine territoriale Selbstverwaltungseinheiten", dürfte eine gute Lösung sein.[246]

Die gesellschaftliche Anerkennung der nationalen Sprache bzw. der Volkssprache eines Landes wurde erst im Laufe der Geschichte errungen, d. h. sie ist keine Selbstverständlichkeit. Die heute unbefragt hingenommene National- oder Muttersprache mußte als Volkssprache, die sie war, erst zur Hoch- und Literatursprache entwickelt werden, um eine allgemein anerkannte Geltung zu erlangen. Gleichzeitig mußte „sich das Schrifttum in dieser Sprache aus der dienenden Stellung im höfischen Gesamtkunstwerk zur selbständigen und als besonderes Merkmal der nationalen Kultur angesehenen Nationalliteratur" bilden (*Lemberg* 1934, 236). Es ist der Satz des großen Deutschen, Friedrich II., bekannt, der belegt, daß eine Sprache klassenspezifischen Charakter haben kann und erst nationale Geltung entwickeln muß: „Ich habe von Jugend auf kein deutsches Buch gelesen und rede Deutsch wie ein Kutscher; jetzo aber (...) habe (ich) keine Zeit mehr, Deutsch zu lernen" (*Bauer*, 138). Der damalige „homme du monde" war nicht ein Deutscher. Der Gegensatz von Volk und herrschender Klasse hatte auch eine sprachliche Grundlage.

Wo eine nationale Identität in Frage gestellt wird, weil die Nation geteilt ist, oder weil eine trans- oder subnationale Integration oder Desintegration (je nach der Situation) droht, dort wird die Sprachgemeinschaft auch als Kulturgemeinschaft gedeutet. Die Sprache berge „das gesamte Kulturgut, das in Jahrhunderten von den Sprachgenossen zusammengetragen worden ist." (*Renner* 1964, 26) In der sog. Spätkultur dient die Sprache aber „kaum mehr der Selbstverwirklichung und Selbstdarstellung der deutschen Nation." Sie sei, so meint Hans-Peter Schwarz, keine das Volk integrierende Kraft mehr und daher könne eine „Wiederherstellung" der deutschen Einheit über die Definition der Nation als Sprachgemeinschaft nicht erhofft werden (*Schwarz* 1974, 23). Dieser Skepsis kann man zustimmen wenn man die Apodiktik der Aussage einschränkt. Stellt man die nationale Frage kultur- bzw. sprachnational, so „könnte allerdings Österreich, die deutsche Bundesrepublik und die Deutsche Demokratische Republik als deutscher Staat mit einem ihrer Geschichte gemäßen Band" verknüpft werden (*Straub* 1981, 23). Das nationale Band der Sprache hat sicherlich diesen bindenden Charakter, literarisch läßt sich die „Wunde namens Deutschland"[247] aussprechen. Dennoch ist die sprachnationale Einheit Deutschlands keine Garantie der Möglichkeit einer künftigen staatlichen Einheit, sondern nur eine Bestätigung, daß die deutsche Nation nach wie vor besteht. Nur als *ein* Bestandteil nationaler Identität wirkt Sprache nach außen unterscheidend, national differenzierend (*Ludz* 1974, 84). Es kommt „nicht auf die Sprache als solche" an, sondern „auf die besondere Rolle (...), die die Sprache spielt, falls sie überhaupt volksbildend wirken sollte" (*Stavenhagen* 1934, 9). Eine lediglich sprachliche Definition der Nation, beispielsweise der deutschen, hat noch nie ein national und international *vertretbares* Konzept politischer Selbstbehauptung der deutschen Nation geliefert. Die Definition wäre tendenziell imperial und interventionistisch. Ohne die Berücksichtigung anderer Fragen und Bereiche nationaler Wirklichkeit, wird mit dem sprachlichen Argument schwerlich eine Nation konstitutiv definiert. Anders formuliert: Sprache kann durch ihre überstaatliche Präsenz, irredentistisch interpretiert, zur nationalen Frage *werden*.

Stellt die sprachlich-kulturelle Frage kein Problem dar, dient sie in Deutschland eher der Einheit als der Separation der Nation, so darf ihre Bedeutung für nationale Minderheiten, für Nationalitäten, in einem Konzept, das die Nation umfassend darzustellen unternimmt, nicht vernachlässigt werden. Die nationalitätenrechtliche Entwicklung im 20. Jahrhundert belegt die Wichtigkeit dieser Frage. Aber durch die „bloß national-kulturelle Autonomie" (*Renner* 1918, 83) wird man den Nationalitäten nicht gerecht. Die Organisationsfrage eines Nationalitätenstaates stellt das grundlegende Problem dar. Das Personalitätsprinzip organisiert die Nationalität unabhängig von Territorien nur durch ihre Individuen. Das Territorialitätsprinzip billigt den Nationalitäten eine sprachliche Gebietshoheit zu, unterwirft aber quasi-nationalstaatlich dort lebende Minderheiten, z. B. die Deutschen im Böhmen des Habsburgerreiches, dieser Mehrheitsnationalität. Auch das Sprachgebietsprinzip hat, bei vielen Vorteilen, den Nachteil, daß „anderssprachige Zuwanderer fast notwendig einer Umsprachung anheim fallen und ihre sprachliche und damit auch ethnische Identität verlieren." (*Veiter* 1981, 112) Das Gebietsautonomieprinzip der Sowjetunion, das im Endeffekt „das Aufblühen der nationalen Kulturen der Völker unseres Landes" verspricht, wird nur unter der einschnürenden Prämisse „garantiert", daß die „Festigung unserer neuen, sozialistischen Nationen" gefördert wird und „diese Sache gegen alle möglichen antileninistischen Elemente" (*Stalin* 1929, 342) verteidigt werde.

Ein spezifisch deutsches Problem ist das, was man die innere Kulturfrage der Deutschen nennen könnte: es geht – oder besser gesagt: es ging – um den „deutschen Geist" in seiner spezifischen Andersartigkeit im Vergleich zu sog. westlichen Formen des Lebens[248]. Diesen „Geist" macht man nicht nur von westlicher Seite aus „verantwortlich" für die historische Entwicklung von Luther bis Hitler, um die weiteste historische Spanne zu zitieren. Die differentia specifica der nationalen Entwicklung kann am Begriff der Kultur unserer Meinung nach eindrucksvoll exemplifiziert werden:

„Kultur, der deutsche Inbegriff für geistige Tätigkeit und ihren Ertrag im weltlichen Felde, ist ein schwer zu übersetzendes Wort. Es deckt sich nicht mit Zivilisation, mit Kultiviertheit und Bildung oder gar Arbeit. Alle diese Begriffe sind zu nüchtern oder zu flach, zu formal bzw. ‚westlich‘ oder an eine andere Sphäre gebunden. Ihnen fehlt die Schwere, die trächtige Fülle, das seelenhafte Pathos, das sich im deutschen Bewußtsein des 19. und 20. Jahrhunderts mit diesem Wort verbindet und seine oft emphatische Verwendung deutlich macht. Obzwar eine durchaus im weltlichen Rahmen gehaltene, für weltliche Güter gültige Prägung, bewahrt es doch Zusammenhang mit dem religiösen Untergrund wie noch im 18. Jahrhundert das Wort Vernunft und in den folgenden Zeiten Worte wie Geist, Leben und Volk. In ihnen ist jene dem Deutschen eigentümlich gewordene Tiefe verweltlichter Frömmigkeit ausgesprochen, die ihren Ursprung im Verhältnis des Luthertums zu weltlicher Arbeit und Berufstätigkeit hat" (*Plessner* 1974, 73).

Mit der militärischen Niederlage im Jahre 1945 wurde das spezifisch deutsche Kulturverständnis des deutschen Geistes zu Grabe getragen. Jedenfalls entwickelte sich keine anerkannte Apologie des deutschen Geistes, was angesichts des Kultes der Innerlichkeit (*Scheler* (1919); *Krockow* 1970) auch schwer programmatisch-rational möglich gewesen wäre. Versuche, den jungkonservativen Elan der 20er Jahre dieses Jahrhunderts aus der sog. „deutschen Bewegung" des 19. Jahrhunderts in einer „konservativen Revolution" zu konzeptualisieren[249], wurden von der neuen deutschen Warte aus nur noch, retrospektiv belehrt, unter der Rubrik „antidemokratisches Denken" verhandelt[250]. Der Verfasser des Versuchs kritisierte drei Jahrzehnte später die bundesdeutsche Entwicklung unter dem Titel „Deutsche Neurose", weil, wie er schreibt, die historische Identität der Deutschen gestört sei. Die Geschichtswissenschaft erörtert das Thema deutscher Geist in seiner geschichtlichen Auswirkung als „deutschen Sonderweg"[251], dessen Untersuchung im Rahmen des hier vertretenen Konzepts sehr reizvoll wäre[252], aber den Rahmen der Arbeit zu sprengen drohte. Deutscher Geist, deutsche Bewegung, deutscher Sonderweg sind Probleme des deutschen Nationalismus, die nicht nur als kulturelle Frage interpretiert werden können, sondern ihre Virulenz gerade im politischen Sektor haben[253]. Das Unbehagen an der neuen bundesdeutschen Kultur, das aus der imitatorischen Rezeption „des" Westens immer wieder erwächst, drückt Thomas Schmid aus, wenn er sich gegen die bundesdeutsche „Tradition der Selbstbezichtigung" wendet und sich für eine neue Tugend einsetzt, die „uns Deutschen fehlt: die Fähigkeit, zusammen zu leben, sich nicht vernichten wollen, eine *Lebensweise,* die wirklich Konträres nebeneinander dulden kann."[254] Die sog. „politische Kultur"[255] ist selbst unter der oben angedeuteten Rubrik der imitatorischen Rezeption zu verhandeln. Gerade in einem Land mit einem Kulturbegriff, der im ganzen europäischen Denken seine Wirkung gezeigt hat, ist es bezeichnend, daß derartige westliche Konzepte sogar begrifflich anfangs einfach übernommen wurden, ohne konzeptuell die europäische und spezifisch deutsche Tradition zu bedenken[256], die von der Romantik bis zur Kulturkritik und Fortschrittsskepsis reicht. Nicht überraschend kann es dann weiter sein, daß die bundesdeutsche Rezeption die Ansicht der Konzeptualisten der „Political Culture" und des „Political Development" offenbar nur wenig bedeutungsvoll hielten, „daß das erste und hauptsächlichste Problem, das bei der Formation einer politischen Kultur gelöst werden muß (...), das der nationalen Identität ist." Die nationale Identität sei die „politisch-kulturelle Version des grundlegenden personalen Problems der Selbstidentität"[257].

Die kulturelle Identität, die auf der Nationalsprache aufbaut, sie also — in der Regel — voraussetzt, ist im Zeitalter der „einsamen Masse"[258] und des „Narzißmus"[259] unverzichtbar. Die nationalkulturelle Geschichte ist ein langer Prozeß, dessen kritische Entwicklung zu einer Frage oft nur retrospektiv festgestellt werden kann, d. h. wenn es für die Politik bereits zu spät ist, oder sie ist, wie die kulturelle Entwicklung des Narzißmus, vermeintlich zu wenig politisch bedeutsam, als daß sie Gegenstand öffentlicher politischer Sorge würde. Die „*kulturelle Kolonisierung*"²⁶⁰, die eine nationale Herausforderung sein müßte, aber schon im Preußen Friedrich II. keine war, gebiert in den modernen Industrienationen subkulturelle Gegenbewegungen, die einem Eskapismus frönen, der für die Nation bedenklich sein könnte.

Anmerkungen

242 Vgl. zu diesem Kapitel auch die damit zusammenhängenden Kapitel „Kulturnation" und „Ethnische Frage"
243 A world of nations: Problems of political modernization. Washington ⁴1969, S. 284ff. Vgl. auch A. D. *Smith:* The ethnic revival, oben im Kap. „Ethnische Frage"
244 Daß Kolonialismus mit dem Argument verbunden wurde, „Kultur bringen" zu müssen, läßt die politische Dimension angeblich „nur" kultureller Probleme aufscheinen. Man denke in der deutschen Geschichte etwa auch an die Ostkolonisation, oder aktuell an die Akkulturationsofferten gegenüber den kulturell anders orientierten türkischen Gastarbeitern in Westdeutschland.
245 R. *Emerson* 1970, 139. Man denke nur an Hindi, Tagalog, das Bahasa-Indonesisch, oder auch das wiederentdeckte Hebräisch; vgl. weiter: G. *Nicolas:* Crise de l'Etat et affirmation ethnique en Afrique noire contemporaine, in: RFSP 22/1972/1027-48
246 Chr. *Pan* 1971, 30. Vgl. weiter zur „elsässischen Frage" (FAZ v. 2.12.1980, S. 27 Nr. 280): E. *Philipps:* Schicksal Elsaß. Krise einer Kultur und einer Sprache, Karlsruhe 1980
247 vgl. H. *Walwei-Wiegelmann* (Hrsg.): Die Wunde namens Deutschland. Ein Lesebuch zur deutschen Teilung, Freiburg 1981. K. *Lamers* (Hrsg.): Die deutsche Teilung im Spiegel der deutschen Literatur. Beiträge zur Literatur und Germanistik der DDR, Stuttgart ³1981, vgl. zur sprachnationalistischen Position, die von der sog. Stammesverwandtschaft ausgehen: G. *Wollstein:* Das „Großdeutschland" der Paulskirche. Nationale Ziele in der bürgerlichen Revolution 1848/49, Düsseldorf 1977, vgl. besonders dort die ersten beiden Kapitel
248 E. *Troeltsch:* Deutscher Geist und Westeuropa, Aalen ²1966
249 A. *Mohler:* Die konservative Revolution in Deutschland 1918 - 1932. Ein Handbuch, Darmstadt ²1972, S. 3-169
250 K. *Sontheimer:* Antidemokratisches Denken in der Weimarer Republik, München ²1978. Vgl. auch H. *Grebing* (u. a. Hrsg.): Konservatismus – eine deutsche Bilanz, München 1971
251 Neben D. *Blackbourn,* G. *Eley,* D. *Calleo,* G. A. *Craig,* K. *Sontheimer,* R. *Stadelmann,* H.-U. *Wehler,* H. A. *Winkler* u. v. a. sei verwiesen auf das Kolloquium des Instituts für Zeitgeschichte: Deutscher Sonderweg – Mythos oder Realität, München 1982; H. *Bodensieck* (Hrsg.): Preußen, Deutschland und der Westen, Göttingen 1980 (bes. S. 155ff.); B. *Faulenbach:* Ideologie des deutschen Weges. Die deutsche Geschichte in der Historiographie zwischen Kaiserreich und Nationalsozialismus, München 1980. Insbesondere dieses letzte Werk sei sehr empfohlen.
252 Vgl. die Erörterungen und Repliken auf dieses Thema, die unter dem Begriff „Nationaler Wandel" geboten werden.
253 Chr. Graf von *Krockow* 1970. Vgl. weiter ders.: Scheiterhaufen: Größe und Elend des deutschen Geistes, Berlin 1983; J. *Moras* u. a.: Deutscher Geist zwischen Gestern und Morgen, Stuttgart 1954
254 Th. *Schmid,* in: Über den Mangel an politischer Kultur in Deutschland, Berlin 1978, S. 112. Vgl. auch das Kapitel „Die nationale Frage, wiederaufgelegt", in: J. *Habermas* (Hrsg.): Stichworte zur ‚geistigen Situation der Zeit', Bd. I: Nation und Republik, Frankfurt 1979, S. 37-131 und in Bd. II, S. 636ff.
255 D. *Berg-Schlosser:* Politische Kultur, München 1972
256 Dazu P. *Reichel:* „Wird die ‚civic culture' – wie weithin üblich – als Prototyp westlicher politischer Kultur propagiert, kann nur noch untersucht werden, in welchen Ländern dieser Typus und inwieweit er jeweils realisiert ist. Da aber die empirischen Merkmale der ‚civic culture' der anglo-amerikanischen Demokratiegeschichte entnommen sind, kann das Ergebnis nicht überraschen: der ‚civic man' ist eher amerikanisch oder britisch als deutsch oder gar italienisch und mexikanisch!" P. *Reichel:* Politische Kultur – mehr als ein Schlagwort? Anmerkungen zu einem komplexen Gegenstand und fragwürdigen Begriff, in: PVS 4/1980/393. Vgl. ders.: Politische Kultur der Bundesrepublik, Opladen 1981. Vgl. auch die „deutsche" Kritik von W. *Hennis:* Frage nach der politischen Kultur, in: Rheinischer Merkur v. 25.8.1980: „Kultur

ist etwas anderes als Verhalten. Auch politische Kultur kann man nicht gleichsetzen mit dem, was in der naturwissenschaftlich orientierten Feldforschung an Einstellung, Verhaltensweisen etc. erhoben wird. Sie ist etwas ganz anderes: ein Seelenzustand, ein Spannungszustand, eine Fähigkeit der Empfindung, nicht nur für dies und das, sondern für Hohes und Niedriges, Lohnendes und Nichtiges, Trennendes und Verbindendes, Schädigendes und Verbindendes." Vgl. weiter die russ. Arbeit von J. V. *Bromlej:* Ethnos und Ethnographie, Moskau 1973, Ostberlin 1977, S. 19ff., dort auch reichliche Literaturangaben. Vgl. weiter: F. M. *Barnard:* Culture and political development: Herder's suggestive insights, in: Am. Pol. Sci. Rev. 62/1969/379-97

257 *Pye/Verba:* Political culture and political development, Princeton 1965, S. 529. Vgl. auch G. *Almond*/S. *Verba:* The civic culture, Princeton 1963
258 D. *Riessman:* Die einsame Masse, Reinbek 1962
259 Chr. *Lasch:* Das Zeitalter des Narzißmus, München 1980; H. v. *Borch:* Amerika – Dekadenz und Größe, München 1983
260 P. P. *Pasolini:* Freibeuterschriften. Berlin ^{5}1979 (^{1}1978), S. 41 u. S. 34: „Die ‚Massenkultur' z. B. darf keine klerikale, moralistische oder patriotische sein; denn sie ist unmittelbar mit dem Konsum verknüpft, und der kennt nur seine eigenen Gesetze und seine eigene Ideologie. Eine Dynamik, die ganz automatisch einen Herrschaftsanspruch hervorbringt, der mit Kirche, Vaterland, Familie und ähnlichem Firlefanz nichts mehr anzufangen weiß. Von der ‚kulturellen' Gleichschaltung, die sich daraus ergeben hat, sind alle betroffen: Volk und Bourgeoisie, Arbeiter und Subproletarier. Der gesellschaftliche Zusammenhang hat sich im Sinne einer extremen Vereinheitlichung gewandelt."

2.B.6. Moralische und religiöse Frage

Die wissenschaftliche Aufarbeitung der nationalen Frage muß sich der praktischen Frage nach der politischen *Moral* im nationalen Dasein stellen. Berührungsängste gegenüber Sollensforderungen sind gerade wissenschaftlich unstatthaft, denn die moralischen Probleme in der nationalen Frage sind eminent. Oft wird die Behandlung nur unter pejorativen Auspizien durchgeführt. Moralische Fragen und Probleme sind aber im Alltag häufig anzutreffen, man beurteilt Dinge als gute und schlechte und so auch im Politischen. Reflektierte, rationale Urteilskraft differenziert zwischen Individual- und Kollektivmoral, sog. machiavellistische Strategien lehnen für beide Bereiche moralische Maßstäbe überhaupt ab. Realistischer ist zuzugeben, daß in beiden Bereichen moralische Urteile möglich sind, aber daß zwischen den Ebenen auch qualitative Unterschiede bestehen, die eine unqualifizierte Übertragung, im wörtlichen Sinne, unpassend machen.

Hier steht das spezifische, sozial-moralische Verhalten und Handeln der politischen Einheit Nation zur Diskussion. Vorausgesetzt wird, daß man von der Nation als „personne morale"[261] oder „starker moralischer Einheit" (*Mausbach* 1921, 398) sprechen kann. Ernest Renan spricht vergleichbar von dem „sittlichen Bewußtsein, das man Nation nennt"[262]. Nation gilt als eine *Verpflichtungsgemeinschaft,* einmal für die Nationsangehörigen, sich gegenüber dem Ganzen verpflichtet zu wissen und entsprechend zu handeln und zum anderen für die Nation selbst, entsprechend allgemein gültiger und anerkannter Prinzipien zu handeln. Der Verpflichtung gegenüber dem Ganzen, der Nation, kann sich niemand ideologisch entziehen, weder durch ein sozialistisches Nationalbewußtsein, noch durch einen bestimmten Verfassungspatriotismus. Die Nation ist mehr als eine Idee oder eine Ideologie. So sehr man diesen grundsätzlich verbunden sein kann, können sie nicht von der nationalen Verantwortung entlasten. Das gilt besonders für alle diejenigen, die herausgehobene, politische Verantwortung in Deutschland tragen, auch für deutsche Kommunisten. Die Nation ist eine *Verantwortungsgemeinschaft,* vor der man nicht seine Meinung zu verantworten hat, sondern zuerst die Einheit der Nation, d. h. heute: die Wiederherstellung der Einheit und ihre Erhaltung. Diese Verantwortung in einer geteilten Nation zu tragen, kann zu Konflikten mit anderen wichtigen Verpflichtungen – etwa bündnispolitischer Art – führen; von der erstrangigen nationalen Verantwortung befreien sie aber nicht. Verantwortung verpflichtet, Gewaltverhältnisse können nicht verpflichten. Zur Tragik der Deutschen im 20. Jahrhundert gehört ihre Verstrickung in solche Verhältnisse, die die Freiheit der Nation gefährden.

Der Bürger einer Nation muß von der moralischen Erwartung ausgehen können, daß jeder seiner Verpflichtung im nationalen Bereich Genüge leistet, fordert man doch im Ernstfall auch von ihm den Einsatz seines Lebens für die Freiheit der einen Nation. Darüber muß gesprochen werden. Christian Graf von Krockow fragt heute vollkommen zu Recht: „Kann ein Volk gesellschaftlich und geistig, kann es moralisch bestehen und sich in seiner politischen Verfassung bewähren ohne ein prägendes, verpflichtendes Bild, ein Bewußtsein seiner selbst?" (1970, 7) Nationalbewußtsein, auf das wir noch zu sprechen kommen, ist in diesem Sinne eine moralische Haltung. Vielleicht ist es mangelndem oder als diskreditiert erschienenem Nationalbewußtsein zuzuschreiben, daß nach den beiden großen Kriegen das „politische und gesellschaftliche Ansehen der in den nationalen Niedergang schuldhaft oder auch unschuldig verstrickten Kreise nicht deutlich genug und erfolgreich bloßgestellt wurde." (*Joachimsen* 1967, 107). So konnte es passieren, daß die Sache anstelle der Personen diskreditiert wurde. Man kann *die*

Nation nur von einer Ideologie her als eine moralisch bedenkliche Sache ansehen. Genausowenig wie der Stalinismus *den* Sozialismus oder die Ketzerverfolgung *das* Christentum diskreditierte, so ist auch die Nation nicht an sich vor Mißbrauch und unmenschlicher Zielsetzung und ideologischer Indienststellung geschützt.

Was könnte man nun als Maßstab für national-moralische Normen ansehen? Für die zwischennationalen Beziehungen wurde das Völkerrecht oder das internationale Recht als Verfahrensnorm rechtlich international anerkannt. Im politischen Bereich gelten Werte, die man auch als moralische Prinzipien im „nationalen und internationalen Gemeinschaftsleben, nämlich Gerechtigkeit, Freiheit und Frieden", gelten lassen kann. (*Mertes* 1970, 72) Universelle Prinzipien sind solche, die nicht nur für eine Nation oder für besondere internationale Beziehungen Gültigkeit haben, sondern allgemein gelten sollen. Die Geltung der Menschenrechte[263] in und zwischen den Nationen gehört zu diesen universellen Prinzipien, die Rechte des Volkes werden dagegen nur im internationalen Verkehr als Völkerrecht anerkannt, nicht aber als Schutz des Volkes im nationalen Rahmen (vgl. o. III.2.). Die europäische KSZE-Schlußakte verknüpft im klassischen Sinne praktische politische Forderungen, wirtschaftliche Leistungen und die Gewährung ethisch-moralisch-humanitärer Normen[264] Die Unteilbarkeit moralischer Prinzipien schafft für alle im Innern oder im Staatlich-Territorialen geteilten oder gespaltenen Nationen ein Stück unverlierbarer Einheit, die zur Grundlage der einen Nation gehört.[265] Überall, wo gegen nationales Verhalten verstoßen wird, wo also das sittliche Bewußtsein der Nation und die nationale Würde[266] verletzt werden, kann man von einer nationalen als einer moralischen Frage sprechen.

Die Frage nach der Sittlichkeit spielt auf der nationalen Ebene eine grundsätzliche Rolle: Man kann, mit Simon Dubnow, einen sittlich berechtigten Individualismus von einem sittlich weniger zu akzeptierenden Egoismus unterscheiden. Die Verteidigung der eigenen nationalen Gruppe ist nichts Unsittliches, im Gegenteil, wohl aber der angreifende Chauvinismus erobernder Völker[267].

Die moralische Hypothek des Nationalsozialismus kann durchaus als eine nationale Frage in Deutschland angesehen werden. Die Schuld, die ein rassistischer „Nationalismus" in Deutschland angehäuft hat, kann nur schwer abgetragen werden. Der Schriftsteller Martin Walser spricht das moralisch-nationale Problem an:

> „Wenn wir Auschwitz bewältigen könnten, könnten wir uns wieder nationalen Aufgaben zuwenden. Aber ich muß zugeben, eine rein weltliche, eine liberale, eine vom Religiösen, eine überhaupt von allem Ich-Überschreitenden fliehende Gesellschaft kann Auschwitz nur verdrängen. Wo das Ich das Höchste ist, kann man Schuld nur verdrängen. Aufnehmen, behalten und tragen kann man nur miteinander. Aber jede Tendenz zum Miteinander reizt bei uns den Verdacht auf Obsoletes. Wo Miteinander, Solidarität und Nation aufscheinen, da sieht das bundesrepublikanisch-liberale Weltkind Kirche oder Kommunismus oder Faschismus." (*Walser* 1979, 48)

Das eminent-moralische Problem wird also nicht dadurch aufgearbeitet, daß man Schlag-Wörter verwendet, wo eine politisch-moralische Haltung gefragt ist[268].

Auch die bestehenden Gewaltverhältnisse in Deutschland sind als solche moralisch zu verurteilen, sie sind „Versündigung gegen das sittliche Bewußtsein"[269]. Welches Niveau die Beziehungen zwischen der Bundesrepublik Deutschland und der Deutschen Demokratischen Republik haben, zeigt die Reaktion auf eine Ankündigung Ost-Berlins, den Katalog der „dringenden Familienangelegenheiten" zu erweitern. Eine große deutsche Tageszeitung berichtete auf der Titelseite an erster Stelle über diese sogenannten „Zugeständnisse". Sie mögen politisch erfolgreich sein, sie beleuchten aber beispielhaft die moralische Qualität einer bestimmten Ost-West-„Politik"[270].

An dieser Stelle ist aber auch vor einem reduktionistischen Moralismus in der nationalen Frage zu warnen. NS-Gewaltverbrechen, bestehende deutsche Gewaltverhältnisse, Gewaltverhältnisse überhaupt dürfen nicht moralisch tabuisiert werden, sie müssen auch für eine Auseinandersetzung noch zugänglich sein. Eine verabsolutierte moralische Verurteilung ist unpolitisch und daher politisch wertlos, sie richtet nichts aus. Die Aufgabe der Wissenschaft ist es gerade, möglichst alle Aspekte herauszustellen, um so für eine praktische Veränderung dieser Verhältnisse und zu einer historischen und gegenwärtigen Klärung beizutragen. Moralisch aufgeklärt wäre eine Haltung, die eine Republik, wie die deutsche-demokratische, wirklichkeitsadäquat einschätzt, wenn sie erwartete, daß der Überlebenswille des Regimes immer auf gewaltsam-unmoralische, ideologische und staatliche Abgrenzung wird bauen müssen. Den politisch-moralischen Maßstab in solchen Wirklichkeiten politisch zu bewahren und nicht in amoralischen Opportunismus oder moralistischen Rigorismus zu flüchten kommt einer *politischen Tugend* gleich, die — das sei hier einmal mehr betont — nicht von einem szientistischen, sondern nur von einem praktisch-moralischen Wissenschaftsverständnis wahrgenommen werden kann.

Andererseits müssen politische Vergehen auch als solche benannt werden dürfen. Verharmlosende Ausdrücke wie „Bevölkerungsverlagerung" oder „chirurgische Notoperation"[271] für die polnischen, russischen und tschechischen Vertreibungsverbrechen sind genauso verwerflich und unwürdig wie die Verweigerung der Anerkennung der nationalsozialistischen Vernichtungsgigantomanie[272]. Die politischen Vergehen anderer Nationen sind nach den gleichen moralischen Prinzipien zu verurteilen[273]. Besonders die ideologisch in einer rationalen Strategie begangenen Verbrechen, wie etwa die Stalins und Hitlers, sind gerade wegen ihrer Vorsätzlichkeit besonders zu verurteilen[284]. Trotz dieser Gewalt in der Politik, nicht nur der Nationen, ist für einen Frieden die dauernde Erinnerung an diese Vergangenheit kontraproduktiv. Ernest Renan ist hier zuzustimmen: das „Wesen einer Nation ist nun aber, daß alle Individuen viele Dinge miteinander gemein haben und auch, daß alle viele Dinge vergessen haben" (zit. nach *Vogt*, 1967, 138). Das Vergessenkönnen erhält unter Friedensaspekten ebenfalls Tugendcharakter[275]. Wesentlich harmloser, aber auch mit moralischen Maßstäben meßbar, ist eine tatsächliche oder nur verbale Politik der „show of power", die besonders für den späten Wilhelminismus festzustellen war. Die Flottenpolitik gehört in diese Kategorie von unmoralischen politischen Konzepten, denn das egoistische-junkerliche Imponiergehabe wurde im Ausland ernstgenommen und trug zu den Kriegsursachen des Ersten Weltkriegs bei[276]. Auch in der Bundesrepublik wurde ein derartiges Verhalten bezüglich der deutschen Ostgebiete praktiziert. Ein diskussionswürdiger Beitrag wurde in ungebührlicher Weise erledigt, aber ein Dutzend Jahre später wurde ein weit größeres Unterfangen, als es damals vorgeschlagen wurde, als Entspannungspolitik begrüßt[277].

Die religiös-nationale Frage stellt sich in vielen Nationen der Welt. In Pakistan[278] kommt der moslemischen Glaubensgemeinschaft eine nationbildende Wirkung zu. Vom hinduistischen Indien aus betrachtet, zerstörte die national-religiöse Frage die von den Engländern übernommene staatliche Einheit.

Die Überlebensleistung der jüdischen Nation ist nur aus der Symbiose von nationalem und religiösem Denken zu erklären. Auch noch im Zionismus spielt die religiöse Haltung eine gewisse Rolle[279].

Die religiös-nationalen Probleme Englands, die zur Auswanderung in die Kolonien Nordamerikas führten, spielten auch für das Entstehen des amerikanischen Nationalbewußtseins, für die Entstehung der amerikanischen Nation überhaupt, eine, allerdings schwer exakt zu qualifizierende Rolle. Für das Wirtschaftsleben sind diese Zusammenhänge erfaßt[280]. Irland, dessen Bedeutung für das frühe abendländische Christentum zu erinnern ist, hat durch seine katholische Identität, seine national-kulturelle Abgrenzung zum anglikanischen England, seine nationale Identität verstärkt. Auch der Ulsterkonflikt muß als sowohl religiöses als auch nationales Problem gesehen werden[281].

Das katholische Polen schließlich kann in Geschichte und Gegenwart als Demonstrationsobjekt dafür gelten, wie sehr eine Volkskirche nationskohärierende Wirkung erhalten kann[282].

In der deutschen Geschichte können zumindest drei national-religiöse Fragekomplexe unterschiedlicher Art benannt werden. Das Symbolwort Canossa[283], die auftretende Kluft zwischen Imperium und Sacerdotium, stellte eine große Krise für die deutsche Nation als der advocatia ecclesia dar. Die christliche Schutzaufgabe hatte aus dem deutschen Nationalstaat des 10. Jhs. ein transnationales Reich werden lassen, das in dieser Aufgabe nun erschüttert wurde. In der weiteren deutschen Geschichte des sacrum imperium stellte die Reformation im 16. und der konfessionelle Bürgerkrieg im 17. Jh. eine die Nation faktionierende Entwicklung dar, wobei das staufische und welfische Deutschland in der Spaltung vorausgegangen waren[284]. Deutschland gelang es nicht, die „zwei Adler", von denen Rousseau[285] in der Tradition von Machiavelli und Hobbes sprach, einander anzunähern oder gar „zu vereinen". Anstelle eines „Germanikanismus" entwickelte sich in der Mystik die sog. deutsche Innerlichkeit[286]. Eine der im 14. Jh. auftretenden gallikanischen oder anglikanischen vergleichbare Entwicklung gab es in Deutschland nicht[287]. Die lutherische Reformation bildete auch durch ihre antipapalistische Tendenz eine nationale Prägung des Christentums, die aber nur einen Teil der Nation gebunden hielt[288]. Den späten Versuch einer reichskirchlichen episkopalen Entwicklung in Gestalt des sog. Febronianismus (N. v. Hontheim), der auf eine „deutsche katholische Nationalkirche"[289] hinzielte, blieb der Erfolg versagt.

Der Kulturkampf des Bismarckschen Nationalstaates gegen den Einfluß des als ultramontan orientiert angesehenen Katholizismus in Deutschland, war durch das in seiner politischen Wirksamkeit überschätzte Dogma von der päpstlichen Infallibilität „in Sachen des Glaubens und der Sitten"[290] ausgelöst worden und von dem in der Enzyklika Quanta cura verkündeten Syllabus errorum, der den Primat des kirchlichen Rechts vertrat[291], ausgegangen. Eine Reihe von Maßnahmen des Staates entwickelte den ganzen Streit zu einem bis zu Verhaftungen sich zuspitzenden Konflikt. Die Kernfrage des sog. „Kulturkampfes", wie Rudolf Virchow die Auseinandersetzung prägend nannte, war die „Frage nach der Zuständigkeit zur Entscheidung über den Grenzverlauf zwischen den staatlichen und den der Staatsgewalt entzogenen geistlichen Angelegenheiten"[292] („Quis judicabit?"); aus der Rechtsgeschichte mußte wieder gelernt werden, zwischen der jura circa sacra und dem jus in sacra zu unterscheiden. Carl Schmitt sprach 1923 generalisierend von einem „antirömischen Affekt"[293]; jedenfalls wird man Rudolf Morsey zustimmen können, wenn er resümiert, es „verzögerte sich die Integration des von den nationalen Kreisen abschätzig als ,Staatsbürger zweiter Klasse' bezeichneten katholischen Volksdrittels in den kleindeutschen Nationalstaat"[294]. Die pragmatische Klärung der beiderseits neu festgelegten und veränderten Zuständigkeiten als Lösung des Konflikts ist vergleichsweise unerheblich angesichts der erhobenen Vorwürfe der „Reichsfeindlichkeit, der Vaterlandsfeindlichkeit (und) der Staatsgefährlichkeit" der deutschen Katholiken, gegen die sich 1872 die Fuldaer Bischofskonferenz in einer Denkschrift zur Wehr setzen mußte.[295]

Der „Papst der Konkordate", Pius XI., machte für Italien 1929 und für Deutschland 1933 eine Konkordatspolitik möglich, die einerseits die Befriedung der jeweiligen nationalen Verhältnisse für die Christen dieser Länder (mit totalitären Regimen) brachte oder bringen sollte. (Andererseits wurde damit die Aufwertung der Regime in Kauf genommen.)

Der überkonfessionelle Zusammenschluß beider christlicher Konfessionen in Deutschland nach 1945, wie er von christlichen Gewerkschaftern lange gefordert war, wurde durch die gemeinsame Erfahrung nationalsozialistischer Verfolgung beider Denominationen als Notwendigkeit in allen deutschen Besatzungszonen angesehen. Der konfessionelle Zusammenschluß führte in der einen christlichen Parteibildung zur Beendigung einer politischen Teilung der Nation, die daher auch als allseits gewünschte, erfolgreiche Lösung einer religiös-nationalen Thematik hervorgehoben werden muß[296].

Die exegetische Frage nach der Rolle der Völker im Christentum gehört nicht mehr zum hier angesprochenen Thema der religiösen *Frage*. Die päpstlichen Äußerungen im 20. Jh. betonen jedenfalls den Wert jeder einzelnen Nation für die „Völkerfamilie"[297].

Anmerkungen

261 E. *Baie:* Le droit des nationalités, Paris 1915, S. 8
262 zit n. H. *Vogt* 1967, S. 143. Dies Bewußtsein beweise seine Kraft, wenn es Opfer und Hingabe der Individuen für ihre Gemeinschaft ermögliche.
263 H.O. *Ziegler* schreibt über Boutroux' Ansatz: „Die Nation ist hier also als moralische Persönlichkeit eine überindividuelle Einheit, und der Anspruch auf Selbstbestimmung wird etwa nicht aus allgemeinen Menschenrechten eines jeden Individuums abgeleitet, sondern aus dem Recht, daß die Nation eben als personne morale besitzt." Die moderne Nation, Tübingen 1931, S. 222
264 *Grewe* (u.a.): Die außenpolitische Lage Deutschlands, Bonn 1982, S. 60 (Studien der Deutschlandfrage, Bd. 5)
265 *Mertes,* a.a.O., S. 23. In der Denkhaltung des integralen Nationalismus kann es hingegen zu einem völligen Vergessen aller ethischen Normen kommen. Vgl. H. L. *Koppelmann* 1956, 130 (über die Attentäter von Sarajewo)
266 So ist der Appell Armin T. Wegners an Hitler zu verstehen: „Ich beschwöre Sie – wahren Sie die Würde des deutschen Volkes". Gemeint war Hitlers unmoralische Judenpolitik (vgl. A. *Bein:* Die Judenfrage, Biographie eines Weltproblems, Bd. 2, S. 332)
267 Nach E. *Lemberg:* Nationalismus, Bd. 2, S. 19f. Solowjew formuliert: „Die sittliche Pflicht fordert von einem Volk vor allem, daß es diesem nationalen Egoismus entsage, seine nationale Beschränktheit überwinde, aus seiner Isolierung heraustrete", S. 9 (1888)
268 Als unseriös muß es überhaupt angesehen werden, wenn zu tagespolitischen Auseinandersetzungen die deutsche Symbolstadt Auschwitz, politisch instrumentalisiert, zur Bekämpfung des politischen Gegners verwendet wird. Mehr als unseriös ist es allerdings, wenn die moralische Last schlicht geleugnet wird, bzw. der historische Sachverhalt, der mit diesen und anderen Orten angesprochen wird, angezweifelt wird.
269 E. A. *Rein,* in: G. *Franz* (Hrsg.): Teilung und Wiedervereinigung. Eine weltgeschichtliche Übersicht, Göttingen 1963, S. 9
270 *FAZ* Nr. 36 v. 12.2.1982
271 Barraclough, in: H. *Bolewski* (Hrsg.): Nation und Nationalismus, Stuttgart 1967, S. 97f.; vgl. auch G. *Ritter:* Die deutsche Frage, S. 23f.
272 Hierher gehört das rechtsextreme Gerede von einer sog. Auschwitzlüge.
273 So z. B. die amerikanische Sklavenbehandlung bis zu Abraham Lincoln oder die amerikanische Indianerpolitik oder die türkischen Armeniermassaker, die englischen Konzentrationslager in Südafrika, die vielen Millionen Opfer des sowjetischen Kommunismus und was sich noch dergleichen bis in unsere Tage aufzählen ließe.
274 Daß die kleineren Völker immer die Opfer gewesen sein sollen, wie Heinrich Böll wähnte (in: A. *Mitscherlich*/G. *Kalow* 1971, 102), ist gerade am deutschen Beispiel zu widerlegen. Sicherlich wurden – aber nicht nur kleine – Völker Opfer Hitlers, aber vor und nach Hitler wurden Deutsche Opfer kleinerer Völker wie beispielsweise des Tschechischen. *Bölls Moralismus ist, wie jedes verabsolutierte moralische Denken, einseitig. Die andere Seite* behandelt der Historiker Werner *Conze,* wenn er die deutsche Situation nach 1945 charakterisiert: *„Die Deutschen hatten nicht nur mit ihrer Vergangenheit, ihrem Trümmerhaufen und ihrem je individuellen Neubeginn zu tun, sondern auch mit den materiell und psychisch lästigen Aufgaben der alliierten Politik und Verwaltung. Es sei nur stichwortartig an das Bündel von aufreizenden und doch nicht zum (aussichtslos gewesenen) Widerstand führenden Maßnahmen erinnert, durch die die Deutschen getroffen und betroffen wurden: Verweigerung eines deutschen Staates und*

eines Friedensvertrages mit Deutschland, Strafmaßnahmen gegen große und kleine Verantwortliche aus der NS-Zeit, bis hin zur Entnazifizierung einer großen Masse, die in Verantwortlichkeits- und Sühnestufen eingeteilt wurde, die Nürnberger Prozesse („Siegerjustiz"), das Verbot der „Fraternisierung", trotzdem aber das den Deutschen entgegengebrachte Ansinnen, sich nicht nur besiegt, sondern befreit fühlen zu sollen, ferner die schon 1945 zwangsweise in der sowjetisch besetzten Zone eingeführte politische, gesellschaftliche Ordnung nach sowjetischem Muster, die Vertreibung der Deutschen aus Ostdeutschland und Ostmitteleuropa, die Abtrennung weiter Gebiete im Osten, das Hineinpressen von Millionen von Flüchtlingen oder Vertriebenen in das westliche Zonen-Deutschland, rasche Trennung Österreichs von Deutschland, Demontagen, Reparationen u. a. m.," in: PK 9/5-1982/11-12

275 Vergessen können nur die jeweils anderen Nationen die ihnen angetane Schuld, nicht aber „man" selbst das eigene Verschulden. Die „Charta der Vertriebenen" kann hier als Beispiel für den völkerfreundlichen und friedensstiftenden Sinn dieses Vergessenkönnens gelten. Umgekehrt trägt ein Nichtvergessenkönnen zum Offenhalten nationaler Wunden bei und fördert so die Entstehung militanter nationaler Fragen.

276 Vgl. zum machtsstaatlichen Denken und seiner innenpolitischen Funktion H. A. *Winkler:* Liberalismus und Antiliberalismus, Göttingen 1979, S. 34; über den „ideenlosen Opportunismus" und den „übersteigerten Machiavellismus" der Nationalliberalen G. *Ritter:* Die deutsche Frage, S. 107-108 u. 129f. („Show of power"). Die nationalliberale Behauptung „Macht vor Recht" hat auch mit dem Gründungsmythos des Reiches, den Kriegen von 1866 und 1870 zu tun: Er ließ „die ethische Fundierung der Nation vergessen", M. *Stürmer:* Das ruhelose Reich, Berlin 1982, S. 19

277 Gemeint sind die damals in der Tat ideenreichen und sehr diskussionswürdigen Ausführungen von Paul Wilhelm *Wenger* in Tauberbischofsheim. Vgl. dazu ders.: Wer gewinnt Deutschland? S. 367f. u. ö.

278 Zu Pakistan vgl. N. *Islam:* The National Question in Pakistan: Ethnicity, Religion, and Elite Strategies, in: CRSN 9/2-1982/297-318

279 H. J. *Schoeps:* Zionismus, München 1973, Kap. 5, S. 122f.; M. *Nordau:* Zionistische Schriften, Köln/Leipzig 1909, z. B. S. 1-17; A. *Bein:* Die Judenfrage, a.a.O., Bd. 1, S. 34f.; Sch. *Avinieri:* The Making of Modern Zionism: The Intellectual Origins of the Jewish State, New York 1981

280 Vgl. dazu die einschlägigen Arbeiten Max Webers im Rahmen seiner „protestantischen Ethik"

281 Daneben müssen auch sprachliche und ethnische Identität unterschieden gesehen werden, sowie die jeweils geschichtliche Dimension all dieser im 20. Jh. konfligierenden Fragen. Vgl. J. *Coakly:* Self-Government for Galic Ireland: The Development of State Language, in: Europa Ethnica 73/13-1980/114-124; P. *Alter:* Die nationale Organisation in Irland 1801 - 1921, in: Th. *Schieder/O. Dann* 1978. Vgl. weiter G. *Héraud* 1967, 8-12

282 H. *Maier:* Die Faszination der Geschichte. Völker sind Individualitäten: Historische Kontinuität und Wille zur Nation, in: Epoche 4/9-1980/54f. Hans Maier schreibt: „Ob wir eine Nation bleiben wollen, hängt nicht so sehr von äußeren Umständen ab als vielmehr von unserem Willen, diesen Zusammenhang anzuerkennen. Polen, Italiener, viele andere Völker haben es durch Jahrhunderte getan, in Würde und Selbstbescheidung und ohne erkennbare Aussicht auf Erfolg."; ebd. *Zu Polen:* G. *Rhode:* Geschichte Polens, ein Überblick, Darmstadt ³1980 (vgl. auch dort Literatur); A. *Micewski:* Die Kirche in Polen und der „historische Kompromiß", in: F. *Grube/G. Richter:* Der Freiheitskampf der Polen, Hamburg 1981, S. 157f.; B. *Waterkott:* „Und das polnische Volk wird auferstehen und Europa befreien". Der polnische Messianismus und die Rolle der Kirche unter dem Kriegsrecht, in: *FAZ* 53/04.03.1981/11 u. Leserbriefe dazu v. 25.03.1982. Am 18. Dezember 1981 reagierte die polnische Bischofskonferenz auf die Ausrufung des Kriegsrechts in Polen vom 13.12.1981: „Die polnische Bischofskonferenz wendet sich an die Gläubigen im Geiste der nationalen Einheit und der brüderlichen Gemeinschaft. Unser Schmerz ist jener einer Nation, die mit militärischer Gewalt unterdrückt wird ... wir sind davon überzeugt, daß die Nation nicht rückweichen und nicht auf die demokratische Erneuerung verzichten wird ...", in: *FAZ* 294 v. 19.12.1981. Eine breite Dokumentation zur jüngsten nationalreligiösen Frage in Polen stellt die Sammlung dar: „Krise in Polen. Vom Sommer 80 zum Winter 81. In Beiträgen und Dokumenten aus dem Europa-Archiv" hrsg. v. H. *Volle* u. W. *Wagner,* Redaktion: T. Chladek, Bonn 1982 (zum hier angesprochenen Thema bes. S. 97f.). Die nationalreligiöse Einheit Polens macht sich auch in den Enzykliken und Reden des polnischen Papstes Johannes Paul II. bemerkbar. Während eines Deutschlandbesuches sprach er zu polnischen Landsleuten, laut „Die Welt" v. 18.11.1980, Nr. 270, S. 3: „Das höchste Gut für den Menschen liegt nicht im Raffen materieller Güter und in der Vergötzung des Konsums. Über die Werte des Menschen entscheidet letztlich das, was er selbst ist, was er

hat. Wenn ein Mensch nun seine Würde, den Glauben und das Nationalbewußtsein nur deshalb preisgibt, um materiell mehr zu besitzen, so muß eine solche Einstellung schließlich zur Selbstverachtung führen." Vgl. auch seine „Botschaft zum Weltfriedenstag", in: Herder-Korrespondenz 36/2-1982/81
283 H. *Kämpf:* Canossa als Wende (Wege der Forschung 12), Darmstadt ³1976
284 Vgl. dazu den Essay v. Fr. *Heer:* Nation und Kirche. Kollaboration auf dornigen Wegen. Alle europäischen Staaten haben ihr Selbstverständnis durch das Christentum gewonnen, in: Rheinischer Merkur/Christ und Welt, Nr. 38 v. 16.09.1981, S. 28
285 J. J. *Rousseau:* Gesellschaftsvertrag, IV, 8
286 Bereits hier könnte man von der „Sonderstellung der deutschen Nationalkirche innerhalb der Gesamtkirche" sprechen, so A. *Dempf:* Sacrum imperium, Darmstadt ⁴1973, S. 544 u. 546f.
287 Vgl. zu Gallikanismus und Anglikanismus A. *Dempf,* a.a.O., S. 530, 532, 537f. Über die „Nation im Christentum" in der altchristlichen Kirchenverfassung schreibt Dempf (S. 89): „Die allgemeine Kultur des Römischen Reiches und die allgemeine religiöse Kultur der Kirche steht als innere Kultur über den Volkspersönlichkeiten und fügt sie zur altchristlichen äußeren Kultur zusammen. Übersieht man die nationalen Unterschiede trotz dieser gemeinsamen Kulturschicht, dann werden gerade die tiefsten Beweggründe der verschiedenen Gottes- und Weltbilder und der Geistesbewegungen nicht deutlich. Dann entsteht das Gerede vom Synkretismus und complexio oppositorum, ein Schlagwort, wo es gilt unter der gemeinsamen Kulturschicht den eigentlichen Quellgrund persönlicher Bildung aufzudecken."
288 Wittram spricht dem „lutherischen Protestantismus" eine gewisse „Hinwendung zu den nationalen Ideologien" zu, R. *Wittram:* Das Nationale als europäisches Problem, Göttingen 1954, S. 114; auf die Beziehung Luthers zur Nation geht z. B. die Biographie H. *Diwalds* ein: Luther. Eine Biographie, Bergisch-Gladbach 1982
289 Vgl. G. *Oestreich:* Verfassungsgeschichte, S. 53; vgl. II.1.
290 E. R. *Huber:* Deutsche Verfassungsgeschichte Bd. 4, Stuttgart ²1982, S. 667
291 *Huber,* a.a.O., S. 653
292 *Huber,* a.a.O., S. 693
293 C. *Schmitt:* Römischer Katholizismus und politische Form, München/Rom ²1923 (= Der katholische Gedanke Bd. 13). Die Schrift beginnt folgendermaßen: „Es gibt einen anti-römischen Affekt. Aus ihm nährt sich jener Kampf gegen Papismus, Jesuitismus und Klerikalismus, der einige Jahrhunderte europäischer Geschichte bewegt, mit einem riesenhaften Aufgebot von religiösen und politischen Energien. Nicht nur fanatische Sektierer, ganze Generationen frommer Protestanten und griechisch-orthodoxer Christen haben in Rom den Antichrist gesehen oder das babylonische Weib der Apokalypse. Dieses Bild wirkte in seiner mythischen Kraft tiefer und mächtiger als jede ökonomische Berechnung. Seine Nachwirkungen dauern lange an: Bei Gladstone wie in Bismarcks „Gedanken und Erinnerungen" zeigt sich noch eine nervöse Unruhe, wenn geheimnisvoll intrigierende Jesuiten oder Prälaten auftreten. Doch ist das gefühlsmäßige oder gar, wenn ich so sagen darf, das mythische Arsenal des Kulturkampfes und des ganzen Kampfes gegen das Vaticanum, ebenso wie das der französischen Trennung von Kirche und Staat, harmlos im Vergleich zu Cromwells dämonischer Wut. Seit dem 18. Jh. wird die Argumentation mehr und mehr rationalistisch oder humanitär, utilitaristisch und flach." S. 5
294 R. *Morsey:* Der Kulturkampf, in: A. *Rauscher* (Hrsg.): Der soziale und politische Katholizismus. Entwicklungslinien in Deutschland 1803 - 1963, München 1981 Bd. 1, S. 106. Außer der dort angegebenen empfohlenen Literatur sei auf die drei Bände umfassende frühe Darstellung der „Geschichte des Kulturkampfes im Deutschen Reiche" hingewiesen, die im „Auftrage des Zentralkomitees für die Generalversammlung der Katholiken Deutschlands" von J. B. *Kissling* zusammengetragen wurde; E. *Iserloh:* Der Katholizismus und das Deutsche Reich von 1871. Bischof Kettelers Bemühungen um die Integration der Katholiken in den kleindeutschen Staat, in: Politik und Konfession. FS f. K. Repgen zum 60. Geb., hrsg. v. D. *Albrecht* u. a., Berlin 1983, S. 213 u. 229
295 A. *Langner:* Katholizismus und nationaler Gedanke in Deutschland, in: H. *Zillessen* 1970, S. 243. Langner analysiert auch den Katholizismus im 1. Weltkrieg (S. 248f.) und das Verhältnis des Zentrums zur Nation (S. 254f.); H. *Maier:* Katholizismus, nationale Bewegung und Demokratie ind Deutschland, in ders.: Kirche und Gesellschaft, München 1972, S. 178ff.
296 Vgl. P.-L. *Weinacht* (Hrsg.): Die CDU in Baden-Württemberg und ihre Geschichte, Stuttgart 1978, S. 13ff. Bis auf die lokalgeschichtliche Ebene lassen sich die konfessionellen Fusionswünsche verfolgen, dazu (wieder das badische Beispiel) P.-L. *Weinacht*/T. *Mayer:* Ursprung und Entfaltung der christl. Demokratie in Südbaden. Eine Chronik 1945-81, Sigmaringen 1982
297 In dieser Fußnote sei erlaubt, etwas ausführlicher auf das Problem Individuum – Volk –

Menschheit einzugehen. J. *Mausbach* (Aus katholischer Ideenwelt, a.a.O.) schreibt 1921: „Es ist vom Schöpfer in die menschliche Natur hineingelegt, daß das eine Menschenwesen sich in den Individuen zu mannigfaltiger Erscheinung auseinanderlegt, und daß die eine Menschengattung verschiedene Nationen von bestimmtem Gepräge aus sich hervorbildet." S. 396, vgl. auch S. 429; vgl. weiter J. *Seipel:* Nation und Staat, Wien 1916, S. 17f. u. unterschiedliche Auflagen des Staatslexikons der Görres-Gesellschaft, in denen es zum Thema „Nation" u. a. heißt: ³1910, Bd. 3, S. 1280 (V. *Cathrein*, S. J.): „Die Verschiedenheit der Nationalitäten ist nicht eine Erfindung menschlicher Willkür, sondern der Vorsehung und stimmt mit der Entwicklung der menschlichen Natur überein"; vgl. dort weiter den Schlußsatz S. 1291; vgl. weiter J. *Fels* in der 5. A. v. 1929, Sp. 1485f. N. *Monzel* schreibt in der 6. A. v. 1960, Sp. 892: „Der Wesensgehalt des christlichen Glaubens und Lebens muß trotz aller unvermeidlichen, ja positiv zu wertenden nationaltypischen Färbungen und Ausformungen der christlichen Frömmigkeit und Lebensführung in allen Nationen derselbe sein. Unvereinbar mit dem Christentum sind deshalb alle separatistischen Nationalkirchen ... muß die Kirche jeden Versuch ablehnen, der in ihr bloß einen wichtigen Faktor für die national-kulturelle, national-staatliche Einheit und Stärke eines Volkes sieht (z. B. Action Française)". Vgl. ders.: Die Nation im Lichte der christlichen Gemeinschaftsidee, in ders.: Solidarität und Selbstverantwortung. Beiträge zur christlichen Soziallehre, München 1959, S. 309f. (darin die Äußerung: „Echtes Nationalbewußtsein hat ein religiöses Fundament"). Vgl. weiter M. *Schlunk:* Das Christentum und die Völker, 1927; M. *Hättich:* Nationalbewußtsein und Staatsbewußtsein, München 1966, S. 120f.; E. *Lemberg* 1950, S. 198f. − Während A. *Klose* im Katholischen Soziallexikon, Innsbruck ²1980 Sp. 1854 (Nation) zum Verhältnis „Nation und katholische Soziallehre" Stellung nimmt, unterläßt dies G. *Leibholz* in der 2. A. des Evangelischen Staatslexikons von 1960, Sp. 1589f. Bedauerlicherweise wird auch in einem über 60 Themen enthaltendem Sammelwerk „Kirche in der Gesellschaft", 2 Bde., das Thema Nation nicht tangiert. In der Weimarer Republik wurde demgegenüber in dem 3 Bde. umfassenden Werk „Volk und Reich der Deutschen" hrsg. v. B. *Harms* im 3. Bd. auf Protestantismus (E. *Seeberg*), Katholizismus (C. *Sonnenschein*), Judentum (N. *Buber*, J. *Wassermann*), nichtkirchliche Religionen (P. *Tillich*) eingegangen. Zum Schluß sei auf die Arbeit von R. *Grulich:* Konfession und Nationalität, in: R. S. *Elkar:* Europas unruhige Regionen, hingewiesen. Grulich zitiert aus der Enzyklika „Populorum progressio" von Papst Paul VI. von 1967, in der es heißt: „Reich und arm, jedes Land hat eine Kultur, die es von den Vorfahren übernommen hat: Institutionen für das materielle Leben, Werke geistigen Lebens, künstlerischer, denkerischer, religiöser Art. Sofern sie wahre menschliche Werte darstellen, wäre es ein großer Fehler, sie aufzugeben. Ein Volk, das dazu bereit wäre, verlöre das beste seiner selbst, es gäbe, um zu leben, den Grund seines Lebens hin. Das Wort Christi: was nützt es dem Menschen, wenn er die ganze Welt gewinnt, aber seine Seele verliert, gilt auch für Völker", S. 96

2.B.7 Konstitutionelle Frage

Die Nation ist die entscheidende politische Einheit, die eine Verfassung bestimmt[298]. Unter Nation wird hier das politisch sich selbst bestimmende Staatsvolk, die wahlberechtigte Aktivbürgerschaft (Demos) verstanden. Die politische Einheit dieser Nation wird also bei allen Verfassungsfragen vorausgesetzt. Die ursächliche politische Einheit (Nation), die geschichtlich entstanden ist und auf bestimmte ethnische Konstellationen (homogener oder heterogener Art) aufbaut, wird verfaßt. Die (bereits) konstituierte Einheit konstitutionalisiert, wenn sie, wie erstmals in den USA und in Frankreich im 18. Jh., sich als Nation, als Volkssouverän erklärt, für sich eine Verfassung[299]. Die Verfassung des Staates bestimmt das politische Zusammenleben und Handeln einer Nation, sie ist die rechtliche Grundordnung des Staates.[300]

Im Einwanderungsland USA, in dem sich die politische Einheit Nation immer in einer gewissen Veränderung befindet, sichert die Verfassung die überpersonale Kontinuität.[301] Für ein „Volk kann seine staatliche Verfassung Zentrum seines Nationalbewußtseins werden."[302] Ulrich Scheuner erkannte, „daß im modernen Staat, wo die personelle Verkörperung an Bedeutung verliert, (...) die Verfassung zum Symbol und Ausdruck der nationalen Einheit emporsteigt." Die Verfassung kann integrierend wirken und den individuellen Ausdruck der spezifisch politischen Einheit bilden (USA). Allgemein bedeutsam ist dabei „nur" die naturrechtliche Basis der je individuellen, d. h. nicht universalisierbaren Verfassung. Die Erklärung der Menschen- und Bürgerrechte (als Verfassungskern) war in diesem Sinne epochal wirksam und beispielhaft, nicht jedoch die gesamte Grundordnung einer bestimmten politischen Einheit[303]. Dies schließt nicht aus, daß imperiale Versuche dieser Art, die ganze Welt zu missionieren, unternommen wurden. Politisch wichtig ist die Frage nach dem *Subjekt des Verfassungsgeschehens*, wenn es zu wiederholten fundamentalen politischen Umbrüchen „des jeweiligen Gefüges der Verfassungsideen, Verfassungskräfte und Verfassungsformen" kommt: Behauptet sich das Subjekt „in seiner substantiellen Individualität"[304]? Angesichts der spezifisch deutschen Situation im 19. Jh. kommen, wie Ernst Rudolf Huber urteilt, weder „Staat" noch „Gesellschaft" als Träger solcher Kontinuität in Frage, als nur die Nation als ein möglicher Bezugspunkt eines überzeitlichen Verfassungszusammenhanges[305]. In Europa generell bildete seit 1789 die Verfassung das Fundament der nationalstaatlichen Integration[306]. In Deutschland war die nationale Verfassungsbewegung charakterisiert durch die Einheit von Nationalem und Konstitutionellem:

> „der nationale Staat mußte zugleich ein konstitutioneller sein, weil für die deutsche Nationalbewegung das Konstitutionelle, in einer besonderen, auf den organischen Ausgleich zwischen Königtum und Volksfreiheit hinauslaufenden Interpretation, der Eigenart der nationalen Geschichte und des nationalen Wesens entsprach"[307].

Mit dieser Charakteristik wird zu verstehen sein, weshalb die nationale Frage sich für den bürgerlich-liberalen Konstitutionalismus mit der angestrebten Gründung des Nationalstaates von 1871 gerade erst im Konstitutionellen stellte, denn die konstitutionelle Einheit wurde nicht erreicht[308]. Die dort einsetzende liberale Kompromißbereitschaft ließ rechtsstaatliche Bindungen und Bestrebungen versickern, weil der Liberalismus der „einseitigen Betonung des föderativ-dynastischen Prinzips" in der Bismarckschen Reichsverfassung nicht politisch widerstand[309]. Im preußischen Verfassungskonflikt 1862/66 war dieser Konflikt offen ausgebrochen und hatte die „tiefen Unterschiede, die zwischen den Grundlagen dieses Staates und den Ideen des westeuropäischen Konstitutionalismus bestanden" offenbart (*Joachimsen* 1967, 78). Die nationalkonstitutionelle Bedeutung unterstreicht auch E. Forsthoff: „es handelte sich um die grundsätzliche und die Zukunft Preußens bestimmende Auseinandersetzung zwischen König und Parlament, zwischen monarchischer Legitimität und demokratischer Volkssouveränität."[310] Der Konflikt hatte im übrigen auch eine ebenfalls zukunftsweisende soziale Dimension, die dem bürgerlichen Liberalismus bewußt war: der „Kampf des Bürgertums gegen das mit dem absolutistischen Tendenzen verbündete Junkertum" (*Winkler* 1978, 25); schließlich muß der machtpolitische Effekt gesehen werden. Bismarcks Obsiegen im preußischen Verfassungskonflikt und in der Reichsgründung führte dazu, daß die „eigentlich politischen Probleme, die Verfassungsfragen, (...) an öffentlichem Interesse (verloren)[311], seit die Hauptfrage der nationalen Einigung einmal gelöst war"[312]. Die dynastisch-junkerliche Solidarität verhinderte 1866 eine radikale Lösung der deutschen Frage im Sinne des Nationalitätsprinzips[313]. Die vielfältigen konstitutionellen Probleme des Vielvölkerstaates der Habsburger wurden schon des öfteren erwähnt und seien daher nur als mögliche Demonstrationsbeispiele genannt[314].

Es könnten noch wesentlich ältere Verfassungsfragen hier bemüht werden, die aus der abwechslungsreichen deutschen Geschichte leicht auszuwählen wären. Dazu zählte etwa die Reichsverfassungsbewegung. Wir wollen uns jedoch auf das 19. und 20. Jahrhundert beschränken.

Im europäischen Rahmen konstitutionell vorbildlich war der Erlaß des Preußischen Allgemeinen Landrechts von 1794 (Österreich 1786, Frankreich 1803) und die preußischen Reformbestrebungen. Das Edikt vom 9.10.1807 beseitigte u. a. die Erbuntertänigkeit der Bauern, veränderte – von der Anlage her – die preußische Sozialstruktur, genauso wie das in seiner Anwendung konterkarierte Edikt vom 14.11.1811 über die Bodenreform.

Der Edikt-Aufklärung folgte die restaurative Redynastifizierung, wie sie die deutsche Bundesakte vom 8.6.1815 und die Wiener Schlußakte vom 15.5.1820 darstellte[315]. Die „souveränen Fürsten" machen darin das Deutschland des Deutschen Bundes zu einem „völkerrechtlichen Verein", mit dem sie vor allem ihre je individuelle Sicherheit zu garantieren gedenken und nach außen eine „in politischer Einheit verbundene Gesamtmacht", d. h. nicht einmal einen Staat zu bilden suchen[316]. Im Art. 13 u. 25 der Schlußakte wurde sogar ein Interventionsrecht eingeführt, das beispielsweise bei „Widersetzlichkeit der Untertanen" oder beim Vorhandensein „gefährlicher Bewegungen" eine „gegenseitige Hülfeleistung" ermöglichte. Der restaurativen Befriedung der inneren Politik mit Hilfe konstitutioneller Akte dienten auch die „Sechs Artikel" des „Bundesbeschluss(es) über Maßregeln zur Aufrechterhaltung der gesetzlichen Ordnung und Ruhe in Deutschland" vom 28.6.1832, in deren erstem Artikel es lapidar heißt, daß „die gesamte Staatsgewalt in dem Oberhaupte des Staates vereinigt bleiben muß"[317].

Die Reichsverfassung vom 28.3.1849 kann in diesem Rahmen nicht gewürdigt werden. Sie hätte eine Lösung der konstitutionell-nationalen Frage in Deutschland sein können. Aber die Machtverhältnisse des 19. Jhs., als deren Ausnahme die 48er Bewegung zu sehen ist, verunmöglichten den Erfolg. Die Parlamentarier der Paulskirche bedachten die Machtfrage nicht[318].

Wie selbstbewußt die dynastischen Machthaber sich fühlen durften, dokumentiert die Oktroyierung des Dreiklassenwahlrechts in Preußen[319]. Anstelle einer staatsbürgerlich-politischen Stellung wurde den Preußen wieder nur ein sozialständischer Untertanenstatus verordnet.

Die nationalen Verfassungsprobleme wurden bis in den Ersten Weltkrieg hinein mitgeschleppt. Doch der erste Krieg mit weltweiten Ausmaßen stellte auch die anderen Mächte vor konstitutionelle Fragen.

„Die Verfassungsfrage, vor die die europäischen Großmächte in der Epoche des Weltkrieges gestellt waren, lautete, ob im Krisenfall das westeuropäische System des demokratischen Parlamentarismus oder das mitteleuropäische System des Halb-Absolutismus oder das schließlich an seine Stelle getretene System der sozialistischen Diktatur die geeignetere Grundlage für die volle Entfaltung der ideellen und materiellen Kräfte des Gemeinwesens sei. Dabei ergab sich für alle Mächte, auch die des Westens, die Notwendigkeit, die Mitentscheidungsrechte wie den Freiheitsraum der einzelnen um der Aktionsfähigkeit der Staatsgewalt willen einzuschränken; zugleich aber trat überall die Notwendigkeit hervor, durch weitgehende soziale Reformen die Leistungsbereitschaft aller gesellschaftlichen Klassen, vor allem der industriellen Arbeiterschaft zu steigern und zu sichern.
Für die deutsche Verfassungslage der Epoche des Weltkrieges war besonders kennzeichnend, daß nach einer kurzen Phase, in der das spontan aufflammende, nationale Einheitsbewußtsein alle inneren Gegensätze und Spannungen auszulöschen schien, die Einsicht in das Erfordernis durchgreifender Verfassungsreformen politischer und sozialer Art unter der Parole der „Neuorientierung" zum Durchbruch kam. Noch stärker als die alten, auf die Freiheit und den Schutz des einzelnen und der Gesellschaft bedachten verfassungspolitischen Argumente, machte sich dabei der Gedanke geltend, daß, wie das englische und das französische Beispiel zeigten, die Angleichung an das westeuropäische Verfassungsmodell der Stärkung der Aktionsfähigkeit der Regierungsgewalt wie der Steigerung der Einsatzbereitschaft der Gesamtnation in besonderem Maße dienlich sei."[320]

Der Zusammenhang von nationaler Identität und Verfassungsfrage stellte sich, wie oben erörtert, konkret für die Deutschen im 20. Jh. mehrfach. Um wenigstens ein Identitätsproblem aufzuzeigen ist auf Jellineks „normative Kraft des Faktischen"[321] hinzuweisen, die zwar die neue Legalität, nicht aber die Legitimität begründen konnte. Die mangelnde Anerkennung der Weimarer Republik und ihrer Verfassung ist — wiederum — eine Folge des Bismarckreiches, sogar insofern ein Verschulden Bismarcks, wie Max Weber meint, als er es versäumte, den Deutschen politisch mündig werden zu lassen[322]. Eine nationale Identitätskontinuität hätte das Regime von Weimar stabilisiert. Nicht im monarchischen, sondern in dem nationalstaatlichen Moment, das schon 1870/71 „die identitätsbestimmende und legitimierende Idee des deutschen Staatskörpers war"[323], lag auch 1919 die Einheit der Nation und bildete das entscheidende Kriterium der konstitutionell interpretierbaren „Identitätsfrage"[324].

Das Bonner Grundgesetz ist in vielerlei Hinsicht die Lösung dessen, was der Konstitutionalismus anstrebte, aber wie 1871 steht 1949 am Anfang eine tragische Unvollendetheit: die nationale Einheit ist ausgeschlossen. Die grundgesetzlich angestrebte nationale Einheit ist nicht nur ein Verfassungsziel, sondern ein Verfassungsgebot: die national-konstitutionelle Lösung der nationalen Frage. Dem positivistischen Satz der „normativen Kraft des Faktischen" scheint es zu entsprechen, daß diese Dimension der Offenheit der deutschen Frage nicht nur nicht gesehen wird, sondern auch als keine potentielle anerkannt wird. Stattdessen wird die deutsche Teilung mit dem Zerfall des Karolingerreiches in ein Ost- und Westreich verglichen[325]. Verfassungs- und Reichsreformbestrebungen waren immer prospektiv zu sehen. So ist gerade das Grundgesetz in dieser Perspektive unverzichtbar[326], während jedenfalls die *materielle* Verfassung der Deutschen Demokratischen Republik auch verfassungsgeschichtlich gesehen nur Rückschritt bedeuten kann: Einparteienregime sind mit der pluralen Eigenart der Nationen unvereinbar[327].

Fassen wir zusammen: Die national-konstitutionelle Frage wird überall dort am deutlichsten sichtbar, wo eine Verfassung verweigert oder quasi oktroyiert wird, oder wo eine bestimmte Verfassung den Legitimitätsinteressen der Nationsbürger widerspricht. Schließlich besteht eine nationale Verfassungsfrage, wo Menschenrechte vorenthalten werden, sei es ohne ihre Verfassungsregelung, sei es wider ihre verfassungsgemäße Geltung[328].

Anmerkungen

298 Vgl. C. *Schmitt:* Verfassungslehre, Berlin ⁵1970
299 In der tautologischen Formulierung sei die Differenz von Nationalstaatsbildung und Verfassungsentstehung markiert.
300 W. *Kägi:* Die Verfassung als rechtsstaatliche Grundordnung des Staates (1945); E. R. *Huber:* Deutsche Verfassungsgeschichte Bd. 5, S. 3; vgl. auch K. *Hesse:* Grundzüge des Verfassungsrechts der Bundesrepublik Deutschland, Karlsruhe ¹¹1978. Die nationale Lage in Deutschland wird bei Hesse gerade nur soweit angesprochen, wie im Art. 146 über den Deutschlandsvertrag davon die Rede ist, vgl. dagegen: Th. *Maunz:* Deutsches Staatsrecht, München ²⁴1982, § 2 (S. 8-15); K. *Doehring:* Staatsrecht der Bundesrepublik Deutschland, Frankfurt² 1980, S. 34f. und 50f.; K. *Stern:* Das Staatsrecht der Bundesrepublik Deutschland, Bd. 1, S. 121f., 209f., 381f., Bd. 2, München 1980, S. 26-34; O. *Kimminich:* Deutsche Verfassungsgeschichte, Frankfurt 1970, S. 638f.; F. *Ermacora:* Grundlegung einer allgemeinen Staatslehre, Berlin 1979 (Nr. 254f., S. 271f.)
301 So formuliert Hesse, a.a.O., auch für die Bundesrepublik
302 *Ludz* 1974, 70. Vgl. auch R. R. *Palmer:* Das Zeitalter der demokratischen Revolution, Frankfurt 1970, u. W. W. *Adams:* Republikanische Verfassung und bürgerliche Freiheit. Die Verfassungen und politischen Ideen der amerikanischen Revolution, Neuwied 1973 (= Politica 37)
303 Zur Situation der USA nach der Verfassungsgebung heißt es beispielsweise in „Der Große Ploetz. Auszug aus der Geschichte". Freiburg/Würzburg ²⁹1981, S. 1175: „Mit der Staatsgründung ist das Revolutionszeitalter beendet. Es stellen sich aber neue schwierige Aufgaben: Der Prozeß der politischen Willensbildung muß sich im *ersten modernen Verfassungsstaat* der Welt bewähren. Innen- und Außenpolitik sind zu formulieren. Die Bevölkerung der an Anzahl wachsenden Einzelstaaten ist aufgefordert, nationale Fragen gemeinsam zu lösen. Starkes Bevölkerungswachstum, wirtschaftlicher Ausbau, die Erschließung des weiten Landes und die Westexpansion bieten der amerikanischen Pioniergesellschaft große Entfaltungsmöglichkeiten. Parteiengegensätze, drohende Verwicklungen in europäische Auseinandersetzungen, wirtschaftliche Konjunkturfragen, Wachstums- und Expansionsprobleme, die umstrittene Institution der Sklaverei und das Verhältnis der weißen Siedler zu den Indianern stellen sie aber auch auf harte Belastungsproben."
304 E. R. *Huber:* Die Bismarcksche Reichsverfassung im Zusammenhang der deutschen Verfassungsgeschichte (1970), in: E.-W. *Böckenförde* (Hrsg.): Moderne deutsche Verfassungsgeschichte (1815 - 1914); Meisenheim a. Gl. ²1981, S. 171f.
305 ebd. S. 172
306 ebd.
307 E.-W. *Böckenförde:* Verfassungsprobleme und Verfassungsbewegungen des 19. Jhs., in ders.: Moderne deutsche Verfassungsgeschichte, a.a.O., S. 17. Vgl. zum deutschen Konstitutionalismus, seiner anti-feudalistischen, aber auch gegen den französischen Liberalismus gerichteten Position und seiner rückwärtsgewandten germanischen Freiheitslehre: E.W. *Böckenförde:* Die deutsche Verfassungsgeschichtsforschung im 19. Jh., 1971 und ders.: Die Einheit von nationaler und konstitutioneller politischer Bewegung im deutschen Frühliberalismus, in ders.: Verfassungsgeschichte, a.a.O., S. 27f.
308 Verfassungsprobleme, ebd.
309 *Huber,* a.a.O., S. 175. Daß ein weiterer Affront durch die Verfassungsvorsprüche von 1867 u. 1871 geschaffen wurde, muß betont werden, denn das nationalstaatliche Prinzip, das Bismarcks Unternehmen die Popularitätsgrundlage lieferte, wurde mißachtet. Zwei Gründe, die den deutschen Sonderweg zu gehen mitverursachten, sind anzuführen: *„Einmal, daß der Nationalstaat kein bloßer Verein von Einzelstaaten, sondern unmittelbar der Staat einer Nation ist; zum andern, daß die im Staat geeinte Nation als ein eigenständiges willens- und handlungsfähiges Subjekt an der Ausübung der nationalen Staatsgewalt aktiv teilnimmt und nicht nur als Adressat der von der Staatsgewalt getroffenen Entscheidungen und als Destinatär der von ihr ausgehenden Leistung passiv in die Staatsordnung eingefügt ist. Die Präambeln von 1867/71 scheinen mit dem Bekenntnis zum föderativen Prinzip das Bekenntnis zum Obrigkeitsprinzip zu verbinden, nicht so sehr, indem sie das autoritäre Moment offen hervorkehren, wohl aber, indem sie das Volk in die Rolle des bloßen Leistungsempfängers verweisen."* E. R. *Huber:* Die Bismarcksche Reichsverfassung im Zusammenhang der deutschen Verfassungsgeschichte, in: *Böckenförde,* a.a.O., S. 176
310 „Deutsche Verfassungsgeschichte der Neuzeit", Stuttgart ⁴1972, S. 139

311 Siehe unsere Kritik an dieser verhängnisvollen Entwicklung o. im Kap. „Deutschlandpolitische Perspektiven". Vgl. auch H. O. *Ziegler* 1931, 102, vgl. weiter L. *Gall* 1971, 35 u. 45
312 G. *Ritter:* Die deutsche Frage, S. 112. Ritter skizziert auch die Wirkung auf die zu wirtschaftlichen Interessengruppen sich entpolitisierenden Parteien.
313 Die Weltkriegsnibelungentreue von 1914 muß so als tragische Antwort auf die national unbefriedigt gelassene Verhältnisse von 1866 gewertet werden. Vgl. *Mayer* 1983
314 H. *Mommsen* 1979, 127: „Die altösterreichische Nationalitätenfrage ist nicht nur insofern eine Verfassungsfrage gewesen, als es unerläßlich war, bestimmte nationale Mindestforderungen konstitutionell zu sichern. Sie war Verfassungsfrage vor allem im Sinne der staatlichen Integration von auseinanderstrebenden Nationalitäten." Und Seite 129: „Nationalkulturelle Garantien genügten nicht mehr, genausowenig wie eine bloß individualrechtliche Verhandlung der nationalen Materien"; O. *Bauer,* Werke Bd. 1, S. 345 (K. *Renner:* Selbstbestimmungsrecht, a.a.O., S. 41, 43, 50f. u. ö., ders.: Nation – Mythos und Wirklichkeit, S. 95 u. 96)
315 Ernst Rudolf *Huber:* Dokumente zur deutschen Verfassungsgeschichte, Stuttgart ^{3}1978, S. 84f. (Nr. 30) u. S. 91f. (Nr. 91) künftig: Dokumente I
316 *Forsthoff,* a.a.O., S. 90; *Huber,* Dokumente I, S. 91
317 Dokumente I, S. 132
318 W. *Grab* (Hrsg.): Die Revolution von 1848/49. Eine Dokumentation. München 1980; G. *Wollstein* 1977; F. *Eyck:* Deutschlands große Hoffnung. Die Frankfurter Nationalversammlung 1848/49, München 1973
319 Dokumente I, S. 494f.
320 ebd.
321 G. *Jellinek:* Allgemeine Staatslehre, ^{3}1921, S. 339f. Positivistisch betrachtet, schied das Problem der Legitimität aus: „Legitimität ist kein Wesensmoment der Staatsgewalt". G. *Meier* zit. n. E. R. *Huber:* Deutsche Verfassungsgeschichte, Bd. 6, S. 6
322 Vgl. M. *Weber:* Gesammelte politische Schriften, Tübingen ^{3}1971, passim
323 Ernst Rudolf *Huber:* Deutsche Verfassungsgeschichte Bd. 6, S. 27
324 Vgl. dazu den Satz des Reichspräsidenten Friedrich Ebert, der dieses nationale Identitätsdenken ausdrückt: „Wenn der Tag kommt, an dem die Frage auftaucht: Deutschland oder die Verfassung, dann werden wir Deutschland nicht wegen der Verfassung zugrunde gehen lassen", zit. n. *Huber,* a.a.O., S. 28; vgl. H. J. *Arndt:* Die Besiegten von 1945, Berlin 1978, S. 58f. u. B. *Willms* 1982ff.
325 H. *Lieberich* im 16. Vorwort zu *Mitteis/Lieberich,* Deutsche Rechtsgeschichte, München 1981
326 Vgl. auch die bemerkensweren Ausführungen v. W. *Weidenfeld:* Die Bundesrepublik Deutschland: Kein Provisorium – aber was sonst? In: Das Parlament. Aus Politik und Zeitgeschichte, 1983, S. 3f. Auch Ralf *Dahrendorf* sieht die deutsche Frage verfassungspolitisch gestellt: „Die innere Entwicklung in den beiden Deutschland der Gegenwart, und mehr noch die Möglichkeit ihrer neuen Zusammenführung zu einem Staat und einer Gesellschaft, kündigt neue Antworten an. Die deutsche Frage bleibt also gestellt", Gesellschaft und Demokratie in Deutschland, S. 480. Für M. R. *Lepsius* ist mit dem Ausscheiden Preußens und der Schaffung einer föderativen Binnenordnung für die Bundesrepublik (!) die konstitutionelle Frage gelöst: Nachkriegsgesellschaften im historischen Vergleich, München 1982, S. 46f. Schon in der Weimarer Republik wußte aber F. *Hartung,* daß die „Frage, welche staatliche Geltung Deutschland haben solle" nicht nur die deutschen Staaten berühre, die deutschen Fürsten und das deutsche Volk, sondern, daß sie eine europäische Bedeutung habe und daher auch unter dem Aspekt der „Machtfrage" gesehen werden müsse: Die Entstehung und Gründung des Deutschen Reiches, in: B. *Harms:* Volk und Reich der Deutschen, Berlin 1929, Bd. 1, S. 94
327 S. *Mampel:* Die volksdemokratische Ordnung in Mitteldeutschland. Texte zur verfassungsgeschichtlichen Situation, Berlin ^{2}1966; vgl. aber H. *Rudolph:* Die Gesellschaft der DDR – eine deutsche Möglichkeit? München ^{2}1973
328 Vgl. *Mampel,* a.a.O., S. 51-60; zu den Menschenrechten vgl. Kap. III.2.

2.B.8 Territoriale Frage

„We can imagine a nation without a State of its own but hardly one without a more or less contiguous area which it inhabits, and in which it is rooted, both physically and spiritually."[329] Diese Konklusion Frederik Hertz' ist nicht nur plausibel, sondern auch anthropologisch erklärbar. In aller gebotenen Kürze läßt sich das menschliche Territorialverhalten auf der Ebene der Kollektivsubjekte so formulieren: es gibt

1. einen Sinn für räumliche Identität (spatial identity)[330]
2. einen Sinn für die Exklusivität des eigenen Landes
3. die Aufteilung oder Verräumlichung der menschlichen Interaktion[331].

Die territoriale Definition der Gesellschaft (Nation), d. h. die politische Eigenschaft, eine territoriale Einheit zu sein und identitätsstiftend zu wirken („Identitätsraum")[332], ist hier angesprochen. „Der Nationalstaat ist möglicherweise der am meisten territoriale der politischen Organisationsformen" (*Malmberg* 1980, 103). Die evolutive Herleitung der menschlichen Territorialität, das menschliche Bedürfnis nach Raum und räumlicher Identität, kann hier nicht geboten werden. Es läßt sich jedenfalls soviel sagen, daß mit territorialem Verhalten, d. h. mit Verteidigung des Territoriums, aber auch mit Eroberung von Land und seiner Besitznahme, d. h. mit Landnahme, immer zu rechnen ist. Das kann nicht heißen, daß sich mit territorialen Bedürfnissen politische Entwicklungen und Prozesse erklären lassen, aber sehr wohl, daß sie zur Erklärung herangezogen werden müssen: zumal, wenn man politisch-territoriales Verhalten analytisch erfassen will[333].

Uns interessiert vom territorialen Verhalten nur der Aspekt, der die Nation als Einheit schafft oder von ihr geschaffen wurde (*Hertz* 1945, 146). Die Differenz von Siedlungsgebiet und dem Staat einer Nation gebiert das nationalterritoriale Problem. Territoriale Expansion über den national-ethnischen Rahmen hinaus kann nicht mehr als national und damit nicht als nationale Frage angesehen und anerkannt werden. Völker in Insellagen, wie Japan oder England, werden mit der territorialen Frage von ihrer geopolitischen Lage her weniger konfrontiert als Länder, die in einer kontinentalen Mittellage existieren, wie China, Deutschland, Israel oder die UdSSR, wobei bei letzterer die territoriale Frage durch ihre imperiale Expansion bei den betroffenen Nationen ausgelöst wurde und wird. Auch China und Deutschland haben mit dem flächengrößten Imperium der Welt territoriale Probleme. Beschränken wir uns auf die Siedlungslage der Deutschen. Sie ist außer durch die europäische Mittellage und den Mangel an natürlichen Grenzen vor allem durch das geschichtsträchtige Nachbarschaftsverhältnis zu Frankreich und Polen bestimmt. Man kann der These M. Stürmers zustimmen, daß Deutschland durch seine Geographie dazu verdammt sei, Gegner oder Verbündeter zu sein, bestenfalls Schiedsrichter, der es niemandem recht machen könne[334]. Diese Charakteristik traf auch für Preußen zu, das durch sein „corriger la figure de la Prusse" seine territorial gefährdete Stellung zu sichern versuchte. Durch Hitlers Eroberungspolitik ausgelöst, hat sich die Folge dieser deutschen Lage in Gebietsverlusten niedergeschlagen. Die Politik der Annektion, d. h. der territorialen Veränderungen, stellte eine territoriale Frage von internationalem Ausmaß dar. Die territoriale Lage Ostpreußens nach Versailles hatte ein Spannungsverhältnis zu Polen zur Folge, weil eine Lösung dieser und ähnlicher territorialer Probleme nicht möglich zu sein schien. Abgesehen von der militärischen Eskalation dieser Konflikte, ihrer ideologischen Verschärfung usw., müssen derartige territoriale Gegnerschaften als permanentes

Problem der internationalen Beziehungen angesehen werden. In einer englischen Darstellung der territorialen Konflikte auf allen Kontinenten, werden insgesamt über 70 „territorial questions" ausführlich dargestellt, aber nicht „from a legalistic perspective but as a contribution to greater political understanding of the strains in relations between states arising from territorial factors of several different types."[335] Bei fast allen territorialen Fragen geht es nicht rein „nur" um Territorien (wie in der Antartik), sondern auch um dort lebende bzw. von dort vertriebene Menschen.

Die Frage ist bei der Diskussion der nationalen Frage, ob eher das Personenverbandsprinzip oder das Territorialprinzip angewendet werden soll. Beide Lösungsfiguren scheinen die Sache, Land und Bewohner, nicht auf einen Nenner bringen zu können. Das eine Prinzip ist tendenziell aterritorial und unterscheidet nur Personen, das andere (staatsnational) zwingt zu Assimilation in sprachlich-kultureller Hinsicht[336].

Im Unterschied zu der 14-Punkte-Erklärung des amerikanischen Präsidenten W. Wilson, in der von dem Recht einer Volksgruppe oder eines Volkes die Rede war, territoriale Veränderungen zu erwirken (G. *Heraud*, in: *Witmann/Bethlen* 1981, 29), bedeutete die Atlantik-Charta Roosevelts und Churchills einen Rückschritt, sie lautete (in Punkt 2): „. . . wünschen keine territoriale Veränderungen, die nicht im Einklang stehen mit den frei ausgesprochenen Wünschen der betroffenen Völker"[337]. An die Stelle der mündigen Nationen traten die Nationen, die in einem Welt-Hearing ihre Meinung frei äußern dürfen in der Hoffnung, daß man über ihr Anliegen gerecht urteilen möge. Aus dem Selbstbestimmungsrecht der Völker wurde ein Mitbestimmungsrecht[338].

Die territoriale Frage wird man am häufigsten anführen müssen, wenn man in der nationalen Frage ein Konfliktpotential ausmachen möchte. Sie ist auch fast immer von nationaler Bedeutung und daher auch eines der wichtigsten Mobilisierungsinstrumente nationalistischer, aber gerade auch chauvinistischer Bewegungen. Elsaß-Lothringen stellte für Frankreich während der ganzen Epoche des Zweiten Deutschen Reiches eine territoriale Provokation dar, die kollektive Rachegelüste auslöste. Die nationalsozialistischen Bestrebungen einer Revision von Versailles beschränkten sich auch vor dem 01.09.1939 nicht auf deutsche Territorien. Die territoriale Expansion, insbesondere wenn sie über die eigene Nation hinausgeht, d. h. chauvinistischen und imperialistischen Charakter annimmt, wird häufig mit einer Schutzideologie zu „legitimieren" versucht. Wortwörtlich läßt sich dies bei den deutschen Kolonien feststellen, aber auch der Imperialismus der großen kolonialistischen Nationen wurde damit, z. B. wirtschaftlich, begründet. Die Zwangsprotektionierung anderer Nationen ist auch in den sog. sozialistischen Ländern die Begründung territorialer Eroberungen. Die UdSSR ist so eine bedeutende Schutzmacht, aber auch schon das durch seinen weltweit unterstützten Befreiungskampf siegreiche Vietnam. Territoriale Fragen dieser Art müßten besonders unter dem Aspekt gesehen werden, daß sie „Machtfragen" darstellen. Jede Behandlung als „bloße" Machtfragen erklärt nichts und zeugt von einer Analysearmut, die eine der Grundlagen bildet, um Politik (und insbesondere nationale) auf Machtpolitik zu reduzieren.

Wie bei allen politischen Fragen und Forderungen, ist gerade auch hier zwischen gerechten Lösungen und solchen zu unterscheiden, die von interessierten Dritten als Lösung ausgegeben werden. Territoriale Fragen, für die beteiligten Nationen nationale Fragen, sind heute, im Zeitalter transkontinentaler, hegemonialer Politik, weltpolitisch bedeutungsvolle Themen. Nationale Fragen haben also weltpolitische Ausmaße. Ihre Transferierung zu ausschließlichen Themen der Weltpolitik im Sinne der Diplomatiepolitik, d. h. weit abgehoben von irgendeinem nationalen Rahmen, liefert diese Fragen einer entsprechenden Perspektive weltpolitischer Akteure aus, die als analytische, aber kaum als eine objektive anerkannt werden darf.

Anmerkungen

329 F. *Hertz* 1945, 146. Die Ausnahme bilden die Juden durch ihr „portatives Vaterland". Zur Kompensation des territorialen Mangels ist neben der ideellen Ebene („und nächstes Jahr in Jerusalem") auch die Funktion des Ghettos als Identitätsraum zu bedenken. Vgl. A. *Eban:* Dies ist mein Volk. Die Geschichte der Juden, Zürich 1970

330 Den identitären Aspekt des sozialen Territorialverhaltens erwähnt auch L. W. *Doob:* „Obviously the land and its special features evoke strong emotional responses when they have been associated with a people's way of life, for then they realistically represent the important values of the society. A Comanche chief thus addressed American officials in 1867: „You said that you wanted to put us on a reservation, to build us houses and make us medicine lodges. I do not want them. I was born upon the prairie, where the wind blew free and there was nothing to break the light of the sun. I was born where there were no enclosures and everything drew a free breath. I want to die there and not within walls ... why do you ask us to leave the rivers, and the sun, and the wind and live in houses? Do not ask us to give up the buffalo for the sheep." Patriotism and Nationalism: Their Psychological Foundations, New Haven 1964, S. 27f.

331 T. *Malmberg* 1980, 34. Den Buchhinweis verdanke ich Hansjörg Dürr, Stuttgart; vgl. auch die Studien v. K. *Kälin:* Populationsdichte u. soziales Verhalten, Bern/Frankfurt 1972, S. 48ff. u. P. *Atteslander:* Dichte u. Mischung der Bevölkerung, New York 1975, hier wird territ. Verhalten unter Planungsaspekten betrachtet.

332 I. M. *Greverus:* Auf der Suche nach Heimat, München 1979, dies.: Der territoriale Mensch. Ein literatur-anthropologischer Versuch zum Heimatphänomen, Frankfurt/M 1972

333 Die Darstellungen beziehen sich im Kern auf folgende Literatur: E. W. *Soja:* The political organisation of space (= Ressource Paper No. 8 of the Commission on College Geography), Washington D.C. 1971 (von Herrn G. Geiger, München, freundlicherweise zur Verfügung gestellt bekommen); V. C. *Wynne-Edwards:* Space, use and the social community in animals and men; E. T. *Hall:* Behavior and environment, New York 1971; R. B. *Taylor:* Human territoriality: A review and a model for future research, in: Cornell Journal of social relations 13/2-1978/125-151; J. B. *Calhoun:* Space and the strategy of life, in: E. T. *Hall,* a.a.O., S. 329-387; vgl. auch die Papiere des 10. Weltkongresses der Politologen in Edinburgh von 1976 zum Thema „Time, space and politics"; vgl. auch St. *Rokkan:* Centre Formation, Nation-Building and Cultural Diversity (Report), in: S. N. *Eisenstadt*/St. *Rokkan:* Building states and nations, Vol. I, S. 29 u. S. 18 (Model of four sources of variations in the structuring of territorially defined political organistions)

334 M. *Stürmer* 1983; vgl. auch die Aussage des späteren österreichischen Kanzlers und Bundespräsidenten Karl *Renner* über die deutsche Situation: „In dieser Hinsicht gehört auch die deutsche Nation zu den unglücklichen Völkern Europas. Mit keiner ihrer Grenzen stößt sie an **unbesiedeltes Land oder wirklich freies Meer, mit jeder Grenze an altes fest besessenes Kulturland.** Außerdem aber gibt es keine Nation der Welt, die so große Bruchteile ihrer Volkheit auf andere Staatswesen verstreut hat. Die deutsche Nation hat 10 Mio. in Österreich, 2 Mio. in Ungarn, 3 Mio. in der Schweiz, eine halbe Million in den baltischen Provinzen und weitere Hunderttausende in geschlossenen Siedlungen an der Wolga, in Bessarabien und in anderen Teilen Rußlands sitzen. Dazu kommen aber viele Millionen Deutscher, die auf dem Boden Amerikas der Angleichung an die angelsächsische Rasse verfallen, mehr Millionen, als etwa Schweden, Norwegen, Dänemark oder Holland überhaupt zählen. Dabei besitzen diese Deutschen zwar menschliche und politisch schätzenswerte, aber für den nationalen Zusammenhang ungünstige Eigenschaften, die Gabe leichter Angleichung und die bereitwillige Hingabe an den jeweiligen Staat, innerhalb dessen Grenzen sie leben. So waren die Deutschen in Rußland und die Deutschen in Ungarn ihrem andersnationalen Staat seit jeher treu ergeben und weit weniger zum Irredentismus veranlagt als irgendeine andere Nation der Welt." Das Selbstbestimmungsrecht der Nationen, Leipzig/Wien 1918, S. 132

335 A. J. *Day* (ed.): Border and Territorial Disputs (A Keesing's Reference Publication, Harlow, Essex 1982, S. X.) Die Nachkriegsbeziehungen zwischen der Volksrepublik Polen, der Deutschen Demokratischen Republik und der Bundesrepublik Deutschland bilden nach dem israelisch-arabischen Konflikt das zweitgrößte zusammenhängende Kapitel in diesem Buch.

336 Diese Probleme stellen sich natürlich insbesondere für Nationalitätenstaaten. Vgl. K. *Renner* 44, 75-76, 107; H. *Rothfels:* Zeitgeschichtliche Betrachtungen, S. 98. Für einen europäischen Zusammenschluß auf der Ebene der Nationen werden solche Konzepte aktueller.

337 Zit. n. J. *Mussulin* (Hrsg.): Proklamationen der Freiheit. Dokumente von der Magna Carta bis zum ungarischen Volksaufstand, Hamburg ^{14}1963, S. 143
338 Bei Carl *Schmitt* heißt es in dieser Zeit der Entstehung der Atlantik-Charta: „Zu einer bestimmbaren politischen Idee wiederum gehört, daß ein bestimmtes Volk sie trägt, und daß sie einen bestimmbaren Gegner im Auge hat . . ." Zuvor heißt es: „Für uns gibt es weder raumlose politische Ideen noch umgekehrt ideenlose Räume oder Raumprinzipien", Völkerrechtliche Großraumordnungen mit Interventionsverbot für raumfremde Mächte. Ein Beitrag zum Reichsbegriff im Völkerrecht, Berlin 1941

2.B.9 Machtfrage

Unter der Machtfrage sei allgemein verstanden, daß nationale Fragen durch die Politik der indirekten oder direkten Machtanwendung entschieden werden, sei es, daß nationale Fragen/Probleme für gelöst erklärt werden, oder daß bestimmte Lösungen nicht zugelassen werden, oder daß nationale Probleme bewußt offengelassen bzw. -gehalten werden. Die Machtfrage erfaßt die Nationen oder Nationalitäten total, d. h. latente oder manifeste ausländische Machtpolitik tangiert, zumindest potentiell, die ganze Bevölkerung einer solchen Nation oder Nationalität. Ausländische Mächte können dabei intervenierende Imperien, Kolonialmächte oder Nachbarstaaten sein. Unter Macht wird hier besonders militärische Macht verstanden.

Die deutsche Teilung ist beredter Ausdruck für die Dimension der Macht in der nationalen Frage. Die Betonung der Wichtigkeit des westlichen Verteidigungsbündnisses für die Ermöglichung der westdeutschen Entspannungspolitik dokumentiert die militärische Basis der Politik, sowohl der Bundesrepublik Deutschland als auch der DDR. Es ist überhaupt keine Polemik, wenn man sagt, daß die Existenz der DDR von der Roten Armee abhängt. Umgekehrt kann man aber nicht behaupten, daß die amerikanischen Truppen in der Bundesrepublik diesen Staat existenzfähig machten. Der Unterschied, den man eigentlich nicht zu erklären brauchte, besteht in der mangelnden Legitimität[339] dieses mitteldeutschen Staates – und aller Herrschaftsstrukturen des sog. Ostblocks. – Für eine nationale Frage sind diese Tatsachen, Bestimmungsfaktoren der mittel- und osteuropäischen Nationen zu benennen, auch analysebestimmend.

Die Machtfrage wurde in Deutschland nach 1945 zweimal aufgeworfen. Beidesmal wurde die militärische Aufteilung von 1945 mit militärischem Aufwand einer ausländischen Macht aufrechterhalten. Zwei Daten zu nennen, kann hier genügen: 17.6.1953, 13.8.1961[340]. Weitere entsprechende Daten für die osteuropäischen Nationen belegen, daß hegemoniale Politik auch von den europäischen Nationen des 20. Jahrhunderts ertragen werden muß und ihre nationale Existenz durch Fremdbestimmung sehr beeinflußt ist. Identifiziert man Machtpolitik mit nationaler Politik, so wird man z. B. die europäischen Nationalstaaten des 19. Jahrhunderts damit identifizieren können.

Ähnlich wie die Staatsnation des Westens ist auch der sog. deutsche Nationalstaat von 1871 das Ergebnis geschickter Machtpolitik. „Daß die deutsche Einheit durch gewaltsame Ereignisse gefördert werden würde, halte auch ich für unwahrscheinlich", schrieb Bismarck 1869[341]. Dennoch ist die Lösung der „großen Fragen der Zeit" nicht nur durch „Eisen und Blut", d. h. militärisch, sondern auch etwa durch Kohle und Stahl[342] erfolgt. Die Machtfrage wurde in Deutschland insofern untypisch gelöst, weil sie in den Dienst der eigenen Nation gestellt werden konnte, anstelle von ihr betroffen zu sein. Die Gefahren derartiger Machtpolitik für die nationale Frage sahen wir nicht nur im zweiten Deutschen Reich, sondern sie sind auch bei Machtlösungen junger Nationen der sog. Dritten Welt als Folge der befreiungsnationalistischen Bewegungen zu gewärtigen. Hier erfolgt die nationale Selbstbefreiung oft nicht durch eigene Waffen, sondern durch fremde Hilfe, die sich nicht auf die Waffenhilfe beschränkt und die Kolonialmachtabhängigkeit gegen eine neue ersetzt. Angola und Moçambique sind hier als Beispiele zu nennen. Als Ausnahmen dieser Trends seien die amerikanische und israelische Nation genannt, die eine innere Pluralität sich auch nach den Unabhängigkeitskämpfen bewahren konnten.

Die politische Fähigkeit, die Machtfrage nicht innenpolitisch aufzuwerfen oder die militärische Lösung nach einer legitimen nationalstaatlichen oder staatsnationalen

Konstituierungsphase für beendet zu erklären, ist eine Tugend, die die Demokratien auszeichnet und die weltweit eher die Ausnahme ist.

Militärsysteme bilden, über die Ideologien hinweg, die Mehrheit der heute bestehenden Staatsnationen[343]. Sie drapieren sich gerne betont national, so daß die stereotype Verknüpfung von Nationalismus und Militarismus immer wieder — auch für nationale Fragen — als normal angesehen wird. Man anerkennt nicht, was seit langem C.J.H. Hayes und Chr. Graf v. Krockow als Konternationalismus[344] kritisieren: die Illegitimität einer derartigen Zusammenschau. Die anationale Position des militaristischen Denkens kann an einer Äußerung General Ludendorffs vom Februar 1918 demonstriert werden, in der er auf die Frage nach den Folgen des möglichen Mißlingens einer Frühjahrsoffensive offen antwortete: „Dann muß Deutschland eben zugrunde gehen" (*Joachimsen* 1967, 105).

Von einer Unterschätzung der Machtfrage in der nationalen Frage muß indes bei manchen demokratischen politischen Unternehmungen ausgegangen werden. Die gescheiterte Revolution von 1848 ist im 19. Jh. die folgenreiche Ausnahme in der Ära der Realpolitik. 1848 spielte indes auch der Mangel an innerer Geschlossenheit und Konsistenz, der Mangel an allgemein anerkannten Führern und der Mangel eines akzeptierbaren Programms eine nicht unerhebliche Rolle (*Gall* 1971, 34).

Auch nach 1945 ließen sich einige derartige Fehleinschätzungen aufzählen. Zwei seien angeschnitten. Die Brückentheorie Jakob Kaisers ging von einem, aus seiner Sicht für die vier alliierten Mächte akzeptablen, geeinten Deutschland als Brücke zwischen Ost und West aus, bzw. von einem Deutschland als einer Art Puffer zwischen den beiden antagonistischen Systemen. Unabhängig davon, ob der Westen dieser deutschen Entwicklung zugestimmt hätte, sind die Stalin-Noten vom März und April 1952 schon so angelegt gewesen, daß zu erkennen war, daß Stalin die Machtfrage auch weiterhin für sich zu lösen entschlossen war. Kaisers Vorstellungen indessen, ein sozialistisches Deutschland auf parlamentarisch-repräsentativer Basis als jeweilige Kompensation für die Supermächte, kann man den Vorwurf des Illusionären nicht ersparen[345].

J. Dittberner hat eine wesentliche Vorstellung von der Entspannungspolitik, auch längst nach ihrer ernüchternden Entwicklung, so ausgedrückt (und die Nationsdefinition von Otto Bauer über Karl W. Deutsch bis Willy Brandt schwingt dabei mit):

„Aus der Quantität der zu regelnden Verbindungen könnte eines Tages die Qualität einer neuen Lage in Deutschland werden. Die diesbezüglichen Kulissengespräche aus Moskau sowie fachkundigen Kommentare aus dem östlichen wie aus dem westlichen Ausland machen deutlich, daß viele Kenner Deutschlands diese Möglichkeit des Umschlags von der Quantität in die Qualität ernster nehmen als die Mehrheit der Bundesbürger" (1980, 17).

Die Enttäuschung dieser idealistischen Erwartung hängt mit der Machtfrage zusammen, die dabei zumindest unterschätzt wurde. Illusionär und sogar gefährlich ist die Einschätzung, daß Entspannungspolitik wieder unter den amerikanischen Schutz „der totalen Vergeltung mit gröbstem Geschütz" gestellt werden müsse[346].

Zur Beurteilung der Machtfrage speziell in den Ost-West-Beziehungen muß man sich schon eingehend mit der nationalen Frage aus marxistisch-leninistischer Sicht auseinandergesetzt haben[347] und auch die widersprüchlichen theoretischen und praktischen Entwicklungen der Nationstheorie verfolgen[348]. Der Osteuropaspezialist Wolfgang Seiffert urteilt in dieser Sicht:

„SED/DDR (und die UdSSR) betrachteten und betrachten die Entwicklungen ihrer Beziehungen zur Bundesrepublik Deutschland in all ihren Etappen und Variationen vom Bekenntnis zur Einheit Deutschlands unmittelbar in den ersten Nachkriegsjahren, über die Losung ‚Deutsche an einen Tisch' Anfang der 50er Jahre, die Konföderationspläne 1957/58, die Politik der ‚zwei Staaten in Deutschland' in den 60er Jahren, der gegenwärtigen ‚Koexistenzpolitik' wie der Politik der künftigen Vereinigung zu einem sozialistischen Deutschland stets als ein „Ringen um die Macht in Deutschland und damit in Europa" (1982, 164).

Seiffert warnt selbstverständlich vor einer abenteuerlichen Politik der dauernden Konfrontation, aber er empfiehlt auch in der nationalen Frage „machtpolitische Erwägungen" anzustellen (S. 179).

Damit stellt sich erneut die Frage nach dem, was Macht politisch bedeuten kann. Für den Westen, insbesondere die Bundesrepublik, bedeutet sie *nicht* militärische Macht.

„Aber Macht ist vielfältiger Natur. Politik, Wirtschaft, Geist, Kultur, moralische Kräfte, Charakter, das alles ist Macht. Das alles läßt sich in die Waagschale legen. Hier läßt sich zusätzliche Macht schaffen. Hier ist die Bundesrepublik bisher auch nicht annähernd an die Grenze des Möglichen vorgestoßen. Im Gegenteil, die meisten Menschen haben noch nicht einmal eingesehen, daß hier Machtreserven vorhanden sind" (*Schütz* 1965. 47).

Wie immer man das Gewicht derartiger „Machtprobleme" taxieren mag, sie haben jedenfalls ein Gewicht und sind in den Ost-West-Beziehungen nicht zu unterschätzen. Man wird ihnen noch hinzufügen müssen alle staats-, verfassungs- und völkerrechtlichen Aspekte der politischen Beziehungen[349], an denen sich selbstverständlich auch Machtfragen demonstrieren als auch ablesen lassen. Diese Machtfragen sind jedoch nur dann richtig beurteilt, wenn sie mit der militärischen Frage zusammen gesehen werden, wobei gerade Verknüpfungen von militärischen mit anderen Fragen die interessantesten sind. Diese Einsicht lehrt auch das Verhalten der Kriegsalliierten des Zweiten Weltkrieges. Die Amerikaner haben ihre Reedukationspolitik nicht als Befreier den Deutschen offeriert, sondern, wie der Bundesverfassungsrichter Gerhard Leibholz formulierte, als „Sieger" (*Leibholz* 1961, 178). Für F. Engels gab es zwei geschichtlich entscheidende Mächte: „Die organisierte Staatsgewalt, die Armee, und die unorganisierte, elementare Gewalt der Volksmassen"[350]. Auch Politik generell wird unerbittlich unter Machtaspekten gesehen und entsprechend definiert und zwar in der machiavellistischen Manier des Machterwerbs, Machterhalts und Machtverlustes[351]. Im „politischen Grundwissen" der SED-Parteihochschule heißt es: „. . . die nationale Frage (ist) zugleich eine Machtfrage. Die Frage, welche Klasse die Macht in ihren Händen hält und ausübt, ist für die Nation die Kernfrage"[352]. Die nationale Frage sei weiter eine zutiefst soziale Frage, sie sei eine Klassenfrage.

Dieser Argumentation wird man als einem Aspekt der nationalen Frage zustimmen können, wenn man die herrschenden kommunistischen Parteien als soziale Klasse zu definieren sich bereit findet.

Die entscheidende Rahmenbedingung für alle als national bedeutsam befundenen Fragen ist die militärische. Die nationale Frage ist von der Entwicklung der Waffentechnik in der Geschichte „abhängig". Das exponentielle Wachstum der Waffentechnologie macht immer neue apokalyptische Szenarios nicht nur denkmöglich. Nationen, oft ohnehin für „technisch" überholt erklärt, geraten genauso wie ganze Kontinente zur Manövriermasse der Strategen. Die Abhängigkeit von dieser technischen Entwicklung muß und kann indessen nicht nur auf der Ebene der A-, B- und C-Waffen, speziell der in letzter Zeit diskutierten nuklearen elektro-magnetischen Pulse (NEMP) oder der geplanten Laser-Waffen oder der erst technisch entworfenen Gamma-Waffe, die auch kleine politische Einheiten verteidigbar machen, zur Festung werden ließe, nur auf dieser Ebene also verhandelt werden. Vielmehr sind diese Waffen wie eh und je politische Drohmittel, die politisch, d. h. umfassend beantwortet werden müssen.[353] Die Ressource Nation, d. h. der politische Rückhalt in der Bevölkerung, der durch die demokratische Selbstlegitimation dokumentiert werden kann, ist auch weiterhin die entscheidende Quelle politischer Stabilität und Sicherheit, wie umgekehrt, wo diese

Quellenlage nicht besteht, große, immer neue Stabilitäts- und Sicherheitsprobleme für diese Regime bestehen. Die Funktionalisierung des nationalen Aspekts in diesem Zusammenhang, d. h. die durchschaubare instrumentelle Mobilisierungsversuche für nationale Identität und Nationalbewußtsein in Krisenzeiten in einer Gesellschaft, die diese Haltungen nicht internalisiert hat, kann genauso zur Erosion dieser Gesellschaften beitragen, wie sie tatsächlich mobilisierend wirken kann, wo diese Habitualisierungen latent existieren. Verteidigungsbereitschaft ist so ein Problem des Nationalbewußtseins.

Gewaltlösungen sind wie jede Frage der Gewaltanwendung auch moralische Fragen. Machtfragen sind darüber hinaus auch im ökonomischen Bereich bedeutsam. Strategische Überlegungen implizieren beides, militärische und ökonomische Fragen, wenn z. B. die Verteidigung der kleinen westeuropäischen Nationen bezüglich ihrer Energie- und Rohstoffquellen oder ihrer amerikanischen Reserven bedacht wird (*Hubatschek* 1982, 98). Das „Posture" der militärischen Frage hat selbst viele Aspekte.

Listet man die einzelnen, nationalindividuellen Fragen auf, so müßte man mehr danach suchen, wo Machtfragen keine Rolle spielen als umgekehrt. Aus diesem Sachverhalt resultiert die häufige Beurteilung der nationalen Frage im allgemeinen als einer Konflikftfrage (*Weede* 1970; *Pieper* 1975), der per se Militanz eignet. Abgesehen von den Fällen, wo nationale Fragen durch Machtpolitik entstehen – und auch dies sind sehr viele –, ist die Konstatierung einer Machtfrage ein eher äußerliches, wenn auch deshalb augenscheinlicheres Problem. Die vergleichsweise eher unterschwelligen, andauernden Probleme, z. B. sozialer, kultureller oder ethnischer Friktionen, drohen dabei übersehen zu werden.

Anmerkungen

339 A. *Mertes* schrieb 1982, „daß die eigentliche Ursache für Unfrieden und Spannung in Europa die mangelhafte politische Legitimität der Systeme im sowjetischen Machtbereich ist". Darin erkennt Mertes auch die Offenheit der gesamteuropäischen und damit auch der deutschen Frage, PK 9/4-1982/8; *Willms* 1984, 103

340 J. *Spittmann*/K. W. *Fricke* (Hrsg.): 17. Juni 1953. Arbeiteraufstand in der DDR, Köln 1982; J. *Rühle*/G. *Holzweißig:* 13. August 1961. Die Mauer von Berlin, Köln 1981 (hrsg. v. J. *Spittmann*).

341 Nach M. *Stürmer* 1983, 143. Davon, „daß die Einigung Deutschlands eine Machtfrage sei, die nur durch Opfer der Einzelstaaten an Souveränitätsrechten zugunsten der Gesamtheit und nur durch die Austragung des Dualismus, wenn nötig mit Gewalt, erzwungen" werden könne, spricht R. *Dietrich,* in: C. *Hinrichs*/W. *Berges* (Hrsg.): Die deutsche Einheit als Problem der europäischen Geschichte, Stuttgart 1960, S. 155

342 vgl. *Stürmer*, a.a.O., S. 16-17. Vgl. die wichtige Arbeit von W. *Zorn:* Wirtschafts- und sozialgeschichtliche Zusammenhänge der deutschen Reichsgründungszeit (1850 - 1879), in: HZ 197/1963/318-342. Zorn widerlegt hier insofern die marxistische These von der Bildung größerer Märkte, als sich für die zwangsläufige Entstehung des Bismarck-Reiches aus dem Zollvereins-Zustand keine Belege finden lassen. Weitere Literatur zu dieser Frage z. B. bei *Wehler* (1973).

343 vgl. dazu die Themenausgabe der Zeitschrift „Das Parlament" Nr. 9 v. 5.3.1977 oder für die preußisch-deutsche Geschichte die idealtypisch gesehen zutreffende Arbeit von O. *Büsch:* Militärsystem und Sozialleben im alten Preußen 1713 - 1807, Frankfurt ^{2}1981

344 *Hayes:* Historical evolution of modern nationalism, New York 1949 u. *Krockow* 1970

345 vgl. E. *Kosthorst:* J. Kaiser, in ders.: Zeitgeschichte und Zeitgeschehen, Paderborn 1981, S. 105, 113f., 122, 131f. Das damals vieldiskutierte Neutralitätsproblem wird seit Frühjahr 1982 ausführlich wieder betrachtet. Speziell zur Stalin-Note vgl. K. *Motschmann:* Sozialismus und Nation, München 1979, S. 226f.

346 G. *Gaus:* „Androhung totaler Vernichtung – schöner ist der Friede nicht zu haben", in: FR v. 14. u. 16.11.1981

347 Gute Darstellungen finden sich, um einige Namen zu nennen, bei: B. *Meissner*, J. *Hacker*, A. *Martiny*, H. *Mommsen*, F. *Kopp*, W. *Seiffert*, u. v. a.
348 vgl. K. *Motschmann*, a.a.O., und vor allem: „Die deutsche Nation – von der Geschichte überholt oder geschichtlicher Auftrag? Die nationale Frage und die beiden deutschen Staaten", hrsg. v. der Friedrich-Ebert-Stiftung, Bonn/Bad Godesberg 1974, hier bes. S. 8-46
349 Gegen den Primat des Politischen und für die angemessene Betonung des rechtlichen Aspekts in den Ost-West-Beziehungen spricht sich Jens *Hacker* aus in: G. *Knopp* (Hrsg.): Die deutsche Einheit. Hoffnung – Alptraum – Illusion? Aschaffenburg 1981, S. 227. Erneut sei auf die Hinweise von W. *Weidenfeld* aufmerksam gemacht, daß der „Kampf um die Interpretation der Nation" einen Teil des politischen Machtkampfes darstelle: Die Einheit der Nation, Bonn 1981, S. 112-113. Vgl. weiter *Hacker* 1977, S. 40, 1. Satz (u. ö.)
350 Die Rolle der Gewalt in der Geschichte, in: MEW. Bd. 21, S. 414; vgl. auch W. *Benjamin:* Zur Kritik der Gewalt, Frankfurt 1965
351 vgl. G. *Klaus*/M. *Buhr:* Politik, in: Marxistisch-leninistisches Wörterbuch der Philosophie, Bd. 2, S. 941: Politik „das ist der Kampf zwischen den Klassen (Lenin) um die Macht im Staat. Die Politik ist der Kampf der Klassen und ihrer Parteien, der Staaten und Weltsysteme um die Verwirklichung ihrer sozialökonomisch bedingten Interessen und Ziele sowie die Stellung der Schichten und Klassen zur Macht. (. . .) sind darauf ausgerichtet, entweder die Staatsmacht zu erobern und mit diesem Instrumentarium die Realisierung der Klasseninteressen zu bewirken oder die bestehenden Macht- und Herrschaftsverhältnisse zu sichern, zu stärken oder verlorene Macht und politischen Einfluß zurückzugewinnen."
352 zit. n. „Die deutsche Nation . . .", *Ebert-Stiftung* 1974
353 L. *Rühl:* Machtpolitik und Friedensstrategie, Hamburg 1974; W. *Link:* Der Ost-West-Konflikt. Die Organisation der internationalen Beziehungen im 20. Jh., Stuttgart 1980. Mehr zu Sicherheitsaspekten bei K.-P. *Stratmann:* NATO – Strategie in der Krise: Militärische Optionen von NATO und Warschauer Pakt in Mitteleuropa, Baden-Baden 1981; K. *Kaiser*/K. *Markus* (Hrsg.): Sicherheitspolitik vor neuen Aufgaben, Frankfurt 1977. Dokumentarisch sehr umfassend und nützlich: K. v. *Schubert* (Hrsg.): Sicherheitspolitik der Bundesrepublik Deutschland, Düsseldorf 1978, 2 Bde.

3. Nation als Subjekt der Geschichte

Die Multidimensionalität der nationalen Frage, wie sie hier verstanden wird, beruht immer auch auf einer historischen Grundlage. Deshalb wäre zu untersuchen, welche Rolle die Nation geschichtlich spielt. Wir beschränken uns auf die Frage nach dem Subjekt der Geschichte und erörtern dazu auch kurz geschichtsphilosophische bzw. geschichtskritische Aspekte, die für diese Untersuchung als nicht unwesentliche Ausgangslage verstanden werden können.

Geschichte als Maß?

Unter Geschichtsphilosophie wird verstanden werden können, die „systematische Ausdeutung der Weltgeschichte am Leitfaden eines Prinzips, durch welches historische Geschehnisse und Folgen in Zusammenhang gebracht und auf einen letzten Sinn bezogen werden"[354]. Um die Prinzipien identifizieren zu können, wird man nach dem *Subjekt* der Geschichte fragen müssen, mit dem die Prinzipien geschichtsmächtig werden. Prinzipien wie Subjekte der Geschichte sind wiederum von der Frage nach dem Sinn der Geschichte zu unterscheiden.

Die Behauptung der Unvergleichbarkeit und Einmaligkeit konkreter geschichtlicher Situationen wäre eine unhaltbare historische Position, wenn sie bedeutete, daß *nur* aus ihr Maßstäbe[355] zu gewinnen wären. Damit wäre alles politische Denken gleich gültig und der Erfolg wäre „der letzte Richter und die letzte Rechtfertigung unserer Handlungen", damit würde man die opportunistische Meinung legitimieren, daß die „Geschichte urteilen wird, d. h. daß zukünftige Macht Recht ist"[356]. Dieses historische Maß wird geschichtlich immer wieder erlitten, aber es kann in Wahrheit nicht akzeptiert werden. Erfahrung von Übel und Leid kann ihrerseits den geschichtsphilosophischen Reflexionsprozeß anstrengen, um das historische Maß zu überwinden und für die historische Gültigkeit eines prinzipiellen (universellen) Maßes Sorge zu tragen, das die Kontingenz des Historischen seinerseits relativiert. So ist der Satz dann nicht mehr zu halten, daß das Historische das sei, „was a priori unsere Identität kontingent stiftet"[357], wenn er nur historisch vertreten würde, also sein Wahrheitsanspruch für den ganzen Menschen Geltung haben sollte. *Der Mensch und sein politisches Handeln in der politischen Gesellschaft ist nicht nur aus seiner Geschichte zu erklären oder gar zu rechtfertigen.* Doch eben dies behauptet der Historist. Belegen wir diese These an der Frage nach dem Sinn der Geschichte, die der Historist Theodor Litt, punktualistisch zugespitzt, beantwortet, wenn er vom Sinn schreibt, er werde „an jedem Punkt der geschichtlichen Welt in der besonderen Gestalt hervorgebracht, die er unter den Händen und nach den Entwürfen der gerade jetzt und hier Angetretenen annimmt"[358]. Der

Jeweilssinn einer bestimmten Zeit oder einer bestimmten historischen Gruppe führt die Sinnfrage ad absurdum.

Jenseits der geschichtsphilosophischen Spekulation über den Sinn der Geschichte, scheint die amerikanische Zivilisation nicht mehr und nicht weniger als „das Ziel der Menschheitsentwicklung grundsätzlich erreicht" zu haben. Hanno Kesting[359] hat dieses unbescheidene amerikanische Selbstverständnis hervorragend kritisiert und im nach innen wie nach außen Geltung beanspruchenden „Adjustment" auf den Begriff gebracht. Bereits Hans Freyer hatte den neuen weltgeschichtlichen Trend benannt: „Das ist wohl das eigentliche Geheimnis des Prozesses der Zivilisation, daß er durch den Willen, sich anzupassen, dauernd angetrieben wird und daß er einerseits diesen Willen immerzu nährt."[360] Der universelle Prozeß der Gleichheit feiert im „demokratischen Despostismus" (A. de Tocqueville) Triumphe, Geschichte wird amorph und wirkt kulturell nivellierend. Kulturkritik vermag hier ihre wirkliche Berechtigung zu belegen. In diesem Stadium der Entfremdung weiß man den Wert des überkommenen Historismus zu schätzen, der im Gegensatz zu diesen uniformisierenden Tendenzen die Anerkennung kollektivindividueller Besonderheiten ermöglichte, sie aber, das ist sein Dilemma, nur historisch-genetisch begründen konnte. Entwickelte sich die Geschichte gegen diese als wertvoll erkannten Besonderheiten, so bleibt ihnen bestenfalls ohnmächtige Reklamation, der womöglich noch den Soupçon der Rückschrittlichkeit und Skurrilität hervorruft. Nur unter großem Begründungsaufwand kann es vielleicht gelingen, den „Anspruch aufs nicht universalisierbare Anderssein"[361] zu thematisieren, aber aus der historischen Kontingenz kann man sich nicht historisch-nominalistisch selbst befreien.

Der uniforme Zivilisationsprozeß ist aus dieser Position heraus nicht kritisierbar. Wir dürfen in diesem Zusammenhang an unsere beiden Theorieelemente erinnern, die den Zusammenhang von Natur und Politik thematisieren. Wir werden an anderer Stelle der Frage noch weiter nachzugehen haben, ob diese Natur mit einem Universum human in Verbindung zu bringen ist, d. h. ob die menschlichen, kollektiven Individuationen aufhebbar sind.

Auf einer praktisch-ethischen Ebene ist hier aber zunächst der Wert der Geschichte durch eine berühmte Position anzusprechen. „Nur soweit die Historie dem Leben dient, wollen wir ihr dienen" wandte Nietzsche schon geschichtskritisch sein. Was er alternativ verlangte, war die *„plastische Kraft* eines Menschen, eines Volkes, einer Kultur." Damit meinte er jenes innovative Vermögen, „jene Kraft, *aus sich heraus* eigenartig zu wachsen, Vergangenes und Fremdes umzubilden und einzuverleiben, Wunden auszuheilen, Verlorenes zu ersetzen, zerbrochene Formen *aus sich* nachzuformen"[362]. Geschichte erhalte einen humanen Sinn erst durch die Kraft, „das Vergangene zum Leben zu gebrauchen und aus dem Geschehenen wieder Geschichte zu machen", dadurch werde der Mensch zum Menschen[363].

Subjekt der Geschichte

Seit Hegels geschichtsphilosophischen Reflexionen spricht man mindestens von zwei geschichtlichen Subjekten: welthistorischen Individuen, die ihre höchste Leistung darin sehen dürfen, „Geschäftsführer des Weltgeistes zu sein"[364] und staatenbildenden Völkern. Während die Bedeutung sog. welthistorischer Individuen eher im Abnehmen begriffen ist, sind die Nationen in ihrer modernen, nachrevolutionären Gestalt (nach 1789) universell verbreitet. Werner Conze ist der Ansicht, daß es Nationen gebe, seit sich uns Geschichte aufgrund geschichtlicher Quellen darbiete. Ihre Träger und Deuter seien Eliten gewesen: politische, militärische, Priester- oder Bildungseliten, also maßgebende Minderheiten (1982, 4). René Johannet meinte 1918, daß seit dem Tag, an dem der erste Redner eine genaue Bezeichnung wählte, um eine organisierte Kollektivität symbolisch auszuzeichnen, sich die Frage der Nationalität stellte[365]. Auch für die Gegenwart wird immer weniger der *welt*politische Rang der Nationen geleugnet[366]. Selbst marxistische Autoren schreiben der Nation einen entscheidenden Wert zu, wobei hier nicht an die nationalkommunistische Taktik und Propaganda eines Stalin gedacht sei, sondern an die Position Régis Debrays, der von der Nation sagt, daß sie deshalb nicht marxistisch auf den Begriff zu bringen sei, weil der Marxismus keinen Naturbegriff habe. Es sei aber kein Zweifel, daß Massen Geschichte machten. Sein Begriff der Massen ist selbstverständlich nicht im bürgerlichen Sinne pejorativ. Er versteht unter Massen die eingrenzbaren, kulturellen und natürlichen Gemeinschaften, d. h. Massen seien nur „in der Form kulturell und historisch bestimmter nationaler Massen" denkbar. (1978, 84 u. 95)

Selbst die geschichtsphilosophischen Interpretationen der Weltgeschichte, wie sie in der letzten Dekade aus Moskau und Ostberlin kommen, machen der Existenz von Nationen erhebliche (und wohl nicht freiwillige) Zugeständnisse, wenn man diese Zugeständnisse auch zugleich wieder relativiert: „soziale Einheiten, Gemeinwesen auf einem bestimmten Territorium und von bestimmter zeitlicher Dauer, sind die konkreten Träger und Subjekte des Geschichtsprozesses". Soziale Einheiten seien Stamm, Völkerschaft und Nation, alle aber nur sekundäre Strukturformen der, wie kann es anders sein, ökonomischen Gesellschaftsformationen[367].

Subjekt der Geschichte mögen auch Reiche und Imperien sein, aber es ist dabei zu fragen, von welcher Ethnie dieses Reich bestimmt und beherrscht wird[368], oder wer es hegemonial lenkt. Daß auch religiöse Organisationen und Institutionen eine temporäre Geschichtsmacht sind, d. h. politische Wirksamkeit zukommt, ist außer jedem Zweifel. Beide Einwände stellen die Gewichtigkeit der zuvorgenannten Geschichtssubjekte nicht in Frage.

Problematischer erschien indes die deutsche Theorie der Volksgeister, wie sie Hegel und Herder prägten[369]. Heinz O. Ziegler (1931, 30ff.) hat sich 1930 mit dieser Theorie beschäftigt. Er kritisiert zunächst die wissenschaftliche Unmöglichkeit einer Bestimmung der Nation als einer irrationalen Potenz. Nationalgeist, Volksseele und Volksgeist seien keine die Nation ableitende Erklärung, sondern die Behauptung einer einheitlichen, irrationalen Substanz, als deren Objektivation dann die Nation erscheinen kann. Auch hier ist die Art der Kritik epistemologisch. Zieglers Kritik geht selbstverständlich nicht soweit, aus diesen wissenschaftlichen Unzulänglichkeiten zu folgern, die Sache könnte es nicht geben. Die Differenziertheit und Komplexität der tatsächlichen Verhältnisse würde in der Volksgeisttheorie erfaßt, die „Vielfalt der historischen Kräfte, ihre Verflechtung und die ganze Pluralität ihrer Auswirkungen ist in diesem Begriff aufgenommen", der Eigentümlichkeit des historischen Geschehens trage dieser Begriff „im gewissen Sinne unmittelbarer und adäquater Rechnung" (ebd., 226). Nicht so sehr ein gleiches Menschenrecht als die historische Dignität entscheide über den politischen Anspruch einer Nation, so Ziegler. Der (universellen und prinzipiellen – T. M.) Gleichheit der Nationen, die der Gleichheit der abstrakten Staatsbürger entspreche, stehe gegenüber der (kollektivindividualistische – T. M.) Gedanke, daß jede Nation vor allem als Repräsentant einmaliger, nur (!) von ihr verwirklichter und durch sie zu verwirklichender Werte ihr weltgeschichtliches Existenzrecht zu eigen erhalten (ebd., 227). Ziegler sieht indes bereits 1930, daß hier ein missionarischer Mehrwert in der Volksgeistlehre grundgelegt wird, weswegen man heute die Nationsvalenz meint bestreiten zu müssen. Entscheidender ist jedoch, das muß hier erneut unterstrichen werden, wenn man das nationale Geschichtssubjekt richtig beurteilen können will, daß der kollektiv-individualistische Wert einer Nation, ihre Besonderheit, Einmaligkeit usw. historisch verstanden und gegen universelle Konzepte ausgespielt wird. Wir werden hierauf noch mit unserer „Realitätsthese" zurückkommen. Hier genüge ein letztes schlichtes Beispiel einer historistischen Argumentation, um die selbstauflösende und transitorische Anlage historischer Nationskonzepte, hier in Gestalt der ohnehin kritisierten Volksgeistlehre, zu belegen.

Hegel bestimmt den Geist eines Volkes aus seiner Religion, seinem Kultus, seinen Gebräuchen, seiner Verfassung, seinen politischen Gesetzen u. a. m. und resümiert, daß was ihre Taten zeigen, daß das die Völker seien. So könne jeder Engländer sagen: „Wir sind die, welche den Ozean beschiffen und den Welthandel besitzen, denen Ostindien gehört und seine Reichtümer, welche Parlament und Geschworenengerichte haben".[370]

Wenn man heute die Konzepte der „politischen Kultur" ansieht und weiß, daß man sie sehr wohl auch mit überkommenen Begriffen dechiffrieren kann[371], wird man gut daran tun, nicht ungeprüft und voreilig Begriffe aufzugeben, die die Wirklichkeit wiedergeben können.

Damit ist nicht gemeint, daß man nunmehr wieder Volksgeister identifizieren sollte. Der Prozeß der Rationalisierung und „Entzauberung der Welt" scheint über diese Methode und Begriffswelt hinweggeschritten zu sein.

Fassen wir zusammen. Es ist möglich, Geschichte am Leitfaden des Prinzips zu interpretieren, daß sich Menschen in politischen Gemeinschaften organisieren und daß die maßgebliche politische Gemeinschaft in der Gegenwart die Nation ist. Selbst die größte, geschichtsmächtigste Ideologie der heutigen Welt braucht für ihre politische Wirksamkeit die Völker und Nationen und kann sich nicht auf eine internationale Klasse[372] als Geschichtssubjekt stützen.

Mit dem Aufweis der Tatsache, daß die Nationen *historischen* Subjektcharakter besitzen, ist eine historisch-strukturelle Position aufgebaut worden. Im folgenden wird die komplexe Nation in ihrer *aktuellen* Wirklichkeit zu untersuchen sein.

Der dritte Hauptteil der Arbeit dient so der kritischen Frage nach dem *Wirklichkeitscharakter der Nation*. Einige *Ordnungsmomente* werden vorgeführt.

Anmerkungen

354 K. *Löwith:* Weltgeschichte und Heilsgeschehen, Stuttgart u. a. [6]1973, S. 11. Landgrebe versteht darunter die „Denkende Besinnung auf der Erfahrung der Geschichte und Reflexion auf Sinn und Weg ihres Verstehens", in: M. *Riedel* (Hrsg.): Rehabilitierung der praktischen Philosophie, Band II, S. 187
355 Vgl. Ernst *Troeltsch:* Über die Maßstäbe zur Beurteilung historischer Dinge, HZ 116/1916/1-47
356 K. R. *Popper:* Hat die Weltgeschichte einen Sinn? in ders.: Die offene Gesellschaft und ihre Feinde, Bd. II, S. 336, München [6]1980. „Die Weltgeschichte ist das Weltgericht" (Hegel)
357 H. *Lübbe:* Religion nach der Aufklärung, in ders.: Philosophie nach der Aufklärung, Düsseldorf 1980, S. 84
358 Die Selbstbesonderung des Sinnes (1961), in: L *Reinisch:* Der Sinn der Geschichte, München [5]1974, S. 82; vgl. auch Georg G. *Iggers:* Die Krise der herkömmlichen Geschichtswissenschaft, in ders.: Neue Geschichtswissenschaft vom Historismus zur historischen Sozialwissenschaft, München 1978, S. 11ff.
359 H. *Kesting:* Geschichtsphilosophie und Weltbürgerkrieg, Heidelberg 1959, S. 229ff.; vgl. auch Kurt *Schilling:* Geschichte der sozialen Ideen, Individuum, Gemeinschaft, Gesellschaft, Stuttgart [2]1966, S. 466-486
360 H. *Freyer:* Theorie des gegenwärtigen Zeitalters, Stuttgart 1955, S. 58; vgl. auch sein Konzept der sekundären Systeme, ebd. S. 110 u. a.

361 H. *Lübbe:* Politischer Historismus, a.a.O. (1980), S. 155
362 Friedrich *Nietzsche:* Vom Nutzen und Nachteil der Historie für das Leben, in ders.: Unzeitgemäße Betrachtung, Stuttgart 1964 (= KTA 71), S. 104 (Hervorhebungen wurden hinzugefügt – T. M.)
363 ebd. S. 106
364 G. W. F. *Hegel:* Vorlesungen über die Philosophie der Geschichte, Stuttgart 1975, S. 74ff. Vgl. dagegen H. *Lübbe:* Theorie und Entscheidung, Freiburg 1971, S. 124 u. 129
365 Le Principe des nationalités, Paris 1918, S. 298
366 Wir gehen auf diesen Aspekt noch ausführlicher ein. Vgl. W. *Fiedler* 1981, 46
367 A. *Kosing:* Nation in Geschichte und Gegenwart, Studie zur historisch-materialistischen Theorie der Nation, Ostberlin 1976, S. 127 und 128. Der Begriff des Sozialen wird hier wie überhaupt in der marxistischen Orthodoxie (und nicht nur dort) weit in den Bereich des Nationalen, sogar des Internationalen elargiert: die sozialistische Welt wird zu einer sozialen Gemeinschaft: Die Moskauer „Diskussion" spiegelt sich in dem Buch „Der Leninismus und die nationale Frage in der Gegenwart, Moskau 1974, wider. Nicht ohne Tragikomik heißt es auf Seite 428: „Die Erfahrung bei der Lösung der nationalen Frage in der UdSSR und die Erfolge bei der Lösung dieser Frage in den anderen sozialistischen Ländern üben einen kolossalen Einfluß auf die Entwicklung der Nationen und der nationalen Beziehungen in der ganzen Welt aus."
368 „In a state composed of diverse and perhaps hostile peoples this question must be translated in simple language to read: who rules whom?" R. *Emerson* 1970, 329
369 Vgl. E. v. *Moeller:* Die Entstehung des Dogmas von dem Ursprung des Rechts aus dem Volksgeist (= Mitteilungen des Instituts für österreichische Geschichtsforschung 30/1919/1ff.) sowie Hermann *Kantorowicz:* Volksgeist und historische Rechtsschule, in: HZ 108/1912/295ff.
370 Vorlesungen, a.a.O., S. 131
371 R. *Bendix:* Rationalismus und Historismus in der Sozialwissenschaft, in ders. 1982, besonders S. 19, vgl. auch Peter *Reichel:* Politische Kultur der Bundesrepublik, Opladen 1981, S. 38ff. und 57
372 Jacques *Mascotto:* Classe contre nation, Montreal 1979. Stalins Sozialismus in einem Lande drückt sich auch in seiner Beurteilung der nationalen Kulturen aus: sie seien „proletarisch ihrem Inhalt, national ihrer Form nach" (Werke Bd. 7, S. 119ff., Berlin-Ost)

III. Darstellung des Prinzips Nation: Ordnungsmodell und Wirklichkeitscharakter der Nation

1. Ethnizität

Der Leitgedanke dieses Kapitels liegt in der Beachtung des ethnischen Faktors in der nationalen Wirklichkeit. Ökonomisches bestimmt zwar heute sehr weitgehend die politische Wirklichkeit, aber selbst für den homo oeconomicus gehört der Faktor Mensch zu den Produktivkräften. Jenseits der ökonomischen und sozialen Oberfläche kann der Mensch durch eine spezifische Herkunft gekennzeichnet werden, die es wahrzunehmen und anzuerkennen gilt. Der Gruppe, der er neben der Familie und über sie hinaus am natürlichsten verbunden ist, ist die ethnische Gruppe oder sind gegebenenfalls ethnische Gruppen. In diese Gruppe(n) wird er hineingeboren, ihr ist er als Individuum verhaftet, unabhängig späterer Möglichkeiten, seine ethnische Identität für seine Nachfahren aufzugeben. Was verstehen wir zunächst unter ethnischer Gruppe bzw. unter einem Volk?

Ethnische Gruppen

Volk ist eine Abstammungsgemeinschaft, die sich aus verschiedenen Stämmen oder Großstämmen zusammensetzt. Gemeinsame Traditionen und Lebensweise und eine einheitliche Sprache kennzeichnen dieses dynamische, soziale Gebilde.
Eine *Volksgruppe* oder ein Volkssplitter ist eine ethnische Gruppe, die von einem Volk getrennt, aber als eine für sich bestehende ethnische Einheit besteht.
Im Unterschied (!) zu dem deutschen Sprachgebrauch, ist ein Ethnos/Volk als eine vorpolitische Einheit zu sehen. Das ist hier im Gedächtnis zu behalten.
Wie entsteht nun eine ethnische Gruppe oder ein Volk? Zuvor muß jedoch gefragt werden, was die das Volk aufbauenden Stämme für Gebilde sind.
Unter *Stämmen* verstehen wir frühgeschichtliche Völkerschaften oder Bevölkerungsgruppen, die vor allem durch ein Machtzentrum zusammengefaßt werden. Die Stämme zeichnen sich durch einen einheitlichen Dialekt, gewisse religiöse Vorstellungen, Sitten, Gebräuche und einen eigenen Stammesnamen aus. Neue Stämme, die plötzlich an manchen frühgeschichtlichen Orten auftauchen, werden dadurch erklärt, daß ein Rivalisieren um Gefolgschaft zu Neubildungen führen kann. Für dieses Rivalisieren muß angenommen werden, daß es Kerne gegeben hat, die eine gewisse Einheitlichkeit aufwiesen. Die Gefolgschaft muß sich ebenfalls verstanden haben können, wenn sie abgeworben und in einen neuen Stamm eingegliedert werden konnte. In Deutschland dürfte eine gemeinsame Sprache weit verbreitet gewesen sein, dennoch waren verschiedene Herkunftsmöglichkeiten gegeben. Von einheitlichen germanischen Stämmen auf dem späteren deutschen Territorium kann man nicht sprechen. Festzuhalten ist, daß Stämme ethnosoziale Gebilde sind, d.h., wie der sowjetrussische Ethnologe Julian V.

Bromlej es nennt, ethnische Gemeinschaften mit sozial-potestatischen, d. h. um ein Machtzentrum gruppierten Strukturen[1].

Relativ spät erst wird man von folgendem Prozeß der *Stammesbildung* in Deutschland ausgehen können: 1. passive Isolierung (Schlesien, Ostpreußen), 2. staatliche Grenzen (Alemannen in Baden, dem Elsaß und der Schweiz) und 3. Angleichung bestimmter Räume unter der Führung kultureller Zentren (Oberrhein, Niederrhein, Bayern[2]). Die deutsche Stammesbildung und ihre Rolle im deutschen Volk war nach Barbarossa durch die mächtigen Landesherren und ihre Länder partikularistisch abgeschlossen worden.[3]

Völker sind, entsprechend den unklaren Stammesverhältnissen, keine unwandelbaren gleichbleibenden Gebilde (*Mosse* 1976, 124f.), aber noch weniger willkürliche Produkte, die dann jedenfalls nach ethnischen Gesichtspunkten sich nicht hätten gruppieren brauchen (*Heraud* 1967, 34). Von einer ethnischen Gemeinschaft zu sprechen ist deshalb schwer, weil das Bewußtsein der Gemeinschaft erst spät auftritt und noch später festgestellt werden kann. Öfter werden Ethnien durch Nachbarn, Fremdherrschaft oder seit dem 19. Jahrhundert durch Wissenschaftler als Einheit unter einen gemeinsamen Namen zusammengefaßt: „Gewiß entsteht damit noch kein Volk, wohl aber wird eine Voraussetzung für das Zusammenwachsen wirksam" (*Boehm* 1965, 49). Das Zusammenleben über grrößere Zeiträume hinweg unter gleichen räumlichen, kulturellen, sozialen, wirtschaftlichen Bedingungen trägt wohl entscheidend zur *Ethnogenese* bei. In dem ethnogenetischen Prozeß traten fast immer auch andere ethnische Gruppen hinzu. Die ethnoformierende Rolle, wie Bromlej formuliert, der Gemeinsamkeit des historischen Schicksals der Menschen, dürfte nicht

> „in dem Sinne hypertrophiert werden, daß etwa das gemeinsame historische Erleben um jeden Preis zur Entstehung eines neuen Ethnos führe. Man kann ungezählte Beispiele anführen, wo viele Generationen hindurch ein gemeinsames historisches Schicksal (innerhalb eines Staates) vorhanden waren (und die Verbindung wurde von ihnen deutlich erkannt), die jedoch keine einheitliche ethnische Gemeinschaft bildete."[4]

Schon in den 50er Jahren hatte Mühlmann auf das ethnologische Phänomen der „Colluvies gentium", d.h. der Ethnogenese durch das Zusammenströmen Asylsuchender, aufmerksam gemacht, dessen gigantischstes Beispiel die USA waren und sind. *Ethnisches,* so ist daran zu lernen und festzuhalten, *ist* überhaupt nichts Irrationales, wie man deutscherseits manchmal unter einseitig nationalgeschichtlicher Perspektive wähnt, sondern *ein natürlicher, naturgeschichtlicher Prozeß der menschlichen Vergemeinschaftung*. Die Wirklichkeit einer „Colluvies gentium" ist indes eine Ausnahme, wie Mühlmann damals ebenfalls betonte: „Hunderte, ja tausende Male wird das Zusammentreffen flüchtiger Personen auf einem gemeinsamen Boden ein verfehltes Experiment gewesen sein, das keine ... Dauerfolgen gehabt hat."[5] Ein anderes Extrem wäre die Vorstellung der Ethnogenese über die Filiation von einem Urstamm: sie ist unhaltbar[6].

In Deutschland bildeten zumindest vier Großstämme das deutsche Volk aus. Darin eingeschlossen sind slawische, romanische, keltische und illyrische Elemente. Im Vergleich zu denjenigen Völkern, die als eine Colluvies gentium oder eine ähnliche, vielleicht weniger vielfältige Weise sich bildeten, sind in Deutschland ethnisch homogene Verhältnisse anzutreffen. Da die ethnohomogenen Völker die Minderheit unter den Nationen der Erde bilden, ist der Prozeß der Assimilation von erstrangiger Bedeutung für Staatsnationen, deren unterschiedliche ethnische Ausgangslage in einem Staat zum Ausdruck kommt, der sich politisch über sehr vielfältige Medien gebildet hat, wie z. B. über eine Dynastie oder eine Verfassung, aber auch auf der natürlichen Basis einer *Fortpflanzungsgemeinschaft* Dauer gewinnt. Im Nationalstaat dagegen, wo die Nationsbildung bereits längere Zeit abgeschlossen ist, zumindest aber die relative Homogenität der Nation stabilisiert ist, kann man eher von einer natürlichen *Abstammungsgemeinschaft* (auch: Herkunftsgemeinschaft) sprechen. Während im letzten Fall die (relative) ethnische Homogenität oder Gleichheit bereits „abgeschlossen" ist, kann sich diese Aufgabe für ethnoheterogene Länder dann stellen, wenn sie eine derartige Homogenität anstreben wollen.

Assimilation

Wie läuft nun der Prozeß der Assimilation ab? Als Beispiel mögen die französische und amerikanische Staatsnation mitgedacht werden.
Mehrere Etappen sind anzugeben. Nach einer Periode des Kontakts, der durch die Immigration ausgelöst werden kann, entsteht eine Wettbewerbssituation zwischen der Herkunftskultur und der neuen kulturellen Umwelt. Eine Tendenz der Entfremdung gegenüber der eigenen Gruppe entwickelt sich und gleichzeitig eine Distanzverringerung gegenüber der Fremdgruppe, kulturelle Unterschiede werden fortschreitend abgebaut. Einer Periode des Bilingualismus folgt das Stadium der Bevorzugung der dominanten Sprache der neuen Umgebung. Schließlich wird der Prozeß der ethnischen Entfremdung abgeschlossen mit dem Wechsel des ethnischen Selbstbewußtseins.
Erfolgsvoraussetzung für die Assimilation und auch für diese letzte Stufe ist, daß die dominierende Gruppe bereit ist, die assimilationswillige Gruppe zu akzeptieren, die die neuen ethnokulturellen Werte adoptiert haben.
Besondere Formen ethnischer Entfremdung sind die ethnische Identifizierung mit einer Fremdgruppe, für die man gegenüber Außenstehenden gehalten werden will. So geben sich beispielsweise die finno-urgischen Syriänen in Nordwestrußland als Russen aus. Der Grund dafür, daß man sich der ethnischen Herkunft schämt, kann durch die zivilisatorische Überlegenheit eines „führenden Ethnos" erklärt werden:

> „Viele ethnische Gruppen, die in das Kraftfeld eines überlegenen zivilisatorischen Gefälles geraten, werden von diesem zunächst einmal psychisch überwältigt. Ihre Reaktion ist oft nicht das Ausweichen vor einem äußeren Druck, sondern – mindestens bei einem Teil der Gruppenangehörigen – im Gegenteil etwas, was man „Flucht nach vorn" nennen könnte, ein unwiderstehliches, halb-freiwilliges Hineingezogen- und Hineingesogenwerden in das neue Kraftfeld, und anschließend eine nicht selten freiwillige Unterordnung unter das führende Ethnos oder die soziale Schicht, welche als Träger eines „Gruppen-Charisma", einer Welt überlegener Werte erscheint."[7]

Ethnische Transformationen gibt es viele. Donald H. Horowitz unterscheidet vier „processes of ethnic fission". In der *Amalgamation* werden zwei oder mehrere Ethnien zu einem neuen zusammengeschmolzen, in der *Inkorporation* nimmt eine Gruppe die ethnische Identität der anderen an, in der *Teilung* entstehen neue ethnische Gruppen, schließlich bildet sich in der *Proliferation* aus einem Ethnos oder zwei ethnischen Gruppen von innen heraus eine neue Gruppe[8].
Speziell der Amalgamationsprozeß wird als ethnische Assimilierung im engeren Sinne verstanden. In Robert E. Parks „race relations cycle" entsteht am Ende „a new physical type"[9]. Der Prozeß, so Bromlej, „der biologischen Mischung von Gruppen, die sich rassisch und kulturell unterscheiden, der hauptsächlich auf Mischehen beruht, (führt) zur Nivellierung dieser Unterschiede" (*Bromlej,* 146). Als „final stage" in Parks Zyklus steht dann die „occupation of the territory by people who share a common culture and identify with each other of being of a kind." (*Shibutani/Kwan* 1965, 120). In den

USA, wo man diese Prozesse heute beobachten kann, spricht man in der ethnographischen und politischen Diskussion von einer „color line", die durch „delineation", d. h. Assimilierung, durchbrochen werde. Im Deutschen ist dabei von „Umvolkung"[10] die Rede, in den USA ist eher von einer „inneren Assimilation" zu sprechen. Im Unterschied zu Nationalitätenstaaten, in denen die Nationen und Nationalitäten von einer Assimilationspolitik *bedroht* werden, ist die innere Assimilation zwischen Völkern, Volksgruppen, Volkssplittern wirksam, die sich *aus freien Stücken* zu einem gemeinsamen Schicksal und zu einem neuen politischen Leben (vielleicht als vormals politisch Verfolgte in ihren Heimatländern) entschlossen haben (*Boehm* 1965, 51), im Unterschied zu Nationen und Nationalitäten sind hier ursprünglich Zuwanderer und Zuwanderergruppen Subjekt der Angleichung.

Hier gilt es indes deutlich herauszustreichen, daß derartige intra- aber auch internationale Assimiliationsprozesse in einem Staat meistens, wie oben angedeutet, von einer dominierenden ethnischen Gruppe getragen werden. Darauf kommen wir unten noch zu sprechen.

Es kommt einer Verharmlosung gleich, wenn man, wie die Amerikaner Tamotsu Shibutani und Kian Moon Kwan, sagt: „. . . Heredity marks are only symbols that sometimes indicate the cultural characteristics of those who bear them. (1965, 70f.)" Ginge man davon, vom kulturellen Überbau lediglich aus, so wäre die inneramerikanische und europäische Kritik an dem, was man „melting-pot" nennt, unverständlich, und es ließe sich der ethnische Transformationsprozeß gar nicht erklären. Bromlej schreibt der *Endogamie* den entscheidenden Einfluß zu, wenn ethnische Prozesse fortgesetzt oder geändert werden. So sind z. B. normalerweise 10% bis 15% Mischehen bei einem Ethnos noch verkraftbar. Würden sich bei 10% Mischehen die Kinder zur anderen ethnischen Gemeinschaft zählen können, würde es etwa 100 bis 150 Jahre dauern, bis das Ethnos sich um die Hälfte verändert hätte. In Brasilien aber z. B. „hat sich in weniger als 100 Jahren (von 1819 bis 1910) der Anteil der Personen aus Mischehen (vorwiegend Mulatten) von 20% auf 60% der Gesamtbevölkerung erhöht"[11]. Bromlej schlußfolgert zur Bedeutung der *Endogamie* für die Stabilität des Ethnos, daß eine wesentliche Durchbrechung der Endogamie letztendlich eine grundlegende Modifizierung bis hin zu einer Auflösung des Ethnos nach sich ziehe. „Bekanntlich sind Mischehen einer der Hauptfaktoren bei der Herausbildung neuer Ethnien auf der Grundlage der Synthese zweier oder mehrerer ethnischer Gemeinschaften" (S. 107ff.). Kritiker der „delineation", die einen kulturellen Pluralismus vertreten, werden von Vertretern der „widely-accepted theory of the 'melting-pot'" gelegentlich mit der Apartheitformel: „Seperate but equal" in Verbindung gebracht. Umgekehrt kritisierte man desgleichen die Assimilationspolitik z. B. in Gestalt der Russifikatoren oder Germanisatoren. Diese Formeln können in einer wissenschaftlichen Auseinandersetzung nicht greifen, weil man hier zumindest nicht übersehen kann, wo freier Wille und wo Zwang herrscht.

In Amerika lehnen nun einige ethnische Gruppen, z. B. die Juden, um die traditionsreichste Gruppe zu wählen, die „delineation" ab, weil sie ihre „Linie" sozusagen fortzusetzen wünschen und sich — auf der Höhe ihrer Kultur — gegen das neue Kraftfeld der Zivilisation immunisieren zu können meinen. An diesem Beispiel von *Assimilationsverweigerung* läßt sich sehen, daß diese Gruppen keineswegs in kultureller oder zivilisatorischer Rückständigkeit verharren, weil sie etwa der Anglisierung oder Amerikanisierung widerstehen, sondern ganz im Gegenteil konkurriert hier eine aus ihrer Sicht überlegene Kultur mit einer anderen. Daß es praktische Probleme gibt, diese jüdische „Linie" durchzuhalten, ist nicht anders zu erwarten. Ähnlich dieser jüdischen Identität sind Verweigerungsstrategien ethnodifferenter Kulturgruppen zu sehen, wie sie sich in dem Satz ausdrücken: „I am not of the Xhosa who try to ape the white man; I only want to appear what I am, a real Xhosa." (*Shibutani/Kwan* 1965, 519).

Stellt man dieser Xhosa-Identität die des Amerikaners gegenüber, so wird letzterer sagen können: „They do not compare themselves with people of higher status and greater power." (ebd. 518). Im höheren Status und in der größeren Macht liegen für Shibutani und Kwan offenbar die Vorteile der neuen Identität.

Ethnizität

Hier ist nun einzuführen, was unter Ethnizität zu verstehen ist, denn beide Beispiele drücken sie bereits aus.

Unter *Ethnizität* wird eine ethnische Identität verstanden, die zum Ausdruck bringt, wohin ein Individuum ursprünglich gehört und sich selbst zugehörig fühlt. Ethnizität ist ein in den USA der 70er Jahre entstandener Begriff. Gerade für die amerikanische Gesellschaft trifft zu, daß „ethnicity" eine „revitalization of weak ethnic collectivities (for example, Negro Americans) or the rehabilitation of dwindling ethnic cohesivness (for example, Irish Catholics, Jews, Italians)" ist[12].

Fragt man, was die Ursachen dieser Ethnizität oder Neoethnizität sind, so kann man viele Gründe dazu angeben. Daniel Bell gibt an, daß die Menschen sich wieder zu kleineren Einheiten hin orientieren. Cynthia Enloe sieht eine Distanz zur liberalen Freiheit, die in ethnisch gemischten Gesellschaften Entfremdung bedeuten könne, das Ablösen von ethnischen Bindungen lasse u. U. nicht ein Freisein, sondern ein Alleinsein entstehen. Almond, Coleman und Pye sehen ähnlich Ethnizität verursacht durch ursprüngliche und vergemeinschaftende (communitarian) Bedürfnisse, die in einer Welt mit mehr und mehr beherrschend werdenden Massenorganisationen auftauchen. Smith sieht in der weißen Ethnizitätsbewegung u. a. auch eine Antwort auf die Black-Power-Bewegung der 60er Jahre, aber auch eine Wiederkehr von Symbolen und Traditionen von Vorfahren für eine jüngere, gebildete Schicht. In der weißen Bewegung treten gelegentlich auch „anti-Black overtones" auf, vor allen Dingen in der Arbeiterschicht, der unteren Mittelschicht und in einkommensschwachen städtischen Schichten von Weißen. Tests des neuen ethnischen Identitätsbewußtseins lassen sich über die Erforschung des Sozialdistanzverhaltens erbringen, deren sensibelstes Instrument die Familienforschung ist („would you like your daughter to marry one?"). Ethnizität ist schließlich auch ein Verteidigungsmechanismus gegen „forces of oppression, or against prejudice and discrimination, to use common jargon"[13].

Cynthia Enloe kennzeichnet die ethnizitätstragenden Gruppen, wenn sie sich nicht nur nostalgisch gewisser Vorfahren erinnern, ohne jeden Rückschluß auf ihre bestehenden mehr oder weniger vermischten Gruppen, vor allem durch gefühlsmäßiges Handeln. „They do grow out of sentiment, custom and familiarity rather than out of deliberate calculation. In this regard they are unlike labour unions, peasant syndicates, corporations and other functional interest groups." Ähnlich Bromlejs Argumentation sieht auch Enloe *generative Selbsterhaltungsfunktionen* in diesen Gruppen.

„An ethnic group is largeley biologically self-perpetuating. Marriage, for instance, has significant implications for the survival of an ethnic group but not for the survival of an economic interest group. However, the social ramifications of marriage, not its genetic consequences, affect an ethnic group."[14]

Kritiker der amerikanischen ethnicity unterstellen, daß mit ihr nativistische Kulte

Urstände feierten (*Stein/Hill* 1977, 2). Da man jedoch unter Nativismus einen primitiven Drang versteht, ein durch überlegene Fremdkultur erschüttertes Gruppen-Selbstgefühl wiederherzustellen und zwar durch massives Zur-Schau-Stellen eigenen Gehabens[15], erübrigt sich ein Vergleich mit ethnischer Identität. Diese ist bekanntlich, abgesehen von Ethnizitätsbewegungen, „of latent significance but only rarely activated." (*Francis* 1976, 8).

Zur Bestimmung der Ethnizität gehört noch ein soziales Moment, das durch die *ethnische Stratifizierung* zu umschreiben ist. Ethnizität ist also auch im politischen Kontext von Herrschaft zu sehen, denn meistens sind die polyethnischen Gesellschaften durch eine dominierende ethnische Gruppe charakterisiert. In den USA ist dies die sogenannte WASP-Gruppe, gegen die bereits die Black-Power-Bewegung aufbegehrte. In Gestalt der polemisch sich so charakterisierenden „PIGS", erhält das ethnicity-movement eine markante Oppositionsfaktion in Gestalt der *P*olen, *I*taliener, *G*riechen und *S*lawen. Ihre Differenz zu der angelsächsischen Gruppe liegt außer in der nichtenglischen Sprache der Emigranten in folgendem: „Not particularly liberal, nor radical, born into a history not white Anglo-Saxon and not Jewish; born outside what, in America, is considered intellectual mainstream – and thus privy to neither power nor status nor intellectual voice."[16] Neben der sozialen Schichtung ist in den USA durch die „colorline" eine ethnosoziale Schichtung hinzugetreten (*Shibutani/Kwan* 32f, 572-8).

Entsprechend den unterschiedlichen ethnosozialen, ethnokulturellen und ethnopolitischen Situationen gibt es *unterschiedliche Strategien für die ethnischen Gemeinschaften* in polyethnischen Staaten und für Ethnien (wobei im letzten Fall der Unterschied zu Nationen ohne Staat kaum mehr auszumachen sein dürfte, d. h. daß ein politisches Moment deutlich eine Rolle spielt):

1. Isolation: Z. B. die europäischen Juden, besonders im Mittelalter;
2. Anpassung: Überwindung der Isolation der Emigrantengeneration durch die nachfolgende Generation, ohne allerdings die Beziehung zu ihrer Herkunftsgruppe abzubrechen;
3. Kommunalismus: Hier wird die Anpassung in kommunal begrenzten Räumen in ethnospezifischer Richtung modifiziert, z. B. amerikanische Schwarze in den USA der 70er und 80er Jahre;
4. Autonomie: kulturelle (sprachliche) oder nationale (politische) Formen der ethnischen Absonderung sind besonders in Europa verbreitet (gewesen);
5. Separation: Diese wird vor allem von großen ethnonationalen Gruppen angestrebt bis hin zur Nationalstaatsbildung, z. B. gegen oder aus einem Vielvölkerstaat;
6. Irredentismus: Alle Pan-Bewegungen gehören hierher (Großvölker), aber auch die Sammlung verstreuter ethnischer Partikel in mehreren Staaten (Kurden), (*Smith* 1981, 15ff.).

Von diesen ethnisch bedingten Prozessen sind die unterschiedlichen Nationsbildungsprozesse zu unterscheiden, die auch über die ethnische Entwicklungsstruktur hinweg sich durchsetzen können.

Vergegenwärtigt man sich, daß 1971 von 132 unabhängigen Staaten nur 12 ethnisch homogen waren, bei 25 eine ethnische Gruppe über 90% der Einwohner ausmachte, bei weiteren 25 eine ethnische Gruppe 75-90% der Bevölkerung darstellte und wieder 31 UNO-Staaten eine ethnisch homogene Mehrheitsbevölkerung von 50-74% aufwiesen, so ist damit noch nicht alles zur ethnischen Konstellation gesagt, denn von den 132 Staaten hat in 39 die größte ethnische Gruppe weniger als 50% und in 53 Staaten sogar (= 40,2%) ist die Bevölkerung in mehr als fünf signifikante Gruppen geteilt[17]. Vor diesem Hintergrund also ist die *Dynamik* zu verstehen, die im ethnischen Faktor liegt[18]. Vor diesem Hintergrund sind die ethnischen Strategien zu sehen, aber auch die ethnischen Vereinigungsprozesse durch Konsolidierungen und Assmilierungen (*Bromlej*, 145). Schließlich verdeutlicht sich das soziale und politische Problem, in polyethnischen Staatsnationen eine politische Stabilität zu erreichen. Das „amerikanische Dilemma" (G. Myrdal) besteht in der ethnischen Inhomogenität (*Hennis* 1977, 238f.; *Deutsch* 1972, 22; *Schulz* 1982, 76), die politisch kompensiert werden muß.

In Anlehnung an Talcott Parsons können wir für die „modern community" zwei Aspekte der ethnischen Differenzierung einander gegenüberstellen: zum einen den Aspekt der besonderen ethnokulturellen Tradition einer Bevölkerung, zum anderen den Aspekt einer Art kontraktuellen Mitgliedschaft in einer Bevölkerung. Beide Aspekte würden in einer modernen Gemeinschaft sich die Waage halten[19]. Entsprechend den oben angegebenen Bevölkerungsverhältnissen, wird die Waage ausschlagen, wobei ein freies Austarieren politisch fast kaum anzutreffen ist. Im Bewußtsein dieser Aspektierung wird man folgendes *Ethnizitätstheorem* realiter nachprüfen können: jede nationale Vergemeinschaftung ist durch eine heterogene oder homogene ethnische Konstellation latent bestimmt, die typischerweise in sozialen und politischen Regelungen ihren gewissen Niederschlag findet. Genausowenig, wie die Nation schlechthin ohne den Faktor Ethnizität definiert und politisch interpretiert werden kann, genauso kann die Nation durch diesen Faktor zerstört werden, wenn er unbeachtet bleibt oder zum monokausalen Nationsverständnis überzogen wird.

Abstammungsgemeinschaft

Der Ethnizität entspricht geschichtlich, was im Deutschen eine Abstammungsgemeinschaft geworden ist. Eine Abstammungsgemeinschaft setzt das Bestehen eines Volkes schon voraus, von dem man seine Herkunft/Abstammung ableiten kann.

Das deutsche Volk ist unbestritten eine homogene Abstammungsgesmeinschaft. Es setzt sich aber dennoch aus verschiedenen Rasse- bzw. Subrassenbestandteilen zusammen, die es ebenso unbestreitbar gibt. Aber: rassische Kriterien können ein Ethnos nicht begründen. Es ist im Gegenteil so, daß sich die „Prinzipien der Rasse und Nation als gegnerisch erwiesen" haben (*Hertz* 1927, 36), denn „Rassenmerkmale sind noch keine Gemeinschaftsmerkmale" (*Stavenhagen* 1934, 8). Macht man sie aber zur Grundlage der nationalen Ordnung, so wird diese nicht nur erheblich verändert, sondern tendenziell zerstört. Ein NS-Ideologe sprach so beispielsweise expressis verbis von „zwei Deutschlands" und von einem „feurigen Nationalismus, wenn wir darunter eine rassisch gebundene, willenhafte Art und unterbewußte Denkungsart und Gefühlseinstellung gegenüber einem Universalismus irgendwelcher Form verstehen wollen"; die „rassengebundene Volksseele ist das Maß aller unserer Gedanken... der letzte Maßstab unserer Werte."[20] Hitler selbst spricht vom „allgemeinen Rassenbrei des Einheitsvolkes" und konsequenterweise auch vom „Rassegenossen"[21]. Die natürliche Vergemeinschaftung wird hier rückgängig zu machen gesucht und zoologisiert zum Material von rassezüchterischen Experimenten in globalen Ausmaßen, deren geschichtliche Verwirklichung mit Genoziden einherging.

Die Abstammungsgemeinschaft wird in diesem rassistischen Denken hybrid verworfen, dabei ist sie es gerade und nicht irgendwelche rassischen Substanzen, die die ethnische Charakteristik ausbildetete. Der Kult der nordischen Rasse zerstört in diesem

Sinne die deutsche Nation, weil er sie, ernstgenommen, spaltet und damit vernichtet.

Da rassistische Positionen gerade auf der Ebene der Ethnien und Nationen aufgebaut werden, muß dieses Denken auf seinem Terrain, wie eben gezeigt, kritisiert werden können. Moralische Verurteilungen reichen, so ehrenwert sie sein mögen, nicht aus. Rassismus zerstört die Nationen und Völker, weil er sie spaltet und weil er eine Rasse gegenüber den anderen wertschätzt, anstatt von ihrer politischen Gleichwertigkeit auszugehen. Ähnlich ist bezüglich eines Ethnizismus zu argumentieren, in dem eine ethnische Gruppe sich zum Maßstab macht für weitere von ihr betroffene Gruppen, z. B. in einem Vielvölkerstaat. Politischer Partikularismus dieser Art untergräbt andere ethnische Existenz.

Gerade in Deutschland ist dieser Partikularismus sehr stark kultiviert worden, „völkisches Denken" genügt hier als Konnotat. Die Exstirpartion des „Völkischen" hat dann allerdings gleich auch zur Mißachtung des Ethnischen geführt: und damit erneut eine Partikularität geschaffen. Ethnische Forschung hat sich sowohl des Besonderen wie des Allgemeinen in ethnicis anzunehmen. Ohne das Allgemeine ist das Besondere nur verzerrt analytisch faßbar, das Allgemeine wird durch die ethnopluralistische Vielfalt vergangener und *gegenwärtiger* Völker konstituiert. Alle Völker, große und kleine, sind heranzuziehen, nicht nur Völkerschaften, Volksgruppen und Exotika. Das *ethnische Tabu,* die Mißachtung alles Ethnischen, ist wissenschaftlich unhaltbar. Sowjetische und amerikanische Forschungen haben, wie gezeigt, gewissermaßen sekundär auch eine Rückständigkeit in der deutschen Forschung geoffenbart, denn eine politische Ethnographie oder eine politische Ethnizitätsforschung, d. h. eine Forschung, die sich des politischen Charakters ethnischer Verhältnisse annimmt oder sich des Zusammenhangs bewußt ist, ist schwer ausfindig zu machen[22]. Das Ethnische als solches ist zwar eine vorpolitische Vergemeinschaftung, aber es gehört zu dem (oder den) Baustein(en), aus dem oder aus denen die Nation besteht. In dieser Perspektive, die keine ethnographische und keine volkskundliche ist, sondern eine politologische oder sozialwissenschaftliche, sind das Ethnos und die Ethnien nationsrelevant. Mit den Worten des englischen Soziologen Anthony D. Smith:

> „In every continent and practically every state, ethnicity has reappeared as a vital social and political force. The plural composition of most states; their policies of cultural integration; the increasing frequency and intensity of ethnic rivalries and conflicts; and the proliferation of ethnic movements; these are the main trends and phenomena which testify to the growing role of ethnicity in the modern world." (*Smith* 1981, 12).

Ethnischer Faktor und Natürlichkeit

Der ethnische Faktor ist ein nicht hintergehbarer „Rest" des Politischen, d. h. er besteht jenseits gesellschaftlicher Kontingenz. Eine ethnische Gemeinschaft wie das Volk ist also nicht vereinbart, beschlossen, kontrahiert, gistiftet, gegründet, geschaffen, d. h. konventionell[23]. Wie soll man dieses Gebilde dann anders als *natürlich* bezeichnen? Entschließt man sich, diesen problemreichen Begriff zu verwenden, so ist man im Stich gelassen, wenn man einmal all die Volks- und Ethnosdefinitionen, die den Begriff der Abstammung verwenden und damit mehr als gemeinsames Brauchtum meinen, auf die Definition von Abstammung hin untersucht: sie wird nicht geliefert. Andererseits wird in der Demographie der Begriff „natürlich" verwendet, wenn z. B. die Gesamtheit der Bevölkerungsbewegung damit beschrieben werden soll, d. h. die Resultante aus Geburten und Sterbefällen. In der Ethnographie unterscheidet man auch eine künstliche (wohl: erzwungene) von einer natürlichen (wohl: sich ergebenden, unbeeinflußten) Assimilation.

Mit „Natürlichkeit" verbindet man auf dieser Untersuchungsebene weniger den universellen Maßstab für eine gute Ordnung im Sinne des Naturrechts, wie wir ihn als notwendigen Bestandteil der modernen Nation ausführten, als die Beschreibung humanen, generativen Verhaltens. Es ist sinnvoll, von der Abstammung bezüglich eines Volkes zu sprechen, weil diese durch das generative, natürliche Verhalten entstanden ist.

Vermischt man indes die beiden Ebenen oder Bereiche der Natur, sei es bewußt, sei es unachtsam oder gar vorsätzlich, so können Mißverständnisse die Folge sein. Eine offenbar eklatante Fehlinterpretation liegt beispielsweise darin, daß man pseudologisch aus einer unterschiedlichen Natur[24] unterschiedliche Rechte ableitet, oder daß man ganz offen das Recht des Stärkeren, die Erfolgsmoral aus der Natur ableitet. Man erweckt den Anschein, als ob die Natur selbst z. B. den Sieg des Stärkeren auch als Recht des Stärkeren ausgebe oder ausgeben könne.

Im Naturrecht demgegenüber wird die Natur, wie wir sahen, als Maßstab für die eigene (und selbst zu verantwortende) Interpretation genommen und akzeptiert, ein Maßstab jedoch, der philosophisch gerechtfertigt werden muß. Der Naturrechts-Maßstab wird jedoch nicht für alles und jedes, sondern in politicis für die beste (oder gute) Ordnung gemäß der Natur genommen.

Demgegenüber wird in oben herausgestellter Mißdeutung gerade jede Ordnung und jedes Verhalten nach eigenem Nutzen als von Natur aus rechtens zu begründen gesucht. Diesen *Sophismus* gilt es wissenschaftlich zu brandmarken. Er besteht darin, daß als natürlich ausgegeben wird, was eigener Normativität entspricht, d. h. der Naturrechtsmaßstab wird sophistisch umgedreht zur Recht-Natur-Beziehung. Das Rechte wird ausgedacht oder behauptet, das ideologisch Richtige wir zum objektiv Natürlich-Richtigen gemacht.

Wir können demgegenüber in der Ethnizität, die sich mit der Zeit, durch die Generationenfolge charakteristisch ausgebildet hat, ein natürliches Reservat des Menschen sehen. Das Ethnos besteht, obwohl oder weil es von irgendeinem historischen Zeitpunkt an, der nur sehr schwer und auch nur retrospektiv zu nennen ist, sich entwickelt hat. Der Ursprung dieser Entwicklung kann, wie wir sahen, sozialpotestatisch bedingt sein, er kann aber auch aus vielen anderen Umständen herrühren. Nur im Nachhinein stellt sich heraus, ob diese Umstände ethnogenetisch wirkten oder nicht.

Auf der *Basis* dieser natürlich-ethnischen Gebilde *kann* sich die politische Vergemeinschaftung der Nation entwickeln, wobei gewissermaßen eine Weiterentwicklung aus dem ethnischen Gebilde zur Nation sehr wohl möglich ist, aber nicht als eine Voraussetzung der Nation definiert werden kann, will man nicht allen ethnisch heterogenen *Nationalisationen* (d. h. Nationsentstehungsprozessen) den Rang der Nation absprechen. U. E. wäre dann der Vorwurf des Ethnozentrismus exakt zutreffend. *Die ethnische Linie wird im Nationalstaat durchgehalten, in Staatsnationen gibt es deren mehrere, die in ihr entweder fortbestehen und weiterentwickelt werden oder die zu einer neuen verknüpft werden (Ethnogenese).*

In beiden Fällen aber ist mit der Ethnizität[25] die *natürliche Grundlage der Nationen* angegeben: sie besteht, wie wir feststellten, im Nationalstaat in einer Abstammungsgemeinschaft[26] und in Staatsnationen mit unterschiedlichen Herkunftswelten in der Fortpflanzungsgemeinschaft (um damit begrifflich eine Unterscheidung zu ermöglichen). Die natürliche Grundlage der Nation ist alles andere als selbstverständlich, denn es gibt keinen ethnischen Determinismus, der darin zu sehen wäre, daß die ethnische Disposition eines Menschen ihn automatisch in diesen einen Ethnos zwinge: „... Die

Volkszugehörigkeit des Kindes ist, wie schon der leidenschaftliche Kampf um die Schule in ethnischen Mischgebieten zeigt, ein äußerst gefährdetes, durch Gabe und Anlage nur sehr schwach gesichertes Gut."[27] *Die natürlich-ethnische Disposition bleibt zwar gegeben, aber sie muß erst aktualisiert werden, um sie zu einer ethnischen Identität führen zu können.* Normalerweise ist diese ethnische Identität, zumal wenn sie mit der nationalen Identität harmoniert, kein Bewußtsein, das im Alltag eine Rolle spielt. Erst im Konflikt oder im Zusammenleben mehrerer Ethnien kann es zur Bewußtwerdung dieser ethnischen Identität (in Spannung mit der nationalen Identität oder aber auch in Harmonie mit ihr) kommen, z. B. wenn Minderheiten sich gegen eine Mehrheit stellen und dabei der ethnische Faktor ins Spiel gebracht wird. Nationale Identität ist indes ein Thema, das wir gesondert behandeln.

Es dürfte klar geworden sein, daß wir unter einer ethnischen Gruppe, wie sie im großen auch ein Volk ist, *nicht etwas von Natur bereits Gegebenes* verstehen. Wir können schon eher die Formel „ein Volk ist, eine Nation wird" (*Joachimsen* 1967, 3) verstehen, aber nicht mehr von einem Gewachsensein des Volkes in Analogie zu einem Organismus sprechen[28], weil unsere Analyse das romantische Bild des Gewachsenseins überwunden hat.

Otto Bauer hat zur Nation gemeint – und ähnlich der Völkerpsychologe W. Hellpach[29] – sie sei niemals nur *Naturgemeinschaft*, sondern immer auch *Kulturgemeinschaft* (*Bauer* 1918, 89). Für uns ist das Ethnos das natürliche Fundament für die geschichtlich-nationale Entwicklung, entsprechend ist die Ethnizität ein menschliches Gut, ein transhistorisches Erbe von Natürlichkeit in einem undramatischen Sinne. Wie jedes menschheitliche, lebendige Erbe ist es wert, erhalten zu werden: jedoch nicht analytisch, sondern affirmativ gesehen.

Wie ist das Volk nun politisch präsent, wie kann es politisch berücksichtigt werden, wo drückt es sich politisch aus?

Anmerkungen

1 J. V. *Bromlej:* Ethnos und Ethnographie, Moskau 1973, Berlin (Ost) 1977, S. 117f. Die Übersetzung geht auf eine Besprechung in der Ostberliner Zeitschrift „Jahrbuch für Volkskunde und Kulturgeschichte" 18/1975/204-208 (B. *Weissel*) zurück, in der die Übersetzung angeregt wurde (eine ähnliche Anregung funktionierte stattdessen nicht: ebd. 21/1978/201). Es heißt dort (1975), daß „bei uns von einer bemerkenswerten Abstinenz" in dieser „diffizilen Problematik" gesprochen werden müsse, weil die Volkskundler „die ethnische Problematik im Grunde als nicht existent erachten." Ähnliches gelte für die „Volkskunde der BRD", die in dieser Sache durch „Ratlosigkeit und liquidatorische Tendenz" kennzeichenbar sei. Wir werden auf dieses sehr empfehlenswerte Werk zurückkommen können. Anscheinend hat die sowjetische Strategie vom „Aufblühen der Völker", bevor sie im Sowjetvolk verschmolzen werden sollen, die Chance geboten, sich auch im Sozialismus der Ethnien anzunehmen und sie wissenschaftlich-terminologisch zu erfassen. Oben angesprochenes Werk zu übersetzen (Sovremennye etničeskie processy vSSR) wäre daher in der Tat eine Bereicherung für die ethnologische und ethnische Forschung, weil neben Bromlej ein weiterer bekannter Politologe (V. J. *Kozlov*) daran mitarbeitet. (Gegenwärtige ethnische Prozesse in der UdSSR).

2 H. *Aubin:* 1929, S. 3-26, hier S. 20-26. Zur deutschen Stammesbildung gibt es eine große Literatur. Es kommt uns hier aber nur auf einige wenige kennzeichnende Punkte unter der ethnischen Fragestellung an. Weiter wurde herangezogen die Arbeit des Völkersoziologen Max Hildebert *Boehm:* Das eigenständige Volk ([1]1932), [2]1965, Darmstadt, S. 108ff.

3 G. K. *Hugelmann:* Staat, Nation und Nationalstaat, S. 205; W. E. *Mühlmann:* Homo creator. Abhandlungen zur Soziologie, Anthropologie und Ethnologie, Wiesbaden 1962, S. 305; H. *Zilleßen* 1970, 354; P. *Kirn* 1943, 114f.; H. *Eggers:* Deutsche Sprachgeschichte, Bd. 1, Reinbek 1974

4 *Bromlej*, 97. Für den Vielvölkerstaat dürften diese Sätze ebenfalls aufschlußreich sein.

5 *Mühlmann*, a.a.O., S. 309f.
6 ebd.
7 *Mühlmann*, a.a.O., S. 390 u. 320f., 312f.; *Bromlej*, a.a.O., S. 146; T. *Shibutani*/K. M. *Kwan:* Ethnic stratification. A comparative approach, New York/London 1965, S. 117-120, S. 505-507
8 D. H. *Horowitz:* Ethnic identity, in: N. *Glazer*/D. P. *Moynihan* (Eds.): Ethnicity: Theory and experience, Cambridge, Mass. 1975, S. 113f. Glatzer/Moynihans Band ist eines der wichtigsten Bücher zum Ethnizitätsphänomen, das wir u. noch behandeln.
9 Nach *Shibutani/Kwan*, a.a.O., S. 120; E. R. *Park:* Race and Cultures, Glancoe, Illinois 1950
10 *Mühlmann*, a.a.O., S. 323
11 *Bromlej*, a.a.O., S. 107-108, positiv fomuliert lautet die *Bedeutung der Endogamie:* „Durch die Bewahrung der ethnischen Einheitlichkeit der Familien innerhalb des Ethnos gewährleistet die Endogamie die Kontinuität der dem Ethnos eigenen kulturellen Spezifik von Generation zu Generation. Die Endogamie wirkt dabei gleichzeitig als Faktor der kulturellen Abgrenzung der Ethnien untereinander ... Sie übt gleichfalls einen integrierenden Einfluß auf die das Ethnos bildenden Komponenten aus. Die Eheschließung von Generation zu Generation innerhalb einer heiratsmäßig geschlossenen Menschengemeinschaft zieht unausweichlich eine sich verstärkende Vereinheitlichung in den unterschiedlichsten Kultursphären nach sich." S. 111
12 M. *Kilson:* Blacks and neo-ethnicity in american political life, in: *Glazer/Moynihan*, a.a.O., S. 236; C. H. *Enloe* 1973, passim; H. R. *Isaacs:* Idols of tribe: Group identity and political change, New York 1975
13 H. *Mast:* Some theoretical considerations in international race relations, in: W. *Bell*/W. E. *Freeman* (Eds.): Ethnicity and nation-building: Comparative, international and historical perspectives, Beverly Hills/London 1974, S. 64; W. J. *Foltz:* Ethnicity, status, and conflict, in: Bell/Freeman 105; A. D. *Smith:* Ethnic revival, London u. a. 1981, S. 156; G. H. *Almond*/J. A. *Coleman*/L. W. *Pye* in der Einleitung von C. H. *Enloes* Buch, a.a.O., S. VIII und *Enloe*, S. 65; D. *Bell:* Ethnicity and social change, in: *Glazer/Moynihan*, a.a.O., S. 171
14 *Enloe*, a.a.O., S. 39ff.; N. B. *Schwartz:* Assimilation and acculturation: Aspects of ethnicity in a Guatemalian Town, in: Ethnology 10/1971/291-310
15 E. *Francis:* Ethnos und Demos. Soziologische Beiträge zu Volkstheorien, Berlin 1965, S. 20; W. E. *Mühlmann:* Rassen, Ethnien, Kulturen. Moderne Ethnologie (= Soziologische Texte Bd. 24), Berlin 1964, S. 323f. u. 338f. u. ders.: Chiliasmus und Nativismus, Berlin 1961; K. *Symmons-Symonolewicz*, Modern nationalism: Towards a consensus in theory, New York 1968, S. 37f.
16 *Novak* nach *Stein/Hill*, a.a.O., S. 217; vgl. auch J. *Higham* (Ed.): Ethnic leadership in America. Baltimore 1978
17 *Smith*, a.a.O., S. 98; D. A. *Rostow:* A world of nations, Washington [4]1969, S. 284-287
18 Vgl. dazu den Reader von Ch. L. *Hunt*/L. W. *Walker:* Ethnic dynamics: Patterns of ingroup relations in various societies, Homewood Ill. 1974, passim
19 T. *Parsons:* Change of ethnicity, in: *Glazer/Moynihan*, a.a.O., S. 58
20 A.*Rosenberg:* Der Mythus des 20. Jahrhunderts. Eine Wertung der seelisch-geistigen Gestaltungskämpfe unserer Zeit, München ([1]1930), 1938, S. 87, 105, 697
21 A. *Hitler:* Mein Kampf, München [11]1932, S. 439 u. 451
22 Das läßt sich schon an den spärlichen Rezensionen und Rezeptionen ablesen. Vgl. zur amerikanischen Ethniticy-Forschung, die selbstverständlich nicht einfach mit ethnographischer Forschung gleichgesetzt werden kann, die mehrere hundert amerikanische Titel umfassende Bibliographie v. G. *Carter-Bentley* (Ed.): Ethnicity and nationality. A bibliographic guide, Seattle 1981; K. *Symmons-Symonolewicz:* Ethnicity and nationalism: Recent literature and its theoretical implications, in: CRSN 6/1979/98-102; E. K. *Francis:* The ethnic factor in nation-building, in: Social Forces 46/1968/338-346; Th. *Veiter:* Volk, ethnic group, and region, in: CRSN IX/2-1982/161-181; J. V. *Bromlej*, a.a.O. u. ders.: Das ethnographische Studium der Völker. Zu einigen aktuellen Problemen der sowjetischen Ethnographie, in: Jb. f. Volkskunde und Kulturgeschichte, Berlin (Ost) 18/1975/84-96
23 Anderer Meinung ist *Zilleßen*, der „den vorwiegend zweckhaften Charakter" von Großfamilie, Sippe, Stamm, Stammesverband, Volk betont. Sie seien sogar „bewußte, d. h. gewollte soziale Typen", Volk, Nation, Vaterland, Gütersloh [2]1970, S. 14
24 „Die besseren Völker besiegten die schlechteren. Durch den Besitz eines oder die anderen Vortheils überwand der bessere Mitkämpfer die geringeren ..." W. *Bagehot:* Der Ursprung der Nationen. Betrachtungen über den Einfluß der natürlichen Zuchtwahl und der Vererbung auf die Bildung politischer Gemeinwesen, Leipzig, Berlin 1874, S. 93
25 Die ethnischen Gemeinschaften seien natürliche, soziale Gruppen meint Patricia *Mayo:* The

roots of identity: Three national movements in contemporary European politics, London 1974, passim
26 Bei J. *Seipel* heißt es von den Stämmen: „Nachdem sie sich gebildet hatten, vollzieht sich ihre Erhaltung und Verbreitung allerdings auf dem naturhaften Weg der Fortpflanzung", Nation und Staat, Wien 1916, S. 27. An anderer Stelle heißt es dann zur Nation: „Gemeinsame Abstammung ist für die Bildung eines Kulturverbandes, der sich von allen anderen so abhebt, daß dagegen alle Kulturunterschiede in seinem Innern weit zurücktreten – das verstehen wir unter Nation – sicher eine günstige Voraussetzung, weil ja die geistigen Wechselbeziehungen naturgemäß um so engere sein werden, je näher sich jene, die sie pflegen, schon von Natur aus stehen. Die eigentliche Wurzel hat die Nation aber nicht in der Stammes-, sondern in der Lebensgemeinschaft;" S. 78. Weiter ähnlich auch R. *Hepp:* „... die Gemeinsamkeit der Abstammung kann für die kulturelle Gemeinsamkeit nicht bedeutungslos sein", Reproduktion und Identität – kulturbiologische Anmerkungen zur „Identitätskrise" der Deutschen, in: H. *Grosser* (Hg.): Das Volk ohne Staat, Bad Neustadt a. d. S. 1981, S. 82
27 M. H. *Boehm:* Das eigenständige Volk, Darmstadt 1965, S. 150f. An anderer Stelle spricht Boehm vom „Vorgang der Volksverwirklichung aus einer an sich bloß dispositiven Volkszugehörigkeit", S. 136-137
28 Das Organismus-Modell hat Frederik Hertz schlagend kritisiert, 1945, 30
29 „Jedes Volk ist Naturtatsache. Kein Volk ist nur Naturtatsache", vgl. auch die Definition von R. *Laun:* „Man kann das Volk im natürlichen Sinne etwa bezeichnen als eine aus Abstammungsgemeinschaft, Geschlechtsverbindung und allmählicher Assimilation entstandene und durch die Gleichheit der Sprache zu geistiger Einheit verschmolzene sittliche Gemeinschaft des persönlichen Bekenntnisses.": Nationalgefühl und Nationalismus, in: Ostdeutsche Wissenschaft Bd. 1, 1954, S. 98 u. 102-103. Wenn es allerdings heißt: „Da die Naturgegebenheit Volk in der Geschichte immer schon da war ...", so können wir dieser Mythologisierung nicht zustimmen. *Auch die Naturgemeinschaft ist einmal entstanden, „begründet" worden.* Bei Immanuel *Kant* findet sich, nach Grimm, folgende Definition: „Diejenige Menge - oder auch der Theil derselben, welche sich durch gemeinschaftliche Abstammung für vereinigt zu einem bürgerlichen Ganzen erkennt, heißt Nation" (Deutsches Wörterbuch Bd. 7, 1889).

2. Differenzierte Nation: Ethnos und Demos

Sieht man in der Ethnizität (und politisch entfaltet in der Nationalität) ein menschheitliches Gut, so muß diese affirmative Wirklichkeitsannahme ihre Rechtfertigung in einem analytischen Kontext noch liefern. Zunächst also wird in der Defensivposition das Ethnos als politisch relevant behauptet. Die Defensivposition besteht angesichts eines transethnischen und ethnoindifferenten Denkens. Aus dieser Perspektive wird Ethnisches museal, jedenfalls unzeitgemäß. Hier besteht die Aufgabe, der Position ethnischen Denkens ihren politischen Stellenwert zuzuordnen. Eine Ethnisierung oder Nationalisierung der Politik ist damit nicht zu verbinden. Es geht um die theoretische und praktische Beachtung eines vernachlässigten Sachverhalts.

Ethnos und Nation sind in Staatsnationen definitionsgemäß nicht dasselbe, mehrere Ethnien können eine Staatsnation bilden, ein Ethnos kann dabei dominieren. In der Staatsnation wie im Nationalstaat *gibt es das Staatsvolk:* Wir nennen es, im Anschluß an Emmerich Francis, *den Demos.* Der Demos der Staatsnation setzt sich aus mehr als einem Ethnos zusammen, der Demos des Nationalstaats geht im Ethnos auf: so läßt sich die Nation differenzieren. Aber selbst im Nationalstaat läßt sich Demos und Ethnos nicht gleichsetzen, denn das Staatsvolk ist die politisch-staatsbürgerliche Seite der Nation, während der Ethnos definitionsgemäß ein vorpolitisches Gebilde ist. Die drei Begriffe überschneiden sich, aber nur der Demos ist die handlungsfähige Einheit, der Ethnos handelt nicht. In radikal-ethnokratischen Staatsnationen wird versucht, den eigenen Ethnos mit dem Demos zu identifizieren, d. h. die weiteren Ethnien werden von der Aktivbürgerschaft des Staatsvolkes ausgenommen und offiziell nur z. B. als Arbeitskräfte eingeschränkt anerkannt: obwohl sie als Inländer zum Demos gehören.

Daß zwischen Ethnos und Demos in den Nationen zu unterscheiden ist, dürfte klar geworden sein. In den Staatsnationen ist diese Unterscheidung durch die sog. Nationalitätenfrage seit langem bekannt. Was hier jedoch neu gesehen wird, ist nicht das partikulare Problem ethnischer Minderheiten, Volksgruppen, Nationalitäten usw. in entsprechenden Staaten, sondern das Problem der allgemeinen, prinzipiellen und universellen *Anerkennung des Ethnos* schlechthin: ununterschieden von partikularen Mehrheits- und Minderheitsverhältnissen. Das ist das *Kernanliegen,* das in der Formel von der „differenzierten Nation", d. h. jeder, auch der homogenen, ausgedrückt wird.

Man kann in Anlehnung an Emmerich Francis, der erstmals diese Differenzierung in Ethnos und Demos durchgeführt hat, sagen: der Ethnos ist die allgemeine menschliche Realität der Nation oder der Nationalität, der Demos ist der historisch-politische Typus der Nation[30].

Kritik der inneren Selbstbestimmung: Volkssouveränitätskritik

Die Kritik der demokratischen Selbstbestimmung ist nicht die Kritik der Demokratie, sondern die *Kritik der absoluten, uneingeschränkten Demokratie*. Damit ist sie die Kritik des uneingeschränkten Kollektivismus und des individualistischen, begrenzten liberalen Moderationsstrebens. Konstitutionalismus, Rechtsstaat, Gewaltenteilung, Grundrechte, Mehrparteiensystem usw. sind zwar die allseits anerkannte Grundlage der westlich-liberalen Demokratien, aber ihre Legitimität verdanken sie dem Prinzip der Volkssouveränität, wie es seit der Französischen Revolution in Europa wirksam wurde. „... dieselben Ideen, die einen Markstein im Wachstum der liberalen Demokratie bilden, waren zugleich dazu angetan, den modernen Staat auf den Pfad des Totalitarismus zu bringen", so der massive Vorwurf Jakov Talmons[31]. Wie wurde das volkssouveräne Prinzip, das Vorläufer auch schon im Mittelalter hatte, die wir bereits erwähnten[32], in Frankreich ursprünglich begründet? In der Französischen Revolution hat der Abbé Sieyès, wir erwähnten ihn bereits des öfteren, am radikalsten das Prinzip gedeutet:

> Die Nation ist vor allem anderen da, sie ist der Ursprung von allem. Die Nation bildet sich allein aus dem natürlichen Recht, vor ihr und über ihr gibt es nur natürliches Recht. Eine Nation tritt niemals aus dem Naturzustand heraus. Die Nation ist allein schon dadurch, daß sie ist, alles, was sein kann. Ihr Wille ist immer gesetzmäßig, sie ist selbst Gesetz. Einerlei, auf welche Art eine Nation will, es genügt, daß sie will; *alle Formen sind gut,* und ihr Wille ist immer das höchste Gesetz. Es genügt, daß der Wille in Erscheinung tritt, damit jedes positive Recht vor ihr weicht als vor der Quelle und der obersten Herrin jedes positiven Rechts. Eine Nation kann das Recht zu wollen weder veräußern noch sich untersagen, und welches auch ihr Wille ist, sie kann das Recht nicht verlieren, ihn zu ändern, sobald ihr Interesse es verlangt. Wem gegenüber sollte sich diese Nation binden, kann sie in irgendeinem Sinne sich Pflichten gegen sich selbst auferlegen? (1923, 92-95).

Mit diesem Demokratismus wurde die Legitimität der dynastischen Herrschaft substituiert und die Autorität des demokratischen Herrschaftsrechts begründet: historisch-polemisch gegen den französischen absolutistischen Staat[33].

In diesem radikaldemokratisch-egalitären Nationprinzip, dem in England der parlamentssouveräne Absolutismus vergleichbar war („The right to make or unmake any law whatever"[34]), kommt die ganze *Dialektik des Volkswillens* (Demos) zum Ausdruck:

1. er ist gut,
2. er hat immer Recht und – mit Carl Schmitt zu Ende gedacht –
3. hört nicht auf, demokratisch zu sein, wenn er dem Diktator akklamiert.

In der Darstellung liegt hier schon die Kritik. Die Dialektik des demokratischen Prinzips stößt hier auf den Widerspruch zwischen Form und Inhalt. Die gute Herrschaft (des Volkes) ist nicht mit der acclamatio der Diktatur verträglich. Herrschaftsbildung und -zustimmung als demokratisch-legales Verfahren darf nicht in Widerspruch geraten zur Herrschaftsausübung. Volksherrschaft auf die formale Zustimmung zu reduzieren, kommt einer Ermächtigung zu allem und jedem gleich. Die „Demokratisierung" des absoluten Nationprinzips läßt es heute zu[35], die Volkssouveränität anzuerkennen. *Als verfassungsgebende Gewalt ist die Nation nach wie vor souverän.* Vereinbarungen müssen von diesem Souverän erst anerkannt worden sein, um auch rechtsgültig zu sein. Menschenrechte müssen vom Souverän erklärt werden. Nach der Verfassungskonstituierung ist die innere Selbstbestimmung an die Verfassung gebunden. Aber sogar für das GG gilt: „Die Kompetenz des Volkssouveräns, seine Kompetenzen jederzeit neu zu bestimmen, läßt sich juristisch nicht beseitigen."[36] Dieser Omnipotenz des Volkssouveräns entspricht die Rousseausche volonté générale in ihrer Konkretion als souveräne Nation (*Ziegler* 1931, 101f.).

Die Volkssouveränität allein involviert zunächst noch nicht die Achtung vor der Menschenwürde und vor Menschenrechten, bedeutet noch nicht die Anerkennung eines innergesellschaftlichen Freiheitsraumes[37]. Die Reduzierung der demokratischen Legitimität auf die Volkssouveränität ohne weitere Ordnungselemente, die zusammen tatsächlich das Prinzip der Herrschaft des Volkes darstellen, etwa durch das einfache Recht einer effektiven, herrschaftsbedingenden Partizipation mittels kontrollierter freier Wahlen, würde aus der Volkssouveränität einen *alles bedingenden Absolutismus* machen. Die innere Selbstbestimmung ist nur dann vorbehaltlos als Kern der Demokratie zu verteidigen, wenn sie nicht puristisch verstanden wird, sondern im Ensemble demokratischer Vorstellungen, zu denen zuerst die naturrechtlich bedingten Menschenrechte gehören, anerkannt ist.

Die Jakobinische Anwendung des Volkssouveränitätsprinzips in der Französischen Revolution mit all seinem beispielhaften Verfahren der revolutionären Willensbildung, das vielfach imitiert wurde, um genauso die *Herrschaft des Volkes zu simulieren* wie 1793[38], führte logisch-stringent, das ist der zweite Kritikpunkt, zur doktrinären Einheit der Nation: une et indivisible. Zu kritisieren ist nicht die Einheit: sie ist die Voraussetzung der Volkssouveränität, wohl aber der damit verbundene Homogenisierungs- und Egalisierungszwang. Im vorrevolutionären Frankreich gab es immerhin noch, trotz der jahrhundertealten dynastischen Angleichungspolitik, körperschaftliche Sonderrechte der noch nicht französischen Teile des Staates[39]. Doch gemäß dem Gleichheitsprinzip wurden die Rechte am 4.8.1789 nivelliert und nur noch in Gestalt von allgemeinen Individualrechten respektiert. Die demokratische Integration der ständischen Gesellschaft hatte die ethnische Homogenisierung als die Schattenseite des Volkssouveränitätsprinzips mit sich gebracht. Von Anfang an erfolgt mit der Nationalisierung auf seiten der Minderheiten, z. B. der Juden in Frankreich, der „Umschlag von Anti-Diskriminierung zu Anti-Assimilation."[40] Auch hier ist eine Nationsdifferenzierung angebracht.

Ein dritter Kritikpunkt gilt dem Subjekt der Selbst-Bestimmung. Heinz O. Ziegler hat ihn in folgende prägnante Sätze gefaßt:

> *„Die politische Geltung der Selbstbestimmungsformel kann also von sich aus gleichsam immer neue Nationen erzeugen,* ohne daß eine Grenze, ein Ende dieses Prozesses abzusehen wäre, wenn man einmal die immanente Logik dieses Prinzips akzeptiert. Ein praktisches Resultat wäre also die Möglichkeit einer nationalitärer Revolutionierung in perpetuum."[41]

„The right of any group of disaffected people" (*Emerson* 1970, 299) kann nicht das Selbstbestimmungsrecht sein. Die Bestimmung des Trägers des Selbstbestimmungsrechtes als politisches Prinzip ist von zentraler Bedeutung. Die USA z. B. gewähren den Einwohnern von Hawaii oder von New Mexico kein Recht darüber abzustimmen, ob sie Amerikaner bleiben wollen oder nicht. Die Schweiz erlaubt diese Abstimmung ebensowenig dem Tessin (*Sulzbach* 1961, 24). Wer Subjekt der Selbstbestimmung ist, muß zuerst politisch, d. h. prinzipiell festgestellt werden, bevor es in einem rechtlichen Sinne (staats-, verfassungs-, völkerrechtlich) vertreten und anerkannt wird. Der umgekehrte Weg muß als rechtspositivistisch abgelehnt werden, was wir am völkerrechtlichen Beispiel unten demonstrieren.

Ein letzter Kritikpunkt gilt der demotischen Selbstbestimmungskompetenz, die volkssouverän, wie wir bereits hörten, nicht einzuschränken ist. In der hochpolitisierten Zeit der Französischen Revolution war man sich des Sachverhalts des einheitlichen

Demos bewußt. In der radikaldemokratisch-jakobinischen Verfassung vom 24. Juni 1793 hieß es im Art. 28:

„Dem (Staats-)Volke steht das Recht zu, seine Verfassung einer Untersuchung zu unterziehen, zu verbessern und zu verändern. Eine Generation kann die kommende nicht an ihre Gesetze binden."[42]

Dieser Demos ist im Sinne des demokratietheoretischen Identitätsprinzips immer wieder erneut aufgefordert, seine demokratische Legitimität, aber auch Souveränität zu begründen, um so identitär, mit sich als dem konkreten präsenten Demos übereinzustimmen. Damit ist die Demokratie durch das immer erneut vergegenwärtigte Volk rein verwirklicht. Ethnische Homogenität oder Heterogenität spielt hier allenfalls eine funktionelle Rolle[43]. Der omnipotente Demos bestimmt sich immer wieder neu. Er unterliegt keinen Schranken.

Nation und Demokratie

Die legitimatorische Funktion der Nation für so gut wie jede Ideologie hat dazu geführt, nicht wahrzunehmen, daß das nationale und das demokratische Prinzip sich auf *dasselbe Subjekt* beziehen, den Demos der Nation. Monarchische, oligarchische und viele weitere Herrschaftsformen, die entsprechend den ideologischen Offerten realisiert wurden, finden auf dem Boden der Nation statt und eventuell sogar eine Unterstützung, aber keine dieser Herrschaftsformen verwirklichen, wenn sie nicht demokratisch sind, das Prinzip der Identität von Regierenden und Regierten, das die Nation zur Gänze umfaßt. Das antihierarchische Element der Nation, daß in ihr jeder gleichen Wert hat, „ist seit jeher konstitutiv für den Begriff und die Sache der Nation" (*Dann* 1978, 214; *Boehm* 1965, 34). Wenn dem so ist und zahlreiche Belege lassen sich dafür geben[44], kann die deutsche Differenz von Nation und Demokratie in der Geschichte, die auch durch die kulturnational-harmonistische Definitorik theoretisch nicht kritisiert wurde (und sogar verteidigt wurde), nur historisch erklärt, nicht aber als unüberwindbar angesehen werden. Die deutschen Libertäten, Selbstverwaltungtraditionen, genossenschaftlichen Prinzipien, die im regionalen Rahmen, z. B. in Städten, anzutreffen waren und auf dieser Ebene „dem" westlichen Ausland zumindest nicht nachstanden[45], haben zwar den nationalen, transregionalen Rahmen nicht erreicht und bestimmen können, relativieren aber den Gegensatz von Nation und Demokratie in Deutschland[46].

Die demokratische Identität von Herrschenden und Beherrschten, Regierenden und Regierten, deren größter Herrschaftsraum in der Nation realiter repräsentativ[47] möglich ist (z. B. in US-demokratischer Größe), hat ihren Ursprung in der Nation als verfassungsgebender Gewalt, d. h. Nation und Demokratie sind auch legitimatorisch aufeinander bezogen. Wird der Zusammenhang von Nation und Demokratie nicht nur volkssouverän-puristisch gesehen, wie oben dargelegt, dann können die Menschenrechte nicht mehr aus der Nation herausoperiert werden, sie können zwar national unterdrückt, nicht oder nur formal anerkannt werden. Vom Prinzip der Nation her sind sie deshalb nicht zu trennen, weil ihre Mißachtung die Egalität der Nationsbürger verletzte. Eine menschenrechtsfeindliche Politik kann national nicht gerechtfertigt werden, sie ist eine Politik über die Nation, nicht aus ihr.[48]

Das *Dilemma* der *individualistischen Menschenrechte* besteht in der Unmöglichkeit, aus ihnen eine politische Gemeinschaft zu kreieren. *Menschenrechte schützen, aber bauen nicht auf.* Menschenrechte vermögen aber auch keine Gemeinschaften als solche, d. h. als transindividuelle Realität, zu schützen, weil sie – in ihrer individualistisch weitverbreiteten Interpretation – nicht hinreichend sind.[49] Individuelle Menschenrechte sind *vorstaatliche* Rechte, die daher nicht – auch nicht vom Volkssouverän – zur Disposition gestellt werden dürfen. Dem Souverän obliegt es lediglich, sie in bestimmter Gestalt anzuerkennen und zu schützen.

Das Recht der Nation

Menschenrechte lediglich individualistisch zu interpretieren, wie es in der sogenannten Grundrecht-Debatte in der Bundesrepublik geschehen ist (*Schulz* 1982, 186 Anm. 132f.), hieße, sie zumindest nicht vollständig zu beachten. Schon in der „Déclaration des droits de l'homme" vom August 1789 hieß es:

> Le principe de toute souveraineté réside essentiellement dans la nation, nul corps, nul individu ne peut exercer d'autorité qui n'en émane expressement.

In der „Virginia Bill of Rights" vom Juni 1776 hieß es, daß alle Macht dem Volke zukomme und folglich von ihm hergeleitet werde.[50]

Während es in der allgemeinen Erklärung der Menschenrechte vom Dezember 1948 (UNO) im Art. 21 (3) nur heißt: „Der Wille des Volkes bildet die Grundlage für die Autorität der öffentlichen Gewalt"[51], heißt es in beiden Menschenrechtskonventionen der Vereinten Nationen vom Dezember 1966 jeweils prominent im Art. 1 gleichlautend:

> „Alle Völker haben das Recht auf Selbstbestimmung. Kraft dieses Rechts entscheiden sie frei über ihren politischen Status und gestalten in Freiheit ihre wirtschaftliche, soziale und kulturelle Entwicklung."[52]

In diesem Kontext werden *Menschenrechte vollständig – als individuelle und kollektive Rechte* – erfaßt, so gesehen bilden sie eine kreative Rolle nicht nur für den Schutz der Individuen, sondern auch der Völker und Nationen (Demoi). Daß auch in anderen internationalen Vereinbarungen, z. B. in der Charta der UNO, das Selbstbestimmungsprinzip festgeschrieben ist, braucht nicht gesondert hervorgehoben werden. Aber für das westdeutsche Verfassungsverständnis muß diese ursprüngliche Einheit (zumindest für Nicht-Verfassungs- und Nicht-Völkerrechtler) erwähnt werden, da in den grundgesetzlichen Art. 1 - 19 das Selbstbestimmungsrecht nicht aufgelistet ist. Erneut zeigt sich der *nicht historisierbare* Wert der *Präambel des Grundgesetzes*. Ob man nun das Selbstbestimmungsrecht als die Summe der Individualrechte oder umgekehrt das Selbstbestimmungsrecht zur Voraussetzung der Menschenrechte macht, ist dabei zweitrangig.[53] Wenn der Bundeskanzler für die Regierung der Bundesrepublik Deutschland in der Regierungserklärung vom 23.6.1983 erklärt:

> „Wir alle wissen, daß Freiheit, Demokratie und Selbstbestimmung höchste Werte sind; sie sind auf Dauer nicht teilbar. Darin liegt für uns, für unser Volk – im Sinne der Präambel unseres Grundgesetzes – große Hoffnung"[54],

so ist damit der oben bedeutete Zusammenhang ausgesprochen.

In deutschlandpolitischer Perspektive ist der Widerspruch dieses menschenrechtlichen Zusammenhangs von individuellen und kollektiven Menschenrechten zu einer Politik eklatant, die lediglich – an paternalistische und absolutistische Systeme gemahnend – „menschliche Erleichterungen" anstelle menschenrechtlicher Verhältnisse erwarten lassen kann. Andererseits ist es illusionär anzunehmen, rechtlichen, insbesondere verfassungs- und völkerrechtlichen Prinzipien würde bereits eine entsprechende Wirklichkeit korrespondieren — diese Korrespondenzbeziehung herzustellen und zu verwirklichen ist Aufgabe der Politik. Aufgabe der Wissenschaft ist es, diese Prinzipien zu denken, zu erörtern und schließlich am Ende in eine völkerrechtliche Debatte diplomatisch einfließen zu lassen. Bevor also lediglich rechtspositivistisch die bestehende rechtliche Wirklichkeit rezipiert wird, muß gewußt sein, was gewollt wird, was gewollt werden soll und kann und wie man sich darauf einigen kann. *Völkerrecht* ist ein weltpolitisch-praktisches und dynamisches Recht (vgl. *Rumpf* 1984 (II), 52), das neben der rechtsspezifischen Tradition der Interpretation und Applikation auch notwendig politischer Anstöße bedarf, die westlicherseits in freier wissenschaftlicher Diskussion erfolgt, östlicherseits entsprechend ideologisch-strategischer Erfordernisse.

In einem vorvölkerrechtlichen Rahmen wird das Recht der Nation zuerst durch die *Würde der Nation* bestimmt. Ob eine Nation in kolonialer Abhängigkeit gehalten wird oder ihr in irgendeiner Weise das Selbstbestimmungsrecht verweigert wird: immer wird zutiefst ihre Würde verletzt, wird sie unmündig gehalten (*Heraud* 1967, 74; *Solowjew* 1972, 11). Ursprünglicher und zugleich selbstverständlicher dürfte das *nationale Recht* „zu leben sein und ihre Kräfte frei zu entfalten, ohne das gleiche Recht bei anderen zu verletzen." (*Solowjew*, 110) Günter Decker spricht vom *Recht auf nationale Existenz* und auf *nationale Unabhängigkeit (Decker* 1955, 228). Das *Recht auf Sprache und Heimat* wird insbesondere von Nationalitäten/Volksgruppen als von erstrangiger Bedeutung gefordert.[55] Papst Johannes Paul II. sprach vom „Grundrecht der Nation — das *Recht auf moralische Ordnung*"[56]. Von einem natürlichen Recht der Individuen und von den „natural rights of nations" spricht R. Emerson (1970, 218 u. 307). Ähnlich heißt es in der israelischen Unabhängigkeitserklärung vom 14.5.1948:

„Gleich allen anderen Völkern ist es das natürliche Recht des jüdischen Volkes, seine Geschichte unter eigener Hoheit selbst zu bestimmen" (*Bein* 1980, 350f.).

Die *völkerrechtliche* Entwicklung hat seit den 60er Jahren dazu geführt, das *Selbstbestimmungsrecht* (nicht mehr nur der Selbstbestimmungsgrundsatz) zu einem Recht in status nascendi zu machen. Damit wird aus dem Grundsatz ein Recht auf Selbstbestimmung und es erlangt „in steigendem Maße Geltungskraft" (*Rabl* 1973, 478).

Nach UNO-Ansicht ist es *friedensgefährdend, wenn eine selbstbestimmungswidrige Herrschaft*[57] *ausgeübt wird*, weil sie menschenrechtswidrig ist. Eine solche Herrschaft muß zu ihrem wirtschaftlichen, gesellschaftlichen und verfassungsrechtlichen Zusammenbruch geführt werden, sie muß moralisch und juristisch ins Unrecht gesetzt werden. Menschenwürde und nationale Selbstbestimmung konstituieren Frieden. Selbstbestimmung ist Bestandteil der Freiheits- wie der Friedensordnung. Es ist jedoch zu berücksichtigen, daß der Friede *durch* Selbstbestimmung angestrebt werden soll, nicht, daß es Frieden oder Selbstbestimmung geben sollte. Jedenfalls aber ist das Selbstbestimmungsrecht unantastbar (inalienable) (*Rabl* 1973, 476-488).

Es gilt aber *nicht* für ethnische Gruppen in einem ethnoheterogenen Staat, d. h. für eine ethnische Minderheit einer Staatsnation[58].

Kurt Rabl stellt weiter folgende Frage, nämlich wie die „Abhängigkeit eines Gebietes von einem anderen zu beurteilen ist, wenn an die Stelle von Hautfarbe und Volkstum als Unterscheidungsmerkmal zwischen Herrschenden und Beherrschten eine *politische Ideologie* tritt" (502f.). Man müßte diese Frage im Zusammenhang der Begriffe Selbstbestimmung und Kolonialismus betrachten.

In diesem Zusammenhang ist auch die Usurpation des Selbstbestimmungsrechts der Völker durch eine Minderheit zu erwähnen (*Rabl* 1984 (I), 123ff.), die den machtpolitischen Charakter in der Selbstbestimmungsentwicklung belegt. Das Selbstbestimmungsrecht muß international vertreten werden, wenn es anerkannt werden oder bleiben soll. Das gilt besonders für Deutschland.

Es gehört aber zur weltpolitischen Dialektik des Völkerrechts, daß die antikolonialistische UNO-Rechtsbegrifflichkeit (siehe auch unten), die ja gerade, wie von Rabl (u. a.) ausgesprochen, durchaus ihre Sprengkraft im osteuropäischen Raum besitzt und entwickelt hat[59], bis sie durch die sogenannte Breshnew-Doktrin für Osteuropa immunisiert wurde, daß dieses UNO-Recht in Gesamteuropa durch die KSZE-Entwicklung moderiert wurde. Die Helsinki-Prinzipien über die 1. souveräne Gleichheit, Achtung der der Souveränität innewohnenden Rechte, 2. Enthaltung von der Androhung oder Anwendung von Gewalt, 3. Unverletzlichkeit der Grenzen, 4. territoriale Integrität der Staaten, 5. friedliche Regelung von Streitfällen, 6. Nichteinmischung in innere Angelegenheiten, machen eine selbstbestimmungsfördernde Politik schwer. Die weiteren KSZE-Prinzipien, die vom Westen favorisiert werden können, stehen dazu in einem gewissen Widerspruch. Wenn es unter Punkt VIII im zweiten Abschnitt heißt:

„Kraft des Prinzips der Gleichberechtigung und des Selbstbestimmungsrechts der Völker haben alle Völker *jederzeit* das Recht, in voller Freiheit, wann und wie sie es wünschen, ihren inneren und äußeren politischen Status ohne äußere Einmischung zu bestimmen und ihre politische, wirtschaftliche, soziale und kulturelle Entwicklung nach eigenen Wünschen zu verfolgen"[60],

dann ist damit für die deutsche Lage ein Recht formuliert, dessen anstehende Realisierung mit den Prinzipien 1 - 6 in einem gewissen Widerspruch stünden[61]. „Die Zusammenarbeit in humanitären und anderen Bereichen" erlaubt hingegen, von der Möglichkeit einer *Dynamisierung des politischen Status quo* in langfristiger Perspektive zu sprechen. Ob allerdings unter den von Rabl angesprochenen Umständen einer ideologischen Klassen- und Fremdherrschaft selbstbestimmende nationale und andere politische Entwicklungen möglich sind, dürfte sehr fraglich sein.

Die Erklärung der UNO-Vollversammlung vom Oktober 1970 hatte bereits Völkerrechtsgrundsätze über die freundschaftlichen Beziehungen und die Zusammenarbeit zwischen Staaten verabschiedet, in denen versucht wurde, das erste Recht der Nation, das Recht auf Selbstbestimmung in einem Kanon anderer Regelungen einzufangen, die die Selbstbestimmung geradezu einschränkte (Erkl. in: *Rabl* 1973, 670ff.). Hier wird wieder erkennbar, daß dieses Recht von etablierten Völkerrechtssubjekten verfaßt wird, die kein Interesse haben, ihren Status u. U. zu verschlechtern.[62] Außer in kolonialen oder kolonialähnlichen Angelegenheiten hat kaum eine betroffene Nation eine Chance, ihr Selbstbestimmungsrecht durchzusetzen, wenn sie sich nicht mit dem oder den betroffenen Staaten arrangieren will, von denen sie betroffen ist, oder wenn sie keinen interessierten Dritten findet, der ihr Anliegen wirksam unterstützt.[63]

Die zunehmende Bedeutung, ja Erstrangigkeit des Selbstbestimmungsrechts im Internationalen Recht, wie das Völkerrecht außerhalb des deutschen Sprachraums heißt, kann man daran ablesen, daß der frühere Sonderberichterstatter der Menschenrechts-Unterkommission, Héctor Gros-Espiell, dieses Recht sogar als *„Jus cogens"*, d. h. als „zwingende Norm des allgemeinen Völkerrechts" nach dem Wortlaut der Wiener Vertragsrechts-Konvention (Art. 53) betrachtet[64]. Das Selbstbestimmungsrecht beziehe „sich nicht auf staatlich organisierte Völker, bei denen koloniale und andere Fremdherrschaft nicht vorliege". Verberge sich indes hinter der „vermeintlichen staatlichen Einheit (...) in Wirklichkeit koloniale oder Fremdherrschaft in welcher Form auch immer (...), so kann das Recht des unterdrückten Volkes nicht ignoriert werden". Hervorgehoben wird schließlich in zunehmendem Maße das *Interventionsverbot,* das die Voraussetzung der Achtung der Gleichberechtigung der Nationen ist.

> „Nur ein Volk, das seine Unabhängigkeit errungen hat, kann ohne fremde Beeinträchtigung die zur Gewährleistung des Genusses aller Rechte notwendigen Maßnahmen durchführen. Menschenrechte und Grundfreiheiten haben daher nur Bestand, wenn auch die Selbstbestimmung Bestand hat."[65]

In einer Resolution der Generalversammlung der Vereinten Nationen zur „universelle(n) Verwirklichung des Selbstbestimmungsrechts der Völker" vom Oktober 1981 heißt es,

> „daß die universelle Verwirklichung des Selbstbestimmungsrechts aller, *auch* der unter kolonialer, fremder und ausländischer Herrschaft stehenden Völker, eine Grundvoraussetzung für die effektive Gewährleistung und Einhaltung der Menschenrechte und für die Bewahrung und Förderung dieser Rechte darstellt."[66]

Nimmt man zu diesen menschenrechtlichen und selbstbestimmungsfördernden, internationalen Rechtsverfassungen hinzu das Rassendiskriminierungsverbot, d. h., daß niemand wegen seiner ethnischen oder nationalen Abstammung, seiner religiösen oder politischen Überzeugung usw. bevorzugt oder benachteiligt werden darf, so ist mit diesem Instrumentarium für Menschen und Nationen eine universelle Sicherung geboten, an der sich Politik international (und selbstverständlich auch national) messen lassen muß. Das Rassendiskriminierungsverbot internationalistisch auszulegen hat keine Grundlage. Der Verbotssinn ist nicht die Rassenverschmelzung, sondern die oben ausgeführte Anerkennung jeder menschlichen und nationalen Rechte. Die Unterscheidung von Ausländern und Inländern (und ihrer jeweils unterschiedlichen Rechte) diskriminiert niemanden, wohl aber die Unterscheidung der Inländer nach obigen Diskriminierungskategorien[67]. Das Rassendiskriminierungsverbot ist also kein Rassenverschmelzungsgebot. Es ist also zwischen homogenen und heterogenen Nationen, z. B. in ethnischer und religiöser Hinsicht, streng zu unterscheiden[68].

Zum Status der ethnischen Integrität

Nach der Differenzierung der Nation, die wir zu Beginn des Kapitels erläuterten, ist der Demos, das gegenwärtige Staatsvolk, die politische Einheit der Nation. Anders formuliert: der *Ethnos* gehört *nicht* zu den *politisch* vertretenen und vertretbaren Institutionen des internationalen Rechts. Formuliert man: „Auch das Volk hat ein ursprüngliches, nicht abgeleitetes Recht auf Selbstbestimmung", so ist damit entweder eine Nation oder eine Nationalität/Volksgruppe gemeint, nicht jedoch der Ethnos[69]. Spricht man von Völkern im Zusammenhang mit dem Selbstbestimmungsrecht, so ist damit der Anspruch großer, geschichtsmächtiger, soz. *politikfähiger* Völker gemeint[70] nicht jedoch der Anspruch von Völkern bzw. Völkerschaften im ethnologischen Sinne.

Wenn es bei den nationalitätenrechtlichen Forschern weiter heißt, daß das Selbstbestimmungsrecht einer „ethnischen Gruppe" (!) sich darauf richte, „unbehelligt von Eingreifen einer anders-ethnischen Staats- oder Besatzungsmacht ihren politischen (!) Status zu bestimmen und ihre wirtschaftliche, gesellschaftliche und kulturelle Entwicklung zu verfolgen"[71], so ist das Anliegen als solches völlig verständlich. Alle ethnischen Gruppen, die ein Gruppenbewußtsein entwickelt haben, wollen als ethnoregionale Gruppe z. B. (aber auch als ethnokultureller Personenverband oder einfach als Sprachminderheit) respektiert sein. Dennoch muß hier sehr entschieden Anspruch, Recht und Berechtigung auseinandergehalten werden. Der Anspruch im Sinne der Respektierung müßte auf dieser Volksgruppenebene anerkannt werden, was aber noch keineswegs der Fall ist. Den Sprung jedoch von diesem Anspruch zum Recht, und zwar zum Selbstbestimmungsrecht im Sinne des Jus cogens nachzuvollziehen, fällt schwer. Damit wäre die völkerrechtliche Wirklichkeit des 20. Jahrhunderts als völlig zu verändernde angestrebt. Es ist wohl auch eine praktische Täuschung, eine Ethnoregionalisierung der Welt anzustreben und als rechtlich möglich auszugeben; sie widerspricht eklatant dem bestehenden internationalen Recht, wie oben ausgeführt.

Dennoch ist selbstverständlich richtig, daß die elementaren, natürlichen Träger der nationalstaatlichen und staatsnationalen und der vorstaatlich-nationalen Wirklichkeit völkerrechtlich verbindlich berücksichtigt werden müssen. Seit Jahrzehnten ist dies auch das zentrale Anliegen der Volksgruppenrechtsforschung. Da jedoch der *ethnische Faktor* mitnichten nur einer der Minderheiten ist, sondern auch einer der Mehrheiten, muß sein Status *jenseits von ethnoindividuellen Besonderheiten bestimmbar* sein. Mit anderen Worten: auch der homogene Ethnos der Nationalstaaten etwa muß in gleicher Weise erkennbar und anerkennbar sein. Dazu dient die Begrifflichkeit der differenzierten Nation.

Der Ausgangspunkt der Differenzierung ist die Annahme, daß 1. der Ethnos vom Demos getrennt werden kann und 2., daß die Bildung des Demos den Ethnos nicht aufhebt oder im Demos nicht aufgehen läßt. Letzteres liegt für polyethnische Staaten ohnehin auf der Hand, gilt aber auch für Nationalstaaten.

Zunächst ist eine zeitliche Differenz für die Differenzierung von Ethnos und Demos konstitutiv. Sie wird auf der Erkenntnis aufgebaut, daß eine generationszusammenfassende und -überspannende Nation (Ethnos) nicht in der Verabsolutierung eines plebiszitären Augenblicks (Demos) aufgehen kann. Wird der Akteur des Demos gar auf den Monarchen reduziert oder auf einen anderen Monopolisten des politischen Handelns (Partei, Klasse, Stand), wird die *Widerspruchsmöglichkeit zwischen Ethnos und Demos* eklatant.

Die Tradition der *Volksrechte* gegenüber den Herrschenden ist eine lange (Ockham, Marsilius von Padua, die Monarchomachen u. a.). Die Sterblichkeit der Könige angesichts der Unsterblichkeit des Volkes ist dabei eine Argumentationsfigur, die unserer Unterscheidung sehr nahe kommt[72]. Die ständigen Träger dieses Volkes erhalten durch die Verzeitlichung eine transhistorische Legitimation. Auch der konservative Edmund Burke betonte diese überzeitliche Gemeinschaft[73], die dadurch einen moralischen Mehrwert gegenüber lediglich tagesaktuellen Meinungen des Demos und seiner imperativen Mandatare habe. Es liegt ein aktueller Zug in diesem realitätskritischen Denken, das Hans Lenk in anderem Zusammenhang zutreffend formulierte: „Die erweiterte Verantwortlichkeit richtet sich besonders auf die Zukunft, auf die künftige Existenz der Menschheit, der *nachfolgenden Generationen*, beachtet ihr moralisches Recht auf ein menschenwürdiges Leben in einer zuträglichen Umwelt, aber auch auf die Zukunft der Natur . . . Ein justiziables Recht der Nachgenerationen . . . könnte entstehen."[74]

Max Hildebert Boehm hatte 1932 eine Volkstheorie entwickelt, in der er das „Volk" als „eigenständig" gegenüber dem Staat, ja: gegen den Staat zu separieren suchte. Das abgesonderte Volk leitete er aus der Tradition des Widerstandsrechts ab. Sein „Volk" hat in der Oppositionsstellung gegenüber dem Staat einen liberalen Zug, aber andererseits auch einen irrationalen: bei aller Erkenntnis der Differenzierungsmöglichkeit, die Boehm anzuerkennen ist. Sein „eigenständiges Volk" gerät ihm zu einer Opposition zum, wie wir sagen, Demos. Das demokratische Prinzip (z. B. in seiner parlamentarischen Gestalt) wird in unklar-ominöser Ermächtigung von einem „Volk" abgelöst, dessen „Volkswille" zum „Volkssouverän" in geschichtlich überlegener Beziehung steht. So wird zwar der totalitäre Staat abgelehnt, aber andererseits besagter „Volkswille" z. B. im August 1914 in den europäischen Völkern entdeckt. „Aus dem Volk heraus konstituiert sich in diesen Momenten die ‚Nation'. Es gibt dann in der Tat keine Parteien mehr" (*Boehm* 1965, 289). Die Mobilisierungsfähigkeit dieses mythischen

Volkswillens macht ihn suspekt. Eine antietatistische, antiparlamentarische levée en masse dürfte kein Fortschritt sein. Boehms Volksttheorie konnte zwar vom Nationalsozialismus abgegrenzt werden[75], aber der Volkswille, wie er völlig unstrukturiert, irrational, mythisch geradezu formuliert wurde, konnte in Hitlers volksmobilisierenden Kräften sich wiedererkennen.

Diese gescheiterte Differenzierung lehrt, daß eine im Kern antidemotische, d. h. gegen den Demos gerichtete, Theorie die vermeintlichen Übel, die sie zu Recht (etwa in der Burkeschen Tradition) kritisiert, nur verschlimmert, weil sie durch ihr irrationales Angebot eines „Volkswillens" den volkssouveränen Willen vollauf bestätigt. Schlußzufolgern bleibt, daß der nichtdemotische Volkswille kein politisches Mandat für sich geltend machen kann und, wenn er ernst genommen werden will, nicht zu sich selbst in fundamentaler Opposition (Volkswille versus Volkssouveränität) stehen kann, wenn die Dinge denkmöglich bleiben sollen.

Schließlich: der Volkswille, in seiner Übergeschichtlichkeit mit dem *Ethnos* in unserem Sinne vergleichbar, *ist nicht politisch mandatsfähig.* Der mythische Volkswille scheitert im übrigen am Willensbildungsproblem, denn die Willensbildung erfolgt hier instrumental.

Demgegenüber bleibt festzuhalten, daß dennoch der Ethnos besteht und daß eine „Volksverantwortlichkeit"[76] zu pflegen dem entspricht, was hier angestrebt wird: den Ethnos anzuerkennen, nicht aber ihn zu dynamisieren.

Was hier unter *Ethnos und Demos* gemeint ist, kann verglichen werden mit der Differenzierung von *Menschen- und Bürgerrechten:* der Schutz der Völker und Nationen vor übermächtig zu werden drohenden Tendenzen, sei es auf der Ebene der staatlichen Organisation, sei es auf einer noch fiktiven Ebene eines Weltstaates. Die Freiheit der Nationen wird von weltherrschaftlichen Aufteilungen der Erde bedroht, wie die Freiheiten der Menschen in einem absoluten Staat. Entsprechend sind Volksrechte rechtsschöpferisch zu formulieren und zu diskutieren. Der *Grundsatz der ethnischen Integrität* könnte daher lauten: „Der Ethnos ist unantastbar. Er darf nur natürlichen Veränderungen ausgesetzt sein, nicht aber künstlichen Veränderungen von außen unterworfen werden." Damit wäre sowohl die Erhaltungs- wie die Veränderungsmöglichkeit ethnischer Strukturen garantiert. Eine Musealisierung und Konservierung wäre rechtlich damit gerade nicht bewirkt, denn die ahistorische Festschreibung bestehender ethnischer Zustände käme ebenfalls einem künstlichen Eingriff in den natürlichen Ethnos gleich. Es wäre schließlich ein Legitimitätsüberschuß des Ethnos gegenüber dem Demos ausgeschlossen. Auf der anderen Seite würde die demokratische Volkssouveränität, die staatsbürgerliche Entscheidungskompetenz des temporären Demos, die verfassungsgebende Gewalt zur Kompetenz kontingenter autonomer Setzungen eine natürliche Schranke finden beim *Selbsterhaltungsinteresse des Ethnos,* bei der volksrechtlich geschützten ethnischen Substantialität, die *demotisch nicht angetastet* werden darf.[77]

Die Vorbehalts-, Garantie-, Schutz- oder Freiheitsrechte, wie immer man sie nennen mag, sind von naturrechtlicher Qualität und bestärken das menschenrechtliche Selbstverständnis der Menschen. Im Unterschied zu den Menschenrechten sind sie keine Handlungsrechte.

Die Schwierigkeit des Vollzugs der Volksrechte, d. h. hier des Schutzes der ethnischen Integrität[78], ist selbstverständlich kein Einwand gegen ihre Berechtigung, genausowenig wie sie es bei den Menschenrechten war.

Mit dem Zusammenhang von Natur, Ethnos, Demos und Nation wird einerseits der Ausgangspunkt des modernen Nationsdenkens von der Französischen Revolution her deutlich, andererseits ihr Demokratismus[79] *damit im Kern auf seine eigentliche Kom-*

petenz im Demos verwiesen. Der Demos der Nation hat kein Recht, die ethnische Integrität, die er in geschichtlich-natürlichem Gewordensein antrifft (sei es in einer ethnisch homogenen oder heterogenen Nation) *und aus der er hervorgeht, anzutasten. Der Ethnos ist politisch gesehen keine Ordnung für sich* (Ethnozentrismus), *sondern verwiesen an den Demos, in dem er sich politisch aktualisiert.*

Das *Volksrecht auf ethnische Integrität* garantiert eine Freiheit der Entwicklung, die trotz der demokratischen Prinzipien in Gefahr geraten kann. Der Führer der tschechischen Nation wies 1848 das deutsche demokratische Ansinnen zurück, das böhmische Volk in der Paulskirche zu repräsentieren. Darüber hinaus zu fordern, „daß über den bisherigen Fürstenbund hinaus nunmehr das Volk von Böhmen selbst mit dem deutschen Volk sich verbinde" sei einer jeder historischen Rechtsbasis ermangelnde Zumutung, der er sich nicht stellen könne[80]. 100 Jahre später vertrat der tschechoslowakische Staat gegenüber seinen „Minderheiten" (die in der Summe größer waren als die herrschende Ethnokratie) eine demokratisch-liberale, aber antiethnische und politisch nationalitätsgefährdende Politik:

„Das bedeute praktisch: Die Folge der Beweglichkeit der Nationalitätengrenze in der Tschechoslowakei – wir wissen einstweilen nicht, wie und wann sie sich definitiv stabilisieren wird, sofern die ungestörte und ungehemmte, ohne Gewalt vor sich gehende Entwicklung der freien Konkurrenz freier Kräfte überlassen bleibt, die sein: jeglicher Lösungsversuch dieser Frage in unserer Republik wird mit dieser Tatsache zu rechnen haben; jegliche Petrifizierung des nationalen Besitzstandes, jegliche Bildung rechtlicher Barrieren, auf die namentlich die Politik der jeweiligen Minderheiten vor dem Sturz abzielte, wird zu vermeiden sein; der Staat wacht über der Freiheit spontaner Entwicklung innerhalb der Staatsgrenze; er hält seine schirmende Hand über dem gegebenen faktischen Zustand und nimmt die neu entstehenden Verschiebungen desselben stets wieder in seinen Schutz. Irgendwelche geschlossenen Gebiete, dem Staat gegenüber in dieser oder jener Richtung souverän – also irgendeine territoriale Autonomisation – kann in der tschechoslowakischen Republik in absehbarer Zeit nicht verwirklicht werden, schon mit Rücksicht auf die Unbeständigkeit der nationalen Grenzen, von sonstigen Gründen ganz zu schweigen."[81]

Aus der staatsbürgerlichen Gleichstellung folgt überhaupt kein Schutz der ethnischen Integrität. Die juristische Gleichstellung der Bürger kann einhergehen mit einer wie wir oben sahen und wie wir im vorigen Kapitel ausführten, ethnokratischen Struktur. Die ethnische Integrität ist nur dort im Rahmen eines politisch anerkannten Volksgruppenrechts etwa respektiert, wo die sich politisch interpretierende Volksgruppe auch materiell gleichgestellt ist, also beispielsweise der freie Gebrauch der Muttersprache in allen öffentlichen Institutionen garantiert ist.

Auch für ganze Nationen, die ohnehin heute befugt sind, ihre völkerrechtlich garantierte Selbstbestimmung wahrzunehmen, ist die ethnische Integrität, wenn sie z. B. in Nationalitätenstaaten oder in Kolonialstaaten angegriffen wird, ein die demokratische Selbstbestimmung bewegendes und beförderndes Recht. In diesem Sinne formuliert Bluntschli 1875 in seiner Staatslehre:

„Wird eine Nation in ihrer sittlichen und geistigen Existenz von der Staatsgewalt angegriffen, so sind ihre Genossen zum zähesten Widerstand dagegen veranlaßt. Es gibt keine gerechteren Ursachen zur Auflehnung wider die Tyrannei, als die Verteidigung der Nationalität. Die Legalität kann dabei Schaden leiden, das Recht wird nicht verletzt" (zit. nach *Boehm* 1965, 347 in Anm. 7).

Ein Versuch, das Volksrecht zu positivieren, kann in folgendem Artikel (6) gesehen werden, der von einer Gruppe von Volksgruppenrechtsforschern formuliert wurde:

„Ohne berechtigten Grund und die Zustimmung der Betroffenen dürfen weder der physische Charakter noch die demographische Zusammensetzung eines Gebietes, in dem nationale oder ethnische Gruppen oder Minderheiten ansässig sind, verändert werden."[82]

Hier werden „Betroffene" (Demos) zum Träger der Entscheidung über ethnodemographische Prozesse gemacht. Die Schutzabsicht steht legitimerweise im Vordergrund. Die Fragen, die sich stellen, sind 1. ob es ein Verfahren geben kann, in dem die Zustimmung oder Ablehnung ohne irrationalen Überschuß erfolgen kann und 2. ob der bestehende Demos für alle Zeiten a) privilegiert und b) ethnokompetent sein soll zu entscheiden, wie der transdemotische Ethnos aussehen soll. Es ist in obiger Artikulierung, neben der partikularen Formulierung, 1. eine Entscheidungskompetenz angenommen und 2. ein Trend zur Verfestigung ethnischer Strukturen vorausgesetzt, der im Interesse des Ethnos liegen kann, aber nicht muß.

Generell wird man die ethnische Integrität in der Gestalt von Volksrechten wertschätzen können, wo sie nicht respektiert werden. Respektiert werden können sie aber nicht (oder nur schwer) in einer Einwanderernation wie der der USA. Die ethnizitäre Entwicklung ist dort heute in ihren Auswirkungen noch nicht abzuschätzen und noch weniger eine rechtliche Fassung derartiger Entwicklungen vorauszusehen.

Mit der Begrifflichkeit der differenzierten Nation, der *Einheit von menschen- und volksrechtlicher Ordnung* mit den bestehenden Staatsnationen und Nationalstaaten, sind undifferenzierte Konzepte, d. h. einseitige politische Konzepte kritisierbar, nämlich die erzwungene ethnische Unterscheidung (Apartheid) und die erzwungene ethnische Vermischung (Zwangsassimilation). Auch in Deutschland ist eine Integrationspolitik menschen- und volksrechtlich legitimationsbedürftig.

Anmerkungen

30 E. K. *Francis:* Ethnos und Demos, Berlin 1965, S. 87, ders.: Volk, in: Staatslexikon der Görres-Gesellschaft, Freiburg ⁸1963, Sp. 281-290; erstmals den hier gemeinten Zusammenhang angesprochen hat Kurt *Grunwald:* Das Recht der nationalen Minderheiten und der Völkerbund, M.-Gladbach 1926, auf S. 21 in FN 1 heißt es in der sehr empfehlenswerten Schrift: „Auch die antiken Sprachen kannten diese Unterschiede. So sprach der Grieche von ethnos und demos, der Römer von natio und populus, wobei der erste Begriff das abstammungsmäßige, der zweite das staatliche Moment hervorheben sollte."
31 J. *Talmon:* Ursprünge der totalitären Demokratie, Opladen 1961, S. 64
32 vgl. Kap. „Nation und Praktische Philosophie", gemeint ist etwa Marsilius von Padua
33 H. O. *Ziegler:* Die moderne Nation, Tübingen 1931, S. 97. Im folgenden berufen wir uns auf sein unüberholt wichtiges Werk.
34 „Limited sovereignty, in short is in the case of parlamentary as of every other sovereign contradiction in terms." Albert Venn Dicey, zit. n. H. *Quaritsch:* Staat und Souveränität, Bd. 1, Frankfurt 1970, S. 441. Damit ist die rechtliche (omnipotente) Parlamentssouveränität gemeint. Das Unterhaus vermag - potentiell - Gesetzgeber *und* Verfassungsgeber zu sein (Quaritsch, S. 475)
35 Dies ist nicht selbstverständlich: „Dann setzte sich die absolute Volkssouveränität durch, im Jakobinertum, im Konvent und endlich in der Militärdiktatur Napoleons, die durch Plebiszite legitimiert wurde, deren Ausgang durch die Herrschaft über den Militär- und Verwaltungsapparat und das Prestige des siegreichen Feldherrn garantiert war. Auf die Problematik dieser Art von Absolutismus ist in diesem Zusammenhang nicht einzugehen." O. *Brunner:* Vom Gottesgnadentum zum monarchischen Prinzip, in ders.: Neue Wege der Verfassungs- und Sozialgeschichte, Göttingen ³1968, S. 180
36 D. *Murswiek:* Die verfassungsgebende Gewalt nach dem GG für die Bundesrepublik Deutschland, Berlin 1978, S. 217
37 F. A. Fr. v. d. *Heydte:* Volkssouveränität, in: Staatslexikon der Görres-Gesellschaft 8. Bd. 1963, Sp. 354
38 „Alles kommt darauf an, wie der Wille g e b i l d e t wird." Immer ist zu fragen, „wer über die Mittel verfügt, um den Willen des Volkes zu bilden." (Carl Schmitt: die geistesgeschichtliche Lage des heutigen Parlamentarismus, Berlin ³1969, S. 36f.). 1978 schreibt Carl Schmitt: „Jeder Berufsrevolutionär hat gelernt, sie [die Beziehung von pouvoir constituant zum pouvoir

legislatif] zu handhaben: man beseitigt die bestehende legale Regierung, ruft eine „provisorische Regierung" aus und beruft eine konstituierende Nationalversammlung ein. Auf diese Weise ist die Große Französische Revolution zu einem Arsenal verfassungsjuristischer Präzedenzfälle geworden. Durch viele große und kleine, europäische und nichteuropäische Revolutionen ist im Laufe von zwei Jahrhunderten eine legitimierende Übung in der Legalisierung von Staatsstreich und Revolution entstanden. Selbst für das revolutionäre Zwischenstadium der Diktatur hat das französische Modell sich bewährt. Auf die Frage, wie man sich eine Diktatur des Proletariats zu denken habe, konnte Friedrich Engels antworten: wie 1793. Lenin und Trotzki haben das im November 1917 mit größtem Erfolg praktiziert. Engels hielt sich allerdings auch den Weg über die 51prozentige Mehrheit im Parlament offen. Dieser Weg ist heute in vielen neuen Verfassungen durch die *Superlegalität* von Verfassungsnormen erschwert, doch ist das noch keine prinzipielle Beseitigung des formalen Modells geschriebener Verfassungen, solange nicht volle Unantastbarkeit statuiert wird." Die legale Weltrevolution. Politischer Mehrwert als Prämie auf juristische Legalität und Superlegatität, in: Der Staat 3-1978, S. 338. Bei Hegel heißt es: „Außerdem ist es eine gefährliche und falsche Voraussetzung, daß das Volk a l l e i n Vernunft und Einsicht habe und das Rechte wisse; denn jede Faktion des Volkes kann sich als Volk aufwerfen . . ." G.W.F. Hegel: Einleitung zur Vorlesung über die Philosophie der Geschichte, Stuttgart 1975, S. 91

39 H. *Rogge:* Die antinomische Spannung zwischen Volk und Staat in der nationalen Bewegung, in: FS f. M. H. *Boehm* (= Ostdeutsche Wissenschaft Bd. 8, 1968), S. 372. Kritisch zu Frankreichs vorrevolutionärer Assimilationspolitik G. *Haller:* Partikularismus und Nationalstaat, Stuttgart 1926, S. 16

40 E. *Lemberg:* Neue Forschungen zur Ethnopolitik und zum Nationalitätenrecht, in: Deutsche Studien 8/1970/28-34, hier S. 33; vgl. die historischen Studien, hrsg. v. B. *Martin*/E. *Schulin:* Die Juden als Minderheit in der Geschichte, München ²1981

41 H. O. *Ziegler,* a.a.O., S. 225 „Und schließlich bleibt auch die Frage offen, inwieweit die Einheitlichkeit eines Willens, seine dauernde Richtung, sein über den Augenblick hinausgehender Inhalt durch den einmaligen Akt der Selbstauslegung in der Wahl erfaßt werden können. In diesem Sinne scheint also in der Formel der Willensnation eine innere Unbestimmtheit oder Grenzenlosigkeit zu liegen, die zu einer Einschränkung des Geltungsanspruches des so gefaßten Prinzips führen müßten."

42 W. *Heidelmeyer* (Hrsg.); Die Menschenrechte. Erklärungen, Verfassungsartikel, internationale Abkommen, Paderborn ²1977, S. 64

43 Die juristische Verlegenheit mit dem Volks- und Nationsbegriff, die mit den in dieser Arbeit verwendeten Begriffen überwunden werden könnte, womit nicht mehr Nationen von Nicht-Nationen diskriminiert werden müßten, äußert sich noch (z. B.) in der Staatslehre *Ermacoras:* „Trotz allem ist das Volk kein Wesenselement des Staates. Der Hinweis auf das Volk begründet weder im allgemeinen noch für den Einzelfall eine pragmatische specifica des Staates gegenüber anderen Gesellschaftsordnungen. Dennoch ist nicht zu übersehen, daß die Begriffe des Volkes und der Nation, mögen die Begriffe auch unrichtig angewandt werden, wie ein erratischer Block wirken." Ermacora vermag diesen Widerspruch auch auf S. 58-67, wo er diverse historische Volks- und Nationsbegriffe kompiliert, nicht zu lösen. S. 57 in: Allgemeine Staatslehre, 1. Band

44 Hayes schreibt: „Aber der Nationalismus, wie er definiert wurde, trat sicherlich zuerst im Gefolge von Lehren der Volkssouveränität auf; allgemein und kraftvoll ist er durch die politische Demokratie unterstützt worden; und die meisten Länder, die nationalistisch geworden sind, haben wenigstens nach politischer Demokratie gestrebt. In einigen Fällen ist der Nationalismus der Demokratie vorangegangen, aber man kann, glaube ich, kaum bezweifeln, daß eine enge Beziehung zwischen diesen Erscheinungen besteht", Nationalismus, Leipzig S. 44; B. *Willms:* Die deutsche Nation, Köln 1982, S. 83ff. u. S. 114ff.

45 G. *Ritter:* Das deutsche Problem, München ²1966, S. 39-40. Ähnliche Traditionen der Selbstverwaltung charakterisieren England: sie sind aber im englischen System zu sehen, während sie in Deutschland eher gegen das deutsche System (Reich) für sich (als partikulare Provinzen) standen.

46 Sontheimer stattdessen vermeinte, Nationalismus und Demokratie in Deutschland nicht versöhnen zu können: Nation und Nationalismus in der Bundesrepublik, in: H. *Steffen* (Hrsg.): Die Gesellschaft in der Bundesrepublik Deutschland, Analysen II, Göttingen 1971, S. 149; Nation und Demokratie in unserer Zeit, Mainz 1969

47 „Die Idee der Repräsentation beruht darauf, daß ein als *politische Einheit* existierendes Volk gegenüber dem natürlichen (!) Dasein einer irgendwie zusammenlebenden Menschengruppe eine höhere und gesteigerte, intensivere Art Sein hat." C. *Schmitt:* Verfassungslehre, Berlin ⁵1970, S. 210

48 vgl. zu den vielfältigen antidemokratischen Nationalismen z. B. den Konter-Nationalismus, wie er bei Christian Graf v. Krockow dargestellt wird.
49 H. *Mommsen:* Arbeiterbewegung und nationale Frage, Göttingen 1979, S. 129; *Ziegler,* a.a.O., S. 96f. u. ders.: Zur Souveränität der Nation, in: A. *Weber,* FS 1930, S. 247-262, hier S. 249; R. C. *Johannsen:* Human rights in the 1980s: Revolutionary growth of unanticipated erosion?, in: WP 35/2-1983 (Jan.)/286ff.; S. *Mampel:* Bemerkungen zum Bericht der DDR an das Menschenrechtskomitee der Vereinten Nationen, in: Recht in Ost und West, 1978, S. 150-157; A. *Mertes:* Wie offen ist die deutsche Frage?, in: PK 9/4-1982/3; O. *Luchterhandt:* UN-Menschenrechtskonventionen, Sowjetrecht – Sowjetwirklichkeit. Ein kritischer Vergleich, Baden-Baden 1980; K. O. *Bracher:* Menschenrechte und politische Verfassung. Ein Grundproblem der politischen Ideengeschichte, in: ZfPol 26 (N.F.)/2-1979/109-124; G. *Oestreich:* Die Idee der Menschenrechte, Berlin 1963; G. *Kleinheyer:* Grundrechte. Menschen- und Bürgerrechte, Volksrechte, in: O. *Brunner*/W. *Conze*/R. *Kosellek* (Hrsg.): Geschichtliche Grundbegriffe, Bd. 2, Stuttgart 1975, S. 1047-1082
50 Art. 2, zit. n. *Heidelmeyer,* a.a.O., S. 54. In der französischen Verfassung von 1793 hieß es: „Die Souveränität steht dem Volke (Nation) zu. Sie ist einzig und unteilbar, unabdingbar und unveräußerlich", ebd., S. 63
51 Der Art. 28 hat dafür nur das Thema, daß jeder Mensch „Anspruch (habe) auf Erholung und Freizeit" und, u. a., „bezahlten Urlaub", ebd., S, 230
52 ebd., S. 252 u. 259
53 Daß die Selbstbestimmung Vorrang hat, meint A. *Hu-Chou-Joung:* Das Selbstbestimmungsrecht als eine Vorbedingung des völligen Genusses aller Menschenrechte, Zürich Diss. 1972. Umgekehrter Ansicht ist Kurt *Rabl* (s. u.). Bei O. *Kimminich* (1948, 41) heißt es, die Entwicklung des Selbstbestimmungsrechts sei ein wichtiger Bestandteil der allgemeinen Entwicklung der Menschenrechte.
54 Bulletin Nr. 68/S. 630 v. 24.06.1983, Bonn. Der Bundeskanzler zitierte – und bekräftigte damit – einen Satz des Bundespräsidenten, der angesichts verfassungspatriotischer und binationalisierter Meinungsspektren festzuhalten ist: „Die Deutschen in der Bundesrepublik Deutschland und die Deutschen in der DDR sehen nicht die Bundesrepublik und die DDR, sondern Deutschland als ihr Vaterland an"; ebd.
55 Chr. *Pan:* Südtirol als volkliches Problem. Grundriß einer Südtiroler Ethnosoziologie, Wien 1971, S. 98 u. ders.: Grundelemente einer Theorie der Ethnosoziologie, in: Th. *Veiter* (Hrsg.): System eines internationalen Volksgruppenrechts, Bd. III, 2 S. 281ff.
56 Während seiner zweiten Polenreise, die *Welt,* Nr. 140 v. 20.06.1983, S. 6 (eigene Hervorhebung – T. M.)
57 Man hätte zwischen – herrschaftsbezogen – wirklichen Vertretungsbefugnissen und bloß angemaßten Vertretungsansprüchen begrifflich und praktisch besser unterscheiden müssen, so *Rabl,* a.a.O., S. 497
58 ebd., S. 493; vgl. dazu H. H. *Klein:* Multınationaler Staat und Selbstbestimmungsrecht. Eine völkerrechtspolitische Betrachtung, in: „Afrika und die Deutschen." Jahrbuch der Deutschen Afrika-Stiftung 1981, Pfullingen 1981, S. 59-74, hier S. 64f.
59 „Solange das Selbstbestimmungsrecht nicht auch in Mittel- und Osteuropa seine *wirklichen Frieden* stiftende Kraft für diese Nationen und Völkerschaften entfalten und durchsetzen kann, wird man nicht vom Anbruch einer echten Friedensordnung in Europa sprechen können." Zieger (II) 1984, 14
60 KSZE. Beiträge und Dokumente aus dem Europa-Archiv, hrsg. v. H. *Volle* u. W. *Wagner,* Bonn 1976, S. 237ff. (eigene Hervorhebung – T. M.); vgl. auch *Volle/Wagner* (Hrsg.): Das Belgrader KSZE-Folgetreffen, Bonn 1978
61 Andererseits gilt angesichts des Jus-cogens-Charakters der Selbstbestimmung: „Verträge, die das Selbstbestimmungsrecht verletzen, wären daher gemäß Art. 53 der Vertragsrechtskonvention von vornherein nichtig. Alte Verträge hätten gemäß Art. 64 der Vertragsrechtskonvention ihre Gültigkeit in dem Augenblick verloren, in dem das Selbstbestimmungsrecht zum jus cogens geworden ist ..." (Kimminich (I) 1984, 46; vgl. ebd. K. Doehring, S. 64) Weiter können die UNO-Staaten Sowjetunion, Polen und DDR – theoretisch – nicht das Selbstbestimmungsrecht des deutschen Volkes behindern, da die „völkerrechtliche Fortexistenz des Deutschen Reiches" deren Souveränitätsbarriere durchstößt (Klein 1983, 645; Fiedler 1983, 377) Damit verbunden werden kann der Hinweis, daß das Eintreten für das Selbstbestimmungsrecht immer untrennbar zugleich das Recht der Nation auf ihre staatliche Existenzform, welcher staatlichen Gestalt auch immer, einschließt (Seifert 1983, 138). Im übrigen ist auch in der sowjetischen Völkerrechtslehre die Rede davon, daß Nationen Völkerrechtssubjekte sein können (Meissner 1984 (Fiedler) 53). Der Sowjetunion kann es vielleicht eines Tages gelegen kommen, die deutsche Nation in

diesem Sinne nicht länger zu diskriminieren, sondern zu respektieren.
62 Vgl. auch *Rabl:* Dokumente „zur Frage der Feststellung des Selbstbestimmungswillens einer Bevölkerung nach UNO-Recht", S. 584ff.; vgl. auch FS für H. R. Klecatsky hrsg. v. L. *Adamovich/ P. Pernthaler:* Auf dem Weg zu Menschenwürde und Gerechtigkeit, Wien 1980, 2 Bde.; Th. *Veiter:* Die Träger des Selbstbestimmungsrechts nach westlicher Auffassung, in ders.: System des internationalen Volksgruppenrechts III, 2 Wien 1970, S. 132ff.
63 F. *Ermacora:* Nationalitätenkonflikt und Volksgruppenrecht, München 1978, S. 47
64 Vom Jus cogens und davon, daß das Selbstbestimmungsrecht „international anerkannt" sei und „weltweite Unterstützung" findet, sprach bereits 1955 Günter *Decker,* a.a.O., S. 336f. u. passim. H. *Gros-Espiell* schreibt übrigens, daß das Jus cogens auf der Anerkennung der Existenz des Naturrechts fuße.
65 H. *Gros-Espiell* 1982, 54-58. Gros-Espiell betont, daß der Begriff des „Volkes" noch nicht geklärt sei.
66 VN 2-1982, S. 73. Resolution 36/10 v. 28.10.1981, dort heißt es weiter, daß Interventionen das Selbstbestimmungsrecht „und andere Menschenrechte" verletze. (eigene Hervorhebung – T. M.)
67 Wenn z. B. bestimmte Gebiete der Sowjetunion für Ausländer gesperrt sind, so ist dies sicher keine Rassendiskriminierung.
68 Im internationalen Übereinkommen zur Beseitigung jeder Form von Rassendiskriminierung vom 07.03.1966 heißt es so in Art. 1, Abs. 2 u. 3: „2. Dieses Übereinkommen findet keine Anwendung auf Unterscheidungen, Ausschließungen, Beschränkungen oder Bevorzugungen, die ein Vertragsstaat zwischen eigenen und fremden Staatsangehörigen vornimmt. 3. Dieses Übereinkommen ist so nicht auszulegen, als berühre es die Rechtsschriften der Vertragsstaaten über Staatsangehörigkeit oder Einbürgerung, sofern diese Vorschriften nicht Angehörige eines bestimmten Staates diskriminieren." Zit. n. *Heidelmeyer,* a.a.O., S. 216. Bereits 1952 (5. Dezember) hatte die UNO einen Entschluß für Mitgliedstaaten gefaßt, die eine ethnisch uneinheitliche Bevölkerung hatten: „... in einer mehrrassigen Gesellschaft werden Harmonie, Respekt für Menschenrechte, Grundfreiheiten sowie die friedliche Entwicklung einer in sich einheitlichen Gesellschaft am besten gesichert, wenn Gesetzgebung und Rechtspraxis darauf gerichtet sind, die Gleichheit aller Personen vor dem Gesetz ohne Rücksicht auf Rasse, Glaubensbekenntnis oder Hautfarbe zu gewährleisten und wenn allen rassischen Gruppen die Teilnahme am wirtschaftlichen, gesellschaftlichen, kulturellen und politischen Leben auf dem Fuß der Gleichberechtigung offensteht"; zit. n. *Rabl,* a.a.O., S. 423 (Anm. 1622)
69 Feldkircher-Leitsätze zum Selbstbestimmungsrecht der Völker v. 20.09.1966, LS 4, in: *Veiter* 1970, a.a.O., S. 271ff.
70 „Nation und Volk werden oft als gleichbedeutende Begriffe behandelt, doch ist das Wort ‚Nation' prägnanter und weniger mißverständlich. Es bezeichnet nämlich das Volk als politisch-aktionsfähige Einheit mit dem Bewußtsein seiner politischen Besonderheit und dem Willen zur politischen Existenz, während das nicht als Nation existierende Volk nur eine irgendwie ethnisch oder kulturell zusammengehörige, aber nicht notwendig p o l i t i s c h existierende Verbindung von Menschen ist." (C. Schmitt: Verfassungslehre ^{5}1970, 79)
71 ebd., LS 14, S. 276; U. E. überspringt Th. *Veiter* den politischen Schritt vom Ethnos zur Nation oder Nationalität; vgl. dazu neuerdings *Veiter:* Volk, Volksgruppe, Region, in: „Regionalismus in Europa". Bericht über der 2. wiss. Tg., Dühnen, April 1981, München 1983 (= Bay. LZ f. pol. Bildungsarbeit), Bd. III, S. 23 (vgl. auch CRSN 9/2-1982/161-181)
72 Zit. n. R. *Saage:* Herrschaft, Toleranz, Widerstand. Studien zur Politischen Theorie der niederländischen und der englischen Revolution, Frankfurt 1981, S. 47. Saage zitiert dort aus der Zeit: „Wenn man einwenden sollte, die Könige seien von einem Volk eingesetzt worden, das vielleicht vor 500 Jahren lebte, nicht von dem, das heute existiert, so sage ich: wenn die Könige auch sterben, das Volk – wie jede Ganzheit – stirbt niemals. Wie nämlich die Strömung im Fluß immer fließen läßt, so macht der Wechsel von Geburt und Tod ein Volk unsterblich." Saage schreibt weiter: „Selbst 1649 rechtfertigte ein anderer Autor, John Canne, die Abschaffung der Monarchie mit Argumentationsfiguren, die bruchlos der traditionellen Politiktheorie verpflichtet blieben. Für diesen Autor ergibt sich die Souveränität des Volkes aus dem Umstand, daß es zwar in seinen Individuen sterblich, aber unvergänglich in seiner Spezies sei, während der König als König sterben kann und muß." S. 141. Vgl. auch K. *Wolzendorf:* Staatsrecht und Naturrecht in der Lehre vom Widerstandsrecht des Volkes, Aalen ^{2}1968, S. 93, 272, 372, 378f., 389; vgl. auch E. *Reibstein:* Volkssouveränität und Freiheitsrechte, hrsg. v. C. *Schott,* Bd. 1, Freiburg/München 1972
73 F. *Hertz* 1927, a.a.O., S. 18f. u. E. *Fraenkel:* Deutschland und die westlichen Demokratien, Stuttgart ^{6}1974, S. 119

74 H. *Lenk:* Erweiterte Verantwortung. Natur und künftige Generationen als ethische Gegenstände, in: René Marcic zum Gedächtnis, Berlin 1983, S. 833-846, hier S. 845
75 Vgl. dazu die Einleitung zur 2. Aufl. des Buches, in der sich Boehm gegen den Nationalsozialismus erneut wendet und die 1971 im Nachlaß von Heinz *Kloss* edierte Broschüre von M H. *Boehm:* Das eigenständige Volk in der Krise der Gegenwart, Wien 1971
76 A. *Dempf:* Sacrum imperium (^{1}1929), Darmstadt 1973, S. 46f. u. 49f. Dempf gebraucht auch ebd. den Ausdruck der „Volkspersönlichkeit", in dem die „Strukturverhältnisse der größten Verbandseinheit vitaler Ordnung" zum Ausdruck kommt.
77 In der Darstellung des Schweizer Sprachenrechts von Cyrill *Hegnauer* (Das Sprachenrecht der Schweiz, Zürich 1947) wird die Bewahrung der überlieferten sprachlichen Zusammensetzung als eine Existenzfrage der Eidgenossenschaft überhaupt bezeichnet, die letztlich bedeutsamer sei als die einzelnen Freiheitsrechte: so Th. *Schieder:* Idee und Gestalt des übernationalen Staates, in: HZ 184/1957/336-366, hier S. 345 u. 347
78 Eine ähnliche Position nimmt *Bluntschli* 1862 ein: „Jede Nation hat einen natürlichen Anspruch darauf, in ihrer Eigenthümlichkeit geschützt zu werden." (Deutsches Staats-Wörterbuch, hrsg. v. J. C. *Bluntschli* u. K. *Brater,* Bd. 7, S. 156). Ähnlich weiter R. *Laun:* Nationalgefühl und Nationalismus, in: Ostdeutsche Wissenschaft I/1954/98
79 „In ihren Versuchen der Französisierung von Straßennamen, in ihren Plänen der Zwangsumsiedlung deutschsprachiger Elsässer und in der zunächst in Frankreich selbst betriebenen Ausbreitung der französischen Sprache verrät sich, daß es nicht eigentlich das „frankreichische" Volk, sondern daß es eben die Franzosen unter den Untertanen Ludwigs XVI. waren, die sich als Träger des historischen Geschehens fühlten oder doch zumindest alsbald den Umsturz der bestehenden Ordnung benutzten, um als Volk im „Volk" die Früchte des Sieges zu ernten. In diesem Sinn hat sich die Verwandlung des demokratischen in ein ethnokratisches Prinzip bereits in der Französischen Revolution selbst angebahnt." *Boehm,* a.a.O., S. 34
80 Palackys Schreiben ist abgedruckt in der von H. u. S. *Lehmann* zusammengestellten Sammlung zu den „Nationalitätsproblemen in Österreich", Göttingen, S. 10f.
81 Emil *Sabota:* Die Schweiz und die tschechoslowakische Republik, Prag 1927. Th. *Schieder,* der dieses Werk zitiert, ergänzt zum Buch: „Die Schrift ist in dem offiziösen „Orbis"-Verlag erschienen", Th. *Schieder:* Die Schweiz als Modell der Nationalitätenpolitik, in: Festgabe für Hans Herzfeld, Berlin 1958, S. 506f.
82 Grundsätze eines Volksgruppenrechts − Leitsätze für ein internationales Volksgruppenrecht, in: F. *Wittmann*/St.Graf *Bethlen* 1979, 167; vgl. zu den Volksrechten auf dieser Ebene der Volksgruppen auch die bedeutende Arbeit von H. *Kloss:* Grundfrage der Ethnopolitik im 20. Jh., Wien/ Stuttgart 1969, bes. die Kap. D: Die Selbsterhaltungsrechte und E: Abgrenzung der Nationalitäten und Zuwandererrecht

3.A Die pluralistische Nation

Der gesellschaftliche Pluralismus im engeren Sinne, der an soziale und ökonomische Verbände gebunden ist, einschließlich des neo-korporativen Modells der Verbindung von gesellschaftlichen, sozialen und ökonomischen Interessen und wirtschaftspolitischen Strategien, ist an den Staat gebunden. D. h. für Frankreich, England, USA z. B., daß keine gesonderte Differenzierung oder Auseinanderlegung von Staat und Nation erfolgt, um den Pluralismus zu analysieren. In der Bundesrepublik aber hat dieser Pluralismus mit der Nation als unvollendeter Einheit auf den ersten Blick nichts zu tun.

Einen weiter gefaßten Pluralismus indes, der mehr den politischen Bereich erfaßt (wobei der engere Pluralismus auch nicht als unpolitisch zu verstehen ist), ist durch einen Partikularismus, Föderalismus und durch weitere politisch-gesellschaftliche Vielfalt charakterisiert.

Betrachtet man dazu gerade die deutsche Geschichte, so beginnt dieser Pluralismus mit der „Vielfalt" (man könnte immer da, wo man Vielfalt sagt, auch Gegensätze benennen) der Stämme, Herzogtümer, Territorialstaaten, Reichsstände, dem Dualismus der Konfessionen, dem Dualismus von Österreich und Preußen usw. Die Entwicklung anderer Nationen zeige, so Friedrich Hertz, was ein starker, nationaler Einheitsstaat bedeute. In Deutschland fehlte die nivellierende Zentralgewalt (*Hertz* 1937, 440), das „Reich hat den Wettlauf mit dem Staat verloren"[83]. Was den Bestand des neuzeitlichen Staates gemeinhin ausmache, habe das Reich nie zuwege gebracht: regelmäßige Steuern, geordnetes Heer, starke Polizei, kräftige Gerichtshöfe, durchgreifende zentrale Verwaltung (*Oestreich* 1960, 127). Zusammen mit der territorialen Zersplitterung Deutschlands nach 1648 ist die alte Frage nach der Einheit in Deutschland mehr als verständlich: Pluralismus war eine Last. Andererseits wäre es falsch, z. B. im Partikularismus lediglich eine national einheitsfeindliche Position zu vermuten. Der Partikularismus war eine wichtige Stufe weg von der territorialen Zersplitterung hin zu Verwaltungsstaaten. Die frühliberale Unterstützung konstitutionalistischer Bestrebungen der Partikularstaaten hinderte selbstverständlich nicht deren Streben, eine nationale Einheit zu erreichen[84]. Auch der Föderalismus hatte eine nationsorientierte, aber auch eine transnationale Seite. Constantin Frantz sah in der deutschen Nation ein bündisches Prinzip leben, der Kern der deutschen Frage war ihm eine föderative Aufgabe und Angelegenheit[85]. Zur deutschen Nationalgeschichte des Föderalismus sind auch Hardenbergs Pläne von 1804 besonders zu erwähnen, in denen Deutschland als Staatenbund in drei Föderationen (unter jeweils preußischer, bayerischer und österreichischer Führung) organisiert werden sollte[86].

Alle konfessionellen, weltanschaulichen, sozialen usw. Gegensätze haben indes nicht die Eigenschaft, mit der Nation notwendigerweise zu harmonieren, zumal diese *Spannungen* zeitweise außerordentlich reizbare waren und sind.

Nur wenn die Nation andererseits als konfliktfreies Refugium verstanden wird, müssen derartige Konflikte, wie z. B. die soziale Frage, als nationszerstörend angesehen werden.

Die Nationen in ihrer hier dargestellten Komplexität, genauso wie der „nationale Wandel" und die Konkurrenzlage der Nationen, haben einen nationsinternen Pluralismus zur Voraussetzung. Nur ein rigoros zentralisierter Nationalstaat hat zum Ziel, die gesellschaftliche Vielfalt in mehr oder weniger deutliche Abhängigkeit vom nationalen Machtzentrum zu bringen.

Daß Pluralismus und Nation keine Gegensätze sein müssen, ist in der Bundesrepublik festzustellen vielleicht nicht selbstverständlich, da hier immer wieder antipluralistische Strömungen vermutet oder nachgewiesen werden[87]:

> „In Deutschland hat man nur allzu häufig in dem Bekenntnis zu einem pluralistischen Staat nicht einen Ausdruck eines höchst entwickelten politischen Selbstvertrauens, sondern eine Erscheinungsform einer höchst bedenklichen politischen Selbstauflösung gesehen. Dies mag nicht zuletzt aus der Tatsache erklärt werden, daß man sich zutraute, in *primär* wichtigen politischen Fragen eine Einhelligkeit zu erreichen, die das unentbehrliche Korrelat einer jeden Divergenz in *sekundär* wichtigen politischen Fragen darstellt."[88]

Das *transplurale Gemeinsame, das die Nation darstellt,* dürfte u. E. der einzige Bezugspunkt des engeren Pluralismus mit der Nation sein. Die politische Einheit erhält ihren Status im Staat, der normalerweise mit der Nation verbunden ist.

Die Nation könnte auch dann eine Rolle spielen, wenn durch irgendeinen Pluralismus eine elementare *Krise* ausgelöst würde[89], die das nationale Subjekt der politischen Einheit und der verfassungsgebenden Gewalt erfordern würde, um zu einer nationalen Neuordnung zu kommen, wie der Übergang von der dritten zur vierten Republik in Frankreich sie darstellte. Die Nation ist als der demokratische Volkssouverän die höchste Autorität, die hier eine neue Entscheidung treffen muß.

Man hat, ausgelöst durch die Erschütterungen der sogenannten Staats- und Parteienverdrossenheit und durch Probleme der Regierbarkeit auch auf die nationale Identität hingewiesen, um mit ihr die in Frage gestellte „Funktionstüchtigkeit des Gesamtsystems" zu regenerieren[90], aber derartige Einstiege in das nationale Selbstverständnis werden zu sehr als rein instrumentell bedingt durchschaut, um greifen zu können bzw. um die reale Möglichkeit einer *Aktualisierung der politischen Einheit* zu ermöglichen.

Die dauernde politische Aufgabe der Wahrung des Gemeinwohls[91] ist in der Phase der Bundesrepublik Deutschland als nationale Aufgabe nur schwer darzustellen. Insofern der Nationalrepräsentationsgedanke[92] in Deutschland die ganze Nation einschließt, ist die gegenwärtige Zweistaatlichkeit ein transitorischer Bestandteil der „Pluralität" der Nation[93]. Die Rede von der „ausgefransten Nation" (*Dahrendorf* 1983) bedeutet für die pluralistische deutsche Nation heute, daß die nationale Einheit im Pluralismus geschichtlich nicht garantiert ist.

Anmerkungen

83 A. *Mitteis*/H. *Liebrich:* Deutsche Rechtsgeschichte, München [16]1981, S. 242
84 E. *Zechlin* 1979, 68f.; J. *Haller* 1926, 17; G. *Heinemann* 1974, 5; Th. *Schieder*/P. *Alter* 1974, 41f. (Disk.).
85 C. *Frantz:* Der Föderalismus als das leitende Prinzip für die soziale, staatliche und internationale Organisation unter besonderem Bezugnahme auf Deutschland kritisch nachgewiesen und konstruktiv dargestellt. Ndr. d. Ausg. v. 1879, Aalen 1962, S. 225ff. Frantz' deutschpolnische Föderationspläne sind heute vergleichbar mit einigen Überlegungen, die Paul Wilhelm *Wenger* in der Bundesrepublik anstellte: Wer gewinnt Deutschland? Kleinpreußische Selbstisolierung oder mitteleuropäische Föderation. Mit 24 Karten zur politischen Lage, Stuttgart-Degerloch 1959. Der preußisch dominierte Bundesstaat des zweiten Reiches ließ einen ausgewogenen Föderalismus nicht zu; das macht sich auch in der national sehr aufgeschlossenen badischen Politik bemerkbar. W. P. *Fuchs* (Hrsg.): Großherzog Friedrich I. von Baden und die Reichspolitik 1871 - 1907 (Veröff. d. Kommission f. gesch. Ld.kde. in Baden-Württemberg) Stuttgart 1968 - 1981 (4 Bde.)
86 K. O. Fr. v. *Aretin:* Vom deutschen Reich zum deutschen Bund, Göttingen 1980 (Deutsche Geschichte Bd. 7), S. 95
87 H(eribert) *Kohl:* Pluralismuskritik in der Bundesrepublik. Zur Pluralismusdebatte, in: Aus Politik

und Zeitgeschichte B. 12/21.03.1970, hier ist von linken und rechten Kritiken die Rede und auch von „nationalistischen Antipluralisten".
88 E. *Fraenkel:* Deutschland und die westlichen Demokratien, Stuttgart ^{6}1974, S. 28. Das pluralistische Kräfteparallelogramm, das man hier meint erkennen zu können, beeinträchtigt u. E. nicht die Richtigkeit von Fraenkels Einsichten.
89 K. L. *Shell:* Liberaldemokratische Systeme. Eine politisch-soziologische Analyse, Stuttgart 1981, S. 188ff.
90 I. *Staff:* Lehren vom Staat, Baden-Baden 1981, S. 436f.
91 Etatistisch beantwortet wird die Frage „Wer garantiert das Gemeinwohl?" von E. *Forsthoff:* Rechtsstaat im Wandel, München ^{2}1976, S. 39ff.
92 H. *Mommsen:* „Äußerer Ausdruck der sich bildenden bürgerlichen Gesellschaft ist die Nation. Schon beim Konzil von Konstanz (1414 - 18), dann im England des 17./18. Jhs. und im vorrevolutionären Frankreich verknüpft sich die Repräsentationsidee mit dem Nationalstaatsprinzip und mündet in die Forderung einer Nationalrepräsentation" (1971, Sp. 630-631).
93 H. O. *Ziegler* geht von dieser Pluralität der Nation aus: „Die Nation als Einheit der volonté générale, diese fiktive Einheit, der aber gleichzeitig ein unbeschränkbarer Souveränitätsanspruch zugesprochen wird, und die Nation als die durch die Selbstverwaltung zur realen Einheit zusammengeschlossenen Pluralität der sozialen Kräfte, in der nicht eine einzige Instanz die Gesamtheit aller legitimen politischen Rechte absorbiert, dieser Gegensatz bezeichnet die sehr wesentliche Verschiedenheit der beiden Positionen." S. 192

3.B. Überholter oder moderner Nationalstaat?

Bei der Diskussion der nationalen Frage wird kein Thema so bekenntnishaft vertreten wie die Beantwortung der in der Überschrift gestellten Frage. Es sind unerwartete Parteiungen, die in der Beantwortung entstehen. Die Frage jedenfalls gehört zu den politischen Kernfragen der Debatte um die Nation. Jede anspruchsvolle nationstheoretische Konzeption muß sich ihr stellen.

Geben wir zunächst ein politisches Stimmungsbild. Bundeskanzler Konrad Adenauer erklärte 1952, daß das Zeitalter der Nationalstaaten zu Ende sei. „Wer das nicht fühlt, daß eine Wende eingetreten ist, daß ein Zeitalter versunken ist ..., wer das nicht einsieht, meine Damen und Herren, dem kann man nicht helfen." (*Gabbe* 1976, 156). Auch Kurt Schumacher erklärte 1950, daß die Sozialdemokratie das eigene Volk bejahe, „aber im Nationalstaat nicht der Weisheit letzten Schluß sieht." (*Gabbe,* 158) Eugen Gerstenmaier spricht von den „politischen Albernheiten" der nationalstaatlichen Systeme des 19. Jahrhunderts (*Gabbe,* 162). Insgesamt gesehen begegnet man dem Nationalstaat in der unmittelbaren Nachkriegszeit mit Ablehnung, wenn auch erkannt wird (Dehler), daß „das nationale Gesetz der Einigung der Völker in ihren Staaten" nach wie vor gelte (*Gabbe,* 159; vgl. *Hoebink* 1978).

1968 erklärt Franz Josef Strauss, daß man „seine Kräfte nicht im Streben nach einer nationalstaatlichen Restauration verzehren" dürfe. Es beweise sich der Selbstbehauptungswille einer Nation gerade in der Fähigkeit und Bereitschaft, eine beengende Vorstellung von gestern hinter sich zu lassen. Es wäre daher Zeitvergeudung, sich mit „den überholten Problemen der nationalstaatlichen Organisation und Reorganisation in Mitteleuropa" zu beschäftigen (zit. n. *Schulz* 1982, 196).

1979 erklärt Horst Ehmke, daß die „Wiederherstellung des alten deutschen Nationalstaats (zu erwarten) keine sehr realistische Perspektive für die Weiterentwicklung der deutschen Frage" darstelle (*Ehmke* 1979, 63).

Die Zitate lassen sich, quer durch die Parteien, aber mit gewissen Schwerpunkten, beliebig vermehren. All diesen Politikern kann man indes nicht unterstellen, sie würden die deutsche Nation in Frage stellen. Sie sind im Gegenteil um ihre Erfassung bemüht und versuchen, Zielkonflikte, z. B. während der Phase der Westintegration und der Entspannungs- bzw. Ostpolitik auszuräumen[94].

Dennoch scheint hier die Bilanz nicht für die Nationalstaatlichkeit zu sprechen, und insofern wäre die Frage nach der Leistungsfähigkeit, der Tauglichkeit, der Zeitgemäßheit der Nationalstaatlichkeit negativ beantwortet. Welche Gründe können für diese Position aufgeführt werden? Dabei seien auf der Hand liegende, zeithistorische Argumente bezüglich einer nationalsozialistischen Politik erst gar nicht genannt.

Notwendig scheint eine Unterscheidung zu sein: Es ist ein bestimmter Typ des Nationalstaats, der bei allen Verurteilungen durchgängig getroffen wird.

Der klassische Nationalstaat

Der Nationalstaat der klassischen Epoche verstand sich als nationaler Macht-, Wirtschafts- und Militärstaat. Er wurde bedingt, wie Ernst Rudolph Huber resümiert, durch die Selbstbehauptung und Selbstdurchsetzung aus eigener Kraft, sei sie wirtschaftlich, militärisch, polizeilich oder wie auch immer begründet (*Huber* 1965, 280). Seinen „Ruf" behält dieser Staat durch seine enorme Persistenz. Er verkörpert restaurative und revolutionäre Bewegungen, Monarchie und Republik, plebiszitären Cäsarismus und totalitäre Demokratie. Er vermochte sämtliche Ideologien in spezifischer Gestalt zur Wirkung zu bringen. Aus der Deskription der Persistenz vermag man jedoch nicht begründen, daß auch der klassische Nationalstaat *die Einheit der Nation* und *die Freiheit seiner Glieder* bewirkte durch die „Einebnung der altüberlieferten feudalen, ständischen und regionalen Unterschiede" (Tendenz auf sozialer Egalität und Homogenität) und daß er die Freiheit der Nation durch den Entfaltungsspielraum der einzelnen und die Mitwirkungsfreiheit ermöglichte[95].

Entsprechend der Vielfalt der Erscheinungsformen des klassischen Nationalstaats hat man einen national-demokratischen, einen national-monarchischen und einen national-totalitären Nationalstaat unterschieden (*Schieder* 1971, 17). Vom klassischen Nationalstaat hat man auch einen mittelalterlichen Nationalstaat abgegrenzt (s. o. I.3.).

Die Epoche der klassischen Nationalstaatlichkeit setzt man öfters im Jahre 1789 an, sie dauerte etwa 150 Jahre (*Barraclough* 1974, 70).

Als wichtigstes Kennzeichen des klassischen Nationalstaats ist die unbeschränkt eingesetzte Staatssouveränität zu nennen, zu der wiederum das Jus ad bellum gehört.

Das *Zeitalter dieser klassischen europäischen Nationalstaaten ist* zweifellos *zu Ende gegangen.* Der klassische europäische Nationalstaat ist nach zwei Weltkriegen von hegemonialen Supermächten abgelöst worden. Klassisch-nationalstaatliche Politik ist in Europa daher anachronistisch geworden.

Keineswegs um irgendwelche Effekte zu erzielen muß gesagt werden, daß neben dem überholten Nationalstaat ein moderner Nationalstaat dennoch fortbesteht.

Der moderne Nationalstaat

Will man diesen identifizieren, muß man ihn vom klassischen Ballast befreien, der ihm in Meinungen immer noch anhaftet, realiter aber nicht mehr zukommt. Zur ersten Perzeptionsleistung gehört, daß er geschieden wird von der weiterhin gültigen Beurteilung des Nationalismus als überholter Haltung. Der moderne Nationalstaat ist dadurch zu charakterisieren, daß er in einen internationalen Zusammenhang integriert ist und davon bestimmt werden kann. Alle europäischen Staaten sind heutzutage militärisch und wirtschaftlich von äußeren Impulsen beeinflußt. An klassischer Souveränität mangelt es ihm sozusagen wesentlich.

Gerade der osteuropäischen (Macht-)Staatlichkeit, die durch innenpolitische Souveränität bestimmt wird, korrespondiert im außenpolitischen Bereich ein Trabantenstatus, der mit klassischer Nationalstaatlichkeit unvereinbar ist[96]. An Staatlichkeit mangelt es unter innenpolitischen Machtaspekten gesehen nicht.

Die moderne Nationalstaatlichkeit kann aber auch im westeuropäischen Bereich nicht bezweifelt werden. Alle allgemeinen Staatslehren sind keine Lehren fiktiver Rechtszustände. Wir machen es uns jedoch nicht so leicht mit dem Aufweis der modernen Nationalstaatlichkeit, indem wir auf die weltweit verbreiteten *übermächtigen Staatsnationen* verweisen, denn dadurch würde die gestellte Frage sofort beantwortet sein. Es ist sogar für das 19. Jahrhundert der Widerspruch zu vermerken, der zwischen der massiven Wirklichkeit der Nationalstaaten bestand und der auch damals intellektuell bevorzugten Vorstellung einer transnationalen Staatlichkeit. Intellektuelle Wünschbarkeiten und reale Politik klafften auseinander (*Schieder* 1957, 338). Diese Fehleinschätzung sollte bei einer heutigen Lagebeurteilung nicht reproduziert werden, obwohl dazu mehr „Berechtigung" besteht, weil transnationale Prozesse initiiert wurden, die zu berücksichtigen sind.

Man kann zu einer aufgabenbegründeten Berechtigung der Depotenzierung des klassischen Nationalstaates und einer entsprechenden Rechtfertigung des modernen Nationalstaates kommen. Sozialwissenschaftlich formuliert gilt die Frage nach den Funktionen des modernen Nationalstaats. Zunächst ist jedoch gewissermaßen die wissenschaftlich vertretbare Dysfunktionalität des Nationstaats darzustellen.

Nationalstaatliche Funktionsdefizite

Auf einer gesellschaftlichen Ebene laufen eine Reihe von Entwicklungen parallel der staatlichen defizitären Leistungsebene.

Dazu gehören die Abnahme nationalindividuellen Wertdenkens und ihre Ersetzung durch industriegesellschaftliche Werte. An die Stelle tradierter Volkskulturen tritt ihre industrielle Folklorisierung (*Köstlin/Bausinger* 1980). Eine sozioökonomische Angleichung eines international verbreiteten, westlichen „way of life" reduziert nationale Unterschiede in einer letzten Stufe auf die Sprache.

Diese internationalen Tendenzen in den modernen Nationen, die eine nationale Isolierung gerade auf der gesellschaftlichen Ebene völlig undenkbar macht, weil sie den Prozeß der internationalen, zivilisatorischen Verdichtung der Kommunikation nur in irgendeiner Weise „gewaltsam" unterbrechen können, entsprechen – im Vergleich zu der klassischen Epoche – auf der Staatsseite einige Einbußen im Handlungsspielraum.

Die militärische Sicherheit der Nationalstaaten ist – eine „Machtfrage" – relativiert worden. Die Qualität der Bedrohung hat, wie bereits aufgeführt (vgl. o. II.2.B.9.), dazu geführt, daß allein durch das Bedrohungspotential die Mühseligkeiten eines konventionellen und/oder totalen Krieges übersprungen werden und Politik gemacht, aber auch verhindert werden kann. Es liegt nicht mehr in deutscher Hand einen deutschen Nationalstaat zu errichten. Die militärische Lösung der nationalen Frage im 19. Jahrhundert ist heute für große Nationen wie die der deutschen oder der koreanischen nur mit dem Risiko der Zerstörung der Nation möglich. Der militärische Sieg Nordvietnams wurde mit einem dreißigjährigen Bürgerkrieg und der Verwüstung des Landes erkauft.

Die nationalen und antikolonialen Befreiungskämpfe der Dritten Welt werden von vorstaatlichen Bewegungen geführt. In Europa würden ähnliche Tendenzen weltkriegsauslösend wirken, weil unmittelbare „Besitzstände" der Supermächte berührt würden. Neben der nationalstaatlichen Differenz von Erster und Dritter Welt ist aber auch eine Differenz in der machtstaatlichen Auswirkung der Hilfe der Supermächte zu konstatieren: der sowjetisch (oder chinesisch) unterstützte Nationalstaat (oder die Staatsnation) ist im Endeffekt erfolgreicher als der amerikanische. Der Fall Saigons war deshalb ein Indiz für diese geschichtliche Hypothese, weil die USA selbst zu den Opfern der westlichen Nationalstaatsverteidigung zählten. Umgekehrt ist die afghanische staatsnationale Unabhängigkeit, obwohl sie völkerrechtswidrig und kolonialistisch zerstört wurde und direkt von der Sowjetunion verletzt wird, für die USA keine entsprechende Unterstützung wert, wie sie von anderer Seite in Nordvietnam erfolgt ist (*Nolte* 1974, 463ff. zu Vietnam).

Die europäischen westlichen Nationalstaaten verdanken ihre Unabhängigkeit dennoch dem amerikanischen Schutz, ihren eigenen konventionellen Streitkräften und ihrer wirtschaftlichen und geostrategischen Attraktivität für Amerika[97].

Neben der machtstaatlichen Nivellierung der europäischen Nationalstaaten ist andererseits ihre ökonomische Bedeutung ein Indiz, daß die moderne Nationalstaatlichkeit ein politischer Faktor ist. Denn auch ökonomische Politik ist nicht mehr nur nationalstaatlich zu entwickeln, sondern auch innerhalb eines Weltmarktes zu vollziehen (II. 2.B.2.).

Ein zweites Funktionsdefizit ist durch die zunehmende internationale politische Kommunikation, sei sie auf institutioneller oder auf einer vertraglichen Ebene gegeben. Die Europäische Gemeinschaft macht bis zu einem gewissen Grad eine nationalstaatlich separierte Politik unmöglich[98], wenn auch der entscheidende Schritt zu einer politischen Union der Nationalstaaten und Staatsnationen Europas nicht vollzogen ist[99]. Auf einer theoretischen Ebene kann daher nicht von einer fiktiven Transnationalität ausgegangen werden. Das Nationalstaatsparadigma für steril zu erklären ist daher kaum förderlich (*Bühl* 1978, vgl. dazu III.6.), um moderne Nationalstaatlichkeit richtig einzuschätzen.

Ein weiteres nationalstaatliches Funktionsdefizit ist bezüglich des nicht mehr klassischen Vermögens, Ordnungsleistungen[100] autonom zu erbringen, eingetreten. Zumindest muß der autonome Versuch, eine nicht gewollte Ordnung zu oktroyieren, mit der moralischen Instanz einer Weltöffentlichkeit rechnen[101], die gerade von den modernen Nationalstaaten und Staatsnationen, bzw. deren Öffentlichkeit getragen wird und von ideologischen Interessenten und Propagandisten bestimmter Meinungsrichtungen.

Leistungen der modernen Nationalstaaten

Wenn man von der *„Historizität des souveränen Nationalstaates"* spricht (*Winkler* 1979, 65), sollte man nicht die andere Seite der Nationalstaaten übersehen, die in folgendem gekennzeichnet wird. Man könnte also, richtig verstanden, auch von einer *Aktualität der Nationalstaaten* sprechen[102]. In dieser doppelten Perspektive ist auch die Aussage Carl Schmitts von 1963 zu sehen:

> „Die Epoche der Staatlichkeit geht jetzt zu Ende. Darüber ist kein Wort mehr zu verlieren. Mit Ihr geht der ganze Überbau staatsbezogener Begriffe zu Ende ... Der Staat als das Modell der politischen Einheit, der Staat als der Träger des erstaunlichsten aller Monopole, nämlich des Monopols der politischen Entscheidung, dieses Glanzstück europäischer Form und occidentalen Rationalismus, wird entthront. Aber seine Begriffe werden beibehalten ..."[103]

Es bestehen jedenfalls nach wie vor Staaten, die im übrigen von sich in aller Regel behaupten, Nationen zu sein.

Nationalstaaten *garantieren* die Rechte der Menschen, für deren Einhaltung sie international verpflichtet sind. Diese Leistung vermag nach wie vor allein der Staat zu erbringen. Die Schwierigkeiten internationaler Organisationen für die Einhaltung der Menschenrechte in entsprechenden Ländern auch wirksam etwas zu tun, demonstriert negativ die Bedeutung der Staatsnationen und Nationalstaaten.

Nach wie vor ist es der moderne Nationalstaat (und die moderne Staatsnation), der für die *innere Ordnung* eines Landes und seine politische Qualität (seinen Herrschaftscharakter) verantwortlich ist. Der moderne Staat, unter welcher Gesellschaftsform auch immer, ist in Europa zumindest in der Lage, die innere Ordnung zu bestimmen.

Vom demokratisch legitimierten Staat kann man sagen, daß er eine „Gemeinschaft des Rechts" darstellt[104]. Der moderne Staat hat in immer größerem Maße dafür Sorge zu tragen, daß für seine Bewohner eine Maximierung (*Katz* 1978, 69) günstiger Tauschverhältnisse zustande kommt. Er muß für eine effektive Nutzung binnenwirtschaftlicher Aggregate eintreten und das gesamte Land wettbewerbsfähig zu halten suchen. Ob er dazu planwirtschaftliche Maßnahmen ergreift oder marktwirtschaftlich gebunden ist, kann für die Maximierungsleistung von vorrangiger Bedeutung sein. Hierin kann eine entscheidende ökonomisch-nationale Frage liegen.

Im Rahmen der militärtechnisch eingeschränkten Möglichkeiten kommt der moderne Nationalstaat für die *nationale Sicherheit* nach wie vor auf. Er wird dazu aber in der Regel einem größeren militärischen Schutz- und Verteidigungsverband sich anzuschließen suchen, um den Sicherheitseffekt zu maximieren. Dem Bedrohungskapital von atomaren und anderen Waffen kann er, wie jedes Land der Erde, nicht entgehen, aber seine Schutzpflicht und Verteidigungspflicht, der er zu genügen hat, läßt ihn Vorsorge treffen. Das militärisch-funktionale Defizit der Nationalstaaten besteht, aber es hat bisher zumindest diese Staaten nicht deshalb zur Selbstaufgabe geführt oder gar zur Begrenzung ihrer Verteidigungsausgaben. Die modernen Nationalstaaten sind keine tributpflichtigen Stämme römischer Zeit, die von einer militärischen Macht verknechtet sind. Die Verhältnisse wären erreicht, wenn die Nationalstaaten tatsächlich aus machtstrategischen Gründen von einer militärischen Macht aufgelöst und unterworfen würden. Das ist auch, bei aller wirtschaftlichen und militärischen Abhängigkeit, im sowjetischen Imperium nicht der Fall. Weiter ist bei der modernen nationalstaatlichen Verteidigungschance (deren Mängel pauschal gegen die Nationalstaatlichkeit eingewendet wird, obwohl die Verteidigungsausgaben eine nie gekannte Größe erreicht haben) immer daran zu erinnern, daß gerade in der Epoche der klassischen nationalen Machtstaatlichkeit ebenfalls selbst diese Staaten einer Debellation ausgesetzt waren. Der französische Nationalstaat (oder die französische Staatsnation, wenn man an die Minderheiten denkt) hatte 1870 seine politische Niederlage zu verkraften. An diesem Fall lassen sich selbstverständlich auch die Unterschiede zu heute feststellen. Der totale Krieg ist ein Charakteristikum des 20. Jahrhunderts. Die Bemühungen seiner Verhinderung zeichnen die modernen Nationalstaaten aus. Die klassischen Nationalstaaten mußten im konventionellen Krieg nicht mit der Vernichtung des ganzen Landes rechnen. Unterschiede sind eindeutig festzustellen, die Einstellung zum Krieg hat sich gewandelt, aber auch der konventionelle Krieg darf nicht verharmlost werden.

Ähnlich wie im Fall der Verteidigung, ist der *Schutz vor* außenpolitisch bedingten ökonomischen und politischen *Krisen* über eine Gemeinschaft von Staaten im Zweifel besser möglich als in nationalstaatlichen Alleingängen. Auch hier beweist und behauptet sich der moderne Nationalstaat durch eine ausgeprägte Kompetenz zur Kooperation, die mit dem klassischen Nationalstaat nicht zu vereinbaren ist.

Die *Tradierung* kultureller und nationaler Eigenheiten ist für den modernen Nationalstaat selbst weniger eine Aufgabe. Die Tradierungsleistung hängt von den gesellschaftlichen Verhältnissen ab, die pluralistisch oder staatsmonopolistisch bestimmt sein können. In staatsmonopolistisch-autoritären oder totalitären Gesellschaften gehört der kulturelle Bereich und auch die Pflege nationaler Identität zur offiziösen Programmatik. In der pluralistischen Gesellschaft hat die staatliche Kulturleistung eher repräsentativen Charakter.

Sozialwissenschaftlich herausgearbeitete Funktionen der Nationalstaaten, die man auch geschichtlich aufzeigen kann, d. h.

1. eine Mobilisierungsfunktion,

2. eine Stabilisierungs- und Integrationsfunktion und
3. eine Legitimations- und Identifikationsfunktion

unterstreichen durch diese Funktionserfordernisse die Brauchbarkeit des modernen nationalstaatlichen Konzepts[105]. *Die umfassende politische Verantwortungsrolle (Deutsch 1972, 212ff.) des Nationalstaats legitimiert dieses Gebilde von der Aufgabenseite her. Die Einlagerung der Nationalstaaten in Blöcke[106] verhindert zu erfahren, wie wirksam sie gegenwärtig sind.* Auch in den Blöcken und Bündnissen (Westen), aber weniger unabhängig, müssen sich die Nationalstaaten den Herausforderungen unterschiedlicher nationaler Fragen stellen.

Die Dokumentation der verbliebenen nationalstaatlichen Behauptungsfähigkeiten könnte über ein scholastisches Wissenschaftsverständnis, für das Autoritäten der richtungsweisende Maßstab sind, sehr viel leichter und schneller geführt werden, denn es gibt entsprechende Äußerungen fachkompetenter Persönlichkeiten der Wissenschaft.

Aus der rechtswissenschaftlichen Disziplin haben wir bereits Ulrich Scheuner zitiert, der 1980 äußerte, daß es „entschieden unrichtig (sei), daß der Nationalstaat seine Aufgabe in der Gegenwart ausgespielt habe". Der Nationalstaat sei in der heutigen Staatenwelt generell nach wie vor die normale Erscheinungsform der politischen Unabhängigkeit eines Volkes (vgl. oben II.3.; vgl. *Fiedler* 1984, 78).

Gerhard Leibholz warnte 1958 davor, die supranationalen Gemeinschaften so zu verstehen, als ob damit die Souveränität der teilhabenden Staaten „wirklich irgendwie maßgeblich affiziert worden" sei. Diese Staaten seien aufgrund ihrer Souveränität auch in der Lage, sich aus diesen Gemeinschaften zurückzuziehen. Supranationale Gemeinschaften hätten keinerlei Sanktionsmacht gegenüber sezessionierenden Teilnehmern (*Leibholz* 1958, 22f.).

Der Verfassungsrechtshistoriker Ernst Rudolph Huber meint, daß sich Europa als Ganzes erst zum Nationalstaat bilden müßte. Bis dahin aber sei der schwer erkämpfte nationale Verfassungsstaat der zuträgliche Bezugspunkt der Politik (*Huber* 1965, 288).

Die Sozialwissenschaftler Bell und Freeman sind der Meinung, daß „the nation-state is the dominant form of organization on every continent in that it, above all other organizations, demands the highest loyalty from the individual".[107]

Diesen Quintessenzen sind gegenüberzustellen zeitgeschichtliche Feststellungen, deren Suggestivität auf breite Zustimmung stoßen dürfte: „Wer wollte im Ernst wünschen, daß die Westdeutschen wieder in die *Enge* des nationalen Gehäuses *zurück*streben?"[108] Selbst Historiker, von denen am ehesten eine Historisierung bestimmter Begriffe und Inhalte erwartet werden muß, urteilen hier anders.

Von den in mancher Hinsicht überzeitlichen Zügen des Nationalstaats spricht Theodor Schieder (1971). Man müsse die „enorme Substanz" zur Kenntnis nehmen, über welche „die Nationalstaaten in Europa verfügen". Schieder sieht nicht, daß „wir auf das nationalstaatliche Grundgefüge als Bauelement" größerer Einheiten, die zweifellos möglich seien, verzichten könnten. (1963, 29) Schieder sieht in Europa einen neuen Typus von Nationalstaat im Entstehen, dessen Idee Schieder auf die Formel bringt „Nationaler Weg zur eigenen Sozialordnung" (in: 1978, 134).

Werner Conze sieht in der Nation der modernen Welt ein historisch gegebenes und „unrevidierbares" Faktum. Das Zeitalter des Nationalstaats sei trotz aller bitteren Erfahrungen nicht zu Ende gegangen. „Beendet ist lediglich die Ära der souveränen oder sich souverän und selbstherrlich dünkenden Nationalstaaten" (1964, 13f.). Michael Stürmer resümiert, daß der „bürgerliche Nationalstaat" stets ambivalent gewesen sei. Soziale Glücksverheißung im Innern habe sich mit Schutz und Abgrenzung nach außen verbunden, es gelte, so der Historiker, die Kategorien des historischen

Denkens an einer neuen Wirklichkeit zu schärfen, die sich bei näherer Betrachtung als durchaus die alte erweisen könne (*Stürmer* 1981, 477).

Diese „Meinungen", die kaum nur als beliebig angesehen werden dürften, sondern als Urteile von Fachgelehrten gelten müssen, können dazu beitragen, den Nationalstaat von seinen historischen Belastungen, seinen hypertrophen Ausbildungen und seinen ethnozentrisch-anarchischen Erscheinungsweisen aus der machtstaatlichen Epoche zu befreien. Das Historische und das Aktuelle am nationalstaatlichen Denken sollte bedacht werden. Auch das deutsche Selbstbestimmungsrecht zielt bekanntlich auf einen Nationalstaat, der sich von bisher bekannten nationalstaatlichen Formen unterscheiden kann. Wird aber der Nationalstaat als solcher unreflektiert als Begriff aufgegeben, so ist auch das Anliegen der Selbstbestimmung unglaubwürdiger geworden (*Groepper*, 122). „On ne détruit que ce qu'on remplace"[109].

Anmerkungen

94 Vgl. zum Problem der Widersprüchlichkeit W. *Weidenfeld:* Die Antinomie zwischen deutscher und europäischer Integration, in ders. 1981, S. 79ff. u. E. *Schulz*, 215ff.; H. *Groepper* 1982, 117ff.; K. *Doehring* 1982; G. *Ziebura* 1971, 153-177; G. *Ziebura* 1966, 151ff.
95 Ernst Rudolf *Huber:* Deutsche Verfassungsgeschichte, Bd. 1, Stuttgart ²1975, S. 4ff.
96 Z. *Mlynar:* Krisen und Krisenbewältigung im Sowjetsystem, Köln 1983
97 Vgl. dazu die zahlreichen Arbeiten von Werner Link, z. B. den Sammelband: Die USA und Deutschland 1918 - 1975, hrsg. mit M. *Knapp*, H.-J. *Schröder*, K. *Schwabe*, München 1978; W. *Gatzke:* Germany and the United States, Cambridge/Mass. u. London 1980; C.-Chr. *Schweitzer:* Weltmacht USA. Kontinuität und Wandel ihrer Außenpolitik, München 1983, bes. S. 22-44
98 Vgl. für die Bundesrepublik Art. 24 u. 25 GG. Daneben gelten auch andere Souveränitätsdefizite, wie sie z. B. im Deutschlandvertrag von 1955 (Art. 2) zum Ausdruck kommen; vgl. dazu Doehring (vgl. Anm. 94) und zu weiterem O. *Kimminich* 1970 und H. *Rumpf* 1973
99 Für die *Bundesrepublik* gilt bzgl. der europäischen politischen Union, daß sie *nicht befugt* wäre, das *Verfassungsziel der Wiedervereinigung zugunsten Europas aufzugeben*, da dieses Unterfangen dem Verlust eines Rechtstitels bzgl. einer Politik der Verwirklichung der Wiedervereinigung gleichkäme, die das Bundesverfassungsgericht im Urteil von 31. Juli 1973 ausschloß. Hier zumindest ist für die Bundesrepublik als Kernstaat des fortbestehenden deutschen Nationalstaates *ein Souveränitätsverzicht* zugunsten Europas im Sinne des Art. 24 GG zu leisten *nicht möglich,* zumal dieser Verzicht einer Präjudizierung des Volkssouveräns i. S. der anstehenden Entscheidung gem. Art. 146 GG gleichkäme. Vgl. dazu Karl *Doehring*, Anm. 94 u. D. *Murswiek:* Die verfassungsgebende Gewalt nach dem Grundgesetz für die Bundesrepublik Deutschland, Berlin 1978
100 M. *Hättich:* Nationalbewußtsein und Staatsbewußtsein, Mainz 1966, S. 10f. u. S. 87. Hättich sieht gleich auch das Ordnungsprinzip Nationalstaat erledigt. Vgl. auch E. *Schulz*, a.a.O., S. 90f.; B. *Willms* 1982, 95-7
101 J. *Habermas:* Können komplexe Gesellschaften eine vernünftige Identität ausbilden? In ders.: Rekonstruktion des historischen Materialismus, Frankfurt 1976, S. 109. Wie Hättich lehnt Habermas den Nationalstaat als überholt ab.
102 Ob man sich — besonders in den Wissenschaften — es so leicht machen darf, indem man alle Nationalstaatsprobleme, besonders die deutschen, nach dem zweiten Weltkrieg dadurch beseitigt, daß man die Bundesrepublik Deutschland zu einem sich selbst voll legitimierenden Nationalstaat macht, sei hier nicht weiter erörtert. R. M. *Lepsius* vertritt jedenfalls die These: „Die politische Ordnung der Bundesrepublik und ihre Leistungsfähigkeit hat auch das alte Problem des deutschen Nationalismus für die Bundesrepublik gelöst", in: Nachkriegsgesellschaften im historischen Vergleich, München 1980, S. 39. Vgl. dagegen zur deutschen historischen Situation A. *Hillgruber:* Ewiges Dilemma: Die deutsche Frage. Vom unvollendeten und unvollendbaren deutschen Nationalstaat, in: FAZ 25/30.1.83, Beil., ders.: Die gescheiterte Großmacht. Eine Skizze des Deutschen Reichs 1871 - 1945, Düsseldorf 1980
103 C. *Schmitt:* Der Begriff des Politischen, Berlin ³1962, S. 10. Vgl. auch die Kritik Helmut Kuhns an diesem Staatsbegriff an vielen Stellen in der Zeitschrift „Philosophische Rundschau"
104 E.-W. *Böckenförde:* Der Staat als sittlicher Staat, Berlin 1978, S. 40. Über den Staat im juri-

stischen Sinne heißt es weiter: „Staat ... um fundamentale menschliche Lebenszwecke zu verwirklichen und zu sichern: Äußeren Frieden, Sicherheit des Lebens und des Rechts, Freiheit, Ermöglichung von Wohlfahrt und Kultur. Diese Zwecke stellen keine Zutat dar, die auch entfallen könnte, sie machen das geistige Prinzip des Staates aus, begründen seine Vernünftigkeit und seinen Charakter als gemeinsames Wesen." S. 18f.

105 J. *Kocka* 1981, 19f.; W.D. *Narr:* Theoriebegriffe und Systemtheorie, Tl. 1, Stuttgart 1972, S. 154 (vier Lösungen für ein politisches System/Nationalstaat); K. W. *Deutsch* 1972, S. 212ff. u. ders.: Der Nationalismus und seine Alternativen, München 1972, S. 173f.; K. *Davis* 1979, 486ff.; K. D. *Bracher* 1974; P. *Burian* 1971, Sp. 713ff.; W. *Sauer* 1981, S. 407ff.; S. *Haffner:* Der Nationalstaat in der Mitte. Ein abgeschlossenes Kapitel deutscher Geschichte, in: FAZ 100/30.4.1983; E. B. *Haas:* Beyond the Nation-State: Functionalism and international organization, Stanford, Cal. 1964; W. *Wegener:* „Nationalitätenstaat", sowie: „Nationalstaatsgedanke", in: HRG 1981, Sp. 866-871 und 892-896

106 *Burian,* a.a.O.; A. *Müller:* Die Rolle der Nation in der gegenwärtigen Politik, in: EA 9-1969/ 317-324, hier S. 318f.

107 W. *Bell*/W. E. *Freeman* 1974, 12. Die begriffliche Unterscheidung, die wir hier vornehmen würden, ist in diesem Zusammenhang zweitrangig, so auch E. *Schulz,* wenn er konstatiert: „Aber ein anderer Entwicklungsweg als der über den ‚Nationalstaat' zeichnet sich auch in den Entwicklungsländern nicht ab", 1982, 63 u. 78, 192

108 H.P. *Schwarz* 1974, 23 (eigene Hervorhebung – T. M.); ähnlich H. v. d. *Groeben* 1968, 11ff.

109 Auguste *Comte,* zit. n. St. *Hoffmann:* Obstinate or obsolete? The fate of the nation-state and the case of Western Europe, in: J. S. *Nye, jr.:* International regionalism, Boston 1968, S. 178

4. Nationale Identität, Teilung und Nationalbewußtsein

4.A. Nationale Identität

Nationale Identität ist die Übereinstimmung des Nationsbürgers mit dem komplexen, differenzierten Ganzen der Nation als der Individuation[110] allgemeiner, menschlich-natürlicher, politischer Vergemeinschaftung.
 Deutsche Identität ist die Übereinstimmung, das „Einssein" mit Deutschland als der individuellen Nation.
 Von der nationalen Identität als deskriptivem Begriff ist das *Nationalbewußtsein* unterscheidbar als das Selbstbewußtsein einer Nation, als die normative Perspektive der Nationsbürger auf ihre Nation, die Wertschätzung der Nation durch die Nationsbürger. Nationalbewußtsein als normative Haltung ist ideologisierbar.
 Der höchst individuelle *Nationalcharakter* wird von anderen der Nation oder von ihr selbst sich zugeschrieben (spekulativ-assoziativ). Nationalcharakterliche individuelle Eigenschaften spielen für die nationale Identität und für das Nationalbewußtsein im Rahmen von nationalen Urteilen (bzw. Beurteilungen) und Vorurteilen eine gewisse Rolle, die in der nationalen Sprache und Kultur ihren Ausdruck finden.
 Die Position der nationalen Identität, wie die der Nation überhaupt, ist in der modernen industriegesellschaftlichen Wirklichkeit scheinbar keine hervorragende mehr. Man vermeint, durch eine geschichtlich begründete anationale Sozialisation hervorgerufen, eine nationale Identität als solche, d. h. als universalhistorisches Phänomen und als diese, d. h. z. B. als deutsche, wenn nicht entbehren, so doch sehr relativieren zu können. In Deutschland könnte man von einer mehrfachen nationalen Identitätskrise sprechen, von der man auch schon als von einer selbstproduzierten Zerstörung gesprochen hat[111].
 Die Krise der nationalen Identät wurde

a) durch das Dritte Reich und seine Gewaltverbrechen,
b) durch die deutsche Teilung, und schließlich
c) durch die entstandenen Staatenbildungen auf deutschem Boden und durch ihre Dauer (gerade in einer schnellebigen Zeit) hervorgerufen.

Aus den Staatsbildungen resultiert eine „nationale Doppelidentifikation" von Teilstaaten und Gesamtnation, die pädagogisch nicht leicht zu vermitteln ist[112] und die die Identitätsproblematik erneut belegt.
 Die latenten deutschen Identitätsprobleme führen gelegentlich zu einer politisch instrumentalisierbaren Flucht aus der eigenen nationalen Identität, was insbesondere bei Jugendlichen als kompensatorische Reaktion auf die Krise beobachtet werden kann[113], aber auch Begriffskonfusionen, politische Substitutionsversuche (*Brandt/Ammon* 1982, 153: Vietnam), Neurosen (*Peisl/Mohler* 1980) und Unsicherheiten können die Folge nationaler Identitätsindifferenzen sein.
 Von sozialpsychologischer bzw. anthropologischer Warte aus betrachtet wird das Fehlen eines klaren Identitätsbewußtseins mit pathogenen, zumindest mit desorientie-

renden, charakterlich labilisierenden Folgen (v. a. für das individuelle Selbstwertgefühl) in Verbindung gebracht[114]. Doch unabhängig davon ist zu fragen, ob derartige Eskapismen und Indifferentismen gegen die eigene nationale Identität durchgehalten werden können. Denn nationale Identität hat neben dem aktiven Merkmal der Selbstidentifikation auch das Merkmal der passiven Fremd-Identifizierung. Beide Merkmale gehören zur nationalen Identität. Die Fremdidentifizierung kommt einer Haftbarmachung[115] einzelner gleich, die die nationale Identität nicht mit einer sozialen Rolle verwechseln können, aus der ein Rückzug möglich wäre. Die historisch ausgebildete Identität, wenn sie sich einmal gefestigt hat, steht „zu niemandes Disposition, auch nicht zur eigenen"[116], sie ist damit weder rechtfertigungsfähig noch gar rechtfertigungsbedürftig.[117] Dennoch muß sie realiter verteidigt werden:

„Der Afrikaner möchte gern er selbst sein. Er wünscht nicht, seine Identität zu verlieren ... Die portugiesische Politik geht dahin, den Afrikaner im Afrikaner zu töten ... Ein schwarzhäutiger Portugiese scheint das Ziel der portugiesischen Politik zu sein ... Indessen, die Menschen wollen sie selbst sein und als solche akzeptiert werden" (N. Sithole, in: *Vogt 1967*, 204).

Dieser kolonialistische Identitätsraub durch eine „Assimilado-Politik" wurde von einem antinationalen Rassismus übertroffen:

„Im Dritten Reich[118] war es schwerwiegender, der Rasse nach Jude, als dem Kulturbewußtsein und dem politischen Bekenntnis nach Deutscher zu sein. Auch wenn er es wollte, wurde dem Juden verboten, Deutscher zu sein. Dem biologischen Prinzip der Rasse wurde gegenüber dem politischen Prinzip der Nation der Vorrang gegeben." (*Buchheim* 1966, 13)

Worin besteht nun, wenn man so sagen will, die Kernsubstanz der nationalen Identität? Sie liegt u. E. in der unverlierbaren Nationalität, die nur durch eine Auswanderung (weniger für den Emigranten als für seine Nachkommen) fundamental *gewechselt* werden kann. Unter *Nationalität* verstehen wir die Nationszugehörigkeit, die staatsnational oder nationalstaatlich, aber auch außer- oder vorstaatlich festzustellen ist. Zu dieser *Minimalidentität*, die jedoch *politischer Natur* ist, weil sie öffentlich geltend gemacht wird, kein privates Bekenntnis bleibt, sind Nationalbewußtsein[119], Nationalcharakter, der nationale und politische Lebensstil als die Weise des öffentlichen Zusammenlebens u. v. a. zu addieren, um das plurale, aber individuelle, unverwechselbare Identitätssystem Nation in einem Fall zu charakterisieren. Die nationale Identität ruht auf der Nationalität als Grundidentität, von der aus weitere spezifische politische Identitäten, die sich ändern können, aufgebaut werden. Die Nationalität ist keine politische Trivialität, weil sie, wie erwähnt, *geflohen* wird von Internationalisten, Nur-Europäern, transnationalen Friedensfreunden, um nur einige zu nennen. Solchen Haltungen eignet eine gewisse Unwahrheit: Die Nationalität ist als Herkunftsschicksal nicht ablegbar. Sie hat sich für eine Nation, Volksgruppe oder Völkerschaft aus der politisierten ethnischen Abstammung oder im Laufe eines geschichtlichen Prozesses (auch gegen diese ursprüngliche Abstammung) entwickelt. Sie ist für die großen Nationen in der Regel kein Problem, wohl aber in bestimmten Epochen für die geographischen Randbezirke dieser Nationen.

Das mögliche Spannungsverhältnis von Individuum und Gemeinschaft soll hier nicht übersehen werden. Das Individuum ist Teil der Nation, aber nicht nur Teil. „Es hat seine eigene Aufgabe, sein eigenes Ziel und seinen eigenen Wert" (*Ruedorffer* 1916, 40; vgl. *Ziegler* 1931, 66). Es können Konflikte entstehen, die aus dem „Pluralismus letztgültiger sozialer Regulation" (*Gehlen* 1969, 47) herrühren. Der Patriotismus der Florentiner Bürger, die das Vaterland höher schätzten als die Seele, dokumentiert eine Haltung, die auch verloren gehen kann. Eine europäische Identität kann zumindest derzeit nicht nationsunabhängig gewonnen werden; europäische Identität baut vielmehr auf den Nationen auf (*Fiedler* 1981, 51f.; *Deutsch* 1978, 62). Internationalistische Positionen können mit nationalen konkurrieren. Aber auch hier kann schwerlich von einer Erosion der nationalen Identität im Ernstfall gesprochen werden. Régis Debray bilanziert einige Ernstfälle skeptisch: „In jeder Krise in den kapitalistischen Ländern hat sich gezeigt, daß die Identifikation mit der Nation in jedem Fall, auch beim Proletariat, stärker war als die mit der eigenen Klasse" (1978, 91).

Nur von einem One-World-Denken her wäre das Herkunftsschicksal Nationalität fortschrittseuphorisch-ideologisch „kritisierbar". Nationalität kann vielmehr, wie wir bei dem afro-portugiesischen Beispiel schon sahen, eine Ressource für Individuen und Nationen und eine politische Regenerationschance sein. Erneut läßt sich dies an der jüdischen Nation demonstrieren:

> „Das Schicksal des jüdischen Volkes hat ja in doppelter Weise die Juden zur Nation zusammengeschlossen: einmal durch natürliche Vererbung, dann durch Überlieferung von Kulturgütern. Wenn die jüdische Kulturgemeinschaft vernichtet wird, so bleibt doch die jüdische Naturgemeinschaft, die Rasse, erhalten" (*Bauer* (1907) 1975, 434).

Ob nicht besser von Volk bzw. Nation anstelle von Rasse die Rede sein müßte, ist hier weniger wichtig.

Es ist eine nationale Leistung, im „nationalen Wandel" die nationale Identität durchzuhalten. Identität ist die Kraft, derselbe zu bleiben. Eine nationale Identität über die nicht zu unterschätzende Nationalität als Grundidentität hinaus politisch konkret Gestalt gewinnen zu lassen, glückt nicht in allen Epochen. Robert Hepp hat am deutschen Beispiel des 20. Jahrhunderts dargestellt, *wie kompliziert und irritationsfähig eine politisch-dynamische nationale Identität* sein kann (*Hepp* 1980, 132ff.). Im Regimewechsel eine einheitliche nationale Identität zu bewahren und diese diachrone Identität womöglich politisch geltend zu machen, kann nominalistisch nicht begründet werden und zeigt das Spektrum der Identität „der" Deutschen. Ein Thüringer etwa, 1890 geboren, hat als Deutscher eine nationale Identität zu bewahren oder zu praktizieren, die Wilhelm II., Ebert/Hindenburg, Hitler und Ulbricht aushält oder übersteht. Die Galerie illustriert, was eine nationale Identität leisten können muß. Allgemein formuliert können wir sagen: Die Identifikation mit der Nation erfolgt transgouvernemental über das Bewußtsein der Möglichkeit von der (bestenfalls frei (*Weidenfeld* 1981, 112) gewählten, selbstbestimmten) guten Ordnung des politischen Zusammenlebens als Nation. Dieser anspruchsvoll formulierten Identifikation korrespondiert die allgemein-menschliche Erwartung, daß es in einem (nationalen) Gemeinwesen gerecht zugehen solle, alles seine Ordnung haben müsse. Die politische Aktualisierung dieser nationalen, möglichen Praxis des politisch-natürlichen Zusammenlebens ist in unterschiedlichen Regimen verschieden und oft nur partiell deswegen möglich, weil nur die Nationalität identitär kontinuiert wird, nicht aber auch das in ihr mögliche gute Zusammenleben, d. h., daß Staat und Gesellschaft national nur in kritisierbarer politischer Qualität bestehen. Unser Thüringer konnte so als Deutscher zwar nationalitär überleben, was einem deutschen Juden oder einem Ostpreußen in dieser Zeit nicht oder nur selten gelang, aber mit der Rolle des Untertanen kann er sich politisch nicht identifizieren, er muß aber politisch damit auskommen können. Seine nationale Identität als Bürger der deutschen Nation war weder im Dritten Reich noch unter der mitteldeutschen Diktatur des Proletariats annähernd aktualisierbar, dennoch kontinuierte sie als Grundidentität.

So enthält nationale Identität auch ein utopisches Moment, weil ihre geschichtliche Ermöglichung nicht überall gelingt oder besser gesagt: glückt[120]. Diese politisch diachrone Identität mit der Individuation Nation wird von nationalistischen[121] Ideologien zu ethnozentristisch verengt und programmatisch-exklusiv ausgedeutet. Nicht, daß es keine kollektivindividuelle Identität geben könne, muß gegen viele Nationalismen eingewendet werden, sondern daß sie die Nation soz. nur bei sich, nur ihre eigene Nation sehen.

Der Identitätsgrund Nationalität ist *politisch plurivalent ausgebildet* — und dieser Pluralismus parteipolitischer Identitäten, verschiedener faktioneller, konfessioneller usw. Zugehörigkeiten ist nur totalitär unifizierbar. Der ideologische Nationalismus macht aus der nationalen Identität eine partei-politische Identität: hierin ist er national kritisierbar. Demgegenüber ist die pluralistische Identität zu memorieren, gerade in ihrer nationalgeschichtlich-individuellen Bedeutung: „Ein geschichtsbewußter Deutscher kann sich mit Friedrich dem Großen, Maria Theresia oder mit Bismarck oder Bebel *eins fühlen*. Gegensätze können offen genannt und ertragen werden; das sprengt nicht die nationale Einheit" (*Mitscherlich* 1971, 104). Rudolf von Thadden (1980, 12) folgert aus der deutschen Geschichte, „daß monokulturelle Identifikationsangebote mehr belasten als helfen."

In historisch wechselvollen Grenzgebieten wird eine nationale Identitätsfindung schwierig sein. *Das Elsaß z. B.* kann — nach klassisch-französischem Verständnis — in der elsässischen Teilhabe an der französischen nationalité seine (in der Französischen Revolution geschichtsmächtig gewordene) nationale Identität sehen. Nach klassisch-deutschem Verständnis besteht die Nationalität der Elsässer in ihrem durch Dialekt und Herkunft bedingten Deutschsein. Die nationale Partizipation der Elsässer am französischen Gemeinwesen, die im Elsaß auf keine nennenswerte politische Opposition mehr stößt, läßt die Feststellung zu, daß die nationale Identität der Elsässer mit der französischen (Staats-)Nation erfolgt, daß also eine politische, ethnisch-heterogene, elsässisch-französische Vergemeinschaftung aktiv besteht. In einer zweiten Linie, die aber politisch auch nur von zweitrangiger Bedeutung ist, wird man die ethnoregionale elsässische Identität durch eher größere Gemeinsamkeiten mit der deutschen (Kultur-) Nation charakterisieren können. Die Elsässer *haben* also letztlich eine französische Nationalität, sind aber eine deutsche „Nationalität". Um diese Begriffsdoppelung hier zu vermeiden, wird man die Elsässer weiterhin eine deutsche Volksgruppe nennen, deren Nationszugehörigkeit aber französisch ist: ihre Nationalität ist deshalb auch französisch. Die *Nationalität*[122], die man hat, ist eine historisch sich entwickelt habende, politische Entscheidung für eine Nation, die für die großen Nationen mit ihrer Nationbildung erfolgt, aber für Volksgruppen im Laufe der Geschichte sich ändern kann, wenn sie aus dem Volksverband ausgeschieden sind, oder mit ihm nicht mehr in vergemeinschaftender Beziehung stehen. Eine deutsch-elsässische politische Vergemeinschaftung ist in den letzten 100 Jahren nicht gelungen und wird von keiner Seite politisch angestrebt. Regionalistisch-kulturelle Opposition im Elsaß ist eine systemimmanente Auseinandersetzung[123].

Die Bedeutung der „Nationalität" ist für die marxistisch-leninistische Theorie von der Nation sehr bedeutsam. Diese Theorie operiert mit einem ethnischen Nationalitätsbegriff. So heißt es:

„Menschen gleicher Nationalität können (...) in verschiedene Staatsvölker integriert sein und damit unterschiedliche Staatsbürgerschaften besitzen ... Niemand käme auf die Idee, unter Berufung auf die deutsche Nationalität für den entsprechenden Teil der Schweizer Bevölkerung auch eine deutsche Staatsbürgerschaft zu fordern"[124],

weil sie eine eigene politische Staatsnation bildet, die über der kulturnationalen Bestimmung rangiert. Vom kulturnationalen Verständnis wird man die Schweizer als deutsche Nationalität ansehen, wie auch Marxisten hier behaupten. Sie sind ethnisch gesehen Deutsche (Alemannen): aber mit einer eigenen politischen Nationsoption für ihre eidgenössische Republik. Ihre Nationalität ist deshalb selbstverständlich schweizerisch bzw. eidgenössisch. Auch die Elsässer werden gerne kulturnational definiert.

Der Clou der DDR-Strategie ist, die Nationalität der Mitteldeutschen zu entpolitisieren und auf eine ethnische Zugehörigkeit zu reduzieren. Die mitteldeutsche Nationsoption *(Nationalität)* erfolgt aber ebenfalls *politisch* (und zusätzlich, aber weniger politisch wichtig: kulturnational): für die *deutsche Nation, deshalb* ist ihre Nationalität deutsch neben der selbstverständlichen ethnischen, deutschen Identität. Schließlich haben die Mitteldeutschen eine (die deutsche) Nationalität, aber sie sind nicht (wie die Schweizer) eine deutsche Nationalität (Volksgruppe), sondern ein Teil der deutschen Nation, wie die Westdeutschen auch.

Es sind mit der versuchten Ethnisierungsstrategie (d. h. mit der Entpolitisierung der nationalen Zugehörigkeit auf ein ethnisches oder kulturnational harmloses Niveau) erhebliche Zugeständnisse in der ethnischen Terminologie — gerade in der sowjetischen Literatur — und für das ethnische Bewußtsein nötig[125], um die Ethnizität zu erfassen. Die Sowjetunion sucht durch diese Strategie ihre Nationalitätenprobleme theoretisch in den Griff zu bekommen (die Sowjetbürger haben in ihrem Paß ihre Nationalität und ihre Staatszugehörigkeit verzeichnet). Auf diese Weise wird, wie in der DDR imitiert, die nationale Identität ideologisch zu irritieren gesucht. Die Identität soll zuerst und vor allem über etwas Soziales zur ideologischen, sozialistischen Nation vermittelt werden. Konsequenterweise müßte dann die Nationalität in der DDR-Propagandaschrift „sozialistisch" statt „deutsch" heißen. Da aber von deutscher Nationalität die Rede ist, d. h. von der deutschen politischen Nationszugehörigkeit, wird die Überlegenheit der nichtideologischen, demokratischen Nationstheorie dokumentiert[126]. Die deutsche Nation hat für die DDR-Strategen eine *kulturnational-harmlose,* weil politisch unorganisierte, staatlich verstreute Seite, und sie hat eine *hochbrisante (politisch-) nationale,* latent *nationalstaatliche* Seite. Ähnlich brisant ist die Lage für die Sowjetunion, wo deren Nationen und Volksgruppen nur in einer vorpolitischen, ethnischkulturnationalen Sphäre sich verhalten dürfen.

Die deutsche Nationalität besagt also, daß die DDR der deutschen Nation zugehört. Der politische Vollzug der Vergemeinschaftung wird aber durch die Grenzanlagen der Arbeiter- und Bauernmacht gegen den bekundeten Willen der Bevölkerung verhindert.

Im Unterschied zum Elsaß wird die nationale Identität der Südtiroler ebenfalls über die deutsche Nationalität vermittelt: sie optieren gegen Italien (und, sofern „österreichisch" und „deutsch" ein Gegensatz wäre: „gegen" (Österreich) für Deutschland, für die deutsche Nation.

Die Bedeutung der Nationalität für die Identität und ihre schwierige Wirklichkeit wird durch die folgende Tabelle zu verdeutlichen gesucht (s. S. 193).

Das subjektive Bekenntnis für oder gegen eine Nationalität ist zu sehr beeinflußbar, um es hier, wo es nicht um praktisch-politische Selbstbestimmung geht, zum entscheidenden Maßstab wählen zu können. Letztlich wird man die jeweilige nationale Identitätsoption gerade auch in Grenzregionen objektiv nur bei historischen Tests, wie sie z. B. Parteinahmen und Kriege darstellen, feststellen können. Die nationale Identitätsfindung, falls sie unklar, ungefestigt oder unbewußt war, was bei der industriegesellschaftlichen Oberflächlichkeit von außengeleiteten Haltungen zu erwarten ist[127] — und als Manipulationsmöglichkeit gefährlich werden kann, wird so erst in einem Prozeß der *Hostifikation,* d. h. der Feinderkennung, gewonnen. Anstelle eines tradierten, überkommenen Nationalbewußtseins, muß ein solches ad hoc gewonnen werden, die „Identitätspflichtigkeit" des Menschen improvisatorisch nachgeholt werden.[128] Die latente nationale Identität des Alltags wird spätestens in der Konfrontation manifest *(Katz 1978).* In dieser Manifestierung aber besteht der *Wirklichkeitstest* der nationalen Identität: daß sie „in dubio über alle Gegensätze und Distanzen hinweg die Ein- und

Name und Form des nationalen Zusammenlebens	(politische) Nationszugehörigkeit	(vorpolitische) Volkszugehörigkeit	Staatszugehörigkeit
N: Nation ohne Staat (oder in Stn.), Vg = Volksgruppe, Nt. = Nationsteil, Nst. = Nationalstaat, Stn. = Staatsnation	(Nationalität)	(ethnische Identität) (auch: Nationalität; Nation/Volk in Deutschland)	(Staatsbürgerschaft) (französisch: nationalité, englisch: nationality)
Slowakei, N	slowakisch	slowakisch	CSSR
Euzkadi, N	baskisch	baskisch	Spanien, Frankreich
Ukraine, N	ukrainisch	ukrainisch	Sowjetunion
DDR, Nt	deutsch	deutsch	deutsch und DDR
Österreich, Stn/Nt/Nst	österreichisch oder deutsch	deutsch	Österreich
BR Dtl., Nt	deutsch	deutsch	Deutschland
Südtirol, Vg	deutsch	deutsch	Italien
Elsaß, Vg	französisch	deutsch	Frankreich
Schweiz, Stn	schweizerisch	dt., frz., it. u. lad.	Schweiz
USA, Stn	amerikanisch	(vielfältig)	USA
Polen, Nst	polnisch	polnisch	Polen
Kurdistan, N	kurdisch	kurdisch	Iran, Sowjetunion, Türkei, Irak

Unterordnung unter das nationale Interesse"[129] ermöglicht. Die Möglichkeit der Konfliktregelung (und nicht der kriegerischen Austragung des Konflikts) besteht in der Trennung von nationaler Identität und der Staatsräson, soweit sich hier eine Differenz herausgestellt hat (*Katz, 83*).

Der Wirklichkeitstest der nationalen Identität ist dann erbracht, wenn sich die Nation als die politische Gemeinschaft mit der größten Bedeutung im Leben der Menschen erwiesen hat — und sich damit gegen konkurrierende Gemeinschaften im Ernstfall durchgesetzt hat[130]. Weil nationale Identität im Alltag keine Rolle spielt, ist der gelungene Erweis eher erstaunlich. Die Erkenntnis der nationalen Identität in Nationalitätenstaaten wird im Ernstfall an Graden und Artikulationen des Widerstandes gegen die Zumutung etwa, einen Bruderkrieg im Rahmen eines imperialen Krieges führen zu sollen, sensibel zu testen sein. Widerstand dieser Art ist beispielsweise eine entsprechende unmilitärische Kampfbereitschaft (die Italiener der Habsburger-Monarchie im Krieg gegen Italien boten so ein Beispiel).

Die nicht erst durch Hostifikation gebildete, von anderen unterscheidbare, abgrenzbare nationale Identität kann durch Kultur, Staat, Religion, Klasse, Verfassung, Geschichte und geschichtliche Ereignisse vermittelt werden[131]: ausschlaggebend ist die Aktualisierung der Nationalität in diesen Medien[132] als nationale Praxis, als wirkliche Identität.

Die Janusköpfigkeit einer nationalen Identität tritt dort auf, wo Bezugsgesellschaften (R. Bendix) existieren, die eine nationale Identität beispielhaft verwirklicht haben, die aber zu imitieren, d. h. eine eigene national-individuelle Gestalt zu geben, politisch verhindert wird. In diesem Sinne ist Alexander Herzen zu verstehen: „Wie Janus oder

der zweiköpfige Adler schauten wir in entgegengesetzte Richtung, aber ein Herz schlug in unserer Brust" (*Bendix* 1982, 134).

4.B. Nation und Teilung

Im Jahre 1932 zeichnete Max Hildebert Boehm, Verfasser einer bereits zitierten ethnosoziologischen Schrift, folgendes pessimistisches Bild:

"Man bedenke etwa, was es für das deutsche Volk bedeuten würde, wenn bei einige Jahrzehnte fortdauernder bolschewistischer Herrschaft in Rußland in deutschbesiedelten Gebieten mit starker Bevölkerungszunahme eine nach Millionen zählende deutsche Volksgruppe herangezüchtet sein würde, die unter der Dauerwirkung einer planmäßigen Erziehung zu Gottlosigkeit, Amoralismus und blindwütigem Klassenhaß allen Grundelementen einer tausendjährigen deutschen Volksüberlieferung völlig entfremdet wäre und trotzdem aufgrund herkömmlicher Maßstäbe jedenfalls zum deutschen Volke gezählt werden müßte. Was bedeuten die stammlichen Unterschiede zwischen Schwaben und Baiern, die landschaftlichen zwischen Ostpreußen und Schlesiern gegenüber der Kluft, die sich zwischen einer mitteleuropäisch-christlichen und einer osteuropäisch-antichristlichen Volkshälfte infolge der gliedernden Macht des Sowjetregimes in der seelischen Landschaft des deutschen Volkes auftun würde?" (*Boehm* 1965, 123, 35).

Dieses Bild ist in der Gestalt der DDR wirklich geworden – und auch nicht. Die Prägung hat stattgefunden, aber ihre ideologische Kraft ist überschätzt worden, die Konditionierbarkeit viel begrenzter. Das Bild aus Klassenhaß, Amoralismus und Gottlosigkeit ist weniger wissenschaftlich als spekulativ. Der Maßstab einer „tausendjährigen Volksüberlieferung" ist traditionalistisch-historisch, aber nicht ethnosoziologisch-realistisch.

Bleibend aktuell ist die Perspektive auf eine Teilung der Nation. In Deutschland gibt es eine innere Teilungstradition, d. h. eine Tradition innerer Sonderentwicklung bis hin zu geschlossenen territorialen Flächenstaaten. Die Geteiltheit der Stämme, die ständischen Unterschiede, die konfessionelle Spaltung, die staatsterritoriale Zerstückelung nach 1648 sind deutsche historische Erfahrungen (*Wiesbrock* 1963, 33). Sie werden übertroffen durch die von ausländischen Mächten zu verantwortende Spaltung der kleindeutsch organisierten Nation in den Jahren 1945 bis 1948. Österreich geht staatlich einen unabhängigen Weg.

Wie ist nun diese nationale Teilung zu beurteilen? Muß sie als dauerhaft, stabil angesehen werden oder nicht? Zur Beantwortung dieser Frage stützen wir uns im folgenden auf eine amerikanische vergleichende Studie mit dem Titel: Devided nations in a devided world (*Henderson/Lebow/Stoessinger* 1974).

Teilung ist ein grundlegendes und universelles Problem, eine der größten menschlichen Tragödien der Nachkriegszeit für Vietnam, Korea, Deutschland, Indien, Pakistan, China, Irland und den Nahen Osten. Verwunderlich sei die geringe systematische Erforschung dieses Phänomens (S. VII u. 443).

Es müsse unterschieden werden zwischen „devided nations and partitioned countries".

Geteilte Nationen seien Länder mit ethnischer Homogenität, einer gemeinsamen historischen Tradition und der Erfahrung einer erfolgreichen politischen Einheit. Die Teilung sei künstlich, weil sie von außen auferlegt wurde.

Nationen definieren ihre Identität über eine gemeinsame Tradition, Geschichte und Kultur, diese Gemeinsamkeit bindet die Nationen zusammen. Geteilte Nationen könnten sich aber auf diese Identität allein nicht beschränken, weil beide Teile ethnisch, sprachlich und kulturell identisch seien.

Im Unterschied zu geteilten Nationen resultiere die Teilung[133] von Ländern aus internen Ursachen.

Die Einheit der Nation sei fraglicher, als die Nationen willens sind zuzugeben. Die Kohäsion hänge ab von der Befriedung von Partizipationsbedürfnissen und von der Teilung von positiven „payoffs of group activity". Weil die Befriedung disparater individueller Bedürfnisse in großen Gruppen schwieriger sei, stünden diese vor der Gefahr, auf kleinere Einheiten reduziert zu werden (ebd. 446).

Der Clou des Bandes besteht in der „Wurmtheorie", die am koreanischen und deutschen Fall exemplifiziert wird. Die vier Staaten bedürften keiner ethnischen, sprachlichen oder religiösen Differenzierung untereinander, denn sie seien kreativer und tatkräftiger als die große Mehrheit ungeteilter Nationen, und sie gehörten zu den sich am schnellsten entwickelnden Nationen:

> „Like a worm cut into two parts each of which can craw away and grow, peoples as homogeneous as any in the world can be devided and survive as separate units. Under certain conditions of force, of back of recourse and of hostility, it is probable that no nation in the world could not be with some success devided" (ebd., 446).

Der Erfolg der neuen Identität geteilter Nationen hänge vom Unabhängigkeitsgrad der neu errichteten separaten Organisationen und Strukturen ab. An Österreich lasse sich dies zeigen. Wo keine separate Regierung besteht, sei der Organisationsgrad entsprechend gering, die Identität weniger scharf und die Feindseligkeit geringer. Die Identität hänge also von der Kraft und Intensität der Regierungsoperationen und von der weiteren Organisation ab. Aktivitäten vergrößerten den Identitätszuwachs.

Neben einer Zunahme parteilicher Aktivitäten nach einer Teilung sei auch ein ökonomischer Aufbruch konstatierbar, der aus dem unterbrochenen und getrennten Handeln resultiere (ebd., 448f.).

Die nicht sehr schmeichelhafte Wurmtheorie wird in folgenden, *teilungserhaltenden Faktoren* zusammengefaßt: ethnische, sprachliche und religiöse Homogenität; Bevölkerungsteilung; Stabilität und Legitimität einer Regierung; Grad der Entwicklung; Bildungsniveau; die Dauer der historischen Erfahrung; der Einfluß benachbarter Staaten und der Supermächte; Ideologie und Propaganda.

Bei Ländern besage die kurze oder lange Dauer der historischen gemeinsamen Erfahrung nichts über die Teilbarkeit des Landes.

Der theoretische Ansatz der Autoren wird deutlich, wenn man nach den teilungsüberwindenden Faktoren fragt. Ihre Antwort heißt schlicht *communication* (ebd, 454).

Die Schwächen dieses kommunikationstheoretischen Ansatzes liegen auf der Hand, tun aber den vielen Einsichten keinen Abbruch. Sie machen aber die Wurmtheorie überhaupt erst einsehbar: ein homogenes, kommunizierendes System ist öfter teilbar, ohne daß seine Teile sich (theoretisch) wesentlich unterscheiden. Weil sie (wahrscheinlich) neue Kommunikationssysteme ausbilden, werden sie von sich aus bestehen bleiben. Die Identität dieser Systeme ist aber nur eine regionale, keine notwendig nationale, mit anderen Worten: die nationale Identität ist nicht beliebig teilbar. Die Kommunikation der weit über 300 Territorien im Deutschland des 17. Jhs. mit sich besagt eben gar nichts über eine weit größere, nationale Kommunikation. Umgekehrt hat eine ökonomische, touristische, massenmediale, verkehrstechnische, informationelle, militärische Kommunikation der Europäer keine nationaleuropäische Tendenz, jedenfalls bisher, bewirkt. Kommunikation, wie das verwandte Kriterium Sprache, kann, muß aber nicht ein nationales Charakteristikum sein. Die polnischen Teilungen in separierte kommunikative Einheiten hat 1918 die polnische Nationalstaatsbildung dennoch nicht als artifiziell erscheinen lassen, sondern als natürlich. Die Fremdbestimmung ganzer Völker über Jahrhunderte in imperialen Reichen wie dem russischen oder osmanischen hat diese Völker (Griechen, Serben, Bulgaren, Rumänen z. B.) (*Lohausen* 1982, 46f.) nicht in der dominierenden Kommunikationsgemeinschaft aufgehen lassen. Kommunikation[134] dient mehr der strukturfunktionalen Erklärung von System- bzw. Subsystembildung in einer Nation, als der Erklärung der Nationsbildung oder der Begründung, warum eine Teilung etwa politisch zu revidieren gesucht wird.

Jenseits der kommunikationsskeptischen Sicht ist offensichtlich, daß die genannten teilungserhaltenden Faktoren in Deutschland in einigen Punkten genau zutreffen und beachtet werden müssen.

4.C. Nationalbewußtsein

Otto Bauer definiert die Nation als eine Charaktergemeinschaft. Sie bestimme das Handeln des einzelnen auch dann, wenn er sich seiner Nationalität nicht bewußt sei. Dieser Bestimmtheit werde er sich erst bewußt, wenn er sich als Zugehöriger einer Nation erkannt habe: „Erst das Nationalbewußtsein macht also die Nationalität zur bewußten Triebkraft menschlichen, insbesondere auch politischen Handelns" (*Bauer* 1975, 198). *Nationalbewußtsein dynamisiert die bloße Erkenntnis der Nationalität.*

Nationalbewußtsein baut auf der Nationalität auf, stiftet sie also nicht erst[135]. Nationalbewußtsein ist eine normative Haltung der Nationsbürger, die ihre eigene Nation als wertvoll einschätzen. Es kann auch ohne emotional Emphase als rationale Bewußtheit der Zugehörigkeit zu einer Nation, als nationales Identitätsbewußtsein definiert werden. Damit ist es vom Nationalgefühl abgehoben, falls man darunter eine eher gefühlsbetonte Position charakterisieren will[136]. Immer ist die Nation dabei ein „Sollbegriff" (*Sulzbach* 1962, 154).

Entsprechend der polymorphen Gestalt der Nationen speist sich das normative Spektrum aus vielen Wertschätzungen, die unterschiedlich und national-individuell addiert das Nationalbewußtsein bilden.

Wir unterscheiden im folgenden das Nationalbewußtsein von Staatsnationen, Nationalstaaten und Nationalitäten bzw. Volksgruppen.

Die massenwirksame und traditionellste Prägung des *staatsnationalen* Nationalbewußtseins erfolgt über Ruhm, Größe, Prestige, Leistungen und Bedeutungen der Staatsnationen. Historische Entwicklungen und Ereignisse wie eine erkämpfte Unabhängigkeit stiften ein Bewußtsein von Gemeinsamkeiten. Die Leistungen von Königen bewirken eine über die Monarchie hinausgehende Loyalität, die durch eine zunehmende Beteiligung der Staatsbürger geschichtlich ersetzt wird, beidesmal aber ein Nationalbewußtsein generieren kann. Schließlich kann die Herrschaftsweise und eine Verfassung[137] zur Bildung und Festigung des Nationalbewußtseins beitragen.

Auch das *nationalstaatliche* Nationalbewußtsein ist mit diesen staatsnationalen Wertschätzungen in Verbindung zu bringen. Darüber hinaus spielt die sprachlich-kulturelle[138] Eigenständigkeit und Besonderheit als Nation eine erhebliche Rolle, ebenso kann ein nationalcharakterliches[139] Eigenbewußtsein hinzutreten.

Das Nationalbewußtsein von Nationalitäten oder *Volksgruppen* baut schließlich auch noch auf einer regionalkulturellen bzw. ethnoregionalen[140] Identität auf. Gestärkt wird es auch durch eine besondere, historisch nachweisbare Rolle der Volksgruppe in einer Staatsnation[141].

Formen von Nationalbewußtsein sind daraufhin zu befragen, ob sie in der Praxis erfüllt und befriedigt werden, oder ob sie, besonders in einem ungefestigten und labilen staatsnationalen Rahmen, wie er in nachkolonialen Gebieten anzutreffen ist, der erhebliche Konkurrenten in Gestalt von Stammesbewußtseinsformen etwa ausgleichen muß[142], nur imaginiert oder propagiert wird, also mehr einer äußerlichen Etikette entspricht. Das in Flaggen, Nationalhymnen, nationalgeschichtlichen Autoritäten symbolisierte Nationalbewußtsein kann auch rein äußerlich sein. Die unterschiedliche Einwirkung und Prägung des Nationalbewußtseins durch ideologische und religiöse Charakteristika macht die gewisse Vielfalt der Formen des Nationalbewußtseins vollkommen.

Wie entsteht nun überhaupt Nationalbewußtsein?

Im Laufe der Sozialisation des Kindes wird in der Regel die Ausbildung eines Nationalbewußtseins beginnen: „In gleicher Weise wie sich das Kind mit den Eltern und der sozialen Schicht identifiziert, lernt es auch, sich mit anderen Kulturgruppen (nationalen, religiösen, rassischen) zu identifizieren."[143]

So ist also die „Kenntnis fremden Wesens (...) Voraussetzung alles Nationalbewußtseins", eine internationale Erfahrung ist *konstitutiv* (*Bauer* 1975, 197 u. 199). Anthropologische und sozialpsychologische Voraussetzungen wie das Bedürfnis nach der Zugehörigkeit zu einer Gemeinschaft, die geliebt und geachtet und von der Umwelt abgrenzbar ist[144], lassen andere Autoren aufgrund von historischen Erfahrungen nationalistisch-fanatischen Verhaltens, von einer Geisteskrankheit[145] Nationalismus sprechen. Die Pathologisierung selbst ist indes unseres Erachtens eher skurril[146] als seriös. Diskutabler ist das quasi-nationalistische Phänomen eines starken Nationalbewußtseins[147]. Wenn Karl der Große in einem französischen Vorkriegslesebuch als „L'empereur française" bezeichnet wird, werden die historischen Tatsachen wohl allzusehr verzeichnet[148]. Wenn Bismarck sich zur Maxime gemacht haben will: „In erster Linie kommt die Nation, ihre Stellung nach außen, ihre Selbständigkeit, ..."[149], so kann man jedenfalls von einem sehr betonten und unüberhörbaren Nationalbewußtsein bzw. – wie man in der Forschung[150] neutral gemeint formuliert – von einem Nationalismus sprechen. Die Exklusivität des Nationalismus, wie er im britischen Falkland-/Malvinenkrieg geäußert wurde, ist damit vergleichbar. Die westdeutsche Distanz zu derartigem Nationalismen dürfte damit zu tun haben, daß in Westdeutschland Nationalbewußtsein eher unverbindliches Programm bleibt, in Großbritannien dagegen aber Praxis ist.

Im Unterschied zu diesen kräftigen und selbstbewußten nationalen Aspirationen, die man für gewöhnlich mehr mit dem entsprechenden souveränen Nationalstaat des 19. Jahrhunderts in Verbindung bringen wird, muß man dennoch – von Ausnahmen abgesehen – für die zweite Hälfte des 20. Jahrhunderts eine etwas zurückhaltende Ausdrucksweise des Nationalbewußtseins (oder des Nationalismus) der großen europäischen Nationen feststellen. Für die Bundesrepublik Deutschland ist noch mehr ein vergleichsweise schwaches, *oszillierendes Nationalbewußtsein*[151] feststellbar. Dies hat viele Gründe. Sogar der deutsche „Volkscharakter" wird bemüht, um das seit 200 Jahren festzustellende, problematisierte, unsichere und besonders spannungsreiche Selbstgefühl von seiner zeitweiligen Neigung zu umgekehrten Abwehrreaktionen zu erklären (*Wiesbrock* 1973, 32). Entsprechend ist auch in der Bundesrepublik von einer „Erosion des nationalen Bewußtseins", einem „Abschwächen des Nationalbewußtseins" (*Schwarz* 1974, 22 u. 25) die Rede.

Zieht man noch demoskopische Meinungsbefragungen mit in diese Untersuchung ein, so kann man für die bundesdeutsche Epoche ein starkes Schwanken etwa des Wiedervereinigungsdenkens feststellen, zum anderen aber auch eine demoskopische Ambivalenz gerade bezüglich des Nationalbewußtseins: es läßt sich vieles belegen. So kann beispielsweise die offene deutsche Frage, deren Problematik ganze Bibliotheken füllt, schlicht empirisch-demoskopisch erledigt werden, weil sich ein Nationalbewußtsein in der DDR als auch eines in der BRD gebildet habe[152]. L. Niethammer stellt kategorisch fest: „Gesamtdeutsches Nationalbewußtsein ist kein Faktor, der das politische Verhalten der großen Mehrheit der Bevölkerung der BRD bestimmt: er wird künftig noch an Bedeutung verlieren" (*Niethammer* 1972, 98). Dagegen J. Kocka: „Alle Meinungsumfragen zeigen, daß zwar immer noch viele Bürger der Bundesrepublik die Wiederherstellung der nationalen Einheit als wünschenswert bezeichnen, aber ohne Priorität."[153] Bei Jugendlichen zeigt sich das Nationalbewußtsein entsprechend der bundesdeutschen nationsindifferenten Sozialisation[154] als weniger ausgeprägt[155].

Neben diesen demoskopischen Schwankungen ist in einer pluralistischen Gesellschaft auch nicht (wie H. Mommsen meint) zu erwarten, daß „Geltungsbereich und vorrangiger Bezugspunkt des deutschen nationalen Selbstverständnisses" festgelegt sein könnte[156]. Über die nationale Identität hinaus gibt es unterschiedliche Meinungen, aber der *Wirklichkeitscharakter des Nationalbewußtseins,* d. h. seine ihn charakterisierende schwierige Präsenz, bleibt damit nicht außen vor, im Gegenteil:

> „Der Eifer, mit dem wir die Besonderheiten unseres Verhältnisses zum anderen deutschen Staat suchen, ist ein positiver Beweis des Willens zur Nation; der Eifer, mit dem die DDR die Abgrenzung betreibt, ist ein negativer Beweis des Bewußtseins der Nation. Die andere Linie der DDR, ein gewisser Stolz darauf, daß der erste Arbeiter- und Bauernstaat auf deutschem Boden die besten deutschen Traditionen verkörpere und eigentlich das bessere Deutschland sei, zeigt für mich die Unmöglichkeit, der Nation zu entlaufen, selbst wenn man es will. Hier wie dort dokumentiert sich in der Verrenkung wie deutsch wir beide sind, noch in der Erbitterung der Auseinandersetzung die Besonderheit des Familienzwists."[157]

Entgegen der weitverbreiteten Rede von einer Weltgesellschaft, von der zu sprechen nur Sinn macht, wenn sie wirklich als politische definierbar ist, ist die planetarische Wirklichkeit nach wie vor im allgemeinen wesentlich national gegliedert und nationalstaatlich/staatsnational repräsentiert (UNO). Entsprechend bezieht sich der politisch weitgehendste Bewußtseinsraum auf die politisch-natürliche Individuation Nation, nicht auf die gedachte Einheit Welt. So kommt den Nationen auch – realistischerweise – nach wie vor eine identitätsbildende Kraft zu. Parteiidentitäten auf hegemonistisch-imperialistischer Basis konkurrieren hier für eine gewisse Epoche. Die hier vertretene These, daß die nationale Identität aus der (individuierten) Nationalität fundierend zu gewinnen sei, läßt sich, in diesem Sinne, auch so formulieren:

> „Wenn in komplexen Gesellschaften eine kollektive Identität sich bilden würde, hätte sie die Gestalt *einer inhaltlich kaum präjudizierten,* von bestimmten Organisationen unabhängigen Gemeinschaft derer, die ihr identitätsbezogenes Wissen über konkurrierende Identitätsprojektionen (...) ausbilden."[158]

Dazu ist zweierlei anzumerken: 1. eine Identität hat in der Nationalität Inhalt, nämlich die ganze Last und/oder Freude der Nationalgeschichte u. a. etwa[159]; wenn aber eine konkrete Fassung der deutschen Identität nur auf eine deutsche Wesensschau[160] hinausliefe, wäre sie uninteressant, weil unpolitisch; 2. die identitätsstiftende Nationalität als ein Charakteristikum aller Individuen dominiert über konkurrierende Identitätsofferten (d. h. aber *nicht,* daß andere verdrängt würden). Dies betonen auch einige amerikanische Forscher, die 1967 resümieren:

> „Nationality continues to be a far stronger determinant – or indicator – of political attitudes than are class, age, occupation, religion, party affiliation and, even for most respondent, ideology. At present, it appears that the nation-states are continuing their hold on their minds of both leaders and masses in Western Europe; and they are likely to continue to do so for the next decade."

Bei der Skepsis, die heute gegenüber der Europaidee anzutreffen ist, dürfte dieses Urteil nicht weniger richtig geworden sein.[161]

Auf der nationalitären Basis der Identität ist ein spezifisches Nationalbewußtsein angebracht, das allgemein formulierbar, aber immer von konkreter Gestalt ist:

> „Das nationale Bewußtsein in beiden Teilen Deutschlands kann nicht von Trendvorstellungen oder einem Status-quo-Denken abhängig gemacht werden, sondern entspringt dem Willen der Deutschen zur nationalen Einheit und zu den politisch-ethischen Werten, die alle in dem obersten Begriff politisch-menschlicher Freiheit vereinigt sind." (*Conze* 1982, 29)

Für ein derartiges Nationalbewußtsein ist die Nation „das Selbstverständlichste" (A. Muschg, nach *Weidenfeld* 1983, 23), daneben ist das Bewußtsein, Europäer zu sein oder Weltbürger, aber auch Bundesbürger oder z. B. Badener *kein* Widerspruch[162]. Die Leugnung der Nationalität[163], „daß man plötzlich bloß nur noch Europäer und gar nicht mehr Deutscher sein möchte", oder ihre Reduktion auf xenophobische Komplexe, sind unreflektierte Verhaltensweisen. Umsomehr sind die politischen Tugenden eines unaufgeregten nationalbewußten Bürgers ohne nationales Eifertum anzuerkennen.

Anmerkungen

110 *Nation als dominierende natürlich-politische Vergemeinschaftungsform haben wir als universellen Vergemeinschaftungstyp erkannt. Die Nation als Individuation ist eine unverwechselbare Besonderheit, eine individuelle Ganzheit, die im 20. Jh. zu einem universellen, aber polymorphen Typ geworden ist. Nur diese Nation zu sehen und nicht ihre universelle historische Verbreitung muß als partikularistisch abgelehnt werden. Die jeweilige „Partikularität" wird gerade dadurch universell anerkannt, daß sie als Individuation verstanden wird. Wie jeder Mensch einmalig ist, aber dennoch Mensch ist, d. h. Gattungswesen, so ist das Kollektiv Nation zu interpretieren.*

111 P. *Glotz*, über politische Identität, in: Merkur Nr. 431 v. Dez. 1980, S. 1181. Glotz spricht vom Patriotismus als einer Angelegenheit, die alle Bewohner durch ihre Würde, Wichtigkeit und Größe interessiere (J. A. Bergk, 1796).

112 E. *Kosthorst* 1981, 138ff.; D. *Teppe:* Das deutsche Identitätsproblem, in: Aus Politik und Zeitgeschichte, Nr. 21 v. 22.05.1976

113 *Kosthorst*, ebd. S. 142 und zahlreiche Umfragen. Vgl. auch die umfangreiche Literatur zum Beschluß der Kultusminister von 1978 zur „Deutschen Frage im Unterricht".

114 E. H. *Erikson:* Identität und Lebenszyklus, Stuttgart 1970; ders.: Dimensionen einer neuen Identität, Frankfurt 1975; K. *Lorenz:* Die Rückseite des Spiegels. Versuch einer Naturgeschichte des menschlichen Erkennens, München/Zürich 1973, S. 270ff.; vgl. auch *Kosthorst*, a.a.O., S. 138; W. *Weidenfeld* 1981, 37ff. u. 43.

115 „Es gab nach dem Krieg Deutsche, die sich der nationalen Solidarität entziehen wollten. Aber die Sieger selbst waren es, die diese nationale Solidarität erzwangen, indem sie alle Deutschen haftbar machten. Eine solche *kollektive Haftbarmachung* ist gewissermaßen die Hohlform nationaler Solidarität." H. *Buchheim* 1966, 15 (eigene Hervorhebung – T. M.)

116 H. *Lübbe:* Zur Identitätspräsentationsfunktion der Historie, in: Identität. Hrsg. v. O. *Marquard* u. K. *Stierle*, München 1979 (= Poetik und Hermeneutik 8), S. 281; „Identität ist durch politischen Entschluß weder zu verordnen noch zu eliminieren." W. *Weidenfeld:* Die Identität der Deutschen – Fragen, Positionen, Perspektiven, in ders. (Hrsg.): Die Identität der Deutschen, Bonn 1983, S. 43. In dem sehr vielseitigen Band wird zwischen nationaler Identität und Nationalbewußtsein nicht ausdrücklich unterschieden. Bei Helge *Pross* (1982, 14) heißt es: „Nationale Identität ist ein ‚objektives' Phänomen, ein Komplex von Gemeinsamkeiten, die existieren, ob sich die Individuen dessen bewußt sind oder nicht, ob sie sie bejahen oder kritisieren, wie sie so wünschen oder verändern wollen."

117 *Marquard*, a.a.O., S. 656f. *(Lübbe)*

118 Dazu bestätigend: M. *Stürmer:* Kein Eigentum der Deutschen: Die deutsche Frage, in: Weidenfeld, a.a.O., S. 97: „Hitler und der Nationalsozialismus haben den Nationsbegriff nicht nur, wie oft gemeint, mißbraucht. Die Nation als sittliche Form wurde in ihrem Wesen transzendiert, aus einem Ziel zum Mittel, aus einem Wert zu einer Funktion, aus einem ethischen

Imperativ zu einem haßerfüllten Schlag. Die Nation verschwand hinter der rassenbiologischen, tödlichen Utopie."

119 Zum Nationalbewußtstein s. u. III.4.C.; W. *Hofer* formuliert zum Zusammenhang von Nationalität und Nationalbewußtsein (begrifflich etwas problematisch): „Volk im Sinne von Nationalität gründet sich auch auf Natur. Volkstum und Volksgeist sind die entscheidenden Kriterien. Die Nation ist objektiv da. Es gilt nur, sich ihrer bewußt zu werden", *Minssen/Hofer:* Zur Frage nach dem Vaterland, Bonn 1965, S. 19

120 „Das *Glück,* eine Heimat, eine Gemeinschaft zu haben und mit ihr eine freie Selbstverwirklichung, ist kein leerer Wahn. Auch die Nationalität, wie immer sie sich thematisiert, ist ein *Humanum;* und die Loyalität zur Patria ist ein sittlicher Wert. Daß der Nationalgedanke von Celtis bis Herder humanistisch ist, gibt ihm erst Sinn und Ort. Und es verpflichtet ihn auch zur Offenheit auf eine Vielfalt anderer Gruppen, andere Bünde, größere Integration, zur Bereitschaft sich zu wandeln, und d. h. vor allem: zur Toleranz und zur Erkenntnis seiner Grenzen." M. *Wehrli:* Der Nationalgedanke im deutschen und schweizerischen Humanismus, in: B. v. *Wiese/R. Heuß* (Hrsg.): Nationalismus in Germanistik und Dichtung, Berlin 1967, S. 144

121 Nur die ideologisch ausgebildete Variante des Nationalismus ist hier gemeint. In der Fachwissenschaft bezeichnet man allgemein Nationales als Nationalismus: dieser ist *hier* nicht gemeint.

122 *Deutsch* definiert Nationalität in der Tradition Max Webers über den Machtfaktor, den wir aber nicht als wesentlich für die Definition ansehen: „Wenn ein bedeutender Teil der Angehörigen eines Volkes nach politischer Macht für seine ethnische oder sprachliche Gruppe strebt, können wir es als Nationalität bezeichnen", Nation und Welt, in: *Winkler,* a.a.O., S. 51

123 Vgl. M. *Weber:* Nationalität und Kulturprestige, in ders.: Wirtschaft und Gesellschaft, Tübingen ⁵1976, S. 242f., zum Elsaß vgl. auch S. 528f. J. K. *Bluntschli:* Die nationale Staatenbildung und der moderne deutsche Staat, Berlin 1870, S. 11, „. . . selbst die Elsässer betrachten sich selbst als Franzosen"

124 *Riege/Kulke:* Nationalität: deutsch, Staatsbürgerschaft: DDR, Berlin (Ost) 1980, S. 40

125 Vgl. Kap. „Ethnizität"; bei *Kosing* (s. u.) heißt es: „daß die Nationalität die ethnische Charakteristik der Nation ist", S. 169

126 Dies läßt sich auch bei A. *Kosing* belegen. Es heißt da, daß der soziale Typ der Nation, der kapitalistische oder sozialistische, nicht identisch sei „mit der Nationalität der Bevölkerung, *die eine Nation bilde,* . . .", Nation in Geschichte und Gegenwart, Berlin (Ost) 1976, S. 18 (eigene Hervorhebung – T. M.) Von der „sozialistischen Nationalkultur", oder von der „Nationalität: deutsch" ist *jederzeit, je nach historisch-politischer Situation,* der Weg zur gesamtdeutschen Nationalität zu gehen möglich!

127 D. *Riesmann:* Die einsame Masse. Eine Untersuchung der Wandlungen des amerikanischen Charakters. Mit einer Einführung in die deutsche Ausgabe von H. *Schelsky,* Reinbek bei Hamburg ¹²1968; H. *Eichberg:* Nationale Identität. Entfremdung und nationale Frage in der Industriegesellschaft, München 1978

128 O. *Marquard,* a.a.O.

129 *Meier,* in: *Marquard,* a.a.O.

130 K. W. *Deutsch* 1972, 202; E. *Francis* 1965, 88; Chr. *Pan* schreibt dazu: „Mag der physische und geistige Wandel innerhalb eines Volkes noch so groß sein, solange die Identifikation der Lebenden mit den dahingegangenen Geschlechtern vorhanden ist, bleibt das Volk erhalten. Im übrigen sind hier die Verhältnisse sehr ähnlich wie beim Menschen." 1971, 13

131 So kann Max *Weber* schreiben, daß das „Nationalgefühl" des Deutschen, Engländers, Amerikaners, Spaniers, Franzosen, Russen nicht gleichartig „funktioniert", Wirtschaft und Gesellschaft, a.a.O., S. 529

132 1848 kann in der deutschen, konstitutionellen Bewegung das Medium für die nationale Identitätsaktualisierung gesehen werden. 1848 wurde aber auch in der Kultur das entscheidende Medium für die deutsche Identität gesehen. 1871 kam dem (National-)Staat identitätsmediale Funktion zu: Im Widerspruch zum Kulturmedium. Die Klasse kann in ethnisch stratifizierten Gemeinwesen mediale Funktion haben. Dem österreichischen Staat wird heute, wiederum im Widerspruch zum Kulturaspekt, eine nationalidentitäre Position zugeschrieben. Getestet wurde diese Identität historisch noch nicht, wohl aber im Falle des Staates der Deutschen Demokratischen Republik: 1953 und 1961 sind neben den enormen militärischen Grenzbefestigungen wichtige *Indizien* und historisch gültige Tests, daß dieser etablierte Staat national, von der deutschen Nation her, in Gestalt seiner deutschen Bevölkerung und seines Gebietes bedingt ist – und daß er *als Staat kein Medium einer neuen nationalen Identität* geworden ist. Würde das Elsaß etwa vergleichsweise abgesperrt, so müßte man auch dort Zweifel haben an der – allerdings auch schon getesteten – dortigen nationalen Identität.

133 Teilungen seien dort nicht das Resultat einer einfachen Spaltungsachse: „Religious cleavages

in Ireland, for example, also reflect perceived ethnic differences, as they do in India and Pakistan." S. 435
134 Vgl. auch die hochinteressante gegenwärtige Arbeit K. W. *Deutschs* und seiner Mitarbeiter an einem neuen Weltmodell *(Globus)*, das auf empirischem Material aus 25 Nationen aufbaut: vgl. Anm. zu Kap. „Nation und Pluriversum". Über den Politologen Deutsch siehe Sonderheft v. März 1983 der „Mitteilungen des Wissenschaftszentrums Berlin"
135 Daß Nationalbewußtsein „constitutes a bond between the members of a group", meint F. *Hertz* 1945, 15, eine im übrigen sehr empfehlenswerte Studie
136 Diese Unterscheidung übergeht E. *Jäckel* in einem Diskussionsbeitrag, der des Zitats halber angeführt sei: „Ich wollte gern noch ein Wort von Willy Brandt zitieren, der einmal gesagt hat: ‚Nationales Selbstbewußtsein ist etwas anderes als Überheblichkeit und Überschätzung des eigenen Wertes gegenüber anderen Völkern'. Das ist, nebenbei gesagt, das, was wir meistens unter Nationalismus verstehen. Willy Brandt fährt dann fort: ‚Dieses Selbstbewußtsein ruht in einem sicheren Urteil der eigenen Kraft, Leistung und Tugend und der eigenen Begrenztheit. Selbst zu erkennen, was ist, zu wissen, wo wir stehen und wohin wir wollen: das gehört zu dem Selbstbewußtsein eines mündigen Volkes.' Man würde das wahrscheinlich nicht Nationalismus nennen, aber in diesem Sinne könnte man jedenfalls die Sache des Nationalgefühls vielleicht doch bewahren." S. 102, in: *Mitscherlich/Kalow*, a.a.O.; vgl. zum Nationalgefühl R. *Laun:* Nationalgefühl und Nationalismus, in: Ostdeutsche Wissenschaft I/1954/S. 95f., ders.: Zum Problem der Behandlung der nationalen Frage durch internationale Organisationen, in: FS f. H. *Wehberg*, hrsg. v. W. *Schätzel* u. H.-J. *Schlochaue*, Frankfurt/M 1956, S. 320; K. G. *Hugelmann* 1955, 249
137 Die indonesische Identität wird durch die fünf Verfassungsprinzipien definiert: Glaube an Gott, Nationalismus, Humanismus, Demokratie, soziale Gerechtigkeit. Sie sollen ein enges **Gemeinschaftsgefühl erzeugen**, so Zairin *Zain* in: H. *Vogt*, a.a.O., S. 208
138 E. R. *Huber* stellt für das Kulturbewußtsein einen Wandel auf ein Universalkulturbewußtsein fest wie für das nationalbewußte Geschichtsbewußtsein einen Trend zum Universalgeschichtsbewußtsein, in: Nationalstaat und Verfassungsstaat, S. 278f. Zur Bedeutung des sprachlichkulturellen Faktors für den Nationalismus in Osteuropa: H. *Mommsen* 1971, Sp. 634; die vielfältigen Möglichkeiten eines deutschen Nationalbewußtseins spricht W. J. *Mommsen* indirekt an, wenn er schreibt, daß es heute „einen deutschen Kernstaat gibt, die Bundesrepublik, und gleichsam zwei weitere deutsche Staaten ‚deutscher Nation', nämlich die DDR und Österreich", Nationalbewußtsein und Staatsverständnis der Deutschen, in: R. *Picht* (Hrsg.): Deutschland – Frankreich – Europa, Bilanz einer schwierigen Partnerschaft, München/Zürich 1978, S. 234
139 Die Existenz eines Nationalcharakters bestreitet H. L. *Koppelmann* 1956, 51. Dagegen Otto *Bauer*, S. 56, 73f., 1975; F. *Hertz*, a.a.O., S. VII u. 40f.; J. *Stalin* 1976, 31 u. J. V. *Bromlej* 1977, 77 u. 86 beschreiben den Nationalcharakter
140 Im Unterschied zum Elsaß orientiert sich die südtirolische Identität an der deutschen Nation, nicht an der staatsösterreichischen etwa! Christoph *Pan:* Südtirol als volkliches Problem, a.a. O., S. 118f.; J. R. *Rudolph*, jun.: Ethnoregionalism in contemporary Western Europe: The potential for political accomodation, in: CRSN 8/2-1981/323-341.
141 Vgl. die fast 100 Titel umfassende annotierte Bibliographie von J. *Seroka:* Postwar Jugoslave nationalism, in: Th. *Spira:* Annoted bibliography of works on nationalism: A regional selection, Vol. VIII, 1981, S. 77-95, CRSN
142 J. *Roucek:* Nationalismus und Partikularismus junger Staaten, in: EA 22/1967/185ff.; H. F. *Illy* 1982, 189ff. (hier auch Literaturhinweise): A. A. *Lamperstorfer* 1981, 75-96. A. *Hughes* 1981, 122ff.
143 P. H. *Mussen/J. J. Conger/J. Kagan:* Child development and personality, New York ^{2}1963, zit. n. H. E. *Schmidt:* Nationalismus und einige psychologische Aspekte, in: Politische Studien 21/1970/304-312, hier 305. Vgl. auch die Studie: **National character: The study of modal personality and socio-cultural systems** v. A. *Inkeles* u. D. J. *Levinson*, in: The handbook of social psychology, *Lindzey/Arolson* (Eds.), vol. 4, ^{2}1969
144 E. *Lemberg* 1950, 16ff.; P. R. *Hofstätter:* Einführung in die Sozialpsychologie, Stuttgart ^{5}1973, S. 118-121
145 Vgl. *Toynbee*, nach *Mitscherlich/Kunow*, S. 93, ähnlich B. C. *Shafer:* Nationalism, New York 1955 u. W. *Sulzbach:* Imperialismus und Nationalbewußtsein, 1959
146 „Die Ethik des Nationalismus wurzelt in der jahrtausendealten kriegerischen Stammesmoral", in: PVS, a.a.O., S. 155 *(Sulzbach)*
147 K. W. *Deutsch:* Nationenbildung, a.a.O., S. 205, versteht unter extremem Nationalismus eine Haltung, bei der „dringende und wichtige Nachrichten aus der Realität durch unrealistische und unwichtige, aber von der Ideologie bevorzugte Nachrichten verdrängt werden".

148 zit. n. R. *Laun*, a.a.O., S. 115
149 RT-Rede v. 1881, zit. n. H. *Groepper*, 1972
150 vgl. neben H. *Mommsen*, a.a.O., auch Th. *Schieder* 1971, 10. *Mitscherlich* sieht im Nationalismus das gemeinsame Zusammenleben-Wollen, gemeinsame Tradition, gemeinsame Aufgabenstellung, auch „daß wir nicht verloren sein wollen, zu einem Administrationsgebiet ohne Gesicht", a.a.O., S. 110. Das Thema Nationalismus kann hier nicht behandelt werden. Auf den Zusammenhang mit Nationalbewußtsein wurde bereits hingewiesen.
151 A. D. *Smith* (Ethnic revival, London 1982), spricht von „Cyclical oszillation", S. 82
152 G. *Schweigler:* Nationalbewußtsein in der BRD und der DDR, Düsseldorf ´1974. Diese Meinungswissenschaft hat hinzwischen auch Eingang gefunden in das „Wörterbuch zur Politischen Kultur"
153 J. *Kocka* 1981, 6; vgl. auch Hans-Joachim *Arndt* 1978, wo es auf S. 81 in der Anm. 88 heißt: „Über die Rede des Bundespräsidenten Scheel vor dem 31. Deutschen Historikertag in Mannheim berichtet die Rhein-Neckar-Zeitung in ihrer Ausgabe v. 23.9.1976 folgenden Satz: ,Die Idee der Nation als höchstes Prinzip souveränen staatlichen Handelns überlebt.' – „Die Welt" vom gleichen Tage zitierte diesen Satz so: ,In Europa hat sich die Idee der Nation als höchstes Prinzip souveränen staatlichen Handelns überlebt. Diese Erkenntnis ist in unserem Volk vielleicht weiter verbreitet als anderswo.' – Wir halten die Version von „Die Welt" für authentischer; um ein Wort zuviel oder zuwenig schlingert das deutsche Nationalbewußtsein herum."
154 Als – bezeichnenderweise umstrittene – „Therapie" dieser Indifferenz ist der überparteiliche Beschluß der Kultusminister zur „Deutschen Frage im Unterricht" zu verstehen.
155 Die hierzu wichtige demoskopische Literatur sei einfachheitshalber nur mit einigen Namen angedeutet: Elisabeth *Noelle-Neumann*, Erwin *Scheuch*, Walter *Jaide*, Rainer *Roth*, Sylvia und Martin *Greiffenhagen*, Gerhard *Schmidtchen*, Helge *Pross*.
156 H. *Mommsen:* Zum Problem des deutschen Nationalbewußtseins in der Gegenwart, in: Der Monat 31/2-1979/75. *Mommsen* bezeichnet übrigens die „Übertragung" (!) des Begriffs Identität, den er der Individualpsychologie meint zuordnen zu können, als dilletantisch. Vgl. dagegen W. *Weidenfeld:* Identität, a.a.O., wo eine große Palette von Identitätsofferten präsentiert und referiert wird.
157 Egon *Bahr*, in: R. Appel u. a.: Nationalbewußtsein heute, S. 70. Zum Nationalbewußtsein in der Bundesrepublik der 50er Jahre vgl. J. *Gabbe* 1976
158 So J. *Habermas:* Können komplexe Gesellschaften eine vernünftige Identität ausbilden (1974), in ders.: Rekonstruktion des historischen Materialismus, Frankfurt 1976, S. 121 (eigene Hervorhebung – T. M.). Damit wird Habermas' Formel auf die Nation bezogen, die er nur im Rahmen der Demokratie (wie wir für die Neuzeit ebenso) als die Grundlage einer an vernünftigen Zielen ausgerichteten Identität ansieht, S. 111
159 Völlig zu Recht bemerkt W. J. *Mommsen* (1983): „Die eigene Nationalgeschichte als solche enthält nicht schon den Schlüssel zu Problemen der nationalen Identität der Deutschen; sie kann bestenfalls die Wege hin zu einem neuen Verständnis ihrer Rolle in der heutigen Welt weisen", 1983. Direkter formuliert *Tivey* (1981, 12): „nationality: that is how we have come to think of ourselves".
160 Heinrich *Heine* karikiert diese hübsch: „Mit welchen kleinseligen Silbenstechen und Auspünkteln diskutieren sie über die Kennzeichen deutscher Nationalität! Wo fängt der Germane an, wo hört er auf? Darf ein Deutscher Tabak rauchen? Nein, behauptet die Mehrheit. Darf ein Deutscher Handschuhe tragen? ..." usw. zit. n. Chr. Graf v. *Krockow* 1983, 163
161 K. W. *Deutsch*/L. J. *Edinger*/R. C. *Macridis*/R. L. *Merritt:* France, Germany, and the Western Alliance. A Study of elite attitudes on European integration and world politics, New York 1967.
162 „Wo jemand sich bloß noch von einer einzigen Zugehörigkeit bestimmen läßt, entstehen pathologische Prozesse, Deformationen, etwa des „Nur-Berufs- oder Nur-Familien-Menschen", *Krockow* 1983, 167f. u. ders.: Nationalismus als deutsches Problem, München 1970
163 W. J. *Mommsen* 1983, 182: „Für lange Zeit erschien die normative Zugehörigkeit der bundesrepublikanischen Gesellschaft zum westeuropäisch-amerikanischen Modell gesellschaftlicher Ordnung den Deutschen als werthafte Orientierung ausreichend zu sein".

5. Nationaler Wandel

Unter nationalem Wandel soll die schrittweise (evolutionäre) oder umstürzende (revolutionäre) Veränderung der politischen Erscheinungsform (Staatsform, Verfassung, Parteienstatus u. a. m.), der sozialen und wirtschaftlichen Strukturen und Aktivitäten und der nationalen Identität einer Nation verstanden werden.

Herausforderung zu nationalem Wandel kann national endogener oder exogener Art sein. Voraussetzung für nationalen Wandel ist zumindest eine imitierende, im besten Fall eine kreative Verarbeitungskompetenz epochaler Herausforderungen. Eine wandlungsinkompetente Nation erschwert und gefährdet u. U. ihr Dasein. Die Weimarer Republik z. B. erwies sich als unfähig, den revolutionären Wandel von 1918 zu verarbeiten; daß dafür auch sehr wesentliche exogene Einflüsse eine Rolle spielten, ändert an der Tatsache nichts. 1933 erfolgte erneut ein (endogener) nationaler Wandel. 1915, 1925, 1935: Immer sind Deutsche politisch tätig, aber *der* Deutsche dieser Jahre war immer „ein anderer". Damit ist der nationale Wandel auf der Ebene der Personen angedeutet.

An diesem, öfter schon angesprochenen Beispiel des Herrschaftswechsels, lassen sich auch die Widerstände gegen nationalen Wandel zeigen. Hier werden es jeweils parteipolitische Einwände gegen die neue historische Entwicklung sein. Revolutionäre Umstürze lassen nationalen Wandel am deutlichsten erkennen, aber auch eine sukzessive Veränderung der sozialen und politischen Verhältnisse kann schließlich einen nationalen Wandel bedeuten.

Lernfähigkeit

Für unser Modell des umfassenden, vielschichtigen nationalen Wandels, das wir hier vorschlagen, haben wir die nationale Lernfähigkeit und die Verarbeitungskompetenz vorausgesetzt. Nach Otto Bauer war es insbesondere der Kapitalismus, der die Nationen gelehrt habe, voneinander zu lernen:

> „Jeder technische Fortschritt wird in wenigen Jahren Eigentum der ganzen Welt, jede Veränderung des Rechts wird von den Nachbarn studiert und nachgeahmt, jede Strömung der Wissenschaft, der Kunst beeinflußt die Kulturvölker der ganzen Welt . . ., aber es wäre übereilt, daraus zu schließen, daß die **Angleichung der materiellen Kulturinhalte** die Nationen nun auch völlig einander gleichmachen werde" (*Bauer* 1975, 167).

Wenn alle lernen werden dadurch nicht alle gleich. „Lernen" ist hier selbstverständlich auch so zu sehen, „that the nation adopt from others the things which make them strong" (*Emerson* 1970, 151f.).

Der Soziologe Reinhard Bendix hat für die vorbildlichen Nationen und politischen Gruppierungen den Begriff „*Bezugsgesellschaft*" eingeführt. Die „Demonstrationswirkungen" dieser zum Modell gewordenen Bezugsgesellschaften führen in den betreffenden „Gesellschaften" (Nationen) zur Imitation (nationalen Wandel) oder zur Vermeidung dieser Entwicklung. Meistens ist das einfache Imitationslernen ausgeschlossen, weil die Probleme, die nationale Frage in ihrer konkreten Gestalt, in diesem Land einzigartig sind und einer entsprechenden Lösung bedürfen. Eine Imitation ist im übrigen grundsätzlich dem Vorwurf der Bedrohung der nationalen Identität ausgesetzt. Die Spannung zwischen Wandel und Identität muß politisch bedacht und abgewogen werden. Wandel um jeden Preis, etwa im Sinne des Fortschrittsdenkens, kann wie in einigen Staaten der Dritten Welt geschehen, zu ruinösen Folgen führen, Traditionalismus aber desgleichen: „Strukturen, die man mit Fleiß erhalten will, (werden) eben durch dieses Bestreben verändert..." (*Freyer* 1956, 204; vgl. *Bendix* 1980). Die Vergangenheit einer Nation als historisch einzigem Maßstab von dieser gewählt, führt in Zeiten von Wandlungszwängen dazu, „Völker mit ihren Gespenstern heimzusuchen" (*Kohn* 1948, 13). Die Fähigkeit, nationale Kontinuität und nationalen Wandel zu gewährleisten, hält die Nationen entwicklungsfähig.

Kultureller Wandel

Nationaler Wandel kann stattfinden, wenn eine Nation oder ein Imperium sich epochal wirksam verändert und *damit* auf andere einwirkt. 1917 war für die erste und zweite Welt ein derartiges Epochejahr. Die USA erwiesen sich als zivilisatorisches Faszinosum für die restliche Welt. Die Verwestlichung geht heute immer noch von Amerika aus: die kulturkritischen Reaktionen auf die Amerikanisierung sind bekannt. Aber der durch Amerikanisierung ausgelöste nationale Verhaltenswandel, was hier festgehalten werden muß, ist national unterschiedlich gebrochen: Franzosen sind „nicht gegen die Modernität amerikanischer Technologie und Zivilisation, aber sie wenden sie erst an, wenn sie dafür eine französische Form gefunden haben. Vielleicht läßt sich etwas ähnliches auch für England sagen?"[164]

Auf der Ebene der Personen ist der „außengeleitete Mensch" der neue Typ von Mensch, der diesen Prozeß trägt[165]. Die „tendency toward more inclusive identities" war jedenfalls bis in die 70er Jahre im Westen vorherrschend (D. *Bell* 1975, 143). Dieser „Wandel des menschlichen Selbst" führte auch zu einem „Absterben einer alten Lebensform"[166] oder, um Freyer mit Bell zu verknüpfen: „Deracination is an historical experience" (*Bell*, ebd.; vgl. Harry *Pross* 1980, 30ff.). Die damit verbundenen Generationsprobleme und Traditionsbrüche verändern eine Nation. Gegen eine Überbewertung dieser Verhaltensweisen muß gefragt werden, gewissermaßen als Test der Bedeutung des persönlichen Verhaltenswandels, ob damit tatsächlich eine *politische* Veränderung eingetreten ist, die unveränderbar ist. Angesichts ähnlicher historischer Entwicklungen der Verwestlichung sind Zweifel angebracht. Am nationalen Wandel ändert dies aber nichts: nur gerät er durch diese Skepsis wiederum unter die Perspektive der Veränderung. Von der Widerstandskraft der Völker im Assimilationsprozeß war sogar J. Stalin überzeugt.[167]

Die Modernisierungsdoktrin

Was in Deutschland unter kulturkritischem Aspekt als Amerikanisierung gilt, ist für die Kolonien auch mit anderen europäischen Nationen verbunden gewesen, wie mit Frankreich und England z. B. Der entscheidende Sachverhalt ist mit der westlichen Konzeption der sog. Modernisierung heute angesprochen. Die Modernisierungstheorie gehört (oder gehörte) zu den entscheidenden Strategien Amerikas (und Englands) und zwar im wissenschaftlichen wie auch im praktisch-politischen Bereich. Walter L. Bühl hat diese Konzeption mit der östlichen Gegenstrategie verglichen und resümiert:

„Obwohl politisch und weltanschaulich keine größeren Gegensätze denkbar sind als zwischen der amerikanischen Theorie der ‚Modernisierung von unten' und der bolschewistischen Theorie der industriellen ‚Revolution von oben', sind sie sich doch einig in ihrem rationalistischen Industrialismus, in ihrem ahistorischen Fortschrittsglauben und in ihrem Universalitätsanspruch (**vor allem gegenüber der Dritten Welt**) . . ." (*Bühl* 1970, 17).

Marxismus und eine bestimmte westliche Soziologie werden dort also gemeinsam kritisiert (*Bühl,* 269). Beiden politischen Konzepten liegt die alte („deutsche") Erkenntnis zugrunde, daß der Kapitalismus einen sozialen Wandel vom *Gemeinschafts- zum Gesellschaftstyp* bewirkt habe[168]. Werner Sombart hat 1929 in zwei Aufsätzen die Erosion der Gemeinschaft (Familie, Beruf, Nation) durch den Kapitalismus dargestellt und sie bedauert, denn „die Interessengesellschaft ist kalt."[169]

Eine ganze Reihe weiterer Dichotomien (traditional-modern, inflexibel-flexibel, rural-urban, immobil-mobil usw.) können deskribierend dazugenommen werden. Westlichen und östlichen Konzepten liegt final die Überwindung einer ökonomisch-technischen Rückständigkeit zugrunde. Damit ist der Bezugspunkt zum nationalen Wandel angesprochen. Die „nationale Apperzeption" (O. Bauer 1975, 214) erfaßt desgleichen Rückständigkeit und versucht sie zu überwinden. So gesehen inkorporiert nationaler Wandel Modernisierung. Die normativen und ethnozentrischen Implikate können indes nicht mit nationalem Wandel verbunden werden, weil unilineare Prozesse dem vielgestaltigen Pluriversum der Nationen und der ethnopluralistischen Struktur der Welt widersprechen[170]. Von dieser Perspektive her muß die Modernisierungstheorie als Strategie gesehen werden. Modernisierung ist kein Wert an sich. Sie wird dann elementar kritisierbar, wenn sie, wie es im Kommunistischen Manifest bereits heißt, die Menschen unter die Sachen und die Gesetze ihres Ablaufs subsumiert, oder wenn sie ein „Gehäuse der Hörigkeit" (M. Weber, 1918) zur Folge hat. Als Faktum und Prozeß ist sie nicht zu bestreiten — und vor allem nicht traditionalistisch kritisierbar, die nationale Apperzeption und Wandlungsweise ist entscheidend[171].

Was besagt nun aber — umfassend — Modernisierungstheorie? Sie umfaßt

„gleichermaßen Prozesse des wirtschaftlichen Wachstums und des technischen Fortschritts wie den Wandel der politischen Ordnungen, die Wandlungen der Gesellschaftsstrukturen ebenso wie die Veränderungen der Persönlichkeitsstruktur und der kulturellen und religiösen Wert- und Glaubenshaltungen" (*Bühl* 1970, 74).

Damit ist nur das Modernisierungsfeld beschrieben. Es verdeutlicht aber, daß eine Gesellschaft, wird sie derart modernisiert, nahezu total erfaßt wird. Entsprechend hat man auch sechs Modernisierungskrisen für alle „Gesellschaften" aufgestellt, die mittels von vier Funktionen eines politischen Systems zu bewältigen seien[172]. Reinhard Bendix hat eine etwas „handlichere" Definition von Modernisierung geliefert, die mit unserem Konzept des nationalen Wandels zu synchronisieren ist:

„Modernisierung (ist . . . ein bestimmter) Typus des sozialen Wandels, der seinen Ursprung hat in der englischen industriellen Revolution . . . und in der politischen Französischen

Revolution; er besteht im wirtschaftlichen und politischen Fortschritt einiger Pioniergesellschaften und den darauf folgenden Wandlungsprozessen der Nachzügler."[173]

Die Vorbildlichkeit der Bezugsgesellschaft Englands, die auch für die bundesdeutsche Republik bis spätestens zum Auftauchen der „englischen Krankheit"[174] bestand, liegt im politisch-institutionellen, industriellen und lag bis zum Zweiten Weltkrieg im imperialen (vgl. u. III.7.) Denken[175]. Politisch-institutionell'vorbildlich wurde die englische Parlamentsentwicklung. An dieser Institution läßt sich an einem Fall die nationale Apperzeption aufzeigen. Damit ist die politische Modernisierung angesprochen.

Manche afrikanische Staaten haben den englischen Parlamentarismus bis hin zur parlamentarisch-englischen Kostümierung übernommen. Amerika „verweigerte" sich einer Modernisierung seiner mediävalen Verfassungsstruktur[176] und konnte sich trotzdem als „first new nation" verstehen (*Lipset* 1963, 595-616). Frankreich übertraf das englische Modell, insbesondere, wenn man den englischen Parlamentarismus des 19. Jahrhunderts betrachtet[177], durch die Entwicklung der Französischen Revolution. In Deutschland stellte die Parlamentarisierung, d. h. die Verantwortlichkeit der Regierung vor dem Parlament, ein Problem dar. Das zweite Reich war zu einer Anpassung an den neuen Prozeß unfähig. Hierin liegt ein Stück deutscher Sonderwegsthematik[178]. Max Weber wurde bis zum Oktober 1918 nicht gehört[179]. Nach 1918 irritierte die Parlamentarismuskritik Carl Schmitts den ungefestigten deutschen Parlamentarismus[180].

Schon der institutionelle Vergleich, bei dem man nicht stehenbleiben kann, zeigt, daß die internationale Perzeptionsgeschichte im komplexen Maßstab eines nationalen Wandels schier unmöglich zu konzeptualisieren ist[181].

Die industriekapitalistische Herausforderung Englands basierte u. a. auf der „Kommerzialisierung der Landwirtschaft"[182], generell auf einer erstrangigen Innovationskompetenz[183]. Im 20. Jahrhundert hatte Amerika England den Modernitätsrang abgelaufen (*Wehler* 1981; 12f.). Das sowjetische Modell, das ebenfalls 1917 auf den Plan trat, verlor im Verlauf der 20er Jahre bereits seine Anziehungskraft für Europa, nicht jedoch für die Dritte Welt. Die ungelösten Nationalitäts-, Legitimitäts-, Klassen- und Agrarprobleme stigmatisierten dieses Modell[184].

In den dekolonialisierten Ländern entwickelte der Sozialismus als geschlossenes Ideologieangebot Attraktivität für ein Land im Umbruch. Weniger bewußt ist die Wirkung der Modernisierungstheorie, die dort appliziert als eine Sozialtechnologie sich auswirkte. Die mechanistische Übertragung des westlichen Prototyps führte zu industrieller Erstarrung, Bürokratisierung und zu einer auf westliche Bildung und westlichem Kapital konstruierter „Modernität", die rein elitär blieb. Die fatale Gleichsetzung von Modernisierung und (ausgerechnet in derart heterogenen Staatsnationen) Nationalstaatsbildung, drängte die Elite zu einer zentralistischen, machtstaatlichen, assimilatorischen Politik. Typisch afrikanische ethnopluralistische Strukturen wurden ignoriert[185]. Hier spätestens stieß die Modernisierungstheorie, die daher auch als Modernisierungsdoktrin zu interpretieren ist, wenn man an die Opfer denkt, die sie bewirkt[186], auf harte Kritik.

Kritik der Modernisierung

Um das hier skizzenhaft angedeutete Konzept des nationalen Wandels von der Modernisierungstheorie abzugrenzen, seien fünf Differenzen aufgelistet, die z. T. auch schon von „Modernisten" selbstkritisch ähnlich formuliert wurden.

1. Die *Elargierung des Gesellschaftsbegriffs* auf die Akteure der internationalen Politik, die Nationen und ihre Regierungen und diversen sozialen, ökonomisch, religiösen usw. Organisationen, ist eine Soziologisierung der Politik, die diese verzerrt. 1960 heißt es bei Almond und Coleman:

> „Anstelle des Staatsbegriffs, der durch rechtliche und institutionelle Bedeutungen begrenzt ist, ziehen wir ‚politisches System' vor; anstelle von ‚Mächten', deren Bedeutungen wieder rechtlicher Natur sind, fangen wir an, den Ausdruck ‚Funktionen' vorzuziehen. Anstelle von ‚Amt oder Ämtern' (wiederum rechtlich) setzen wir ‚Rollen'; anstelle von Institutionen, die uns auf formelle Normen verweisen, sagen wir ‚Strukturen'; anstelle von ‚öffentlicher Meinung' und ‚staatsbürgerlicher Erziehung' mit ihren formellen und rationalen Bedeutungen ziehen wir ‚politische Kultur' und ‚politische Sozialisation' vor" (*Bendix* 1981, 19).

Diese Chiffrierung übergeht — sehr erfolgreich im übrigen — die Differenzierung von historisch unterschiedlichen, politischen, wirtschaftlichen, religiösen, kulturellen ethnischen Vergemeinschaftungen oder Vergesellschaftungen. Aber „der vorher generalisierte und entleerte Gesellschaftsbegriff (wird) dennoch wieder hypostatiert und auf konkrete historische Gesellschaften direkt angewandt (*Bühl* 1970, 177). Der Herausgeber eines sehr wichtigen Sammelbandes zum sozialen Wandel, Wolfgang Zapf, meint in diesem Sinne einen seiner in die Sammlung aufgenommenen Verfasser kritisieren zu müssen, denn Kingsley Davis schreibt von Nationen und (etwas zu einseitig nur) von Nationalstaaten (und nicht auch von Staatsnationen). Zapf merkt dazu als Übersetzer an: „Mit den Begriffen ‚Nation' oder ‚Nationalstaat' meint K. Davis dasselbe wie andere Autoren mit ‚Gesamtgesellschaft' "; immerhin: bei der Übersetzung wurden diese Begriffe beibehalten[187].

Ob nun *politische* Nationen oder irgendwelche anderen Gebilde *gesellschaftlicher* Art gemeint sind: diese Frage gilt es kritisch gegenüber diesem „Soziologismus"[188] zu reklamieren. Nation ist nicht gleich Gesellschaft und v. v.

Mehr nebenbei sei bemerkt, daß in der Modernisierungstheorie (aber auch bei vielen Sozialwissenschaftlern) nicht zwischen Volk/Nation und (National-)Staat unterschieden wird[189].

2. Die Modernisierungstheorie entspringt einem ethnozentristischen, unilinearen Entwicklungsdenken, das Unterschiede in der Entwicklungsnorm zur *nationalen Devianz* und zu nationalen Sonderwegen stilisiert[190]. Damit ist eine theoretische und praktische Negierung des universellen Kulturenpluralismus angelegt, der einerseits für Individuationen der natürlich-politischen/nationalen Vergemeinschaftsformen keinen Raum läßt und andererseits aber auf den Nationalismus angewiesen ist, der die amorphe Gesellschaft neu integriert[191].

3. Die Entwicklungs- und Folgelasten des normativen[192] Modernisierungsmodells (und dem noch viel extremeren Ausmaß bei dem östlichen Fortschrittsmodell) sprechen eher gegen dieses Konzept. Die Modernisierungsdoktrin widerspricht der *ethnopluralistischen Wirklichkeit,* die sie *modernisierend zerstört*[193]. Die Doktrin bestimmt die Wirklichkeit, nicht die Wirklichkeit die Doktrin. Die Wirklichkeit, in der nationaler Wandel geschieht, kann dann immer noch sozial und ökonomisch „rauh" genug sein, wie die soziale Frage im 19. Jahrhundert zeigt. Der soziale Wandel zerstört soziale Milieus, individuelle Loyalitäten und Abhängigkeiten, aber er kann auch neue, freiere Verhältnisse bewirken. Er kann desintegrierend wie integrierend wirken. Aber er kann die technische Entwicklung der Maschinen, Waffen, Arbeitsmittel usw. nicht beeinflussen. Eine Erneuerung aus Gründen exogener Erfordernisse der technischen, ökonomischen, militärischen Anpassung ist etwas anderes als die Zerstörung einer *intakten*

Sozialstruktur aufgrund höherer westlicher, modernisierungsbegründeter Einsicht oder sozialistischer, geschichtsnotwendiger Fortschrittlichkeit.

4. Die Gleichsetzung von Modernisierung und Nationsbildung bzw. Nationalismus bringt die historischen und kulturell verschiedenen Nationen in einen Zusammenhang, dem sie nicht entsprechen. Das prämodern(isiert)e Stadium der Nationen wird ausgenommen[194]. Wie im Marxismus werden den Gesellschaftsformationen Nationen bzw. Nationstypen zugeordnet: sozialökonomische Verhältnisse generieren da Nationen. Was für manche dekolonialisierte Länder zutrifft, ist noch nicht richtig im Weltmaßstab. Konsequenterweise müßte man dann, wie im Marxismus, von kapitalistischen Nationen sprechen. Diesem Denken entspricht

5. die starke Abhängigkeit der Modernisierungsdoktrin von der kapitalistischen Entwicklung der letzten Jahrhunderte. Insbesondere der *ökonomische* Entwicklungsgrad entscheidet darüber, ob ein Land als hochentwickelt oder unterentwickelt anzusehen ist, Kapitalismus wird zur Kultur[195], ersetzt vor allen Dingen „traditionale" Gesellschaften und Kulturen. Kulturen wandeln sich und werden verändert, der Modernisierungsweg ist zwar der herrschende, aber nicht der vernünftige[196].

Mit diesen kritischen Einwänden sind einige wesentliche, nämlich *doktrinäre* Aspekte der Modernisierungstheorie kritisiert. Wie anfangs schon dargestellt, erschöpft sie sich darin keineswegs. Auch der universelle Ansatz ist nicht der Stein des Anstoßes, sondern das Universalitätskriterium, das sich aus dem Ökonomischen speist und von einer Weltzivilisation ausgeht. Nicht die Kultur oder die Zivilisation ist universal, sondern die Natur, die aber nicht monokulturell, sondern ethno- und kulturpluralistisch, d. h. individuiert, verschieden sich auf der Erde entwickelt hat. Gegen die pseudoevolutionistische Formel der ökonomischen Hoch- und Unterentwicklung wird in der Konzeption des nationalen Wandels von der Gleichwertigkeit der (politischen) Nationen bei unterschiedlicher Kultur ausgegangen. D. h., auch hier kann ökonomische Rückständigkeit nach dem Modernisierungsmaßstab festgestellt werden, aber sie braucht nicht kapitalistisch oder gar nur nach einem kapitalistischen Vorbild therapiert zu werden. Entsprechendes gilt für andere Gebiete.

Die Modernisierungstheorie wird hier modernitätskritisch rezipiert. Eine *nationspluralistische Modernisierungstheorie* berücksichtigt den nationalen Standort, um es ökonomisch zu formulieren, anstatt ihn nur als einen unter vielen „gesellschaftlichen" Möglichkeiten unter Wert zu verhandeln. So ist also von der Erkenntnis auszugehen: „Modernisierung hat sich in und durch Nationen abgespielt"[197], nicht in ahistorischen, anonymen Gesellschaften. Daher muß man auch von Nationen sprechen, *wenn* sie gemeint sind[198].

Politische Modernisierung und weitere nationale Wandlungsformen

Samuel P. Huntington, wir wiesen darauf hin, geht von einer politischen Modernisierung aus: Die Rationalisierung von Autorität, die Differenzierung von Strukturen und die Partizipation der Bevölkerung sind Herausforderungen objektiver, d. h. exogener Art, der sich keine Nation im 20. Jahrhundert mehr entziehen kann. Die nationale Apperzeption, die darauf reagiert, ist allerdings von mehr oder weniger großer Simulation gekennzeichnet. Die rationalisierte Autorität kann eine Autokratie zur Voraussetzung haben, die Partizipation kann sich in Akklamation erschöpfen: an der objektiven Herausforderung ändert sich deshalb nichts. Die politische Qualität, die über eine Modernisierung erreicht werden soll, ist nicht zu simulieren, sondern nur zu absorbieren: hier gibt es ein großes Repertoire[199] an Steuerungsmöglichkeiten.

Einen nationalen Wandel ohne modernisierende Effekte stellt der (konventionelle) *Krieg* dar. Kriegsfolgen wie Menschenverluste, Gebietsabtretungen, ökonomische, aber auch moralische Hypotheken stellen einen status quo ante dar, einen negativen Wandel für die schuldhaft oder schuldlos kriegsbetroffene Nation. Aber auch modernisierend kann ein Krieg insbesondere in sozialer und wirtschaftlicher Hinsicht wirken.

In Deutschland bewirkte, vor jeder Modernisierungsperiode und unabhängig von sozialem Wandel, die *konfessionelle Spaltung* des Landes einen enormen nationalen Wandel, der europäische Auswirkungen hatte, d.h. in anderen Nationen wirksam wurde.

Zu Gegensätzen entwickelte sich in Deutschland politische Modernisierung in Gestalt der Rationalisierung von Autorität und nationaler Wandel durch die Ausbildung der *Territorialstaaten,* die zeitweise in Europa bezugsgesellschaftlichen Charakter annahmen, wie Preußen im 18. Jahrhundert. Die Dynamik dieser Prozesse führte aber nicht, wie modernisierungs- und kommunikationstheoretisch zu erwarten, zur Nationalisierung dieser modernen Staaten (*Dann* 1978, 78f.).

Der *staatliche Wandel* als besonders in Deutschland demonstrabler Bereich von nationalem Wandel, transzendiert ebenfalls die Konzepte von Modernisierungstheorie und sozialem Wandel. Übergehen wir die territoriale Entwicklung zwischen 1648 und 1871, so bleiben für das 20. Jahrhundert die staatsgebietlichen Verluste nach zwei Weltkriegen und die Bildung dreier Staaten auf dem geschichtlichen Boden Deutschlands. Dazu ist die imperiale Ausdehnung des großdeutschen Reiches nach 1939 als dysfunktionale Entwicklung und als Wandel in transnationale Räume hinzuzunehmen. Die kulturnationale Vielfalt nach 1945 ist historisch nicht neu, wohl aber die staatliche Teilung, wir kommen unten darauf zurück.

Zuvor sei aber noch der *ethnisch-demographische* Wandel angesprochen, da er ebenfalls ein wichtiger Bestandteil des nationalen Wandels ist. Nationen als Abstammungsgemeinschaften (homogener oder heterogener Art) sind keine statischen, sondern dynamische politische Gebilde. Eine Ethnomorphose (*Hellpach* 1954, 25) ist möglich, die sich an ethnohistorischen Prozessen[200] ablesen läßt und auf dauernden Austauschvorgängen (*Pan* 1971, 7) beruht. Völker

„sind dem unaufhörlichen Zerfall und Wiederaufbau unterworfen. Entvolkung, Umvolkung, Assimilation, Volksumwandel und Volkstumwechsel – das alles sind, namentlich an Grenzen, alltägliche Erscheinungen. Sie sind jedenfalls die unvermeidliche Folge von Wanderungen, Eroberungen, Gebietsabtretungen oder staatlichen Neubildungen." (*Francis* 1965, 57f.)

Ganz so alltäglich laufen indes diese Prozesse für die Betroffenen zumindest nicht ab. Die demographischen Wandlungen, die das Ergebnis derartiger ethnischer Entwicklungen sind, haben in Westdeutschland zu einer historisch einmaligen nationalen Konzentration und Verschmelzung geführt, die aus der zentripetalen Kraft der Bundesrepublik und vor allem auf den Nachkriegsentwicklungen in Ostmittel- und Südosteuropa beruht. Von nationalem Wandel kann man dabei insofern auch sprechen, weil eine konfessionelle Durchmischung und eine soziale Egalisierung mit daraus resultieren[201]. Der anhaltende Verlust der deutschen *Populationskraft* (*Renner* 1918, 54; vgl. dazu II.2.B.2.) führt zu einem demographischen Wandel, dessen kriegsähnliche Ausmaße trotz einer in Gang gekommenen Diskussion eher verdrängt werden.

Bi-Nationalisierung Deutschlands?

Karl Jaspers, Hans und Wolfgang J. Mommsen, Kurt Sontheimer, Waldemar Besson, Lutz Niethammer, Mario Rainer Lepsius neben anderen Persönlichkeiten aus dem politischen Leben der Bundesrepublik Deutschland, hatten und haben mehr oder weniger eindeutig erklärt, daß sie den westdeutschen Staat als eine Nation ansehen[202].

Wäre dies richtig, könnte man den nationalen Wandel in einer *nationalen Transformation* in die Bundesrepublik, die DDR und die Republik Österreich als *beendet* ansehen, die deutsche Nation wäre in einer Phase nationaler Selbstpreisgabe.

Es darf vermutet werden, daß man dort nur einer Papierkonstruktion anhängt, zu deren Kritik und Widerlegung hier beigetragen wird. Peter Brandt und Herbert Ammon geben zu Recht das *West-Berliner Argument* zu bedenken:

> „Mag man sich ... zur Not noch ausmalen können, daß in West-Deutschland in einem langfristigen Prozeß ein eigenes Nationalbewußtsein entstehen könnte, so ist eine derartige Entwicklung in West-Berlin, das inmitten des ostdeutschen Staates liegt, schlicht unvorstellbar. Dank dem Vier-Mächte-Abkommen wurde den West-Berlinern bescheinigt, daß ihre Halbstadt nicht zur Bundesrepublik gehört. Ideologische Fluchtwege in ein ‚bundesrepublikanisches' Selbstbewußtsein stehen für uns hier nicht offen. Denn West-Berlin ist ein Gemeinwesen, das 35 Jahre nach Kriegsende unter Besatzungsrecht steht und dessen Bevölkerung verwehrt ist, über die Angelegenheiten der westlichen Teilstaaten mitzubestimmen, wenngleich es in dessen wirtschaftliches und politisches System faktisch eingegliedert ist.
> Vor diesem Hintergrund gibt es keine Perspektive für West-Berlin außerhalb der gesamtnationalen Perspektive für Deutschland. Und deshalb wird hier in jüngster Zeit ‚die deutsche Frage' erneut gestellt" (*Brandt/Ammon* 1981, 26f.).

Neben der moralischen Fragwürdigkeit, die Deutschen der DDR sich selbst zu überlassen, kann man – vielleicht auch weniger drastisch – konstatieren, daß ein bundesdeutscher Nationalismus, „der die Nation weiter teilt – ebenso wie die Zwei-Nationen-Konstruktion der SED im Osten – die letzte Perversion des nationalen Gedankens in Deutschland wäre" (*Ehmke* 1980, 7).

Etwas ganz anderes ist die Anerkennung des westdeutschen Staates *im Rahmen* eines Nationalbewußtseins, wie es Hans Buchheim empfiehlt, doch ist dies ein anderes Thema (1966, 25f.).

Mit den Bemerkungen zur Bi-Nationalisierung sollte klargestellt werden, daß eine Nation zwar wandlungsfähig, aber auch intellektuell „aufgegeben" werden kann. Ob sie dann auch materiell verloren ist, muß deswegen angezweifelt werden, weil, wie oben gezeigt, die nationale Identität nicht geflohen werden kann; man ist ihr verhaftet, man bleibt Deutscher: auch in einem in dieser Logik fortgesetzten Prozeß der Rebalkanisierung. Gegenüber der Annahme einer Verkümmerung der deutschen Nation könnte man, im Gegenteil, von einem nationalen Optimismus ausgehen und behaupten, daß die nationale Identität als politisch ungeteilte sich durchhalte, weil dafür einige historische Erfahrungen der Teilungen und Spaltungen sprächen. Unabhängig von internalisierten Pessimismen[203] oder Optimismen ist jedenfalls *von einer wandlungsfähigen und nicht von einer statischen Nation auszugehen*, die realgeschichtlich und realpolitisch wahrnehmbar ist.

Realitätstheorem

Die Annahme, daß die Existenz der Staaten Bundesrepublik Deutschland und DDR zu einer Bi-Nationalisierung in Deutschland geführt habe, gibt bezeichnenderweise nicht das Nationsdenken auf, sondern die Potentialität einer nationalstaatlichen Ordnung in Deutschland. An ihre Stelle tritt eine (westliche) Staatsnationslösung, die nicht nur wegen der kulturnationalen Tradition in Mittel- und Osteuropa künstlich wirkt, sondern wegen der Mißachtung der politischen Einheit, die sich national, potentiell nationalstaatlich, legitimiert. Der Staat Bundesrepublik Deutschland wurde konstitutionell als unvollendet erklärt (Präambel des GG). Das ändert an seinem definitiven Charakter nichts. Der „Wandel" des Staates von der Unvollendetheit zur staatsnationalen Verkleinerungsform würde einen eklatanten Verfassungsbruch darstellen, der, würde er tatsächlich vom bundesrepublikanischen Staatsvolk akzeptiert werden, was nicht der Fall ist, zur Bildung eines *neuen* Staates und einer *neuen* Verfassung und damit zu einer Staatsnation bzw. einem sezessionistischen Nationalstaat geführt hätte.

Der bundesdeutsche Staat ist aber kein separatistisches Gebilde, sondern der Kern der deutschen politischen Nation. Hierin liegt seine Legitimität als politische Einheit, die unvollendet ist, aber zur Vollendung in einem politischen und historischen Zeitraum ansteht. Diese auch verfassungsrechtlich zu interpretierende *Verpflichtungsgemeinschaft* ist eine wesentliche Seite der Wirklichkeit der deutschen Nation, ganz abgesehen von der deutschen Charakter- und Schicksalsgemeinschaft, wie sie Otto Bauer formulierte.

Die nationsbildende Kraft der Bundesrepublik für eine bundesrepublikanische Staatsnation wird, als anzunehmende Grundlage der behaupteten Bi-Nationalisierung, überschätzt. Selbst in Österreich, das eine gefestigte, eigenständige, geschichtsmächtige Staatstradition hat und ein entsprechend betontes Staatsbewußtsein, ist der Prozeß der Nationsbildung, von dem gesprochen wird, offen, weil er auch bestritten wird.

Wie im Identitätskapitel betont, bietet die Geschichte Möglichkeiten, die tatsächlichen von nur behaupteten Realitäten zu unterscheiden. Damit wird, wie oben (II.3.) ausgeführt, die Geschichte nicht zur Richterin, sondern zum Experimentierraum des analysierenden, richtig fragenden Beobachters, der aber selbst ohne Einfluß bleibt[204]. Als 1681 Ludwig XIV. Straßburg annektierte, sprach nichts für die Behauptung, daß dieser Schritt von bleibender Bedeutung sein würde. Aber nicht die Geschichte, sondern die Elsässer und ihre historischen Beziehungen zu den Franzosen und ihre Entwicklung in Frankreich sorgten dafür, daß das Elsaß seine nationale Identität wechselte. Das geschichtliche Experiment, als das man die Entwicklung seit 1871 dort ansehen kann, scheiterte. So kann man sagen, daß die neue nationale Identität des Elsaß historisch erprobt, „getestet" ist.

Weil Nationen keine „politischen Augenblicksprodukte (sind), die sich durch staatliche Teilungen von selbst wieder verflüchtigen" (*Kosthorst* 1981, 140), liegt die Beweislast bei demjenigen, der historisch ungeprüfte Behauptungen aufstellt. Daß die deutsche Teilung nicht hingenommen wird, zeigt der innerdeutsche Grenzverlauf. Daß die Bundesbürger nicht binationalisiert dem zweiten Staat in Deutschland den Rücken zukehren, zeigt schon eine Deutschlandpolitik als solche, nämlich eine deutsche, gegen deren Durchführung, nicht aber gegen deren Bestehen es unterschiedliche Meinungen gibt. Deutschlandpolitik ist eine *nationale* Politik, während Frankreichpolitik, von der so gesondert zu reden schon unüblich wäre, eine *internationale* ist, d. h. Außenpolitik.

Während das Thema einer angeblichen Bi-Nationalisierung durch und durch „homemade" und darüberhinaus eine nur akademische und keine politische Frage ist, haben wir uns in dieser Arbeit ernsthafter der tatsächlichen Herausforderung für die Nationen gestellt mit der Frage, ob die Nationen (d. h. auch die Staatsnationen und Nationalstaaten) noch empirische Realitäten sind, mit denen man politisch rechnen muß. Daß sie kulturelle Faktoren sind, spielt hier also überhaupt keine Rolle, allein ihre politische Bedeutung ist gefragt. Die komplexe nationale Frage, die ethnischen Basiselemente, die Differenziertheit der Nation, die nationalstaatlich/staatsnationalen Leistungen und Aufgaben, die identitäre Bedeutung der Nationalität neben noch zu untersuchenden internationalen Aspekten der nationalen Selbstbehauptung erlauben es, die einfache, aber doch nicht selbstverständliche *These* aufzustellen, daß die *Nationen politisch reale und nicht ideale Gegebenheiten sind, die aufgrund ihrer komplexen Struktur bislang als entscheidende politische Faktoren nicht substituiert wurden.* Die Zweifel an der Nation, die unabhängig vom deutschen Problem geäußert werden und ernstzunehmen sind, rühren unseres Erachtens daher, daß die Nation zu statisch und zu individualistisch gesehen wird. Ihre universelle Verbreitung und die Tatsache, daß weltweit politische Gebilde das Nationale für sich reklamieren, spricht gegen eine ethnozentrische, nur nationalgeschichtliche Sicht. *Nationen sind zu einem universellen politischen Vergemeinschaftungstyp geworden.* In diesem Kapitel wurde durch die Konzeption des *nationalen Wandels* gezeigt, daß Nationen gerade nicht anpassungsunfähige, statische Gebilde sind: Der Nationalstaat des 19. Jahrhunderts unterscheidet sich eben von dem des 20. Jahrhunderts nicht unwesentlich, die waffentechnische Entwicklung macht es *allen* politischen Gebilden schwer, ihre territoriale Basis zu verteidigen (auch Westeuropa hat es hier „schwer", genauso wie die USA oder die UdSSR, alle sind ähnlich verwundbar), die weltwirtschaftliche Verflechtung hat zu dem Binnenmarkt einen Weltmarkt als wirtschaftspolitisch neues Terrain für die Nationen geführt, der wichtig und z. T. zur Herausforderung wurde (aber er hat die Nationen ebenfalls, zumindest noch nicht, substituiert), die weltpolitische Lage und Entwicklung läßt auch eine nationale Isolierung nicht mehr zu und läßt die Nation in größeren Räumen Beziehungen pflegen usw.

Dieser nationale Wandel ist nationsintern umstritten. Ein traditionalistisches Argument lautet etwa in Deutschland:

> „Wir wollen die Freiheit aus unserer Vergangenheit und mit unserer Vergangenheit; denn nur so können wir sie behaupten und fördern! Dazu gehört die untrennbare Einheit mit unserem sozialen Kaiser- und Königtum, von dem uns keine Macht der Erde scheiden kann."[205]

An diesem Zitat wird auch deutlich, daß das als traditionalistisch bezeichnete Denken meistens auch einen wahren Kern hat, der zu berücksichtigen bzw. zu bedenken ist. Entgegen den traditionalistischen Modernitätsvorbehalten wird im nationalen Wandel gerade auch tradiert und kontinuiert: andernfalls wäre die Position einer nominalistischen Wandlungsbeliebigkeit eingenommen. Man spräche dann besser wieder vom gesellschaftlichen, politischen, sozialen Wandel, weil hier, im Unterschied zu nationalem Wandel, kein konkreter historischer Bezug, kein konkretes Subjekt angenommen werden muß.

Damit ist die *Distanz zu historistischen Konzepten* markiert: Nationaler Wandel kann nicht heißen, daß nationale Entwicklungen „geschichtlich geworden und geschichtlich veränderlich" sind (*Löwenthal* 1979, 231). Das sind sie zwar auch, aber sie gehen darin nicht historistisch-kontingent auf. Dem Vorsatz des Zitats: „Identität und Charakter der Nation sind also im Gegensatz zu den im 19. und 20. Jahrhundert entwickelten nationalistischen Ideologien weder durch ihre ethnische Zusammensetzung noch durch ihre Sprache ein für allemal gegeben", kann man ebenfalls zustimmen, weil die Behauptung des Gegenteils, sie seien ein für allemal gegeben, schlicht falsch und ahistorisch wäre. Die sprachgeschichtliche Entwicklung (adh., mdh. und nhd.)[206] und der stattgefundene ethnische Wandel spricht entschieden dagegen. Andererseits sollte man ehrlicherweise nicht mehr von nationalem Wandel sprechen, wenn das Subjekt des Wandels ein anderes geworden ist. Z. B. kann der ethnische Wandel nationalstaatlich so groß sein, daß faktisch ein anderes Volk entstanden ist. Von nationalem Wandel zu sprechen käme dann einer Karikatur gleich. Die Nationsbürger (der USA z. B.) müssen in irgendeiner Weise (durch die Kontinuität ihrer konstitutionellen Identität, oder ihrer jeweiligen ethnischen Identität) sie selbst geblieben sein können.

Gegen die historistischen Annahmen der Beliebigkeit der Wandlungen ist hier z. B. mit dem Ethnizitätstheorem an die basalen Kontinuitäten, insbesondere auch der nationalen Identität zu erinnern, die den Wandel tragen. Im Wandel unveränderlich, sich wandelnd (in irgendeiner Weise) gleichbleibend, um es paradox auszudrücken: das ist nationaler Wandel. So ist die historische (nationalgeschichtliche) Identität, die man als Deutscher etwa auf der Stuttgarter Staufer-Ausstellung kultivieren konnte, zu erklären. Diese historische Identität über eine Ausstellung etwa zum Thema „Die Germanen in Trier" zu pflegen, kann eben gerade nicht mehr mit *nationalem* Wandel in Verbindung gebracht werden (wohl aber mit kultureller Kontinuität), weil die Nation nicht ein derart veränderbares Wesen ist, daß im deutschen Fall auch noch die Germanen, wie aber behauptet wurde, in ihre historischen Reihen exklusiv-national aufgenommen werden können[207].

Fassen wir zusammen:

Nationaler Wandel ist die nationale Erneuerungsfähigkeit (endogener Wandel) und die nationale Anpassung an äußere Entwicklungen (exogener Wandel). Im endogenen Prozeß nationalen Wandels wird durch nationale Fragen oder durch den Vergleich mit internationalen Entwicklungen oder vorbildlichen Bezugsgesellschaften eine politische Dynamik stimuliert, die als Innovationswille mobilisierend wirkt und entsprechende soziale, politische, ökonomische u. a. Aktivitäten auslöst. Eine vergleichende umfassende Nationsforschung unter diesem Aspekt könnte operationell-analytisch (wie hier z. T. angedeutet) Strukturen, Kriterien, Faktoren, Prozesse, Grenzen, Umfang des Wandels festellen und die universelle Verbreitung der Nationen, kulturell-kontinental differenziert, in einem Weltmodell versuchen darzustellen.

Anmerkungen

164 M. *Broszat*, in: Nachkriegsgesellschaften im historischen Vergleich, München 1981, S. 56; O. *Bauer:* „Keine Nation nimmt fremde Elemente unverändert auf; jede paßt sie ihrem ganzen Sein an ..." S. 214f.; D. *Lerner:* Die Modernisierung des Lebensstils: Eine Theorie, in: W. *Zapf* (Hrsg.): Theorien des sozialen Wandels, Meisenheim ^{4}1979, S. 362f.; M. R. *Lepsius:* Soziologische Theoreme über die Sozialstruktur der „Moderne" und die „Modernisierung", in: R. *Koselleck:* Studien zum Beginn der modernen Welt, Stuttgart 1977, S. 10-29; vgl. auch Max **Webers** Protestantismusstudie; zum Modernitätsbegriff vgl. in dem von H. *Steffen* herausgegebenen Band: Aspekte der Modernität, Göttingen 1965, die Aufsätze von A. *Gehlen* (Genese der Modernität – Soziologie, S. 31-46) u. H. *Anton* u. H.-G. *Gadamer*
165 D. *Riesman:* Die einsame Masse, Reinbek ^{12}1968, Chr. *Lasch:* Das Zeitalter des Narzißmus, München 1980 (vgl. Kap. „Kulturelle Frage")
166 H. *Freyer:* Das geschichtliche Selbstbewußtsein des 20. Jahrhunderts, Leipzig 1937, S. 12; vgl. ders.: Theorie des gegenwärtigen Zeitalters, Stuttgart ^{2}1956

167 „Es ist außerdem bekannt, daß die Nationen und nationalen Sprachen sich durch eine außerordentliche Stabilität und kolossale Widerstandskraft gegen die Politik der Assimilierung auszeichnen. Die türkischen Assimilatoren, die grausamsten aller Assimilatoren, haben Hunderte von Jahren die Balkannationen gemartert und gepeinigt, sie haben es jedoch nicht zustandegebracht, diese zu vernichten, sondern sahen sich gezwungen zu kapitulieren. Die zaristischrussischen Russifikatoren und die preußisch-deutschen Germanisatoren, die an Grausamkeit wohl kaum den türkischen Assimilatoren nachstanden, haben mehr als 100 Jahre lang die polnische Nation in Stücke gerissen, gepeinigt, genauso wie die persischen und türkischen Assimilatoren die armenische und georgische Nation in Stücke rissen, marterten und auszurotten suchten, und dennoch ist es ihnen nicht gelungen, diese Nationen zu vernichten, sondern – im Gegenteil – sie sahen sich ebenfalls gezwungen zu kapitulieren." J. *Stalin* (1929) 1976, 336

168 F. *Tönnies:* Gemeinschaft und Gesellschaft, Darmstadt 1972 (1. A. 1887), vgl. dazu vor allem W. J. *Cahnmann:* Tönnies und die Theorie des sozialen Wandels: eine Rekonstruktion, in: ZfSoz 10/1981/7-16. Daneben sind Max *Weber,* aber auch Emile *Durkheim* zu nennen.

169 W. *Sombart:* Emporkommen, Entfaltung und Auswirkung des Kapitalismus in Deutschland (S. 199-292) u.: Kapitalismus und kapitalistischer Geist in ihrer Bedeutung für Volksgemeinschaft und Volkszersetzung (S. 280-292), in: B. *Harms* 1929, Bd. 1 (hier S. 284-287)

170 Zur Zyklik oder Unlinearität von historischem, „sozialen" Wandel vgl. R. A. *Nisbet:* Social change and history, Oxford u. a. 1969

171 „. . . besteht das zentrale Problem der politischen Modernisierung in der Fähigkeit der Systeme, sich an die verschiedenen Forderungen anzupassen, sie in Politik zu übersetzen und die eigene Kontinuität angesichts der ständig neuen Forderungen und der neuen politischen Organisationen zu gewährleisten"; S. N. *Eisenstadt:* Tradition, Wandel und Modernität, Frankfurt 1979 (engl. 1973)

172 vgl. H.-U. *Wehler:* Modernisierungstheorien, Göttingen 1975, S. 35ff.; W. *Zapf:* Modernisierungstheorien, in: Prismata. Dank an B. *Haussler,* hrsg. v. (u. a.) D. *Grimm,* Pullach 1974, S. 302-317, vgl. D. *Lerner:* Modernisation, in: International encyclopedia of the social sciences New York 1968 vol. 10, S. 387; M. *Schmid:* Theorie des sozialen Wandels, Opladen 1982, S. 13-36; K. D. *Bracher:* Ideologien von der ersten zur dritten Welt, in ders.: Zeit der Ideologien. Eine Geschichte politischen Denkens im 20. Jahrhundert, Stuttgart 1982, S. 372-396

173 R. *Bendix:* Modernisierung in internationaler Perspektive, in: W. *Zapf:* Theorien, a.a O., S. 506 u. 510

174 N. *Johnson:* Die englische Krankheit, Stuttgart 1977

175 Für England wiederum war das frühkapitalistische Holland („Dutch Society") vorbildlich, vgl. P. G. M. *Dickson:* The financial revolution in England. A study in the development of public credit 1688-1756, London 1967; Ch. *Wilson:* The dutch republic and the civilisation of the 17th century, London 1968; C. R. *Boxer:* The dutch seaborn empire 1600-1800, Harmondsworth 1973

176 S. P. *Huntington:* Political modernization: America vs. Europe (1966), in: R. *Bendix:* State and society, Berkeley u. a. 1973, S. 170-200

177 vgl. die Einleitung von K. *Streitfthau* zu W. *Bagehot:* Die englische Verfassung, Neuwied 1971

178 vgl. B. *Faulenbach* 1980, S. 214 u. a.; W. *Conze* 1979, 67ff. (vgl. ebd. auch den Beitrag Wehlers) und schließlich Th. *Nipperdey:* Interessenverbände und Parteien im Deutschland vor dem ersten Weltkrieg, in: H.-U. *Wehler* 1981, 369ff.

179 vgl. R. J. *Lamer:* Der englische Parlamentarismus in der deutschen politischen Theorie im Zeitalter Bismarcks (1857-1890), Lübeck u. a. 1963. Zu Weber vgl. seine „Gesammelte politische Schriften", Tübingen ³1971, S. 222f.; 245f. und vor allem S. 306-443

180 C. *Schmitt:* Die geistesgeschichtliche Lage des heutigen Parlamentarismus, Berlin 1969

181 Vgl. aber das großartige Unternehmen R. *Bendix'* zur vergleichenden Herrschaftsgeschichte: Könige und Volk 1980

182 H.-Ch. *Schröder:* Die neue englische Geschichte im Lichte einiger Modernisierungstheoreme (1970), in: R. *Koselleck* (Hrsg.): Studien zum Beginn der modernen Welt, Stuttgart 1977, S. 30ff., hier S. 43f., vgl. die „Kritik" bei W. *Sombart:* Händler und Helden, München 1915. Die bürgerlich-kaufmännische Anglophilie wird, an einem Fall demonstriert, bei W. *Ruppert* deutlich: Bürgerlicher Wandel. Studien zur Herausbildung einer nationalen deutschen Kultur im 18. Jahrhundert, Frankfurt/New York 1981

183 D. S. *Landes:* Großbritannien als Vorbild Westeuropas, in ders.: Der entfesselte Prometheus. Technologischer Wandel und industrielle Entwicklung in Westeuropa von 1750 bis zur Gegenwart, Köln 1973, S. 124ff. Vgl. auch für die Voraussetzungen dieser Entwicklung P. *Wende:* Probleme der englischen Revolution, Darmstadt 1980 u. J. *Gebhardt:* Die Republik eines

Humanisten. Anmerkungen zur „Politik" J. *Huntingtons*, in J. H.: Politische Schriften, München 1973, S. 8f., vgl. weiter R. *Bendix:* Die Staatsbürgerschaft der unteren Klassen, in ders. 1981, 113ff.

184 *Bühl* 1970, 21 und zu Stalins Theorie des Wandels, dem „Sozialismus in einem Lande" und zu dessen Reduktion des Wandels auf technischen Wandel ebd. S. 134; G. *Brunner*/H. *Herlemann:* Modernisierungsprobleme in der Sowjetunion, Berlin 1982

185 H. F. *Illy* 1982, 177; G. C. M. *Mutio*/S. W. *Rohio* (Hrsg.): Readings in African political thought, Nairobi 1975; E. *Häckel:* Afrikanischer Nationalismus. Macht und Ideologie im Schwarzen Afrika, München 1974; W. *Veit:* Nationalismus, Marxismus und Tradition in Schwarzafrika, in: aus Politik und Zeitgeschichte, B 16 v. 22.4.1978, S. 17ff.

186 Die auch kommunikationstheoretisch begründbare zentralistische Urbanisierung hat in der Dritten Welt, aber auch im England des 19. Jhs. (Manchester) verheerende Folgen gezeitigt.

187 *Zapf,* a.a.O., S. 499

188 B. *Willms:* Politische Koexistenz. Zur Theorie des Ost-West-Konflikts, Paderborn 1982, S. 67f.

189 R. *Stemplowski:* Modernisierung – Theorie oder Doktrin?, in: *Conze/Schramm/Zernack* 1979, 14

190 Entsprechendes gibt es auch in der marxistischen Doktrin, vgl. dazu z. B. W. *Müller:* Ein „besonderer deutscher Weg" zur Volksdemokratie? Determinanten und Besonderheiten kommunistischer Machtergreifung in der SBZ/DDR 1945-1950, in: PVS 23/3-1982/278-303. Vgl. auch den Art. „Nationalkommunismus", in: P. Chr. *Ludz*/J. *Kuppe* (Hrsg.): DDR-Handbuch, Köln ²1979, S. 760

191 Vgl. dazu die Bedeutung der industriellen Revolution für den Nationalismus bei *Hayes:* Nationalismus 1929

192 vgl. dazu J. *Kocka:* Sozialgeschichte, Göttingen 1977, S. 105-107

193 Unter der Überschrift „Einige Schlußfolgerungen für die Entwicklungspolitik" schreibt K. W. *Deutsch* (in: *Zapf,* a.a.O., S. 336f.): „Wenn Menschen aus der physischen und intellektuellen Isolation ihrer unmittelbaren Umgebung, aus ihren alten Gewohnheiten und Traditionen, und oft aus ihren altgewohnten Beschäftigungen herausgerissen werden, dann erleben sie einen drastischen Wandel ihrer Bedürfnisse. Sie brauchen dann etwa Vorkehrungen für Unterricht und Beschäftigung, soziale Sicherheit in Krankheit und im Alter, und medizinische Betreuung angesichts der Gesundheitsgefährdung durch die neuen überfüllten Wohnungen und Arbeitsplätze und angesichts des Risikos von Unfällen an den unvertrauten Maschinen. Sie brauchen gegebenenfalls eine Versicherung oder einen Beistand gegenüber möglicher zyklischer oder saisonbedingter Arbeitslosigkeit, gegenüber drückenden Miet- und Zinsforderungen und gegenüber plötzlichen Preisschwankungen der wichtigsten Handelsartikel, die sie kaufen oder verkaufen müssen. Sie selbst haben Ausbildung, ihre Kinder Unterricht nötig. Kurzum, sie bedürfen in einem hohen Maße und in einem weiten Bereich staatlicher Sicherungs- und Wohlfahrtsmaßnahmen … Es ist nicht sehr wahrscheinlich, daß Maharadjas, Sultane, Sheiks und Stammeshäuptlinge mit diesen neuen Problemen fertigwerden … Für die entwurzelten, verarmten und desorientierten Massen, welche durch die soziale Mobilisierung entstanden sind, …" S. 337 u. 339. Vgl. dazu H. *Eichberg:* „Entwicklungshilfe". Verhaltensumformung nach europäischem Modell? Universalismus, Dualismus und Pluralismus im interkulturellen Vergleich, in: Zeitschrift für Wirtschafts- und Sozialwissenschaften 93/1973/641-670

194 R. *Stemplowski,* a.a.O., S. 16. Etwas anderes (und vollkommen richtig) ist die Feststellung, daß nationale Bewegungen bei gesellschaftlichen Wandlungsvorgängen eine erhebliche Rolle spielen: auslösend, verhindernd, betreibend. Vgl. O. *Dann* 1978, 209f. Falsch ist indes die These „Nationalismus ist stets *eine Folge von Wandlungsvorgängen* im Zusammenhang der Modernisierung traditionaler Gesellschaften." ebd., S. 210

195 D. u. K. *Claessens:* Kapitalismus als Kultur. Entstehung und Grundlagen der bürgerlichen Kultur, Frankfurt ²1979

196 Vgl. „Animation Rurale" bei H. F. *Illy* 1982, 194ff.

197 W. *Conze* 1979, 60. Berücksichtigt man die Nationen nicht, so mag dies für die Theorie folgenlos sein, nicht aber für die politische Praxis. Im 20. Jh. gibt es neben den gerade überholten traditionalistischen „Alternativen" eben auch den Marxismus-Leninismus, der – gegen seine internationalistische Theorie – den nationalen Standort anerkennt – und entsprechend verändert.

198 Selbstverständlich können subnationale (regionale) oder transnationale (europäische z. B.) Träger der Modernisierung gemeint sein.

199 S. N.*Eisenstadt,* a.a.O., S. 110

200 W. *Bernhard* (Einleitung), in: ders. u. A. *Kandler:* Bevölkerungsbiologie: Beiträge zur Struktur

und Dynamik menschlicher Populationen in anthropologischer Sicht (FS Ilse *Schwidetzki*), Stuttgart 1974, S. XIX

201 vgl. R. v. *Thadden* 1980, 7; v. *Thadden* vermag folgendermaßen eindringlich den unglaublichen Veränderungsprozeß zu illustrieren: „Die tiefgreifenden Wandlungen, die das deutsche Volk in seiner inneren Struktur und Zusammensetzung in den letzten hundert Jahren erfahren hat, lassen sich in einem Vergleich zwischen zwei Gesprächssituationen veranschaulichen. Man stelle sich eine Gesprächsrunde in der Zeit der Bismarckschen Reichseinigung in etwa folgender Besetzung vor: ein Rheinländer, ein Sachse, ein Ostpreuße, ein Balte, ein Böhmendeutscher, ein Österreicher, ein Elsässer und – nicht zuletzt – ein jüdischer Bürger aus Berlin. Und man versuche, diese Gesprächsrunde in die Gegenwart zu transponieren.
Der Rheinländer: damals in einer – wenn auch wirtschaftlich wichtigen – Randprovinz Preußens lebend, heute Bürger eines Kernlandes der Bundesrepublik; der Sachse: damals Einwohner eines Landes, dessen starke Arbeiterbewegung wachsende Bedeutung für ganz Deutschland gewann, heute eine prägende Kraft im anderen deutschen Teil-Staat; der Ostpreuße: damals Vorposten Preußen-Deutschlands in Ostmitteleuropa, heute in andere Gebiete West- und Mitteldeutschlands verschlagen; der Balte: damals als Träger deutscher Kultur im russischen Zarenreich lebend, heute sozial assimiliert vorwiegend in Westdeutschland; der Böhmen- oder Sudetendeutsche: damals ein wichtiger wirtschaftlicher Faktor in den tschechischen Gebieten der Donaumonarchie, heute in Gegenden lebend, die nur von der Bismarckschen Reichsgründung erfaßt wurden; der Österreicher: damals selbstverständlich Deutscher in Konkurrenz mit Preußen, heute Angehöriger eines eigenen selbständigen Staatsvolkes; der Elsässer: damals Kulturdeutscher mit französischen politischen Überzeugungen, heute auch den deutschen Sprach- und Kulturtraditionen bald völlig entfremdet; der Berliner jüdische Bürger schließlich: damals der deutschen Kultur meist völlig assimiliert und einer ihrer wichtigsten Träger, heute – soweit zu den wenigen Überlebenden des Hitlerschen Infernos zählend – entweder hebräisch sprechender Bürger des Staates Israel oder Angehöriger eines anderen Kulturbereiches in der Welt.
Wer sich diese *ungeheuren Wandlungen* vergegenwärtigt, wird zu dem Schluß kommen müssen, daß es kein Wunder ist, wenn die Deutschen Schwierigkeiten haben, zu sich selber zu finden."

202 K. *Sontheimer:* Nation und Nationalismus, in: H. *Steffen* (Hrsg.): Die Gesellschaft in der Bundesrepublik, Analysen II, Göttingen 1971, S. 138 u. 141 (hier wird auch die Position Jaspers referiert), ders.: Ein deutscher Sonderweg?, in: W. *Weidenfeld* (Hrsg.): Die Identität der Deutschen, Bonn 1983, S. 324f.; W. *Weidenfeld* 1981, S. 30 zu Besson; L. *Niethammer* 1972, S. 18, 82, 99f.; M. R. *Lepsius,* in: Nachkriegsgesellschaften im historischen Vergleich, München 1981, S. 37f.; ders.: Nation und Nationalismus in Deutschland, in: H.-A. *Winkler* 1982, 12ff.; ders.: Die Teilung Deutschlands und die deutsche Nation, in: R. *Albertin*/W. *Link:* Politische Parteien auf dem Weg zur parlamentarischen Demokratie in Deutschland, Düsseldorf 1981, S. 417-449; W. J. *Mommsen* 1974, 28; ders. 1978, 41, 44; H. *Mommsen:* Aus eins mach zwei. Die Bi-Nationalisierung West-Deutschlands, in: Die Zeit, Nr. 7 v. 6.2.1981, S. 4 (vgl. die Reaktion v. H.-A. *Winkler:* Nation – ja, National-Staat – nein, in: Die Zeit. Nr. 8 v. 13.2.1981, S. 5)

203 Man könnte auch von „*nationalem Nihilismus*" sprechen, wie es in manchen sowjetmarxistischen Stellungnahmen heißt, wenn man die Kritik K. D. *Erdmanns* über „Eine Geschichte der Bundesrepublik – vom übrigen Deutschland abgesehen" liest (in: HZ 236/1983/97): „Die Bundesrepublik Deutschland, von Theodor Heuss zunächst als ein Provisorium, später als ein Transitorium bezeichnet, hat sich als ein Faktum erwiesen. Aus dieser zutreffenden Beobachtung ziehen K. D. *Bracher,* Th. *Eschenburg,* J. C. *Fest* und E. *Jäckel* den Schluß, daß es nun an der Zeit sei, endlich die Geschichte dieses Staates, der eigentlich gar kein Staat sein wollte, zu erzählen. Sie wollen dem defizitären Staats- und Geschichtsbewußtsein der Bundesrepublikaner helfen, indem sie die nun ins Werk gesetzte Darstellung nicht länger mit der „Vorstellung von der Einheit der Nation" belasten wollen. „Weil der Gang der Dinge in West und Ost kaum noch etwas gemein" habe, so liest man in der Vorbemerkung zum Gesamtwerk, sollen „die Ereignisse in der DDR wie überhaupt jenseits der Grenzen nur noch insoweit in den Blick" genommen werden, „wie es zum Verständnis notwendig ist". Was heißt aber dieses „insoweit wie"? Hat doch dieser Staat „für sich" die Sinnperspektive seiner Existenz als ein „über sich hinaus" beschrieben, indem er als Zielbestimmung den Verfassungsauftrag formuliert, „in **freier Selbstbestimmung die Einheit und Freiheit Deutschlands zu vollenden**"."

204 In einer etwas anderen Terminologie hat Heinz O. *Ziegler* 1931 auf diesen entscheidenden Punkt hingewiesen: „Eine Nation ist nur insoweit wirklich, als die Chance besteht, daß diese spezifische Ausrichtung des Verhaltens das „Sich-Orientieren" der Individuen bestimmt." S. 64

205 A. v. *Harnack* (Einleitung) in: Die deutsche Freiheit, Gotha 1917, S. 13
206 „Statt eines rund 80 Millionen umfassenden deutschen Großsprachenvolkes würde nur ein Bündel von sprachverwandten Völkern deutschen Ursprungs bestehen, wodurch Mitteleuropa zu einer Art Skandinavisierung verurteilt worden wäre – ... dennoch war die durch Luther bewirkte Zerstörung des hieratischen Monopolanspruchs der lateinischen Sprache zunächst im kirchlichen und erst in der Folge auch im weltlichen Raum der Wissenschaft und Literatur doch eine entscheidende Voraussetzung für die ethnische und nationale Differenzierung und Gliederung der abendländischen Völkerwelt, deren Volkselemente dadurch in ihren bislang mißachteten Muttersprachen selber ‚unmittelbar zu Gott' wurden." M. H. *Böhm:* Ostdeutsche Wissenschaft I/1954/15
207 Damit ist der germanische Einfluß auf die deutsche Nation nicht in Frage gestellt, aber als pränationales Phänomen ausgeschlossen. Zu Löwenthals Darstellung bestehen also methodische Differenzen, keine inhaltlichen. Löwenthal stellt die Sache des nationalen Wandels, ohne sie so schon zu nennen, sehr eindrucksvoll in einem nationalgeschichtlichen Rahmen dar, S. 230f., vgl. damit die eindrucksvolle Schilderung von Otto *Bauer* 1975, S. 165

6. Weltgesellschaft oder nationales Pluriversum?

Pluriversum

Die modernen Nationalstaaten und Staatsnationen unterliegen exogenen Herausforderungen, auf die sie mit „nationalem Wandel" reagieren können. Die Persistenz der Nationen in nationalem Wandel hat dazu geführt, daß die Nation, als die größte politische Vergemeinschaftung (G. *Smith* 1981, 198) von Menschen, zu einem universellen Typus geworden ist. Es gibt kaum noch einen planetaren Raum, der nicht national strukturiert ist. Die universelle Verbreitung der nationalen Gemeinschaften erlaubt es, von einer *Globalisierung* nationaler Strukturen zu sprechen: der politische Globus ist national aufgeteilt und national gegliedert. Die Nation hat sich – in staatsnationaler und nationalstaatlicher Gestalt, in kontinental- und kulturräumlich verschiedener Form – im Weltmaßstab durchgesetzt. Die Nationen „englobieren" die Welt. *Das Prinzip Nation kommt in dieser universell erfolgreichen Gestalt zum Ausdruck.*

In Opposition zum globalen Nationsprinzip stehen die politischen Bewegungen und Kräfte, die die Nationen als Vergemeinschaftungsformen zerstören bzw. „überwinden" wollen. Damit sind *nicht* inter-, trans- oder supranationale Tendenzen angesprochen, denn für diese ist ein nationaler Bezug, wie wir sehen werden, gerade auch konstitutiv.

Antinationale Positionen sind per se internationalistische Haltungen; diese *können* sein:

1. der *Kapitalismus,* insofern er wirtschaftspolitisch bewußt internationalistisch verstanden wird. Die Nationen werden dabei als zu kleine wirtschaftspolitische Einheiten gesehen. Daneben aber ist der Kapitalismus auch sehr wohl innerhalb der national-globalen Vielfalt präsent, d. h. nationalkonform,
2. der *Marxismus-Leninismus,* insofern er erklärtermaßen darauf angelegt ist, die Nationen miteinander zu verschmelzen (s. u.). Bis dahin aber sind Nationen die entscheidenden politische Bastionen,
3. der *Rassismus,* insofern er auf der Basis eines Rasseelements Nationen zerstört oder sie in rassischen Dimensionen auflöst (z. B. nur noch die „arische" Rasse gelten lassen will),
4. weitere, weniger geschichtswirksame politische Konzepte.

Bei all diesen (zumindest tendenziell) internationalistischen Positionen ist immer ein „Verdacht" als Korrektiv festzuhalten: *die Frage nach dem Imperialismus,* der mit internationalistischen (im Unterschied zu weltbürgerlichen) Positionen verbunden sein kann[208].

Wenn der nationale Rahmen von einer Regierung, z. B. aus nationalistischen Gründen der Überschätzung der eigenen Nation, verlassen wird in der Absicht, fremdnationalen Raum, sei er wirtschaftlich, territorial, staatlich oder wie sonst bestimmt, zu besetzen oder politisch zu bestimmen (z. B. kolonialistisch), so kann dabei der Anspruch des „Nationalen" nicht mehr erhoben werden.

„In der existenziellen Negation der anderen Nationen aber gab der Nationalstaatsgedanke sich als Prinzip preis. Denn nach seiner Idee beruhte er gerade auf dem Pluralismus der Nationalkulturen, auf der Anerkennung der Verschiedenartigkeit, aber Gleichwertigkeit der Nationen".[209]

Daß sich eine Globalisierung in wirtschaftlicher und politischer Hinsicht im 20. Jahrhundert ereignet hat, wird niemand bestreiten, auch nicht, daß dabei der Nationalstaat verändert wurde. Daß jedoch das Nationalstaatsparadigma steril geworden sein soll, haben wir als Annahme bereits kritisiert (*Bühl 1978, 17*). Die zunehmende Kommunikation hat in politischer, technischer, ökonomischer, militärischer u. a. Hinsicht zu einer weltweiten *Verdichtung von Beziehungen* geführt, die es nicht geraten erscheinen lassen, von der einen Welt, von dem Universum zu sprechen. Bereits 1927 hat Carl Schmitt den Begriff „Pluriversum" vorgeschlagen, um die neue Wirklichkeit zutreffend zu charakterisieren. Carl Schmitt hat auch darauf aufmerksam gemacht, daß der Begriff der „*Menschheit*" kein politischer Begriff ist, weil ihr keine politische Einheit der Gemeinschaft entspricht und kein politischer Status. Der Begriff sei ein besonders brauchbares Instrument imperialistischer Machterweiterung[210]. Eine „auf Betrug angelegte Fiktion" sei es anzunehmen, ein entpolitisierter Zustand wäre heute oder morgen möglich, indem die volle Sicherheit des „diesseitigen Lebensgenusses" gewährt wäre. Es gebe dann nur noch „politikreine Weltanschauung, Kultur, Zivilisation, Wirtschaft, Moral, Recht, Kunst, Unterhaltung usw., aber weder Politik noch Staat"[211].

Die Annahme der Möglichkeit eines derartigen arkadischen Zustandes ist nicht möglich. Wenn es richtig ist, daß der Mensch ein „zoon politikon" ist, dann ist der status naturalis der fundamentale, der politische Status des Menschen, d. h. der status civilis. Daher ist es nicht möglich, den Menschen ohne das Politische zu bestimmen, weil es zum Menschlichen gehört[212]. Eine Möglichkeit der Neutralisierung, d. h. das Fliehen eines Lebensbereichs, weil er zum politischen Streitgebiet geworden ist (*Schmitt 1963, 88f.*), ist letztlich nicht möglich. Auch die Technik ist nicht neutral, weil sie jedem dienen kann, d. h. instrumentalisierbar ist (*Schmitt 1963, 90*). Das Politische kommt mit der Frage nach dem öffentlichen Zusammenleben und seiner guten und richtigen[213] Ordnung zum Ausdruck.

Die Frage nach dem Politischen global zu stellen, wäre hybrid und – mit Geltungsmacht vorgetragen – das Ansinnen, die Weltherrschaft anzustreben. Dadurch aber ist der Ost-West-Gegensatz gekennzeichnet.

Die universelle Natur des Menschen ist politisch, d. h. gemeinschaftsorientiert (was Konflikte in der Gemeinschaft keineswegs harmonistisch ausschließt). Aufgrund der Tatsache, daß die bisherige Menschheitsgeschichte, soweit sie gekannt werden kann, nicht in Gestalt einer Einheit sich entwickelt hat, darf erwartet werden, daß der Ethnopluralismus, d. h. die Vielfalt der Völker auch fortbestehen wird. *Die Menschheit besteht mit anderen Worten nicht aus einer politischen Einheit, sondern in Gestalt menschlicher Individuation, deren bisher größte die Nation darstellt.* Die Nivellierung der Individuationen in der *politischen* civitas maxima (Christian Wolf) ist nach aller bisherigen Erfahrung, wenn sie *realisiert* werden soll, Terror. Sinnvoll ist jedoch die Menschheit als *Einheit des universell Humanen* zu denken, *das nur individuiert besteht: in Menschen und Völkern.*[214]

Ein Völkerbund, d. h. ein Zusammenschluß verschiedener bestehender Völker, eine Liga der Nationen, ist aus dieser Sicht der adäquate politische Ausdruck der humanen Ausgangsbedingungen der Menschheit. Das bestehende politische Pluriversum ist auf seiner höchsten bzw. größten Ebene national getragen, auch wenn imperiale Tendenzen diesem Pluralismus[215] entgegenlaufen. Daß auch die Formen und Ausprägungen des Pluralismus wechseln, wenn man z. B. an die Pentarchie im 19. Jahrhundert oder an die bipolare Welt der Jahre nach 1945 denkt, versteht sich von selbst.

Während es den „patriotisme de l'espèce", den Patriotismus der Gattung Mensch, nicht gibt, gibt es seit dem Oktober 1917 die reale „sowjetstaatliche Macht", die „im Dienst einer universalen Annäherung an die politische Einheit der Welt und des Menschengeschlechts" steht. Selbst Carl Schmitt,[216] der bereits die Epoche der Staatlichkeit zu Ende gehen ließ, muß feststellen, daß der Staat „gar nicht mehr tot, sondern notwendiger und lebendiger denn je" sei (Schmitt 1978, 322) und daß „trotz aller kapitalistischen und internationalistischen Internationalitäten ... sich die bisherigen sozialen Kämpfe innerhalb der einzelnen Staaten getrennt entwickelt" haben (Schmitt 1978, 327).

Im Unterschied zur politischen Konzeption des nationalen Pluriversums gibt es auch eine Konzeption einer *Weltgesellschaft*, die ausdrücklich den Primat des Politischen ablehnt[217]. Die universell gewordenen Interaktionsfelder der Wissenschaft, Technik, Wirtschaft, öffentlichen Kommunikation und des Reiseverkehrs haben die „Weltgesellschaft" Luhmanns konsolidiert. Die Probleme der Weltgesellschaft würden nicht mehr durch das Nadelöhr einer staatlich verstandenen Politik passen. „Heute definieren Wirtschaft, Wissenschaft und Technik die in der Gesellschaft zu lösenden Probleme mitsamt den Bedingungen und Grenzen ihrer Lösungsmöglichkeiten"[218]. Die Aufgabe der Politik wird auf das Verfassen vernünftiger Pläne reduziert[219]. Habermas sieht die neue Identität der Weltgesellschaft nicht ausschließlich prospektiv an Planungsaufgaben ausgerichtet, alles könne nicht zur Disposition stehen[220]. Die komplexe, entstehende Weltgesellschaft bedürfe wert- und normbildender Kommunikationen, die auch zur „kommunikativen Verflüssigung von Tradition" führen kann[221]. Hier scheint aus der „Welt der Unterhaltung"[222] heraus argumentiert werden. Im ersten Teil jedenfalls ist der Verdacht schwerlich von der Hand zu weisen, daß mit der „Weltgesellschaft" Neutralisierungen und Entpolitisierungen aufgebaut werden, mit denen das politische Pluriversum, z. B. der sehr „real existierende Sozialismus", geflohen wird.

Supranationalität

Eine übergreifende Ordnung, so Manfred Zuleeg, lasse sich nicht dadurch errichten, daß die gegenwärtig vorhandenen Nationen in einem europäischen Verband aufgehen. Dazu seien sie „zu fest gefügt". Nur durch einen supranationalen Zusammenschluß lasse sich eine Ordnung herbeiführen, die auf den Nationen aufgebaut sei, aber dennoch über sie hinausreiche (1983, 491).

Dieser Haltung entspricht, was Bundeskanzler Kohl im Juni 1983 zur europäischen Einigung und nationalen Einheit für seine Regierungszeit programmatisch formulierte:

> „Die geschichtliche Leistung unserer Generation wird später daran gemessen werden, ob es uns gelingt, die politische Einigung Europas, die Freiheit der Menschen in der Bundesrepublik Deutschland und den Fortbestand der deutschen Nation zusammenzudenken und in der politischen Wirklichkeit unseres Volkes umzusetzen."[223]

Von Supranationalität ist in den Debatten um die europäische Einigung, die wir hier als Beispiel gewählt haben für die Untersuchung der supranationalen Thematik, immer weniger die Rede. De Gaulles *„Europa der Vaterländer"* scheint eher der Realität zu entsprechen[224], als etwa eine bundesstaatliche oder staatenbündische Supranationalität. Wenn aber der Begriff „Europa" etwas bedeuten soll, so kann damit nicht einfach die

Fortexistenz der europäischen Nationen in ihrer momentanen Gestalt und schon gar nicht die der deutschen gemeint sein. Wie also wirkte sich bisher europäische Supranationalität aus?

Der Nerv der nationalstaatlichen Unabhängigkeit wird immer dann getroffen, wenn die *Souveränitätsfrage* auftaucht. Über die bereits genannten (vgl. o. III.3.B.) diesbezüglichen Einbußen hinaus ist durch die Gründung der Montanunion im Juli 1952 und durch die Entwicklung der europäischen Agrarpolitik ein klarer nationaler Souveränitätsverlust eingetreten. Auf einer sozialen Ebene muß festgehalten werden, daß sich ein einheitlicher europäischer Arbeitsmarkt ohne nationale Grenzen gebildet hat. Aber schon der gemeinsame Markt ist z. B. steuerlich noch ganz national strukturiert. Auch durch das EWS, das europäische Währungssystem, wurde die nationale Position nicht aufgegeben. Die *ausschließliche* Kompetenz, *bestimmte* Sachgebiete autonom national zu gestalten, ist gebrochen[225].

Andererseits haben die großen ökonomischen Erfolge der Gemeinschaft auch zu der Argumentation geführt, daß die weitere Preisgabe nationalstaatlicher und staatsnationaler Souveränitätsrechte[226] gar nicht erforderlich, eine wirklich integrierte Föderation Europas nicht notwendig sei.[227].

Zur Beurteilung der bestehenden europäischen Supranationalität, wenn man denn davon schon sprechen will, gehört auf jeden Fall auf der europäischen Rechtsebene:
1. der Vorrang vor nationalem Recht (Art. 24 GG, Abs. 1)
2. die Durchgriffsfähigkeit des europäischen Rechts; es kann den europäischen Bürger unmittelbar und ohne Vermittlung der nationalen Staatshoheit berechtigend und verpflichtend erreichen[228]. Entsprechend der Gestalt der dargelegten modernen Nationalstaaten kann in der Supranationalität „das Anerkenntnis der Glieder der Gemeinschaft" gesehen werden, „gemeinsame Ziele zu verfolgen"[229].

Andererseits ist es selbstverständlich leicht möglich, die bestehende supranationale Struktur Europas mehr oder weniger polemisch zu kritisieren[230]. Man wird im Sinne der Regierungserklärung Europa und Nation zusammendenken müssen, will man sich nicht dem Vorwurf aussetzen, unrealistische Konzepte auszudenken. Unrealistisch sind auf der anderen Seite Standpunkte eines *nationalen Nihilismus,* dessen *Europaeuphorie* unglaubwürdig ist:

„Es handelt sich also auch im deutschen Falle um ein durchaus ambivalentes Verhältnis zur Supranationalität, ja um einen Verzicht auf nationale Identität, wenn im Blick auf die übergreifenden Tendenzen der internationalen Politik und der Konfrontation der gesellschaftlich-politischen Systeme und ihrer Weltordnung nationalstaatliche Außenpolitik relativiert, der einzelstaatliche Souveränitätsbegriff angefochten wird."[231]

Ähnlich sah 1977 der damalige Bundespräsident Scheel die europäischen Verhältnisse. Die Nationen seien die gewachsenen Elemente Europas. Die Nation sei nicht überholt, wohl aber die uneingeschränkte Souveränität des Nationalstaats. Die Völker in der Gemeinschaft seien sehr lebendig und selbstbewußt. „Und das ist gut so."[232]

Die europäische Supranationalität hat nationale Strukturelemente, deren Vernachlässigung der Supranationalität nicht förderlich wäre. Das gescheiterte EVG-Unternehmen spricht für sich. Europa lebt von seinen Nationen und ihrem unterschiedlichen Gestaltungswillen.

Weltpolitik

Unter Weltpolitik verstehen wir die Ausdehnung der internationalen Politik auf die ganze Welt, d. h. die Globalisierung von Politik. Vor dem 19. Jh. war eine Politik im Weltmaßstab zu betreiben nur für eine imperiale Macht möglich. Die Beziehungen der „einfachen" Länder reichten bestenfalls ökonomisch über einen großen Raum. Wirtschaftsgeschichtlich ist seit dem 16. Jh. eine raumnehmende Expansion eingetreten[233], die am Ende des 20. Jh. zur „Industrienahme"[234] führte. Die Beendigung der raumnehmenden Politik (Dekolonialisierung) führte zu keinem Rückfall in lediglich kontinental und regional gebundene Politik. Schon durch die fortbestehende weltwirtschaftliche Verflechtung war eine derartige Selbstisolation, gerade für die größte kapitalistische Macht, die USA, nicht opportun. Seit der bolschewistischen Herausforderung von 1917 und seit den beiden Weltkriegen ist auch politisch die internationale Welt von Weltherrschaftsansprüchen betroffen, wie sie es zuvor nur vom englischen Weltmachtstreben und der napoleonischen Expansion her „gekannt" hat. Der nach wie vor bestimmende Ost-West-Gegensatz hat zu einer Weltgleichgewichtspolitik geführt, d. h. die beiden Supermächte bilden weltweit ein labiles Magnetfeld, das die Weltpolitik latent oder manifest bestimmt.

Angesichts dieser Machtlage ist die Frage nach den Akteuren der internationalen Politik einmal durch die magnetischen Polmächte bestimmt. Jenseits des Magnetbildes müssen jedoch die „normalen" politische Akteure der Weltpolitik wahrgenommen werden. Die politologische Fachdisziplin der „Internationalen Politik" wie selbstverständlich auch die staatsorientierte Völkerrechtslehre gehen beide von den Nationalstaaten (und Staatsnationen) aus[235].

Internationale politische Vereinigungen wie die EG oder die UNO wird man weniger als Handlungskräfte, denn als entscheidende Foren oder Koordinationspunkte für die staatsnationalen und nationalstaatlichen Akteure ansehen müssen. Die wirtschaftliche Macht der EG und die moralische Kraft der UNO als Forum der Weltöffentlichkeit macht diese Institutionen politisch bedeutsam. Die UNO hat allerdings im Unterschied zu europäischen Plänen die Aufhebung der Souveränität der Nationen nie angestrebt[236]. Es ist weiter besonders herauszustreichen, daß die staatenbildenden Nationen die wichtigsten sanktionsfähigen Ordnungsmächte bzw. Aktionseinheiten sind[237]. Unterhalb dieser Sanktionsebene bleibt dann genügend Raum für all die internationalen Organisationen gesellschaftlicher, ökonomischer, religiöser und politischer Art, die die Staaten manchmal sehr weitgehend bestimmen können. Inwieweit man sagen kann, daß neben Staaten auch, wie Walter L. Bühl meint, Firmen, Kirchen, Untergrundorganisationen, Stiftungen, Familien, Freundeskreise, Einzelpersonen Weltpolitik treiben, ist eine Ermessensfrage (*Bühl* 1978, 107). Im Unterschied zu Staaten ist aber die *transnationale Gesellschaft* als ein System von sachbezogenen Interaktionen in verschiedenen Nationen mit der Fähigkeit zu horizontaler (inter-nationaler) und vertikaler (je inner-nationaler) Interaktion[238] zu definieren. Den horizontalen Aktionsradius haben diese Gesellschaften den Staaten in der Regel voraus. Transnationale Aktionen finden aber auch statt, ohne daß die Beteiligten ihr Land dazu verlassen müssen, der nationale Standort wird beibehalten. So nehmen Binnenindustrien, Gewerkschaften und Bauern am internationalen Handel teil. „Transnationale Aktivitäten" sind dann alle diejenigen Tätigkeiten zu nennen, die nicht auf das Heimatland beschränkt bleiben[239].

Die transnationalen Organisationen tragen zum internationalen Pluralismus bei, sie können zur gegenseitigen Verknüpfung nationaler Interessengruppen in transnationalen

Strukturen führen. Sie schaffen damit internationale Interdependenzen, aber auch Einflußmöglichkeiten[240].

Die Erkenntnis, daß die Nation eine „eigentümliche Zähigkeit als Akteur, als Objekt, als Quelle der Identität, als Glied weiterer, eben ‚inter-nationaler' Allianzen" beweist (*Dahrendorf* 1983, 140), schlägt sich wissenschaftlich erst seit kurzem nieder. Diese späte Einsicht hat auch mit dem Verlust einer deutschen nationalgestützten Weltgeltung zu tun, mit dem auch ein Verlust an weltpolitischer Perspektive einherging, die gerade für die nationale Frage komparativ sehr angebracht wäre (vgl. *Schulin* 1974, 23f.). Das Forschungsdefizit in Sachen Weltpolitik, das es im Bereich „Weltwirtschaft" nicht gibt, wird sozialwissenschaftlich z. Zt. aufgearbeitet. Der Nationalismusforscher Karl W. Deutsch leitet eine Weltmodellstudie, „Globus", die die Welt in Nationen und nicht in Regionen einteilt:

> „Dies scheint sinnvoller, da die Nationen untereinander politische und ökonomische Beziehungen aufweisen. Das Ziel ist es, 25 der wichtigsten Länder der Erde als Handlungseinheiten zu erfassen und ihre Interaktionen darzustellen"[241].

Das weltpolitische *Pluriversum* der Nationen *ist kein System der Gleichrangigkeit*. Die völkerrechtliche Gleichstellung der Staaten kann nicht die Unterschiede übersehen machen, die zwischen der Union der sozialistischen Sowjetrepubliken und Belize bestehen. Der Nord-Süd-Konflikt, die Zentrum-Peripherie-Thematik, der weltpolitische Stadt-Land-Unterschied drückt den Sachverhalt aus. Weltpolitisch besteht auch, trotz des bestimmenden Ost-West-Konflikts, der auch in der südlichen Erdhalbkugel ausgetragen wird, ein polyzentrisches Staatensystem, zu dem die USA, die UdSSR, die VR China, Japan und einige europäische Staaten gezählt werden können.

Aus Interdependenzen im nationalen Pluriversum entwickelten sich hegemoniale Bündnisse, die nicht die Pluralität der Nationen, sondern die Einheit z. B. der „sozialistischen Staatengemeinschaft" zur Bündnisgrundlage haben.[242] Diesem Bündnis ist ein ideologisches Weltherrschaftsstreben eigen, das den „Sozialismus im Weltmaßstab" verwirklichen soll. Diese Ideologie wird westlicherseits, weil sie Ideologie ist, nicht (mehr) richtig ernst genommen[243], d. h. man unterstellt eine machtpragmatische Prinzipienlosigkeit, die an der Oberfläche ausfindig zu machen sicher nicht schwerfällt. Das Weltherrschaftsdenken läßt sich in vielen Bereichen zeigen. Es genügt hier an die Strategie der *„friedlichen Koexistenz"* in sowjetischer Sicht zu erinnern, die die „sozialistische Hilfe" sogar für Staaten der Dritten Welt nicht ausschließt. Die

> „friedliche Koexistenz bedeutet absolut nicht, daß die Konfrontation beider gesellschaftlicher Weltsysteme aufhört. Der Kampf zwischen dem Proletariat und der Bourgeoisie, zwischen Weltsozialismus und dem Imperialismus wird bis zum vollen Sieg des Kommunismus im Weltmaßstab fortgesetzt."[244].

Daß damit das nationale Pluriversum auf „friedlichem" Wege nach und nach beseitigt wird und — vergleichbar mit einem zentralistischen Nationalstaat — eine *weltzentralistische* Position angestrebt wird, läßt sich gewissermaßen innersowjetisch, in einem soz. weltexemplarischen „Anfangsstadium" erkennen.

Das Sowjetvolk/Sovetskij narod

Für Marx war durch die kapitalistische Entwicklung die Aufhebung der nationalstaatlichen Gliederung der Welt abzusehen. Die Ausbreitung der kapitalistischen Marktbeziehungen müsse die einheitliche Weltgesellschaft zur Folge haben.²⁴⁵

Bei Lenin heißt es dann, daß die „Verschmelzung der Nationen" unvermeidlich sei. „Das Ziel des Sozialismus ist nicht nur Aufhebung der Kleinstaaterei und jeder Absonderung von Nationen, sondern auch ihre Verschmelzung". Darin weiß sich Lenin mit dem Kapitalismus einig:

> „Es bleibt jene welthistorische Tendenz des Kapitalismus zur Niederreißung der nationalen Schranken, zur Verwischung der nationalen Unterschiede, zur Assimilation der Nationen, die mit jedem Jahrzehnt immer mächtiger hervortritt und eine der größten Triebkräfte darstellt, die den Kapitalismus in Sozialismus verwandeln."²⁴⁶

Die Leninsche *Verschmelzungstheorie* ist seit 1977 Bestandteil der Verfassung des sowjetischen Vielvölkerstaates. Im Verfassungstext heißt es:

> „In der UdSSR wurde die entwickelte sozialistische Gesellschaft aufgebaut. In dieser Etappe, in der sich der Sozialismus auf seiner eigenen Grundlage entwickelt, kommen die schöpferischen Kräfte der neuen Ordnung und die Vorzüge der sozialistischen Lebensweise immer umfassender zur Geltung, genießen die Werktätigen in zunehmendem Maße die Früchte der großen revolutionären Errungenschaften ...
> Das ist eine Gesellschaft reifer, sozialistischer gesellschaftlicher Beziehungen, in der auf der Grundlage der Annäherung aller Klassen und sozialen Schichten, der juristischen und tatsächlichen Gleichheit aller Nationen und Völkerschaften und deren brüderlicher Zusammenarbeit eine neue historische Gemeinschaft von Menschen – das Sowjetvolk – entstanden ist. Das ist eine Gesellschaft hoher Organisiertheit, ideologischer Prinzipienfestigkeit und Bewußtheit der Werktätigen, die Patrioten und Internationalisten sind."²⁴⁷

Daß diese neue ideologische Menschengemeinschaft nur über eine Politik der *Russifizierung* zusammengeschmolzen werden kann, läßt sich an folgenden Indizien realgeschichtlich ablesen, die aber nur einen Teil dieser Strategie darstellen: 1. die führende Rolle der KPdSU, 2. die Internationalisierungsstrategie, die bereits eine von Russen im wesentlichen verursachte „Multinationalität der Bevölkerung aller Unions- und autonomen Republiken, autonomen Gebiete und Kreise" bewirkt hat, 3. das legitimatorische Herausheben des „großen russischen Volkes" und seines Fleißes, seiner Selbstaufopferung und seines tiefen Internationalismus in Geschichte und Gegenwart. 4. die Rolle der russischen Sprache als „die Sprache der Freundschaft und der Zusammenarbeit der Völker der UdSSR", 5. die Förderung von Mischehen, 6. der Kampf gegen sog. archaische Vorurteile, Riten, Religionen, 7. die Durchdringung der nationalen Sprachen durch das Erlernen des Russischen bereits in den Kindergärten²⁴⁸.

Uns interessiert, daß mit der Entwicklung des „Sowjetvolkes" ein exemplarischer Prozeß eingeleitet wurde, der im Weltmaßstab gesehen und gemessen werden muß. Bei einer der (vielen interessanten, keineswegs nur dogmatisch geführten) sowjetischen Diskussionen zur nationalen Frage im allgemeinen und zum Sowjetvolk im besonderen erklärte ein Teilnehmer, daß das Sowjetvolk das „Avantgardevolk" bei der Lösung der wichtigsten Probleme der nationalen Beziehungen „auf dem Planeten" spiele. Es verkörpere den stufenweisen Übergang von der zwischennationalen Gemeinschaft, „eine Bewegung von der nationalen Menschheit zur nationslosen Menschheit", die sich unter den Bedingungen des Kommunismus auf unserem Planeten festigen werde. (*Lewytzky* 1983, 29ff.) *Das nationale Pluriversum wird hier offen zur Vernichtung, „Einschmelzung" freigegeben;* von einer Überwindung der Nationen zu sprechen wäre eine unzulässige Simplifizierung. Unter moralischem Aspekt verbietet es sich, ein derartiges

Ansinnen zu verharmlosen. Auch hier wird die oben gestellte Frage nach dem Imperialismus aktuell. Weltpolitisch gesehen und vor allem unter nationstheoretischem Aspekt darf diese innersowjetische Entwicklung nicht übersehen werden.[249]

Die weltpolitisch bedeutsame Herausforderung der Konzeption einer neuen Menschengemeinschaft ist (neben den praktischen Auswirkungen für die unterworfenen Nationen, Völker und Völkerschaften) auf der theoretischen Ebene zu untersuchen. Hier bietet sich die *Befragung universal-geschichtlicher Konzeptionen* an.

Zunächst ist zu konstatieren, daß dem Nationalismus heute bescheinigt wird, daß er ein universalhistorisches Phänomen geworden ist (*Bendix* 1981, 120 u. 133; *Schieder*, in: *Winkler* 1978, 119 u. 135; *Ziegler* 1931, 260; *Mommsen*, in: *Winkler* 1978, 85).

Westliches universalhistorisches Denken ist dadurch gekennzeichnet, daß es, jedenfalls nach 1945, eine apolitische, übernational-zivilisatorische Betrachtungsweise wählt. Ein einheitliches Gesamtbild oder ein charakterisierendes Prinzip ist nicht zu erkennen.[250]

Das gegenwärtige sowjetische universal- oder weltgeschichtliche Denken geht demgegenüber von der Geschichte aller Nationen aus. Die sowjetische Universalgeschichte ist in Nationen eingeteilt. Jede einzelne Nationalgeschichte wird einerseits zu erfassen gesucht, andererseits in den Rahmen von gesellschaftlichen Formationsfolgen gepreßt. Aber immerhin gilt: „Weltgeschichte ist Geschichte aller Völker." Sie könne nicht auf irgendwelche oft genug willkürlich ausgewählten Menschen oder kulturhistorischen Teilgebiete oder Zivilisationen beschränkt werden (*Zukov* 1974, 107f.). *Eine politische Weltgeschichtsschreibung wird hinter diese, ausgerechnet von einer internationalistischen Historiographie her sich speisenden Position nicht zurückfallen wollen.* Entsprechend wird von einer vergleichenden weltgeschichtlichen Forschung zu erwarten sein, daß sie nach universalen Strukturen fragt und eine geschichts- und realitätsangemessene, weltpolitische und weltgeschichtliche Zusammenschau bietet. Demgegenüber steht die mehr regionale geschichtswissenschaftsorientierte Zusammenschau von jeweiligen Geschichtsperioden auf vorwiegend deskriptiver Grundlage (*Schulin* 1974, 42).

Die Neigung von Europäern, „nur europäische Fragen als weltweit entscheidend zu betrachten"[251], wird bei einer vergleichenden Weltgeschichte nicht zu gewärtigen sein.

Wenn schon welthistoriographisch eine Möglichkeit besteht, die Nationen mit all ihren Implikationen und außenpolitischen Beziehungen im weitesten Sinne darzustellen, kann die ideologie- und machtpolitische Beendigung dieses Prozesses durch Einschmelzung der Nationen — wissenschaftlich zumindest — nicht als weltgeschichtlich stringent und logisch angesehen werden. Desgleichen wird angesichts der nationalen Vielfalt der Welt das Streben, „eine Welt" zu erreichen, sehr rechtfertigungsbedürftig.

Die konfliktreiche Geschichte der Nationen als Grund zu nehmen, um Nationen auflösen, überwinden usw. zu wollen, ist deshalb gefährlich, weil es den Eindruck erweckt, als ob dieses Bestreben human möglich wäre. Dabei ist unbestritten, daß diesem One-World-Denken oft eine humanitäre Intention als Kernanliegen zugrunde liegt:

„Wir müssen und können heute zum ersten Male uns nicht utopische, sondern ganz konkrete Gedanken machen, wie die Zukunft einer Menschheit nach unseren Idealen aussehen müßte. Und das müßte unser Ideal, unser Zielpunkt sein, auf diesen Zielpunkt einer befreiten, in demokratischer Freiheit vereinigten Menschheit müßte unser Denken und Wollen und vor allem unser Handeln eingestellt sein. Damit wird die demokratische Begründung der politischen Menschheitseinheit, der civitas maxima, zu einer mittelbaren Menschenpflicht, da die Freiheit aller Menschen, wenn einmal erreicht, sich auf keine andere Weise sichern läßt."[252]

Die ästhetischen Argumente gegen eine weltzivilisatorische Uniformität sind plausibel²⁵³, wichtiger ist die politische Einsicht in die Folgen einer Eine-Welt-Politik, die die individuierten politischen Vergemeinschaftungsformen zerstört.

Zusammenfassend kann das „nationale Pluriversum" in einer *Universalitätsthese* zugespitzt werden: unterhalb der menschheitlichen, gattungsgeschichtlichen Ebene sind die Nationen die universell verbreitete, identitär größtmögliche politische Gruppe, die an menschheitlichen, übernationalen, d. h. verallgemeinerbaren Zwecken mitarbeiten kann.²⁵⁴

Auf diese Möglichkeit hin richten sich realistischerweise die internationalen Zusammenschlüsse und Institutionen, die Kooperationen und Koordinationen erreichen können. Weltpolitik ist damit friedenspolitisch zu denken möglich. Zur Erkenntnis und Anerkenntnis dieser Weltpolitik ist aber noch ein weiterer internationaler realer Sachverhalt zu sehen, der in der Konkurrenzlage der Nationen zueinander besteht und aus dem heraus erneut die Notwendigkeit von Koordination und Kooperation begründbar ist.

Anmerkungen

208 „Es entsprach den österreichischen Erfahrungen, daß diejenigen, die in thesi die reinsten Internationalisten waren, in praxi die schlimmsten Nationalisten wurden." H. *Mommsen:* Sozialistische Arbeiterbewegung und nationale Frage, in: H. A. *Winkler* 1978, 91
209 E. R. *Huber* 1965, S. 277. Die Mißachtung dieses Prinzips führte zur Erosion der Nationalstaatlichkeit in Europa nach zwei Weltkriegen.
210 *Schmitt:* Der Begriff des Politischen, Hamburg ³1933, 37
211 In der Ausgabe von 1963, Berlin, S. 54, vgl. ebd., S. 120
212 L. *Strauss:* Anmerkungen zu Carl Schmitt, Der Begriff des Politischen (1932), in ders.: Hobbes' Politische Philosophie, Neuwied 1965 (= Politica 21), S. 171. Vgl. Kap. „Praktische Philosophie und Nation"
213 *Strauss,* a.a.O., S. 178
214 Vom „bonum cummune generis humani" spricht noch unter universalistischen Ausgangsbedingungen Francisco Suárez, nach A. *Verdross*/B. *Simma:* Universelles Völkerrecht, Berlin ²1981, S. 33. Suárez gliedert die politische und moralische Menschheit in Völker und Reiche, die Glieder des Universums seien.
215 Von einem „Plural der Völker", der in der Geschichte anzutreffen sei, spricht H. *Freyer* ²1956, S. 248
216 C. *Schmitt:* Die legale Weltrevolution. Politischer Mehrwert als Prämie auf juristische Legalität und Superlegalität, in: Der Staat, 17/3-1978/327
217 N. *Luhmann:* Weltgesellschaft (1971), in ders.: Soziologische Aufklärung 2, Opladen 1975, S. 57, vgl. auch die Rez. v. F. *Scholz:* Freiheit als Indifferenz. Alteurop. Probleme mit der Systemtheorie Niklas Luhmanns, Frankfurt/M. 1982 durch W. *Lipp,* in: KZSS 35/2-1983/367-370
218 *Luhmann,* S. 58
219 Ebd., vgl. auch folgende Äußerung: „Weltweite Interaktion ist möglich, wenn und so weit Partner unter allen Menschen gewählt werden können, sofern dies nach dem Sinn der Interaktion wünschenswert ist, ohne daß Gesellschaftsgrenzen dies verhindern. Ein Argentinier mag eine Abessinerin heiraten, wenn er sie liebt; ein Seeländer in Neuseeland Kredit aufnehmen, wenn dies wirtschaftlich rational ist, ein Russe technischen Konstruktionen vertrauen, die in Japan erprobt worden sind; ein französischer Schriftsteller in Ägypten homosexuelle Beziehungen suchen; ein Berliner sich auf den Bahamas bräunen, wenn ihm dies ein Gefühl der Erholung vermittelt. Was läßt sich in solchen Hinsichten faktisch als Weltzustand beobachten?", S. 53
220 J. *Habermas:* Können komplexe Gesellschaften eine vernünftige Identität ausbilden: (1974), in ders.: Zur Rekonstruktion des historischen Materialismus, Frankfurt 1976, S. 92ff.; hier S. 118ff.
221 ebd., S. 121
222 L. *Strauss,* a.a.O., S. 176

223 „Zur Lage der Nation im geteilten Deutschland", Bonn 1983, S. 38f.
224. So spricht K.-U. v. *Hassel* vom Europäischen Parlament als vom „Sprachrohr der Völker und Bürger", in: Das Parlament 33/23-33; 13.-20.8.1983/S. 1; W. *Conze* 1964/15 und K. D. *Erdmann* 1956, 7f. und 13f.
225 F. *Ermarcora:* Allgemeine Staatslehre, 2. Bd., Berlin 1970, S. 1196; M. *Zuleeg:* Von den Grenzen nationaler Souveränität und der Begrenzung europäischer Macht. Das EG-Paradebeispiel für eine supranationale Organisation, in: Das Parlament, August 1983, a.a.O., S. 6. Kitt der Integration u. der Zusammenarbeit sei das Interesse der Mitgliedstaaten am Fortbestehen der EG, heißt es nüchtern bei Zuleeg.
226 vgl. G. *Ress* (Hrsg.): Souveränitätsverständnis in europäischen Gemeinschaften, Baden-Baden 1980
227 Dazu W. *Wassmund:* Grundzüge der Weltpolitik. Daten und Tendenzen von 1945 bis zur Gegenwart, München 1982, S. 143
228 H. P. *Ipsen:* Über Supranationalität, in: Fs. f. U. *Scheuner* zum 70. Geburtstag, hrsg. v. H. *Ehmke* u. a., Berlin 1973, S. 221-225, hier S. 223f.
229 Ebd., S. 216. In diesem Sinn kann die Montanunion und die europ. Atomgemeinschaft, *Euratom,* verstanden werden.
230 H. *Hotze:* Skandal Europa. 25 Jahre Europäische Gemeinschaft oder: Wie sich eine Idee zu Tode subventioniert, München 1982; F. *Rosenstiel:* Supranationalität: Eine Politik des Unpolitischen, Köln 1964, S. 165 heißt es: „Über die europäischen Gemeinschaften gibt es zahlreiche Untersuchungen. Sie alle analysieren, zergliedern, vergleichen, messen und dosieren. Auf der letzten Seite lassen sie aber den Leser mit einem Prinzip der ‚Supranationalität' allein ..." Und auf S. 32 ist ebenfalls nicht unrichtig: „Die Beziehung zwischen den Exekutivorganen der Gemeinschaften und den die nationalen Souveränitäten vertretenden Räten oder Kollegien bezeugen auf die Dauer Verhaltensweisen und ‚Gegenverhaltensweisen', die diese Organisationen mit einer entgegengesetzten Bestimmung in einer Art von Dialog erstarren lassen, der von Konformismus und Statik geprägt ist."
231 K. D. *Bracher:* Stets existenziell betroffen. Die Teilung – das besondere Problem der Deutschen in der EG, in: Das Parlament Nr. 12 v. 26.3.83, S. 3
232 Die Welt vom 26.3.77
233 F.-W. *Henning:* Das vorindustrielle Deutschland 800 bis 1800, Paderborn ³1977, S. 185ff. (Vgl. auch die Arbeiten I. *Wallersteins,* dazu die Kritik bei R. *Bendix:* Rationalismus und Historismus in den Sozialwissenschaften, in ders. 1982, 24ff.)
234 C. *Schmitt,* 1978. a.a.O., vgl. ders.: Der Nomos der Erde, Berlin 1950 und: Die Einheit der Welt, in: Merkur v. Januar 1952
235 R. *Meyers:* Weltpolitik in Grundbegriffen, Bd. I: Ein lehr- und ideengeschichtlicher Grundriß, Düsseldorf 1979, S. 216ff.; K. *Kaiser:* Theorie der internationalen Politik, in: K. D. *Bracher/* E. *Fraenkel* (Hrsg.): Internationale Beziehungen, Frankfurt 1969, S. 275; J. S. *Nye* jr./R. D. *Keohane:* Transnationale Beziehungen und Weltpolitik, in: H. *Haftendorn* (Hrsg. u. a.): Theorie der internationalen Politik, Hamburg 1975, S. 83; W. *Boeck:* Internationale Beziehungen, Freiburg/Würzburg 1981 (5. A.), S. 12
236 *Wassmund,* a.a.O., S. 123
237 K. M. *Schellhorn:* Der Staat, die wichtigste Aktionseinheit in der internationalen Politik, in: G.-K. *Kindermann* (Hrsg.): Grundelemente der Weltpolitik, München 1977, S. 101
238 *Bühl,* a.a.O., S. 113. Bühl bestreitet nicht, daß die Staaten „und ihre Verbände ... die Hauptakteure der internationalen Politik sind", ebd., S. 128
239 *Nye,* a.a.O., S. 74. „Die transnationalen Beziehungen sind nichts Neues, aber die Zunahme transnationaler Organisationen im 20. Jahrhundert ist spektakulär", S. 83, ähnlich H. *Haftendorn,* S. 13
240 In der Bundesrepublik ist dieser Aspekt besonders für den Osthandel zutreffend.
241 Aus: Wissenschaftszentrum Berlin, Jahresbericht 1981, S. 53
242 G.-K. *Kindermann:* Zur Methode und Analyse zwischenstaatlicher Politik, in ders.: Grundelemente, a.a.O., S. 49f. und S. 65
243 Mit der westlichen Illusion vom „Ende der Ideologien" ist die oberflächliche Beurteilung von Hitlers „Mein Kampf" vor 1933 vergleichbar.
244 F. *Ryshenko:* Friedliche Koexistenz und Klassenkampf, in: Prawda von Ende August 1973, zitiert nach M. S. *Voslenskij:* Das Prinzip der friedlichen Koexistenz, in: H. *Haftendorn,* a.a. O., S. 188; vgl. auch B. *Willms:* Politische Koexistenz. Zur Theorie des Ost-West-Konflikts, Paderborn 1982
245 H. *Mommsen:* Sozialistische Arbeiterbewegung, in: H. A. *Winkler* 1978, 87ff.
246 Lenin-Werke (LW) – 22, S. 148, und LW – 20, S. 460 und 13

247 Nach B. *Lewytzkyi:* Sovetskij narod — Das Sowjetvolk. Nationalitätenpolitik als Instrument des Sowjetimperialismus, Hamburg 1983, S. 27. Darin wird auch auf zwei Diskussionen eingegangen, die (1979 u. 1980) unter der Leitung von J. V. *Bromlej* (vgl. Kap. „Ethnizität") und P. N. *Fedoseev* (Vizepräsident der Ak. d. Wiss. d. UdSSR) standen. Fedoseev „leitete" auch das „Autorenkollektiv", das den Band verfaßte: Der Leninismus und die nationale Frage in der Gegenwart, Moskau 1974 (dt.), darin zum „Sowjetvolk" S. 476ff.
248 Vgl. dazu auch die weiteren Literaturangaben bei Lewytzkyi und seine eigene, sehr zitatenreiche Arbeit, S. 166, 31, 67, 83, 88f., 128
249 *Bühl* vergleicht, vor der Entwicklung zum „Sowjetvolk", die amerikanische und sowjetische weltgesellschaftliche Tendenz: „Es mag zwar das Leitbild der Vereinigten Staaten wie der Sowjetunion sein, nach innen eine homogene, nicht durch gravierende Klassendifferenzen gespaltene Gesellschaft und nach außen eine einheitliche, alle nationalen Eigenheiten übergreifende Weltgesellschaft aufzubauen. Beide Kulturen sind im Grunde „materialistische" Kulturen: die materielle und industrielle Basis wird zugleich als die Grundlage aller Vergesellschaftung angesehen. Ob diese Entwicklung nun durch Ausdehnung einer liberalen Marktgesellschaft oder durch die von den Kommunisten angestrebte Weltrevolution bewirkt werden soll, ist dabei nicht so entscheidend. Gefährlich ist das Leitbild der Weltgesellschaft, verstanden als unmittelbares Entwicklungsziel, aber auf jeden Fall: Im Extremfall dient es dazu, die Liquidation ganzer Schichten und die Deportation und Denationalisierung von gewachsenen Nationalitäten, die diesem Ziel im Wege stehen, als „notwendiges Opfer" zu rechtfertigen; im andern Fall werden die auftretenden ungleichen Ausbeutungs- und Herrschaftsverhältnisse als unvermeidliche Folge der zwar anerkannten, aber als Störumg empfundenen nationalen Eigenheiten erklärt. Kennzeichnend für beide Vorstellungen ist es, daß sie nicht etwa in einer tatsächlichen Öffnung zur Weltgesellschaft, sondern in einer selbstgewählten Isolierung entstanden sind. Beide sind bestimmt vom puritanischen oder vom orthodox-messianistischen Rückzug vom heterogenen, von Widersprüchen geschüttelten und „verfaulenden" alten Europa.", W. *Bühl* 1970, 162
250 E. *Schulin* 1974 (Einleitung), S. 23f. Richtung und Sinn der Menschheitsgeschichte zu kennen behaupten, ist etwas anderes, als mit bestimmten Erkenntnisinteressen Universalgeschichte zu betreiben.
251 G.*Barraclough:* Vom europäischen Mächtegleichgewicht zum Zeitalter der Weltpolitik (^{2}1971), in: *Schulin:* a.a.O., S. 359. Barraclough zeigt die eurozentrische Schwäche auf, Weltpolitik jenseits von Europa nicht wahrzunehmen, was auch an der Überreaktion auf die Entwicklung des zweiten deutschen Reiches (bes. im 20. Jh.) abzulesen sei.
252 A. *Rüstow:* Rede und Antwort, Ludwigshafen 1963, S. 309
253 C. J. *Hayes:* Nationalismus, Leipzig 1929 (Übs.), S. 229, wo es heißt: „Ich würde kein Vergnügen daran finden zu sehen, wie jede Äußerung der Zivilisation, an die ich daheim gewöhnt bin, in jeder Stadt in Frankreich, Holland, Rußland, in der Türkei, in Indien, Abessinien und Japan photographisch reproduziert wird. Ich habe keinerlei Vorliebe für eine absolute Uniformität ... Wenn die industrielle Revolution überall den Sinn für heimatliche Eigenart vernichtet und die gleiche Art Stein- und Eisenbau in Asien und Afrika wie in Europa und Amerika errichtet, wenn die Gaststätten in der ganzen Welt in gleicher Weise dieselbe Art Mittagessen ... auftischen, wenn die Menschen überall in der Welt sich gleich häßlich kleiden, so ist es mehr denn je und gerade heute ein Trost, daß die Nationalität noch immer erfreulicherweise und in gesunden Formen die Aufgabe auf sich nimmt und auch leistet, wenigstens kleinere Unterschiede in der Zivilisation und Kultur zu betonen."
Am anderen Ende steht die Auflösung der Welt und ihrer Individuationen durch ihre Individualisierung, vgl. dazu die philos. Kritik bei H. O. *Ziegler*, a.a.O., S. 154 u. ö.
254 Vgl. dazu H. *Heller:* Sozialismus und Nation, Berlin 1931, S. 101; B. *Willms:* Polit. Koexistenz, a.a.O., S. 45

7. Die Konkurrenzlage der Nationen

Die innenpolitische Konkurrenzlage der Parteien in einer pluralistischen Gesellschaft ist ein Strukturbestandteil der Demokratie. Das nationale Pluriversum der heutigen Welt kann ähnlich als ein Beziehungssystem vielfältiger Art angesehen werden, in dem die unterschiedlichen nationalen „Teilnehmer" zueinander in einem Verhältnis der Konkurrenz stehen können.

Einige Beispiele

Im Nationalitätenstaat kam es, wie vor 1914 in den großen Reichen der Russen und Habsburger, zu *Nationalitätenkonflikten,* die aus politischen, kulturellen, ethnischen, wirtschaftlichen und sozialen Rivalitäten und Konkurrenzkämpfen der Nationalitäten und Nationen hervorgingen. Die Konkurrenz der Nationen hatte im 19. Jahrhundert vor allem mit der Gewinnung eines Raumes für wirtschaftliches Wachstum zu tun. Die bestehende weltwirtschaftliche Verflechtung ist nicht zuletzt Ergebnis dieses ökonomischen Expansionismus. Heute ist der Konkurrenzkampf um Absatzmärkte zwar weniger aggressiv, weil der ausländische Markt nicht mehr kolonialistisch erobert wird. Dennoch bestehen auch jenseits des ökonomischen internationalen Konkurrenzkampfes Möglichkeiten, die eigene Konkurrenzlage zu verbessern. So verkündeten beispielsweise die USA im März 1983 eine Wirtschaftszone von 200 Meilen vor ihren kontintentalen und insularen Küsten.

Eine nicht aufhebbare Konkurrenzlage besteht, wie z. B. für die Deutschen, in einer *geopolitischen Lage,* in der der eigene Raum ständig geschützt werden muß. Ganz Westeuropa ist Objekt konkurrierender Großmachtinteressen. Die Supermächte suchen in diesem geostrategisch und wirtschaftlich wichtigen Raum ihren Einfluß zu vergrößern.

Die *ideologische Konkurrenz* der Supermächte, wir kommen unten darauf zu sprechen, wird weltweit ausgetragen, aber an der deutschen Nation sozusagen „exemplarisch" demonstriert.

Der *Machtkonkurrenzkampf* der nuklearen Supermächte wird weit abgehoben von den sonstigen Nationen der Erde ausgetragen. Der Vorrang dieser Mächte besteht insbesondere auf militärischem Gebiet. Die Konkurrenz zweier Mächte muß jedoch nicht darauf „programmiert" sein, zum Sieg des einen über den anderen zu führen:

„Als Deutschland im Jahre 1898 sein neues Flottenprogramm beschloß, glaubte die Mehrheit auf beiden Seiten, es gehe jetzt um die Frage, nach welcher Seite das Zünglein der Waage sich neigen würde, ob zugunsten des deutschen oder des englischen Imperiums. Tatsächlich sollte keiner von beiden die Führung übernehmen."[255]

Die Machtkonkurrenz der Nationalstaaten und Staatsnationen wurde so weit getrieben, daß das gesamte innenpolitische Leben unter dieses außenpolitische Diktat gestellt wurde. Die Pluralität im Innern war mit der äußeren Konzentration nicht vereinbar. Daß durch den Kampf der konkurrierenden Nationalstaaten um die Macht der neuzeitlich-abendländische Kapitalismus seine größten Entfaltungschancen erhielt, weil die nationalstaatlichen Unternehmungen einen großen Kapitalbedarf erzeugten, hat Max Weber bereits konstatiert.[256]

Die Machtkonkurrenz steht immer unter der Gefahr, aus einem *Streben nach Gleichgewicht* ein solches nach *Übergewicht* werden zu lassen, d. h. „die Rivalität der imperialen Nationen im Ringen um Weltmärkte, um politische Weltgeltung, um eine kulturelle Weltaufgabe" hatte im 19. Jh. eine eindeutig hegemoniale Tendenz[257]. Aus der Konkurrenzlage war ein *Konkurrenzkonflikt* geworden.

Konkurrenz, nationaler Wandel oder Konter-Nationalismus

Die äußere Konkurrenzlage kann aber auch dazu führen, daß es zu einer innenpolitischen Anpassungsleistung der Nation kommt. Eine außenpolitische Herausforderung wird national produktiv aufgearbeitet. Mit „nationalem Wandel" vermag diese innovationsfähige Nation die Konkurrenzlage zu „parieren". In geteilten Nationen besteht sogar eine Wandlungskonkurrenz ihrer Teile bezüglich der wandlungsbezogenen Verarbeitungsfähigkeit. „Empirisch" untersucht läßt sich feststellen, daß von allen möglichen Organisationsmustern die ethnischen und nationalen Verbindungen die größte Stärke und Elastizität mit der höchsten Anpassungsfähigkeit an eine kompetitive Welt kombinieren (*Deutsch* 1972, 38f., 47).

Wie bei jedem nationalen Wandlungsvorgang gibt es zwei Möglichkeiten, auf die Konkurrenzlage zu reagieren: eine eher internationalen Formen entsprechende Anpassung und eine eher nationsspezifische Übersetzung und Lösung der Herausforderung.

Eine dritte „Lösung" besteht im Konter-Nationalismus: im „Namen" der Nation wird die Herausforderung als „Überfremdung" zurückgewiesen und die überkommene Ordnung als Alternative unangetastet angeboten. Die Drapierung der Macht mit nationaler Begrifflichkeit verschleiert eine Politik, die der Machtsteigerung dient, die Bürger zu entpolitisieren sucht, Herrschaftsverhältnisse hierarchisch gestalten möchte, den inneren Pluralismus aufzulösen gedenkt und innere Konflikte nach außen abzulenken versucht.[258]

Die Flucht in konter-nationalistische oder pseudonationalistische Positionen ist auf die Dauer nicht durchzuhalten. Dem irreversiblen Demokratisierungsprozeß erlagen z. B. das Franco- und Salazar-Regime; die südamerikanischen Militärdiktaturen haben dauernd mit der demokratischen Opposition zu kämpfen.

Konkurrenztheorem

Die Konkurrenzlage der Nationen ist begrifflich weder als „natürlich" noch als „unnatürlich" richtig beschrieben. Auch folgt aus der Konkurrenzlage der Nationen kein harmonisches Miteinander der Nationen, wie der Liberalismus des 19. Jhs. glaubte machte. Unter dem *Konkurrenztheorem* wird die Situation eines dynamischen Nebeneinanders der Nationen verstanden, die aus dem Pluriversum der historischen und gegenwärtigen Welt ableitbar ist. Diese weltgeschichtliche Realität (*Freyer* 1956, 253ff.) muß daher als „normale" Lage erkannt werden.

Aus dieser Erkenntnis sind daher einige nationale Verhaltensweisen auf internationaler Ebene erklärbar:

1. Anstelle einer harmonischen Völkerfreundschaft ist, überspitzt formuliert, ein *Anarchismus* ungebundener klassischer Nationalstaaten geschichtlich festzustellen. Seine internationale Moderierung in einem internationalen oder regional-kontinentalen System von Beziehungen kann nicht darüber hinwegtäuschen, daß grundsätzlich mit dem *Egoismus* der Nationen zu rechnen ist. Wird dieser noch sozialdarwinistisch mit den „survival of the fittest" kurzgeschlossen, als „Kampf ums Dasein" pseudoheroisiert, so wird aus dem Egoismus das diskriminierende Recht des Stärkeren. Dem nationalen Egoismus ist nur das eigene Interesse wichtig, der eigene Fortschritt, der eigene Nutzen, die eigene Sicherheit.

   Der nationale Egoismus wird durch die *Regelung des völkerrechtlichen Nebeneinanders* begrenzt.

2. Im *Ökonomischen* drohen aus der Konkurrenz bzw. aus dem nationalen Interesse heraus, im ökonomischen Leistungskampf zu bestehen, immer wieder protektionistische, isolationistische und neomerkantilistische Maßnahmen der Staaten sich zu entwickeln.

   Auch hier sind *internationale Vereinbarungen* getroffen, die den Handel zwischen den Nationen garantieren sollen.

3. In vielen weiteren, aber auch im politischen und ökonomischen Bereich, sind *internationale Asymmetrien* festzustellen, die einmal aus den unterschiedlichen nationalen Verhältnissen herrühren. Sie sind nicht rechtfertigungs- oder kritikbedürftig. Kleine Staaten sind im Vergleich zu großen Staaten stärker benachteiligt, die Ungleichgewichtigkeit der Nationen verzerrt aber die Konkurrenzlage der Nationen zueinander. Wenn internationale Beziehungen bestehen, gerade auch ökonomischer Art, so ist der Benachteiligte nicht mehr nur sich selbst zu überlassen, genausowenig wie dieser dann nur nach seinem Gutdünken zu handeln vermag.

   Eine *internationale Hilfe*, auch Entwicklungshilfe genannt, kann, wenn der nationale Egoismus in den internationalen Beziehungen – moralisch – verurteilbar ist, aus der Konkurrenzlage abgeleitet werden. Bei dieser nicht uneigennützigen Hilfe besteht die Gefahr, Stärke in eine Monopolstellung umzuwandeln und aus dem Leistungskampf einen Machtkampf werden zu lassen. Zur „normalen" Konkurrenzlage gehört, daß aus kollektiven, nationalen Benachteiligungen militante Reaktionen theoretisch legitimiert und praktisch möglich wären.

Grundvoraussetzung für eine Regelung der Konkurrenz der Nationen ist die *gegenseitige Anerkennung der Gleichheit der Nationen und der Respektierung der nationalen Interessenlage*. Der *Aufgabe der Koordination und Kooperation* im nationalen Pluriversum widmen sich internationale politische Organisationen wie die UNO. Die völkerrechtliche Regelung des *Nebeneinanders* genügt in einem kosmopolitisch-optimistischen Weltbild nicht, das auf ein nationales *Miteinander* ausgerichtet ist. Entsprechend der möglichen Gegensätze der Nationen bedeutet jedoch die tatsächliche Verhinderung eines Gegeneinanders einen Erfolg. Bei den EG-Agrarverhandlungen wird ersichtlich, daß ein europäisch-institutionelles Miteinander Konkurrenzpositionen nicht ausschließt. Nur von einer harmonistischen, wunschgeleiteten Warte aus ist die normale Konkurrenzlage moralisch negativ zu *kommentieren*.

Weil eine staatsnationale und nationalstaatliche Konkurrenzlage besteht, ist die Regelung des Nebeneinanders durch internationalen Schutz eine Notwendigkeit. Jede Form des Schutzes der nationalen Gemeinschaften setzt eine gegenseitige Respektierung voraus, die jedoch im Gleichgewichtsdenken nicht zu erwarten ist, da die Verteilung der Gewichte möglicherweise nicht als Schutz aufgefaßt werden kann, sondern als Abhängigkeit in hegemonialen Lagen. Die Dynamik, der unüberschaubare Umfang und die mangelnde Transparenz dürften Gründe sein für die Schwierigkeit, die internationalen Beziehungen zu prognostizieren. Die kaufmännische Kategorie der „Berechenbarkeit", die in der internationalen Politik Konjunktur hat, stößt hier auf ihre Grenzen.

Diese systematische Umschreibung der Konkurrenzlage ist im Ost-West-Verhältnis anwendbar, dessen spezifische Konkurrenzlage im folgenden dargestellt werden soll. *Eine Nationstheorie ohne die Erkenntnis des internationalen Antriebsprinzips Konkurrenz ermangelt u. E. eines wesentlichen Wirklichkeitsaspekts.*

Der Ost-West-Gegensatz

Im vorigen Kapitel sind wir bereits auf die sowjetische Formel von der „friedlichen Koexistenz" eingegangen und erkannten, daß es sich dabei um eine strategische Politik der (regional) „friedlichen" Mittel bei fortdauernd revolutionärer, d. h. hier subversiver Zielsetzung handelt. Friedliche Koexistenz ist das historische Prinzip einer Epoche, mit dem die Ost-West-Konkurrenz siegreich durchgestanden werden soll. Der Spielraum des Friedlichen kann mit der Möglichkeit von Spannung und Druck, Entspannung und der Erneuerung von Druck (sowjetisch) vereinbart werden. Dem Konkurrenzinstrument „friedliche Koexistenz" sind diese mehr oberflächlichen Taktiken, wie die der Entspannung, untergeordnet. Konstant bleibt die Interessenpolitik, wie sie der Konkurrenzlage entspricht. Zweitrangig wird dabei, ob man sowjetischerseits von „friedlichem Wettbewerb der Systeme" spricht oder von einer „Form des internationalen Klassenkampfes". Die Möglichkeit der Ost-West-Zusammenarbeit, die nicht von „dem" Osten oder Westen, sondern von deren Nationen oder internationalen Vereinigungen, wie z. B. der NATO oder dem Warschauer Pakt geführt werden, kann die Konkurrenzlage niemals aufheben. Ein *Ende der Konkurrenz* wäre hier der *Sieg* – in welcher Gestalt auch immer – einer Seite.

Das Thema, die Konkurrenz zugunsten der westlichen Position zu entscheiden bzw. voranzutreiben, wurde zu Beginn des manifest gewordenen Ost-West-Gegensatzes, also nach 1945, westlicherseits mit verschiedenen Strategieüberlegungen erörtert. In den 70er Jahren (1975/76) stellte ein Mitarbeiter des damaligen Außenministers Kissinger eine Doktrin auf, die besagte, daß das sowjetische Imperium stabilisiert werden müsse (vgl. *Groepper* 1982, 141f.), um sowohl dort intern als auch im Bereich der äußeren Beziehungen zu einer weiteren Entspannung zu gelangen. Geht man von der je unterschiedlichen ost-westlichen Konkurrenzlage aus, so kann dieser sog. Sonnenfeldt-Doktrin als amerikanischer Positionsbildung nur zugrundegelegen haben, den status quo der politischen Gegensätze in einen der (z. B.) *wirtschaftlichen* Partnerschaft zu verwandeln. Damit hätten die USA ihre politische Position verschlechtert[259], eine *politische* Gegenstrategie zur „friedlichen Koexistenz" wäre kaum glaubhaft zu machen gewesen.

Die westliche Strategie, die individuellen und kollektiven Menschenrechte in allen Nationen zur Geltung zu bringen[269] trifft bei den osteuropäischen Nationen und in der Sowjetunion auf eine Konkurrenzlage gegenüber dem Westen, China, Japan und der

Dritten Welt, der im ideologischen, wirtschaftlichen, technischen, gesellschaftlichen Bereich (*Ehmke* 1980, 14) standgehalten werden muß. Zahlreiche innersowjetische Herausforderungen, z. B. in der Wirtschaftspolitik[261] und Nationalitätspolitik, könnten langfristig einen Wandel des Nationalitätenstaates bewirken.

Von westdeutscher Seite aus war man in den fünfziger Jahren noch von der sog. *Magnettheorie* ausgegangen, „der Auffassung nämlich, daß der Aufbau einer funktionierenden parlamentarischen Demokratie und einer leistungsfähigen, sozialen Wirtschaftsgesellschaft im Westen des ehemaligen Reiches eine magnetische Wirkung auf die ausgebeutete Sowjetzone ausüben ... könne" (*Becker* 1979, 192). Man baute auf die „werbende Kraft westlicher Institutionen" und sah in vorbildlichem sozialen Handeln einen wesentlichen Punkt „zeitgemäßer Realpolitik" (*Rothfels* 1959, 197). Noch in der Entspannungsphase wurde als „äußere Dimension der deutschen und europäischen Frage Entspannung" und als „innere Dimension: Reform" (*Ehmke* 1980, 15) verschrieben. Das Konzept wurde in Westdeutschland von Jakob Kaiser vertreten (*Kosthorst* 1981), in den USA von General Eisenhower als amerikanischem Präsidenten. Doch der Fall, daß die „Ketten ... durch ein immer gegenwärtiges und hartnäckiges Beispiel westlicher Freiheit graduell erodiert" (*Deutsch* 1972, 131) würden, ist auch deswegen bislang nicht eingetreten, weil das westliche Beispiel nicht seine leuchtende Kraft behielt und weil die Annahme eines west-östlichen Lehrer-Schüler-Verhältnisses der Konkurrenzsituation nicht entsprach. 1968 mußte im Westen sogar (studentischer) Marxismus gelernt werden, anstatt daß im Osten eine Demokratisierung einsetzte. Die magnetische Kraft erwies sich, kurz gesagt, als zu schwach, um die Erosion zu bewirken, die damals erwünscht war.

Was allerdings fortgilt und auch deutschlandpolitisch durchgehalten wird, ist, jedenfalls verbal, die Position der *Freiheitskonkurrenz,* d. h., daß z. B. die DDR wider die politische Freiheit Westdeutschlands sich ideologisch behaupten muß. Die „bloße Konkurrenz des Wohlstandsdenkens" sei fragwürdig, meinte 1965 W. W. Schütz. Man müsse die Freiheit als Idee, „als ständig bedrohte Wirklichkeit" erkennen (*Schütz* 1965, 107f.). Vom Primat der Freiheit gegenüber dem Primat der territorialen Einheit sprach 1973 H. Kohl[262]. G. Heinemann sprach ebenfalls vom „Wettbewerb der Freiheit", der ein friedlicher und nachbarschaftlicher *„um die bessere Ordnung der öffentlichen Dinge"* sei (*Heinemann* 1974, 6). A. Mertes fragte 1980:

„Wie relevant ist der Freiheitswille der Slowaken, der Tschechen, der Polen und der Deutschen in der DDR? Das ist die eigentliche Frage. Ich glaube, daß dieser Freiheitswille, historisch gesehen, höchst relevant ist, und deshalb ist auch die Deutschlandfrage, ist die deutsche Frage höchst relevant",

weil sie geographisch eine Schlüsselrolle auch für die osteuropäischen Völker spiele.[263]

Werner Weidenfeld machte darauf aufmerksam, daß „erhebliche Anstrengungen verlangt" seien, damit keine „schleichende Positionsverbesserung der DDR" in der nationalen Thematik erreicht würde. Die Bundesrepublik dürfe auf eine offensive Strategie nicht verzichten.[264] Daß die SED erhebliche Schwierigkeiten (*Ludz* 1974, 262) hat, die nationale Frage glaubhaft zu formulieren, weil es ihr schon an demokratischer Legitimität gebricht, ist kein Verdienst westlicher Positionen.

Frieden und Konkurrenz

Im Krieg wird eine internationale Spannung militärisch zu lösen, politische Konkurrenz wird antagonistisch zu entscheiden gesucht, das friedliche Gegeneinander durch eine machtpolitische Konfliktlösung beendet. Auch heute stehen sich die Staaten „nach wie vor schwer bewaffnet gegenüber", und sie verletzen „häufig wichtige Normen des Völkerrechts" (*Verdross/Simma* 1981, 37). Wenn Politik sich nur friedlicher Mittel bedienen darf, kriegerische Mittel selbstzerstörerisch sind, konzentriert sich realistischerweise die Politik auf diesen „friedlichen" Bereich, weil in ihm jetzt die politischen Bewegungen und Kräfteverschiebungen angestrebt und möglichst erreicht werden müssen. Politische Prinzipien sind als „idées directices" unerläßlich, wenn man z. B. einen Frieden als unwürdig kritisiert. Ein *unwürdiger Friede* herrscht dort, wo Menschen und Völker nicht frei sich selbst bestimmen können. In solchen Lagen ist bei einem freiheitsbewußten Volk[265] mit Widerstand zu rechnen.

„Was als System des Kalten Krieges oder als Konfrontationssystem begann, entwickelte sich zur dauerhaften Friedensordnung, die Europa im 20. Jahrhundert erlebt hat" (*Schwarz* 1979, 36). Wo die nationale Freiheit nicht gewahrt ist, weil ein Teil der Nation in Unfreiheit, in einer oktroyierten Ordnung lebt, kann man, verabsolutiert man den Frieden nicht, nicht von einer Friedensordnung sprechen. Umgekehrt ist es eher richtig, davon zu sprechen, daß die „Lösung der nationalen Frage der Deutschen als europäische Friedens*aufgabe*" zu verstehen ist.[266] Aber: nur von einem abstrakt-europäischen, oder einem englischen oder französischen, nicht aber von einem deutschen oder osteuropäisch-nationalen Standpunkt aus gesehen, könnte von einer Friedensordnung in Europa bereits gesprochen werden.

Eine Politik friedlicher Mittel kann sich zur Aufgabe machen, „gegen die gemeinsamen Feinde der Menschheit: Tyrannei, Armut, Krankheit und Krieg" zu kämpfen.[267] In Deutschland steht gewissermaßen vor diesen allgemeinen Aufgaben eine geographische Lage zu beachten an, die ausländische Mächte seit 1648 immer wieder zur Intervention herausforderte. Nationale Einheit und innere Ordnung ist in Deutschland von der Interessenlage anderer Staaten abhängig gemacht (*Ludz* 1974, 68), von diesen oft „als deren eigene Angelegenheit betrachtet worden", wie z. B. auch 1848.[268] Für die Epoche eines geteilten Deutschlands wurde in diesem Sinne bereits festgestellt, daß der „Einheit Deutschlands die Mächte nur dann zustimmen werden, wenn sie ihre Sicherheit damit vereinbaren können".[269]

Die „Grunderfahrung des bedrohten Machtstaats in der Mitte" (*Stürmer* 1983, 409) verführte sowohl zu deutscher Expansion über die nationalen Grenzen hinaus, wie während des ersten Weltkrieges (Siegfrieden-Konzepte) und des Dritten Reichs, als es andererseits auch zum „deutschen Festungskomplex" (*Stürmer*, 405) führte, der heute in einem westlichen und östlichen Paktsystem integriert ist.

Zusammenfassend kann gesagt werden, daß der politische Wettbewerb der Nationen auf zahlreichen Gebieten der internationalen Beziehungen genausowenig wie im Bereich marktwirtschaftlichen Verhaltens als unmoralisch zu beurteilen, sondern nur als offensichtliche Grundtatsache der weltpolitischen Wirklichkeit anzuerkennen übrig bleibt. Diskriminierte man den Wettbewerb der Nationen, so stünden damit die Nationen unter einem ständigen Rechtfertigungsdruck, ihre Interessen als solche zu verteidigen. Das grundlegendste Interesse der Nationen wird im Selbstbestimmungsrecht zu sehen sein, das im Internationalen Recht einen höchsten Stellenwert hat. Daher muß es auch geltend gemacht, praktisch werden. In Europa vermögen diese Geltendmachung nicht alle Völker zu leisten. Der europäische Raum – auch er – ist selbstbestimmungsrechtlich unbefriedet. Fremdbestimmung kann konstatiert werden. Deshalb ist eine Friedensordnung eine *Aufgabe*.

Die Anerkennung der sich selbst bestimmenden Nation und der Nation als solcher ist — besonders nach zwei Weltkriegen — eine der wesentlichsten Grundlagen einer Friedensordnung (vgl. o. S. 47-50). Die Anerkennung setzt umfassendes Wissen über die nationale Vergemeinschaftung voraus. Nationsforschung tut not. Dazu erfolgte hier ein Beitrag.

Anmerkungen

255 G. *Barraclough* 1974, 372f.; weiter E. *Lemberg* 1972, 54; A. *Hillgruber* 1981; G. *Hubatschek* 1982, 70f. (u. ebd. v. *Lohausen*, S. 22f.); D. *Calleo:* Deutschland und das Gleichgewicht der europäischen Mächte, in: W. F. *Harnrieder*/H. *Rühle:* Im Spannungsfeld der Weltpolitik: 30 Jahre deutsche Außenpolitik (1949-1979), Stuttgart 1981, S. 9ff. (sehr zu empfehlen ebd. d. Aufs. v. G. *Zeitel* und J. R. *Schaetzel*); H. *Mommsen:* Zur Beurteilung der altösterreichischen Nationalitätenfrage, in ders.: Arbeiterbewegung und nationale Frage, Göttingen 1979, S. 130
256 M. *Weber:* Wirtschaft und Gesellschaft, Tübingen ^{5}1976, S. 211 u. 815 u. a.
257 E. R. *Huber:* Deutsche Verfassungsgeschichte seit 1789, Bd. 5, Stuttgart 1975, S. 6ff.; O. *Hintze:* Imperialismus und Weltgeltung, in: Die deutsche Freiheit, Gotha 1917, S. 121
258 Vgl. dazu Graf v. *Krockow* 1970, 31, 38f., 68; S. 100 heißt es, es bedürfe „jedes politische System, das den Herausforderungen der Modernität standhalten will und in Konkurrenz zu anderen politischen Systemen steht, eines Minimums der Integration, der Egalisierung, Solidarisierung und Aktivierung seiner Bürger, unter welchem Vorzeichen dies im einzelnen auch immer geschehen mag. Der Prozeß der ‚Demokratisierung' im Sinne Tocquevilles — offen gegen die Alternative von Freiheit und Despotie — bleibt irreversibel."
259 Eine ähnliche Position bei G. *Gaus:* Texte zur deutschen Frage, Darmstadt 1981
260 A. *Mertes:* Wie relevant ist die deutsche Frage, in: PK 7/2-1980/17-30, hier S. 28f., vgl. auch M. *Kriele:* Wie wird Entspannung wieder möglich? Recht als Basis des Friedens, in: FAZ 115/19.5.1982, 7-8. Es heißt dort auf S. 8, daß Friedenspolitik nur möglich sei als Akzidenz einer an Menschenrecht und Völkerrecht orientierten substantiellen Politik. Der Versuch, Entspannung unabhängig davon unmittelbar zur Substanz der Politik zu machen und das störende Rechtsbewußtsein zu relativieren, fordere Aggressionen geradezu heraus.
261 Vgl. dazu jüngst das Papier des sowjetischen Instituts für Ökonomie und Organisation der industriellen Produktion bei der Akademie der Wissenschaften in Nowosibirsk, abgedruckt in: Die Welt, Nr. 191-193 v. 18.-20.8.1983; W. *Seiffert:* Kann der Ostblock überleben? Der Comecon und die Krise des sozialistischen Wirtschaftssystems, Bergisch-Gladbach 1983, S. 93ff. und 212ff.
262 Zit. n. W. *Weidenfeld* 1981, 76f. (vgl. oben dargestellten Zusammenhang v. Einheit und Freiheit in 1.4.)
263 A. *Mertes,* a.a.O., S. 26
264 *Weidenfeld* 1981, 117. Gerade im Bereich der politischen Bildung ist diese Mahnung relevant, wenn man demoskopischen Umfragen Glauben schenken kann.
265 Vgl. dazu die Schriften von Machiavelli, Rousseau und Tocqueville
266 W. *Seiffert:* Die deutsche Nation zwischen Politik und Recht, in: PK 6/5-1979/40f. (eigene Hervorhebung — T. M.)
267 John F. *Kennedy* in seiner Antrittsrede am 20.1.1961, zit. nach H. *Vogt* 1967, 210
268 H. *Quaritsch:* in: Gegenstand und Begriff der Verfassungsgeschichtsschreibung (= Beiheft 6 von Der Staat), Berlin 1983, S. 26. Friedrich Engels konstatiert als Zeitzeuge der bürgerlichen 48er Revolution und der Reichsgründung von 1871, es sei „die deutsche Einheit keine bloß deutsche Frage. Seit dem Dreißigjährigen Kriege war keine einzige gemeindeutsche Angelegenheit mehr entschieden worden ohne die sehr fühlbare Einmischung des Auslandes. — So war Deutschland nicht nur macht- und hülflos, in innerem Hader sich aufreibend, politisch, militärisch und selbst industriell zur Nichtigkeit verdammt. Sondern, was noch viel schlimmer, Frankreich und Rußland hatten durch wiederholten Brauch ein Recht erworben auf die Zersplitterung Deutschlands, ganz wie Österreich und Frankreich ein Recht sich anmaßten, darüber zu wachen, daß Italien zerstückelt blieb. Es war dies angebliche Recht, das der Zar Nikolaus geltend gemacht hatte, indem er, jede eigenmächtige Verfassungsänderung sich gröblichst verbittend,

die Wiederherstellung des Bundestages, dieses Ausdrucks der Ohnmacht Deutschlands, erzwang.
Die Einheit Deutschlands mußte also erkämpft werden, nicht nur gegen die Fürsten und sonstigen inneren Feinde, sondern auch gegen das Ausland. Oder aber – mit Hülfe des Auslands." (nach K. *Motschmann* 1979, 87 zitiert)

269 W.W. *Schütz* 1965, 212, *Becker* 1981, 186; W. *Kamlah:* Die Frage nach dem Vaterland, S. 34: „1815 wurde unterschieden zwischen dem Imperialismus Napoleons, von dem sich Europa befreit hatte, und dem französischen Volk, das man unangetastet ließ. Ist es richtig zu sagen, die Sieger von 1945 hätten die Möglichkeit nicht gehabt, Europa vom nationalsozialistischen Terror zu befreien, ohne das deutsche Volk zu zerschneiden und zu zerstümmeln?"

IV. Resümee:
Thesen zum Prinzip Nation

A. Die umrißhafte Profilierung der Theorie der Nation wurde im Bewußtsein und Horizont der Praktischen Philosophie konzipiert. *Die Frage nach der guten, der gerechten, der besten Ordnung gemäß der Natur* bildete die erkenntnisleitende Denkfigur, die in der Gegenwart auf die Nation als zumindest eine der, wenn nicht der wesentlichsten politischen Vergemeinschaftungsform der Welt stößt. Die Frage nach der guten Ordnung kann nur als Orientierungsmaß richtig verstanden werden. Die Klärung, welche Bedeutung „Nation" und das „Politische" dabei haben, diente als Voraussetzung, um das allgemeine Maß der Orientierung zu gewinnen. (II.1.)

Hier erfolgt keine Selbstinterpretation und noch weniger eine Zusammenfassung der vorstehenden Arbeit, des universellen Prinzips Nation. Vielmehr soll thesenartig das, was man das *Ordnungsmodell Nation (B.)* und das, was man die zum *Problem gewordene nationale Ordnung, die nationale Frage (C.)*, nennen könnte, kurz nochmals beleuchtet werden. Die multidimensionale, aufgabenorientierte Nationstheorie wird dadurch nochmals konturiert.

B.1. Die Vielfältigkeit der nationalen Vergemeinschaftungsformen kann in zwei Nationstypen dargestellt werden.

Zunächst ist die Nation in sich *in Ethnos und Demos zu differenzieren.* Der Demos der Nation kann auf einem Volk, einem Volksteil oder auf mehreren Völkern oder Volksgruppen beruhen (Ethnos). Die Menschen werden in diesen Ethnos „hineingeboren", daher ist ihre Herkunft ethnisch-spezifisch. Der Demos bildet die Basis für die demokratische Legitimität, die grundgelegte *ethnische Integrität steht nicht zur Disposition* des Demos. Entsprechend der ethnischen (und weiterer, etwa sozialer oder religiöser) Konstellationen, gibt es auch (historisch-genetisch) zwei unterschiedliche Wege zu den zwei wesentlichsten Nationstypen: zum Nationalstaat und zur Staatsnation (I.2, III.1., III.2.)

2. Die *Nation ist eine universell verbreitete politische Vergemeinschaftungsform der Menschen.* Die Menschheit als politische Einheit zu denken, ist heute und in Zukunft schlechte Utopie, wenn es richtig ist, daß die *Menschheit national individuiert* ist. Für transnationale Imperien (Nationalitätenstaaten) kann das Prinzip Nation zur Oppositionskategorie werden. Im bestehenden *Pluriversum* lassen sich weltzentralistische Bestrebungen national nicht legitimieren, sie haben kein nationales Mandat (III.6.).

3. Kooperation und Koordination der Nationen im Pluriversum können aus der *grundsätzlichen Konkurrenzlage der Nationen* zueinander (besonders der Nationen in der Epoche des Ost-West-Gegensatzes) abgeleitet werden. Vernichtungskonkurrenz (III.6.) ist viel mehr noch als im Ökonomischen politisch-moralisch

verwerflich, weil der Nationspluralismus dadurch zerstört würde. Die *Anerkennung der nationalen Existenz*, die Respektierung der unterschiedlichen Interessenlage der Nationen, bildet die Grundlage der Möglichkeit, daß Nationen internationale Beziehungen und Zusammenarbeit pflegen können. (III.7.)
Kontakte friedlicher oder konflikthafter Art können für die einzelnen Nationen zu einem *nationalen Wandel* führen, der auch aus nationsinternen Gründen angestrebt werden oder verursacht sein kann. (III.5.)

4. Während die aktive nationale Selbstidentifikation oszillieren kann, ist die immer wieder zu konstatierende passive Fremd-Identifikation ein Zeichen, daß eine Identifizierungsmöglichkeit auszumachen ist. Die *nationale Identität* besteht in ihrer Kernsubstanz (Minimal- oder Grundidentität) in der Nationalität, d. h. in der politischen Zugehörigkeit zu der Nation, in die man hineingeboren wurde. Zur nationalen Identität gehören wesentlich aber noch weitere politische Identitäten, die in Ausnahmefällen mit der nationalen Identität konfligieren können (III.4.).

5. Eine oft formulierte Kritik macht die *Nationalstaatlichkeit* zum historischen Phänomen. Während sie als historische die Nationalstaaten der klassischen Epoche zu Recht als überholt darstellt, vermag sie den modernen Nationalstaat (und die moderne Staatsnation) nicht zu erfassen. Es gibt *moderne Nationalstaaten*, deren Eigenschaften und Leistungen sich von denen der klassischen analytisch unterscheiden lassen. Die „Epoche" der modernen Nationalstaatlichkeit dauert fort. (III.3.)

6. Die Nationen sind *historisch persistierende politische Vergemeinschaftungsformen von Menschen*. Ihr Alter, ihre *Kontinuitätsfähigkeit*, ist ein Indiz, daß sie sowohl anpassungs- als auch widerstandsfähig sind. Auf Grund der *Kontinuität* (z. B. in der Nationalität) kann erhebliche Veränderungen in der Nationalgeschichte festzustellen kein Einwand sein. (I.3.)

C. Die Realität der Nation ist mit monistischen Erklärungsversuchen nicht zu erfassen. Vielmehr gilt, daß die *Nation eine komplexe, multidimensionale Gemeinschaft ist*. Entsprechend kann eine nationale Frage vielfältig begründet sein, d. h. die nationale Frage erfaßt man nur als ein Frageensemble. Im individuellen Fall nimmt die nationale Frage eine spezifische konzentrierte Gestalt an, z. B. als *deutsche Frage*. Als Konzept ist sie von der Nation nicht zu trennen, d. h. zur nationalen Frage gehört, über das Fragenensemble hinaus, die Komplexität der nationalen Wirklichkeit zu erkennen und sie weder wissenschaftlich noch in der Politik vorschnell zu reduzieren. Wissenschaftlich muß vielmehr die komplexitätsreduzierende Systematik thesenartig in die Komplexitätsdarstellung mit eingearbeitet sein. (II.2.A., B1.-9.)
Was leistet der nationstheoretische Ansatz bisher (D.) und was kann aus ihm folgen (E.)?

D. Der multidimensionale Ansatz ist leistungsfähig: er ist von der Konzeption her international vertretbar, nicht nur auf eine Nation zugeschnitten, tendenziell universell anwendbar („exportierbar"); er ist kein geschlossenes System, sondern ausbaufähig (s. E.). Weiter ist die Widerstandsfähigkeit gegenüber aufgenötigten, nicht national legitimierten, internationalistischen Herausforderungen theoretisch zum Ausdruck zu bringen gegeben. Schließlich kann die feststellbare Nationsvergessenheit und der nationale Nihilismus als realitätsfremde und partikularistische Haltung kritisiert werden.

E. Forschungsperspektivisch gesehen bieten sich einige Themen zur Bearbeitung an:
- eine wortgeschichtliche Synopse, wie oben angedeutet (s. I.2.),
- eine vergleichende Darstellung der ideologischen Nationskonzepte im 20. Jahrhundert. Alle klassischen Ideologien, aber auch weitere Ismen, z. B. solche, die eine wissenschaftliche Disziplin monistisch verabsolutieren und so auf die Nationsthematik anwenden, wären heranzuziehen,
- der sog. deutsche Sonderweg bietet sich geradezu an, mit der hier angebotenen Theorie „zirkumspektiv", multidimensional ausgemessen, untersucht zu werden. Neben der deutschen kulturnationalen „Abweichung" bieten sich weitere nationale Sonderwege, wie der japanische und der israelische, an, um die Frage zu untersuchen, ob von einer Devianz (von einem modernisierungstheoretisch oder einem marxistisch-entwicklungsgeschichtlich vorgeschriebenen Weg) zu sprechen und in welcher Weise sinnvoll ist oder nicht,
- damit zusammenhängend – und das wurde ebenfalls in der Arbeit öfter angesprochen – wäre die österreichische Entwicklung nationstheoretisch, im Beziehungsgeflecht zu (oder innerhalb) Deutschland(s), innerhalb der deutschen Geschichte (Sonderweg?), als deutschlandpolitisches Lösungsmodell („Österreich-Lösung"?) u. a. sehr untersuchungswürdig,
- die hier angegebene „ethnische Integrität" kann kaum der einzige Punkt ethnischer Grundrechte sein. Volksrechte im angegebenen Sinne müssen interdisziplinär weiterentwickelt und diskutiert werden. Desgleichen ist die aufgezeigte wissenschaftliche Rückständigkeit in der Ethnizitätsthematik in der Bundesrepublik ein Anlaß zur weitergehenden Auseinandersetzung und Forschung.

Damit sind nur einige Themen genannt; von der Nationstheorie her (B. und C., s. o.) bieten sich weitere, zum Teil notwendige Themen und Ergänzungen an.

F. *Das deutsche Beispiel* ist von den Thesen in B. und C. nicht zu trennen, d. h. der nationstheoretische Apparat ist nicht abstrakt, sondern auf die deutschen Verhältnisse hier angewendet worden. In der Arbeit wird an vielen Stellen die bestehende Situation in Deutschland angesprochen. Daß eine Nationstheorie auch im engeren Sinne deutschlandpolitisch von Interesse, aktuell ist, bedarf keiner Hervorhebung.

Literaturverzeichnis

Abusch, Alexander, Der Irrweg einer Nation. Ein Beitrag zum Verständnis deutscher Geschichte. Berlin (Ost) 1946

Aigner, Dietrich, Zeitgeschichtsschreibung als nationale Sterbehilfe. in: Caspar von Schrenk-Notzing/Armin Mohler (Hrsg.): Deutsche Identität. Krefeld 1982

Akzin, Benjamin, State and Nation. London 1964

Almond, Gabriel A., Political Systems and Political Change, in: R. Bendix (Ed.), State and Society. Berkeley, Los Angeles 1968

Alter, Peter, Nationalismus. Frankfurt/M. 1985

Andreas, Willy, Die Wandlungen des großdeutschen Gedankens, o. O. ^{3}1929

Anrich, Ernst, Die Straßburger Eide als Markstein der deutschen Geschichte. Straßburger Univ. Reden IV. 1943

Apter, David, The Politics of Modernization. Chicago 1965

Aretin, Karl Otmar Freiherr von, Über die Notwendigkeit kritischer Distanzierung vom Nationenbegriff in Deutschland nach 1945, in: Bolewski 1967, 26ff

Arndt, Hans-Joachim, Die Besiegten von 1945. Versuch einer Politologie für Deutsche samt Würdigung der Politikwissenschaft in der Bundesrepublik Deutschland. Berlin 1978

Aubin, Hermann, Das deutsche Volk in seinen Stämmen; Überblick über die Geschichte der Besiedlung des deutschen Bodens, in: B. Harms 1929, Bd. 1, 3-26

Aubin, Hermann, Volk und Reich der Deutschen bis zur Auflösung des Ersten Reiches, in: Erbe 1961, 66ff

Axen, Herrmann, Entwicklung der sozialistischen Nation in der DDR. Berlin (Ost) 1973

Baesecke, G., Das Nationalbewußtsein der Deutschen des Karolingerreiches nach den zeitgenössischen Benennungen ihrer Sprache, in: Mayer 1943

Bagehot, Walter, Der Ursprung der Nationen. Betrachtungen über den Einfluß der natürlichen Zuchtwahl und der Vererbung auf die Bildung politischer Gemeinwesen. Leipzig 1874

Bandulet, Bruno, Adenauer zwischen West und Ost. Alternativen der deutschen Außenpolitik. München 1970

Barnes, T. G./*Feldmann*, G. D. (Eds.), Nationalism, Industrialization and Democracy 1815 - 1914. Boston 1972

Barraclough, Geoffrey, Universalgeschichte (1962), in: Schulin 1974, 67-86

Barraclough, Geoffrey, Vom europäischen Mächtegleichgewicht zum Zeitalter der Weltpolitik (^{2}1971), in: Schulin 1974, 349-376

Barraclough, Geoffrey, Welche Kräfte haben die Staatenbildung nach 1945 bestimmt?, in: H. Bolewski 1967, 88ff

Bartmuss, H.-J., Die Geburt des ersten deutschen Staates. Ein Beitrag zur Diskussion der deutschen Geschichtswissenschaft um den Übergang vom ostfränkischen zum mittelalterlichen deutschen Reich. Berlin (Ost) 1966

Bauer, Otto, Die Nationalitätenfrage und die Sozialdemokratie (^{1}1907, ^{2}1924), in: O. Bauer, Werkausgabe Bd. 1. Wien 1975, 48-622

Bechthold, Heinrich, Staaten ohne Nation. Sozialismus als Machtfaktor in Asien und Afrika. Stuttgart 1980

Becker, H.-J., natio, in: HRG 1981

Becker, John, Die Entscheidung zur Teilung Deutschlands. Die amerikanische Deutschlandpolitik 1943 - 48. München 1981

Becker, Josef, Die deutsche Frage als Problem des internationalen Staatensystems, in ders.: Dreißig Jahre Bundesrepublik, Tradition und Wandel. München 1979, 185-219

Becker, Josef, Die deutsche Frage in der internationalen Politik 1941 - 1949, Grundzüge und Hauptprobleme ihrer Entwicklung, in: ders./Th. Stammen/P. Waldmann (Hrsg.): Vorgeschichte der Bundesrepublik Deutschland zwischen Kapitalismus und Grundgesetz. München 1979

Bein, Alex, Die Judenfrage. Biographie eines Weltproblems. Stuttgart 1980, 2 Bde.

Bell, Daniel, Ethnicity and Social Change, in: Moynihan, Glazer 1975

Bell, Wendel/*Freeman*, Walter E. (Eds.), Ethnicity and Nation-Building: Comparative, International and Historical Perspectives. Beverly Hills/London 1974

Bendix, Reinhard, Nation Building and Citizenship. New York ^{2}1974, 418-419

Bendix, Reinhard, Könige oder Volk. Machtausübung und Herrschaftsmandat, 2 Bde. Frankfurt/M. 1980

Bendix, Reinhard, Freiheit und historisches Schicksal. Heidelberger Max-Weber-Vorlesungen.

Frankfurt/M. 1981
Bensing, Manfred, Die deutsche Nation im Prozeß des Typenwandels. Methodologisches zum Verhältnis von Revolution und Nation, in: Manfred Kossok (Hrsg.): Studien über die Revolution. Berlin (Ost) 1969, 474-483
Bentley, G. Carter (Ed.), Ethnicity and Nationality. A Bibliographic Guide, Seattle 1981
Bergstraesser, Arnold, Politik in Wissenschaft und Bildung, Freiburg ²1966
Berschin, Helmut, Deutschland – ein Name im Wandel. Die deutsche Frage im Spiegel der Sprache. München 1980
Besson, Waldemar, Die Außenpolitik der Bundesrepublik. Erfahrungen und Maßstäbe. München 1970
Betz, W., Karl d. Gr. und die Lingua Theodisca, in: Wolfgang Braunfels, Karl d. Gr., Lebensweisheit und Nachleben, Bd. 2, 1966
Beumann, Helmut/*Schröder*, Werner (Hrsg.), Aspekte der Nationenbildung im Mittelalter. Ergebnisse der Marburger Rundgespräche 1972 - 1975. Sigmaringen 1978 (Nationes 1)
Beumann, Helmut, Die Bedeutung des Kaisertums für die Entstehung der deutschen Nation im Spiegel der Bezeichnungen von Reich und Herrscher, in: ders./Schröder 1978, 317-365
Bien, Günter, Die Grundlagen der praktischen Philosophie bei Aristoteles. Freiburg 1973
Blackbourn, David/*Eley* Geoff, Mythen deutscher Geschichtsschreibung. Die gescheiterte bürgerliche Revolution von 1848. Frankfurt/M. 1980
Blum, Robert, Politische Schriften (1807 - 1848). Nendeln/Liechtenstein 1979
Blumenwitz, Dieter, Die Grundlagen eines Friedensvertrages mit Deutschland. Ein völkerrechtlicher Beitrag zur künftigen Ostpolitik. Berlin 1966
Blumenwitz, Dieter, Was ist Deutschland? Kritische Anmerkung zur gleichnamigen Denkschrift von Wilhelm Wolfgang Schütz, in: ZfP, 15/1968/453-63
Blumenwitz, Dieter/*Meissner*, Boris (Hrsg.), (I) Das Selbstbestimmungsrecht der Völker und die deutsche Frage. Köln 1984 (= Staats- und völkerrechtliche Abhandlungen der Studiengruppe für Politik und Wissenschaft, Bd. 2)
Blumenwitz, Dieter/*Meissner*, Boris (Hrsg.), (II) Staatliche und nationale Einheit Deutschlands – ihre Effektivität. Köln 1984 (Politik und Völkerrecht, Bd. 3)
Blumenwitz, Dieter, Deutschlandfrage und Selbstbestimmungsrecht, in: Blumenwitz/Meissner (I) 1984, 139-149
Bluntschli, J. C., Nation, in: ders.: Staatswörterbuch 1862, 7. Bd.
Bodensieck, Heinrich, Die deutsche Frage seit dem 2. Weltkrieg, ²1972
Bodensieck, Heinrich, Preußen, Deutschland und der Westen. Auseinandersetzungen und Beziehungen seit 1789, Festschrift für Prof. Hauser. Göttingen 1980
Boehm, Max Hildebert, Die doppelte Wurzel des europäischen Nationalismus, in: Ostdt. Wiss., Jb. des ostdeutschen Kulturrates I/1954/1-25
Boehm, Max Hildebert, Das eigenständige Volk. Grundlegung der Elemente einer europäischen Völkersoziologie. Darmstadt ²1965 (¹1932)
Boehm, Max Hildebert, Das eigenständige Volk in der Krise der Gegenwart. Wien 1971
Bolewski, H. (Hrsg.), Nation und Nationalismus. Stuttgart 1967
Bondy, François (Hrsg.), So sehen sie Deutschland. Staatsmänner, Schriftsteller und Publizisten aus Ost und West nehmen Stellung. Stuttgart 1970
Boogmann, J. C., Die Suche nach der nationalen Identität. Die Niederlande 1813 - 1848. Wiesbaden 1968 (Institut für europäische Geschichte, Mainz, Vorträge, 49)
Bosl, Karl, Herrscher und Beherrschte im deutschen Reich des 10. - 12. Jhs. München 1963
Boveri, Margret, Die Deutschen und der Status quo. München 1974
Bracher, Karl Dietrich, Nationalstaat, in: E. Fraenkel/K. D. Bracher (Hrsg.): Staat und Politik. Frankfurt/M. ¹⁶1974, 210-217
Bracher, Karl Dietrich, Menschenrechte und politische Verfassung – ein Grundproblem der politischen Ideengeschichte, in: ZfPol 1979/108-124
Brandt, Hartwig (Hrsg.), Restauration und Frühliberalismus 1814 - 1840 (= Quellen zum politischen Denken der Deutschen im 19. und 20. Jahrhundert, Bd. III). Darmstadt 1979
Brandt, Peter/*Ammon*, Herbert (Hrsg.), Die Linke und die nationale Frage. Dokumente zur deutschen Einheit seit 1945. Reinbek bei Hamburg 1981
Brandt, Peter/*Ammon*, Herbert, Patriotismus von Links. Rückblick und Zustandsbeschreibung, in: Venohr 1982, 119ff
Brinkmann, Richard (Hrsg.), Romantik in Deutschland. Stuttgart 1978
Bromlej, Julian V., Ethnos und Ethnographie. Berlin (Ost) 1977, (Moskau 1973)
Brunner, Otto, Bemerkungen zu den Begriffen ‚Herrschaft' und ‚Legitimität', in: ders.: Neue Wege der Verfassungs- und Sozialgeschichte ²1968, 64ff
Brunner, Otto, Sozialgeschichte Europas im Mittelalter. Göttingen 1978

Buchheim, Hans, Aktuelle Krisenpunkte des deutschen Nationalbewußtseins. Mainz 1967
Buchheim, Karl, Das nationalstaatliche Denken im Deutschland des 19. und 20. Jahrhunderts, in: Karl Forster (Hrsg.), Gibt es ein deutsches Geschichtsbild? (= Studien und Berichte der Katholischen Akademie in Bayern, Heft 14). Würzburg 1961, 127-162
Buchner, Rudolf, Kulturelle und politische Zusammengehörigkeitsgefühle im europäischen Frühmittelalter, in: HZ 207/1968/562-583
Buczylowski, U., Kurt Schumacher und die deutsche Frage. Sicherheitspolitik und strategische Offensivkonzeption von August 1950 bis September 1951. Stuttgart-Degerloch 1973
Bühl, Walter L., Zur Typologie der nationalen Ordnungen und das Problem der Soziologie, in: Sociologia Internationalis 7/1969/1-31
Bühl, Walter L., Evolution und Revolution. München 1970
Bühl, Walter L., Transnationale Politik. Stuttgart 1978
Burian, Peter, Nationalstaat, in: C. D. Kernig (Hrsg.), Sowjetsystem und demokratische Gesellschaft, Bd. 4. Freiburg 1971, Sp. 713ff
Bussmann, Walter (Hrsg.), Europa von der Französischen Revolution zu den nationalstaatlichen Bewegungen des 19. Jahrhunderts (= Handbuch der europäischen Geschichte, Bd. 5, hrsg. v. Theodor Schieder). Stuttgart 1981
Buttlar von, Walrab, Ziele und Zielkonflikte in der sowjetischen Deutschlandpolitik 1945 - 1947. Stuttgart 1981
Calleo, David P., Legende und Wirklichkeit der deutschen Gefahr. Neue Aspekte zur Rolle Deutschlands in der Weltgeschichte von Bismarck bis heute. Bonn 1981
Carr, E. H./*Balfour*, M. G., Nationalism, Report by a Study Group of Members of the Royal Institute of International Affairs, [1]1939, NY [2]1966
Carrère d'Encousse, Hélène, Risse im Roten Imperium. Das Nationalitätenproblem in der Sowjetunion. Wien 1979
Christ, Hans, Die Rolle der Nationen in Europa. Andernach [3]1968
Connor, Walter, Nation-Building or Nation-Destroying?, in: WP 24/1972/319-55
Connor, Walter, The Politics of Ethnonationalism, in: Journal of International Affairs 27/1973/1-21
Conze, Werner, Die Strukturkrise des östlichen Mitteleuropas vor und nach 1919, in: Vierteljahresschrift für Zeitgeschichte 1/1953/319-38
Conze, Werner, Der 17. Juni. Tag der deutschen Freiheit und Einheit. Frankfurt/M. 1960
Conze, Werner, Nationalismus und Kommunismus als politische Triebkräfte in historischer Sicht, in: Moderne Welt 4/1963/227-43
Conze, Werner, Nation und Gesellschaft. Zwei Grundbegriffe der revolutionären Epoche, in: HZ 198/1964/1-16
Conze, Werner, Die deutsche Nation, Ergebnis der Geschichte. Göttingen [2]1965
Conze, Werner/*Groh*, Dieter, Die Arbeiterbewegung in der nationalen Bewegung. Die deutsche Sozialdemokratie vor, während und nach der Reichsgründung. Stuttgart 1966
Conze, Werner/*Schramm*, Gottfried/*Zernack*, Klaus (Hrsg.), Modernisierung und nationale Gesellschaft im ausgehenden 18. und im 19. Jahrhundert. Referate einer deutsch-polnischen Historikerkonferenz (1978). Berlin 1979
Conze, Werner, Staatsnationale Entwicklung und Modernisierung im Deutschen Reich 1871 - 1914, in: Conze/Schramm/Zernack 1979, 59-70
Conze, Werner, Deutsches Selbstbewußtsein heute, in: PK 9/5-1982/3-21
Cornides, Wilhelm, Die Weltmächte und Deutschland. Tübingen 1957
Coulton, G. G., Nationalism in the Middle Ages, in: Cambridge Historical Journal 5/1935/15-40
Cysarz, Herbert, Das deutsche Nationalbewußtsein. Gegenwart, Geschichte, Neuordnung. München 1961
Dahrendorf, Ralf, Gesellschaft und Demokratie in Deutschland. München [2]1968
Dahrendorf, Ralf, Die Chance der Krise. Über die Zukunft des Liberalismus. Stuttgart 1983, 137-153
Dann, Otto (Hrsg.), Nationalismus und sozialer Wandel. Hamburg 1978
Dann, Otto, Der politische Strukturwandel und das Problem der Nationsbildung in Deutschland um die Wende des 18. Jahrhunderts, in: Conze/Schramm/Zernack 1979, 48-58
Davis, Kingsley, Sozialer Wandel und internationale Beziehungen, in: W. Zapf (Hrsg.), Theorien des sozialen Wandels. Meisenheim [4]1979, 484-499
Debray, Régis, Marxismus und nationale Frage. Ein Gespräch mit R. D., in: Tom Nairn/Eric Hobsbawm/Régis Debray/Michael Löwy: Nationalismus und Marxismus, Anstoß zu einer notwendigen Debatte. Berlin 1978
Dechmann, M., A Typology of Nations, in: Soziologisches Institut der Universität Zürich. Bulletin 11/1968/1-72

Decker, Günter, Das Selbstbestimmungsrecht der Nationen. Göttingen 1955
Dehio, Ludwig, Deutschland und das Epochenjahr 1945, in: Erbe 1961, 118ff
Deloria, Vine, Nur Stämme werden überleben. Indianische Vorschläge für eine Radikalkur des wildgewordenen Westens. München 1976
Deutsch, Karl W., Nationalism and Social Communication. An Inquiry into the Foundations of Nationality. New York 1953
Deutsch, Karl W./*Foltz*, W. J., Nation-Building. New York 1963
Deutsch, Karl W., Nationenbildung, Nationalstaat, Integration. Düsseldorf 1972
Deutsch, Karl W., Nation und Welt (1966), in: Winkler 1978, 49-66
Deutsch, K.W./*Edinger*, L. J./*Macridis*, R. C./*Merritt*, R. H., France, Germany and the Western Alliance. A Study of Elite Attitudes on European Integration and World Politics. New York 1967
Deutschland als Weltmacht. 40 Jahre Deutsches Reich. Berlin 1911
Djilas, Milovan, Systeme kommen und gehen, die Nationen aber bleiben, in: Geistige Welt, 271, 17.11.84
Dittberner, Jürgen, Meine deutsche Frage, in: PK 7/3-1980/14ff
Dittmann, Knut, Adenauer und die deutsche Wiedervereinigung. Die politische Diskussion des Jahres 1952. Düsseldorf 1981
Doehring, Karl, Das Selbstbestimmungsrecht der Völker als Grundsatz des Völkerrechts (= Berichte der deutschen Gesellschaft für Völkerrecht) 1974
Doehring, Karl, Die Wiedervereinigung Deutschlands und die europäische Integration als Inhalte und Präambel des Grundgesetzes, in: DVBl 1979, 633ff
Doehring, Karl, Die Wiedervereinigung Deutschlands und die europäische Integration. Saarbrücken 1982 (= Vorträge, Reden und Berichte aus dem Europa-Institut)
Doehring, Karl, Formen und Methoden der Anwendung des Selbstbestimmungsrechts, in: Blumenwitz/Meissner (I) 1984, 61-71
Doob, Leonhard W., Patriotism and Nationalism: Their Psychological Foundations. New Haven 1964
Eggers, Hans (Hrsg.), Der Volksname Deutsch. Darmstadt 1970
Eggers, Hans, Deutsche Sprachgeschichte I. Das Althochdeutsche, Reinbek ⁷(1974)
Eggert, Wolfgang, Das ostfränkisch-deutsche Reich in den Auffassungen s. Zeitgenossen. Wien 1973
Ehlers, Joachim, Elemente mittelalterlicher Nationsbildung in Frankreich (10.-17. Jh.), in: HZ 231/1980/565-587
Ehmke, Horst, Was ist des Deutschen Vaterland?, in: PK 7/2-1980/3-16
Ehrismann, Otfried-Reinald, Volk. Eine Wortgeschichte vom Ende des 8. Jhs. bis zum Barock. Gießen 1970
Eichberg, Henning, Minderheit und Mehrheit. Braunschweig 1979
Eisenstadt, Samuel N./*Rokkan*, Stein (Ed.), Building States and Nations, 2 Vol. Beverly Hills 1973
Emerson, Rupert, From Empire to Nation. The Rise of Self-assertation of Asian and African Peoples. Boston 1970
End, Heinrich, Zweimal deutsche Außenpolitik. Internationale Dimensionen des innerdeutschen Konflikts 1949 - 1972. Köln 1973
Enloe, Cynthia H., Ethnic Conflict and Political Development. Boston 1973
Epstein, Leo, Der nationale Minderheitenschutz als internationales Rechtsproblem. Berlin 1922 (= Selbstbestimmungsrecht der Deutschen, H. 7)
Epting, Karl, Charles de Gaulle und die deutsche Wiedervereinigung, in: Franz 1963, 220-232
Erbe, Walter (Hrsg.), Was bedeuten uns heute Volk, Nation, Reich? Stuttgart 1961
Erdmann, Karl-Dietrich, Nationale und übernationale Ordnung in der deutschen Geschichte, in: GWU 7/1956/1-14
Erikson, Erik H., Identität und Entwurzelung in unserer Zeit, in: ders., Einsicht und Verantwortung. Frankfurt/M. 1971, 70ff
Erikson, Erik H., Dimension einer neuen Identität. Frankfurt/M. 1975
Eschenburg, Theodor, Die deutsche Frage. Die Verfassungsprobleme der Wiedervereinigung. 1959
Etzioni, Amitai, Siegen ohne Krieg. Düsseldorf und Wien 1965
Faber, K. G., Realpolitik als Ideologie – Die Bedeutung des Jahres 1866 für das politische Denken in Deutschland, in: HZ 203/1966/1-45
Fallers, Leoyd A., The Social Anthropology of the Nation State. Chicago 1974
Faulenbach, Bernd, Ideologie des deutschen Weges. Die deutsche Geschichte in der Historiographie zwischen Kaiserreich und Nationalsozialismus. München 1980
Feld, W. J., Subnational Regionalism and the European Community, in: Orbis 18/1975/1176-92
Fels, J., Begriff und Wesen der Nation. Eine soziologische Untersuchung und Kritik. Münster 1927 (= Deutschtum und Ausland. Studien zum Auslanddeutschtum und zur Auslandkultur, hrsg. v. Georg Schreiber, H. 6)

Fiedler, Wilfried, Idee und Realität der Nation in Europa heute – zur Alternative zwischen europäischer Integration und deutschlandpolitischer Option, in: PK 6/1981/37-55
Fiedler, Wilfried, Die Grenzen der „Deutschlandtheorien" und die Bedeutung der Staatenpraxis, in: ZfPol. 30/4-1983/366-383
Fiedler, Wilfried, Nation und Selbstbestimmung in Politik und Recht. Berlin 1984 (= Abhandlung des Göttinger Arbeitskreises)
Fiedler, Wilfried, Der Zielkonflikt zwischen westeuropäischer Integration und deutschlandpolitischer Option, in: Fiedler 1984, 69-83
Fleckenstein, Josef/Bulst-Thiele, Marie Luise, Begründung und Aufstieg des deutschen Reiches (Gebhardt, Handbuch der deutschen Geschichte, Bd. 3). München [9]1980
Flora, Peter, Modernisierungsforschung. Wiesbaden 1974
Fontaine, André, Die Entspannung und die „deutsche Frage" in der Sicht von de Gaulle und Pompidou, in: Dokumente 4/81/329-333
Fraenkel, Ernst, Judenfrage, in: ders./K. D. Bracher (Hrsg.), Staat und Politik (= Fischer-Lexikon 2). Frankfurt/M. [16]1974, 140-149
Francis, Emmerich K., Volk, in: Staatslexikon der Görresgesellschaft. Freiburg [6]1963, Sp. 281-290
Francis, Emmerich K., Ethnos und Demos. Soziologische Beiträge zur Volkstheorie. Berlin 1965
Francis, Emmerich K., The Ethnic Factor in Nation-Building, in: Social Forces 46/1968/338-46
Francis, Emmerich K., Interethnic Relations: An Essay in Sociological Theory. New York 1976
Franz, Günther (Hrsg.), Teilung und Wiedervereinigung. Eine weltgeschichtliche Übersicht. Göttingen 1963
Franzel, Emil, Der Donauraum im Zeitalter des Nationalitätenprinzips. Bern 1958
Die deutsche *Freiheit.* Fünf Vorträge von Harnack, Meinecke, Sering, Troeltsch und Hintze, hrsg. vom Bund deutscher Gelehrter und Künstler. Gotha 1917
Freiwald, Helmut, Das Deutschlandproblem in den Schulbüchern der Bundesrepublik. Düsseldorf 1973
Freund, Ludwig, Deutschland im Brennpunkt. Stuttgart 1967
Freyer, Hans, Theorie des gegenwärtigen Zeitalters, Stuttgart [2]1956
Fröhlich, Dieter, Nationalismus und Nationalstaat in Entwicklungsländern. Probleme der Integration ethnischer Gruppen in Afghanistan (= Afghanische Studien 3). Meisenheim a. Gl. 1970
Furtado, Celso, Les Etat-Unis et le sousdéveloppement de l'Amerique latine. Paris 1970
Gabbe, Jörg, Parteien und Nation. Zur Rolle des Nationalbewußtseins für die politischen Grundorientierungen in der Anfangsphase der Bundesrepublik. Meisenheim a. Gl. 1976
Gablentz, Otto Heinrich von der, Nationalismus, in: Handwörterbuch der Soziawissenschaft 1961, Bd. 7, 540-546
Gall, Lothar, Die „deutsche Frage" im 19. Jh., in: 1871. Fragen an die deutsche Geschichte. Berlin 1971
Gall, Lothar, Liberalismus und Nationalstaat. Der deutsche Liberalismus und die Reichsgründung, in: Berding (Hrsg.), Vom Staat des Ancien Régime zum modernen Parteienstaat, 287-300
Geertz, Clifford, The Judging of Nations, in: Europäisches Archiv für Soziologie, Bd. 18/1977/245-261
Gehlen, Arnold, Moral und Hypermoral. Eine pluralistische Ethik. Frankfurt/M. 1969
Genzmer, Felix, Staat und Nation (= Marburger akademische Reden 47). Marburg 1929
Gerstenmaier, Eugen, Die Studentenschaft vor der Nation (= Ansprache auf der 17. ordentlichen Mitgliederversammlung des Verbandes Deutscher Studentenschaften (VDS) am 19.3.65 in Mainz). Bonn 1965
Gimpel, John, Amerikanische Besatzungspolitik in Deutschland 1945 - 1949. Frankfurt/M. 1971
Glassl, Horst, Nationale Autonomie im Vielvölkerstaat. Der mährische Ausgleich. München 1977
Glatzeder, Sebastian J., Die Deutschlandpolitik der FDP in der Ära Adenauer. Konzeption in Entstehung und Praxis. Baden-Baden 1980
Glenn, Edmund S., The Two Faces of Nationalism, in: Comparative Political Studies 3/1970/347-66
Glotz, Peter, Über politische Identität. Vier Thesen zu den Zukunftschancen der Bundesrepublik, in: Merkur 391, Dez. 1980
Görlich, Paul, Zur Frage des Nationalbewußtseins in ostdeutschen Quellen des 12. - 14. Jahrhunderts. Marburg/Lahn 1964
Goldbach, M.-L., Bibliographie zur Deutschlandpolitik 1941 - 1974, Frankfurt/M. 1975
Gollwitzer, Heinz, Staatsgesinnung und Nationalbewußtsein heute. in: aus Politik und Zeitgeschichte, 22.11.61
Goltz, Bogumil, Zur Geschichte und Charakteristik des deutschen Genius, eine ethnographische Studie (2. Auflage von „Die Deutschen"). Berlin 1864
Görres, Joseph, Politische Schriften (1817 - 1822). Hg. von Günther Wohlers. Köln 1929

Gotto, Klaus, Adenauers Deutschland- und Ostpolitik 1954 - 1963, in: Rudolf Morsey und Konrad Repgen (Hrsg.), Adenauer-Studien III. Mainz 1974, 3-91
Grebing, Helga, Nationalismus und Demokratie in Deutschland. Versuch einer historisch-soziologischen Analyse, in: I. Fetscher (Hrsg.), Rechtsradikalismus. Frankfurt/M. 1971, 31-65
Groeben, Hans von der, Die wahren Aufgaben der Zukunft, in: Trugbild Nationalstaat. Köln 1968 (= Europäische Schriften des Bildungswerkes Europa-Politik 16, 11-23)
Groepper, Horst, Deutschland und Europa, in: Lohhausen/Hubatschek/Groepper 1982, 117-173
Groh, Dieter, Negative Integration und revolutionärer Attentismus. Die deutsche Sozialdemokratie am Vorabend des 1. Weltkrieges 1905 - 1914. Berlin 1973
Gros-Espiell, Héctor, Der Begriff des Selbstbestimmungsrechts der Völker in heutiger Sicht, in: VN 2-1982, 54-58
Grosser, Alfred, Was ist deutsche Außenpolitik? Konstanz 1975
Grosser, Hubert, Das Volk ohne Staat. Von der Babylonischen Gefangenschaft der Deutschen. Bad Neustadt/Saale 1981
Grunwald, Kurt, Das Recht der nationalen Minderheiten und der Völkerbund. M.-Gladbach 1926
Hacke, Christian, Die Ost- und Deutschlandpolitik der CDU. Köln 1975
Hacker, Jens, Das neue Dilemma der DDR über „bürgerliche" und sozialistische Nationen, in: PM 19/1974/48-60
Hacker, Jens, Deutsche unter sich. Stuttgart 1977
Hacker, Jens, Das nationale Dilemma der DDR, in: Meissner/Hacker 1977, 40-68
Hacker, Jens, Neue Chancen für nationale Fragen? Das gesamtdeutsche Vakuum in Bonner und DDR-Sicht, in: PM 23/177-1978/41-53
Hacker, Jens, Die deutschlandrechtliche und deutschlandpolitische Funktion der Vier-Mächte-Verantwortung, in: Blumenwitz/Meissner (II.) 1984, 75-96
Häckel, E, Zur Rolle multinationaler Konzerne in der Weltpolitik, in: G. *Jasper* (Hrsg.), Tradition und Reform in der deutschen Politik. Gedenkschrift für W. Besson, Frankfurt 1976, 481ff
Hättich, Manfred, Demokratie als Herrschaftsordnung. Köln 1967
Hagers, Kurt, Referat über die Kulturpolitik auf der 6. ZK-Tagung, in: DA 5/1972/986-1001
Haller, Johannes, Partikularismus und Nationalstaat. Stuttgart 1926
Hallmann, Hans (Hrsg.), Revision des Bismarckbildes. Die Diskussion der deutschen Fachhistoriker 1945 -1955. Darmstadt 1972
Hammerschmidt, H. (Hrsg.), Zwanzig Jahre danach. Eine deutsche Bilanz 1945 - 1965. 38 Beiträge deutscher Wissenschaftler, Schriftsteller und Publizisten. München u. a. 1965
Harms, Bernhard (Hrsg.), Volk und Reich der Deutschen. Bd. I, Berlin 1929
Hartmann, Ludo Moritz, Die Nation als politischer Faktor, in: Verhandlungen des zweiten deutschen Soziologentages vom 20.-22. Oktober 1912 in Berlin. Tübingen 1913/Frankfurt/M. 1969
Hartung, Fritz, Die Entstehung und Gründung des Deutschen Reiches, in: B. Harms I, 84ff
Haupt, Georges/*Lowy*, Michael/*Weill*, Claudia, Les Marxistes et la question nationale. Paris 1974
Hayes, Carlton J., Nationalismus. Leipzig 1929
Hrbek, Rudolf, Die SPD, Deutschland und Europa. Die Haltung der Sozialdemokratie zum Verhältnis von Deutschlandpolitik und Westintegration 1945 - 1957. Bonn 1972
Heidelmeyer, Wolfgang (Hrsg.), Die Menschenrechte. Paderborn 1982
Heinemann, Gustav, Staatliche Formen deutscher Einheit, in: PK 2/1974/3ff
Heintz, P., Models of Development and Types of Nations, in: Soziologisches Institut der Universität Zürich, Bulletin 14/1969/6-15
Helbig, Herbert, Reich, Territorialstaaten und deutsche Einheit im Spätmittelalter, in: Hinrichs/ Berges, 72-96
Heller, Hermann, Sozialismus und Nation. Berlin ²1931 (¹1924)
Heller, Hermann, Gesammelte Schriften. Leiden 1971, 3 Bde.
Hellpach, Willy, Einführung in die Völkerpsychologie. 3. neubearb. Aufl. 1954
Hellpach, Willy, Der deutsche Charakter. Bonn 1954
Hendersen, Gregory/*Lebow*, Richard Ned/*Stoessinger*, John. G., Divided Nations in a Divided World. New York 1974
Henning, Friedrich-Wilhelm, Die Industrialisierung in Deutschland 1800 - 1914. Paderborn ⁵1979
Hennis, Wilhelm, Politik und praktische Philosophie. Stuttgart 1977
Hennis, Wilhelm, Über den Radikalismus und seine Wirkungen in der Politik, in: PM, August 1980
Hennis, Wilhelm, Republik ohne Bürger. Auf dem Weg zur Entwicklung eines bundesdeutschen Gemeinsinns, in: FAZ - 136 - 14.6.1980
Hepp, Robert, Das Neue Deutschland. Deutsche Identität im Wechsel der Generationen und Eliten, in: Peisl/Mohler 1980, 131ff
Hepp, Robert, Reproduktion und Identität – Kulturbiologische Anmerkungen zur „Identitätskrise"

der Deutschen, in: Grosser 1981, 77ff
Héraud, Guy, Die Völker als Träger Europas. Wien 1967
Herre, Franz, Nation ohne Staat. Die Entstehung der deutschen Frage. Köln/Berlin 1967
Herrmann, Joachim (Autorengruppe), Deutsche Geschichte, Bd. I, Von den Anfängen bis zur Ausbildung des Feudalismus Mitte des 11. Jahrhunderts. Köln/Berlin (Ost) 1982
Hertz, Friedrich, Die allgemeinen Theorien vom Nationalcharakter I und II, in: Archiv für Soz. Wiss. + Soz. Pol. 54/1925/1-35 und 657-715
Hertz, Friedrich, Wesen und Werden der Nation, in: Nation und Nationalität (= 1. Erg.-Bd. des Jahrbuchs für Soziologie, hrsg. v. G. Salomon). Karlsruhe 1927, 1-88
Hertz, Friedrich, Nationalgeist und Politik, Bd. I: Staatstradition und Nationalismus. Zürich 1937
Hertz, Frederick, Nationality in History and Politics. A Study of the Psychology and Sociology of National Sentiment and Character. London 1945
Hess, Jürgen C., Das ganze Deutschland soll es sein. Demokratischer Nationalismus in der Weimarer Republik am Beispiel der Deutschen Demokratischen Partei. Stuttgart 1978
Hessler, Wolfgang, Die Anfänge des deutschen Nationalgefühls in der ostfränkischen Geschichtsschreibung des neunten Jahrhunderts. Berlin 1943
Higham, John (Ed.), Ethnic Leadership in America. Baltimore 1978
Hildebrandt, Klaus, Staatskunst oder Systemzwang? Die „Deutsche Frage" als Problem der Weltpolitik, in: HZ 228/1979/624-644
Hillgruber, Andreas, Deutsche Großmacht- und Weltpolitik im 19. und 20. Jahrhundert. Düsseldorf 1971
Hillgruber, Andreas, Deutsche Geschichte 1945 - 1972. Die „Deutsche Frage" in der Weltpolitik. Frankfurt/Berlin/Wien 1974
Hillgruber, Andreas, Die gescheiterte Großmacht. Eine Skizze des Deutschen Reiches 1871 - 1945. Düsseldorf 1982
Hillgruber, Andreas, Die Last der Nation. Fünf Beiträge über Deutschland und die Deutschen. Düsseldorf 1984
Hinrichs, Carl/*Berges*, Wilhelm, Die deutsche Einheit als Problem der europäischen Geschichte. Stuttgart 1960
Hintze, Otto, Wesen und Verbreitung des Feudalismus (1929), in: ders., Feudalismus – Kapitalismus, hrsg. v. G. Oestreich. Göttingen 1970
Heobink, Heinz, Westdeutsche Wiedervereinigungspolitik 1949 - 1961. Meisenheim a. Gl. 1978
Hoffmann, Stanley, Obstinate or Obsolete?, in: Joseph S. Nye jr. (Ed.), International Regionalism. Boston 1968, 177-230
Hohlfeld, J. (Hrsg.), Deutsche Reichsgeschichte in Dokumenten 1849 - 1934. Bd. 3: Der Ausgang der liberalen Epoche 1926 - 1931. ²1934
Hildebrandt, Walter, Politische Kultur in Deutschland. Herausforderungen und Chancen, in: Deutsche Studien 15/80-1977/317-324
Hornung, Klaus, Die deutsche Frage. Ein didaktischer Entwurf. Bonn 1983
Hroch, Miroslow, Das Erwachen kleiner Nationen als Problem der komparativen sozialgeschichtlichen Forschung, in: Schieder 1971
Hubatsch, Walther, Die Deutsche Frage. Würzburg 1961
Hubatschek, Gerhard, Deutschland und die militärische Lage, in: Lohausen/Hubatschek/Groepper 1982, 51ff
Huber, Ernst Rudolph, Nationalstaat und Verfassungsstaat. Stuttgart 1965
Hugelmann, Karl Gottfried, Die deutsche Nation und der deutsche Nationalstaat im Mittelalter, in: HJb. 51/1931/1ff; 445ff
Hugelmann, Karl Gottfried, Nationalstaat und Nationalitätenrecht im deutschen Mittelalter, Bd. 1: Stämme, Nationen und Nationalstaat im deutschen Mittelalter. Stuttgart 1955
Hughes, Arnold, The Nation-State in Black Africa, in: Tivey 1983, 122-147
Huntington, Samuel P., Political Modernization: America versus Europe, in: R. Bendix 1968, 170-200
Hunziker, Guido, Die Schweiz und das Nationalitätsproblem im 19. Jahrhundert. Die Einstellung der eidgenössischen Öffentlichkeit zum Gedanken des Nationalstaates. Basel/Stuttgart 1970
Huter, Franz (Hrsg.), Südtirol – Eine Frage des europäischen Gewissens. München 1965
Illy, Hans F., **Nation und Nationalismus in Afrika. Die Verlockungen eines Vorbildes und die Folgen einer eindimensionalen Imitation**, in: Winkler 1982, 177-207
Isaacs, H. R., Nationalism Revisited: Group Identity and Political Change, in: Survey 69/1968/76-98
Iserloh, Erwin, Der Katholizismus und das Deutsche Reich von 1871. Bischof Kettelers Bemühungen um die Integration der Katholiken in den kleindeutschen Staat, in: Politik + Konfession.

FS für K. Repgen zum 60. Geburtstag, hrsg. v. D. Albrecht u. a. Berlin 1983, 213-229
Jahn, Friedrich Ludwig, Deutsches Volksthum. Leipzig 1935
Jaspers, Karl, Freiheit und Wiedervereinigung. Über Aufgaben deutscher Politik. München 1960
Joachimsen, Paul, Vom deutschen Volk zum deutschen Staat. Eine Geschichte des deutschen Nationalbewußtseins. Göttingen ^{4}1967
Jorgensen-Dahl, A., Forces of Fragmentation in the International System: The Case of Ethno-Nationalism, in: Orbis 19/1975/652-74
Junghann, Otto, Ursprung und Lösung des Problems der Nationalen Minderheiten. Wien 1929 (Nachdruck in: Seeds of Conflict. Series 6. The Problem in General 2). Nendeln 1978
Kaelble, Hartmut u. a. (Hrsg.), Probleme der Modernisierung in Deutschland. Wiesbaden ^{2}1979
Kämpf, Helmut (Hrsg.), Die Entstehung des deutschen Reiches (Deutschland um 900). Ausgew. Aufsätze aus den Jahren 1928 - 1954. Mit einem Vorwort von H. Kämpf. Darmstadt ^{5}1980
Kaiser, Karl, Transnationale Politik. Zu einer Theorie der multinationalen Politik, in: Czempiel, Ernst-Otto (Hrsg.), Die anachronistische Souveränität. Zum Verhältnis von Innen- und Außenpolitik. Köln - Opladen 1969, 80-109 (1. Sonderheft der PVS)
Kamlah, Wilhelm, Probleme einer nationalen Selbstbesinnung. Stuttgart 1962
Kann, Robert Adolf, Renners Beitrag zur Lösung nationaler Konflikte im Lichte nationaler Probleme der Gegenwart. Wien 1973
Katz, Daniel, Nationalismus als sozialpsychologisches Problem (1965), in: Winkler 1978, 67-84
Kern, Fritz, Gottesgnadentum und Widerstandsrecht im frühen Mittelalter. Zur Entwicklungsgeschichte der Monarchie. Darmstadt ^{5}1970
Kesting, Hanno, Geschichtsphilosophie und Weltbürgerkrieg. Heidelberg 1959
Kimminich, Otto, Die Souveränität der Bundesrepublik Deutschland. Hamburg 1970
Kimminich, Otto, Die Rechtslage Deutschlands nach Grundgesetz und Grundvertrag, in: Politische Studien 31/252-1980/367-378
Kimminich, Otto, Rechtscharakter und Inhalt des Selbstbestimmungsrechts, in: Meissner/Blumenwitz (I) 1984, 37-46
Kirchhoff, Alfred, Was ist national? Halle 1902
Kirn, Paul, Aus der Frühzeit des Nationalgefühls. Leipzig 1943
Kitzmüller, E./*Kuby,* H./*Niethammer,* H., Der Wandel der nationalen Frage in der Bundesrepublik Deutschland, in: Aus Politik und Zeitgeschichte 18.8.1973 und 25.8.1973
Klein, Eckart, Selbstbestimmungsrecht – Idee und Aufgabe, in: P. St. 272, 1983, 635-647
Klein, Eckart, Vereinte Nationen und Selbstbestimmungsrecht, in: Blumenwitz/Meissner (I) 1984, 107-122
Klein, Hans H., Multinationaler Staat und Selbstbestimmungsrecht. Eine völkerrechtliche Betrachtung, in: Afrika und die Deutschen. Jahrbuch der deutschen Afrika-Stiftung 1981, 59-74
Kleinmeyer, G., Grundrechte, Menschen- und Bürgerrechte, Volksrechte, in: Geschichtliche Grundbegriffe. Bd. 2. Stuttgart 1975
Klenner, Fritz, Eine Renaissance Mitteleuropas. Die Nationwendung Österreichs. Wien 1978
Klönne, Arnold, Zurück zur Nation? Kontroversen zu deutschen Fragen. Köln 1984
Knapp, Manfred, Zusammenhänge zwischen der Ostpolitik der BRD und den deutsch-amerikanischen Beziehungen, in: Jahn, Egbert/Rittberger, Volker (Hrsg.), Die Ostpolitik der Bundesrepublik. Triebkräfte, Widerstände, Konsequenzen. Opladen 1974, 157-179
Knopp, Guido (Hrsg.), Die deutsche Einheit – Hoffnung, Alptraum, Illusion? Aschaffenburg 1981
Koch, Diether, Heinemann und die Deutschlandfrage. Vorwort v. E. Kogon. München 1972
Koch, Manfred, Die Deutschen und ihr Staat. Hamburg 1972
Koch-Hillebrecht, Manfred, Das Deutschlandbild. Gegenwart, Geschichte, Psychologie. München 1977
Kocka, Jürgen, Nation und Gesellschaft, in: PK 8/1-1981/3-25
Köhler, Anne, Einstellungen und Meinungen der bundesdeutschen Bevölkerung zur DDR und Deutschlandpolitik unter besonderer Berücksichtigung der Aussagen Jugendlicher, in: PK 7/4-1980/44-58
Köstlin, Konrad/*Bausinger,* Hermann, Heimat und Identität. Probleme regionaler Kultur. Volkskundekongreß in Kiel 1979. Neumünster 1980
Kohn, Hans, Propheten ihrer Völker, Studien zum Nationalismus des 19. Jahrhunderts. Bern 1948
Kohn, Hans, Die Idee des Nationalismus. Heidelberg 1950
Kohn, Hans, Von Machiavelli zu Nehru. Zur Problemgeschichte des Nationalismus. Freiburg 1964
Kohn, Hans, Begriffswandel des Nationalismus, in: Merkur 18/1964/701-14
Kohn, Hans, Nationalism, in: International Encyclopedia of the Social Sciences 11/1968/63-70
Kopp, Fritz, Das Nationalbewußtsein im gespaltenen Deutschland, in: Politische Studien 31/252-1980/413-423

Koppelmann, Heinrich L., Nation, Sprache und Nationalismus. Leiden 1956
Koselleck, Reinhart (Hrsg.), Studien zum Beginn der modernen Welt (= Industrielle Welt 20). Stuttgart 1977
Kosik, Karel, Die Dialektik des Konkreten. Frankfurt/M. 1970 (Theorie II, 21)
Kosing, Alfred, Die DDR in der Geschichte der deutschen Nation, in: Dt. Ztschr. f. Philos. 12/1964/1165-1170
Kosing, Alfred, Nation in Geschichte und Gegenwart. Berlin (Ost) 1976
Kosthorst, Erich/*Gotto*, Klaus/*Soell*, Hartmut, Deutschlandpolitik der Nachkriegsjahre. Paderborn 1976
Kosthorst, Erich, Zeitgeschichte und Zeitperspektive. Paderborn 1981
Kothar, R., La Formation des nations, ses constantes et ses variables, in: Revue internationale des sciences sociales 23/1971/367-83
Kreuz, Leo, Das Kuratorium Unteilbares Deutschland. Entstehung, Programmatik, Geschichte. Leverkusen 1979
Krockow, Christian Graf v., Nationalstaat und Demokratie, in: Gesellschaft, Staat, Erziehung 12/1967/98-109
Krockow, Christian Graf v., Nationalismus als deutsches Problem. München 1970
Krockow, Christian Graf v., Thesen zur Funktionsanalyse des Nationalismus, in: Werkhefte 24/1970/291-97, 315-23
Krockow, Christian Graf v., Die fehlende Selbstverständlichkeit, in: Weidenfeld 1983, 154ff
Kuhn, Helmut, Der Staat. München 1967
Kühn, Detlef, Deutschland und die deutsche Nation im Unterricht, in: Aus Politik und Zeitgeschichte B 49/77, 3-10
Künneth, W./*Schreiner*, H., Die Nation vor Gott. Zur Botschaft der Kirche im Dritten Reich. Berlin 1934
Läpple, Alfred, Kirche und Nationalismus in Deutschland und Österreich. Fakten – Dokumente – Analysen. Aschaffenburg 1980
Lamperstorfer, Aribert A., Schwarzafrika: Das Spannungsfeld zwischen Stammesherrschaft und Zentralgewalt am Beispiel der ostafrikanischen Staaten Tansania und Uganda, in: Afrika und die Deutschen. Jahrbuch der Deutschen Afrika-Stiftung. Pfullingen 1981, 75-96
Landes, David S., Der entfesselte Prometheus; Technologischer Wandel und industrielle Entwicklung in Westeuropa von 1750 bis zur Gegenwart. Köln 1973
Langner, Albrecht, Katholizismus und nationaler Gedanke in Deutschland, in: Zilleßen 1970, 238-269
Laun, Rudolf, Nationalitätenfrage, in: Strupp, WB des VR, Bd. 2, 1925, 82ff
Laun, Rudolf, Nationalgefühl und Nationalismus, in: Ostdeutsche Wissenschaft, 1954, 94-123
Laun, Rudolf, Zum Problem der Behandlung der nationalen Frage durch internationale Organisationen, in: FS für H. Wehberg, hrsg. v. W. Schätzel/H.-J. Schlochauer, Frankfurt/M. 1956
Leibholz, Gerhard, Volk, Nation und Staat im 20. Jahrhundert (= Schriftenreihe der Landeszentrale für Heimatdienst in Niedersachsen, Reihe A, Heft 9). Hannover 1958
Leibholz, Gerhard, Volk, Nation, Reich – Wandlung der Begriffe und Deutung für die heutige Zeit, in: Erbe 1961, 151ff
Lemberg, Eugen, Wege und Wandlungen des Nationalbewußtseins. Studien zur Geschichte der Volkwerdung in den Niederlanden und in Böhmen. Münster 1934
Lemberg, Eugen, Geschichte des Nationalismus in Europa; Stuttgart 1950
Lemberg, Eugen, Nationalismus, 2 Bde. Reinbek bei Hamburg 1964
Lemberg, Eugen, Der Westeuropäische Nationsbegriff, in: Aus Politik und Zeitgeschichte 16/35-1966/3-17
Lemberg, Eugen, Soziologische Theorien zum Nationalstaatsproblem, in: Schieder 1971
Lemberg, Eugen, Überlebenschancen der Nation im internationalen und historischen Vergleich, in: Deutsche Studien 10/1972/49-54
Lenin, W. J., Thesen zur nationalen Frage, in: L-Werke 19/1962/41-233
Lenin, W. J., Kritische Bemerkungen zur nationalen Frage (1913), in: L-Werke 20/1961/1-37
Lenin, W. J., Über das Selbstbestimmungsrecht der Nationen (1914), in: L-Werke 20/1961/395-461
Lenin, W. J., Die sozialistische Revolution und das Selbstbestimmungsrecht der Nationen (Thesen) (1916), in: L-Werke 22/1960/144-59
Lerch, Eugen, Das Wort „Deutsch". Sein Ursprung und seine Geschichte bis auf Goethe. Frankfurt/M. 1942
Lerner, Daniel, The Passing of Traditional Society: Modernizing the Middle East. New York/London [1]1958, [4]1967
Lewytzkyj, Boris, „Sovetskij narod" – „Das Sowjetvolk". Nationalitätenpolitik als Instrument des

Sowjetimperialismus. Hamburg 1983
Lieberson, S./*Hansen*, L., National Development, Mother Tongue Diversity and the Comparative Study of Nations, in: American Sociological Review 29/1974/523-41
Liess, Otto Rudolf, Sowjetische Nationalitätenstrategie als weltpolitisches Konzept (= Ethnos 12). Wien 1972
Lightbody, J., A Note on the Theory of Nationalism as a Function of Ethnic Demands, in: Canadian Journal of Political Science 2/1969/327-37
Lipset, Seymour Martin, The First New Nation: The US in Historical and Comparative Perspective. Garden City, New York 1963
List, Friedrich, Das nationale System der politischen Ökonomie. Ausgabe letzter Hand, hrsg. von A. Sommer. Berlin 1930
Litt, Theodor, Individuum und Gemeinschaft. Berlin ³1926, 221ff + 279ff
Löser, Jochen/*Schilling*, Ulrike, Neutralität für Mitteleuropa. Das Ende der Blöcke. München 1984
Löwe, Heinz, Deutschland im fränkischen Reich (= Gebhardt, Handbuch der deutschen Geschichte Bd. 2). München ⁹1981
Löwenthal, Richard, Nationalbewußtsein, Staat und Demokratie in der Bundesrepublik, in: ders., Gesellschaftswandel und Kulturkrise. Zukunftsproblem der westlichen Demokratien. Frankfurt 1979, 212-239
Löwenthal, Richard, Politische Legitimität und kultureller Wandel in Ost und West, in: PK 7/1-1980/30ff
Lohausen, Heinrich Jordis von/*Hubatschek*, Gerhard/*Groepper*, Horst, Zur Lage der Nation. Krefeld 1982
Lohausen, Heinrich Jordis von, Überleben im Licht der Geopolitik, in: Lohausen/Hubatschek/Groepper, 1982, 19-50
Lorwin, V. R., The Comparative Analysis of Historical Change: Nation-Building in the Western World, in: International Social Science Journal 17/1965/594-606
Ludz, Peter C., Zum Begriff der ‚Nation' in der Sicht der SED, Wandlungen und politische Bedeutung, in: DA 6/1973/77-87
Ludz, Peter C., Deutschlands doppelte Zukunft. Bundesrepublik und DDR in der Welt von morgen. München 1974
Ludz, Peter C./*Lepsius*, Rainer M./*Scholz*, Rupert, Materialien zum Bericht zur Lage der Nation. Bonn 1974, 66-69
Ludz, Peter C., DDR-Handbuch, hrsg. vom Bundesministerium für innerdeutsche Beziehungen. Köln, 2. völlig überarbeitete und erweiterte Auflage 1979
Lübbe, Hermann, Politische Philosophie in Deutschland. München 1974
Lutz, Heinrich, Die Deutsche Nation zu Beginn der Neuzeit. Fragen nach dem Gelingen und Scheitern deutscher Einheit im 16. Jahrhundert, in: HZ 234/1982/529-559
Luhmann, Niklas, Die Weltgesellschaft, in: ders., Soziologische Aufklärung, Aufsätze zur Theorie der Gesellschaft, Opladen 1975, 51ff
Lüthy, H., Rehabilitation des Nationalismus, in: Der Monat 12/1969/5-13
Maier, Hans, Katholizismus, nationale Bewegung und Demokratie in Deutschland, in: ders., Kirche und Gesellschaft. München 1972, 178ff
Malmberg, Torsten, Human Territoriality. Survey of Behavioral Territories in Man with Preliminary Analysis and Discussion of Meaning. New Babylon 1980
Mampel, Siegfried, Die sozialistische Verfassung der DDR, Kommentar. Stuttgart ²1982
Mandic, Oleg, Ende und Auflösung der Nation. Eine soziologische Studie. München 1966
Martindale, D. (Ed.), National Character in the Perspective of the Social Sciences, in: The Annals of the American Academy of Political and Social Science, 370/1967/1-163
Maschke, Erich, Das Erwachen des Nationalbewußtseins im deutsch-slawischen Grenzraum. Leipzig 1933
Massiczek, Albert (Hrsg.), Die österreichische Nation. Wien 1967
Maugué, Pierre, Les notions de Nation et d'Etat, in: EE 33/1-1976/2ff
Maugué, Pierre, Contre l'Etat-Nation. Paris 1979
Maushach,, J., Nationalismus und christlicher Universalismus, in: ders., Aus katholischer Ideenwelt. Münster 1921
Mayer, Margit, Die Entstehung des Nationalstaates in Nordamerika. Frankfurt/M 1979 (= Campus Forschg. 84)
Mayer, Theodor (Hrsg.), Der Vertrag von Verdun 843, neue Aufsätze zur Begründung der europäischen Völker- und Staatenwelt. Leipzig 1943
Mayer, Tilman, Die nationale Frage in Deutschland, in: NPL 28/3-1983/295-324
Mayo, Patricia Elton, The Roots of Identity. Three National Movements in Contemporary European

Politics. London 1974
Meissner, Boris, Der sowjetische Nationsbegriff und die Frage des Fortbestandes der deutschen Nation, in: EA 32/1977/315-324
Meissner, Boris/*Hacker,* Jens, Die östliche Nation. Berlin 1977 (Studien zur Deutschlandfrage, hrsg. vom Göttinger Arbeitskreis, Bd. 1)
Meissner, Boris, Der sowjetische Nationsbegriff und seine politische und rechtliche Bedeutung, in: Meissner/Hacker 1977, 7-39
Meissner, Boris, Der Nationsbegriff und die Frage nach dem Subjekt oder Träger des Selbstbestimmungsrechts, in: Fiedler 1984, 23-55
Meissner, Boris, Die marxistisch-leninistische Auffassung vom Selbstbestimmungsrecht, in: Blumenwitz/Meissner (I) 1984, 89-106
Meissner, Boris, Die deutsche Nation und das deutsche Volk aus der Sicht der UdSSR und der DDR, in: Blumenwitz/Meissner (II) 1984, 137-160
Mertes, Alois, Wie relevant ist die deutsche Frage, in: PK 7/2-1980/17-30
Mertes, Alois, Wie offen ist die deutsche Frage, in: PK 9/4-1982/3ff
Meurer, K.-U., Die Rolle nationaler Leidenschaft der Massen in der Erhebung von 1813 gegen Napoleon. Freiburg 1953, Diss.
Michels, Robert, Die historische Entwicklung des Vaterlandgedankens, in: Verh. des 2. Dt. Soziologentages vom 20.-22. Okt. 1912 in Berlin. Tübingen 1913/Frankfurt/M. 1969
Michels, Robert, Der Patriotismus. Prologomena zu seiner soziologischen Analyse. München 1929
Mitscherlich, Alexander/*Kalow,* Gert (Hrsg.), Hauptworte – Hauptsachen. Zwei Gespräche: Heimat, Nation ((Nationsgesprächsteilnehmer: Mitscherlich, Böll, Grass, Jäckel, v. Aretin). München 1971
Mitscherlich, W., Volk und Nation, in: Handwörterbuch der Soziologie, hrsg. von A. Vierkandt. Stuttgart 1931, 644ff
Möbus, Gerhard (Hrsg.), Über das Vaterland. Boppard a. Rh. 1965
Moersch, Karl, Sind wir denn eine Nation? Die Deutschen und ihr Vaterland. Stuttgart 1982
Mommsen, Hans, Zur Beurteilung der altösterreichischen Nationalitätenfrage (1967), in: ders., Arbeiterbewegung und Nationale Frage. Göttingen 1979, 127ff
Mommsen, Hans, Nationalismus und Nationalitätenfrage, in: C. D: Kernig: Sowjetsystem- und demokratische Gesellschaft, Bd. 4, Freiburg 1971, Sp. 623ff., abgedr. in: ders., Arbeiterbewegung und nationale Frage. Göttingen 1979
Mommsen, Wolfgang J., Nation und Nationalbewußtsein in der Gegenwart, in: PK 2/1974/16ff
Mommsen, Wolfgang J., Nationalbewußtsein und Staatsverständnis der Deutschen, in: Picht, Robert (Hrsg.), Deutschland – Frankreich – Europa. Bilanz einer schwierigen Partnerschaft. München 1978
Mommsen, Wolfgang J., Wandlungen der nationalen Identität, in: Weidenfeld 1983, 170-192
Monzel, Nikolaus, Die Nation im Lichte der christlichen Gemeinschaftsidee (1948), in: ders., Solidarität und Selbstverantwortung. Beiträge zur deutschen Sozialehre. München 1959, 309ff.
Monzel, Nikolaus, Der Akademiker in seiner Nation (1951). München 1959, 331ff
Morris, Richard, Alexander Hamilton and the Founding of the Nation. New York 1957
Morsey, Rudolf, Die deutschen Katholiken und der Nationalstaat zwischen Kulturkampf und Erstem Weltkrieg, in: G. A. Ritter (Hrsg.), Deutsche Parteien vor 1918. Köln 1973, 270-298
Moser, Hugo, Sprachliche Folgen der politischen Teilung Deutschlands. Düsseldorf 1962
Mosse, George L., Die Nationalisierung der Massen. Von den Befreiungskriegen bis zum Dritten Reich. Berlin 1976
Mosse, George L., Rassismus. Ein Krankheitssymptom in der europäischen Geschichte des 19. und 20. Jahrhunderts. Königstein/Ts. 1978
Motschmann, Klaus, Sozialismus und Nation. Wie deutsch ist die „DDR"? München 1979
Moynihan, Daniel/*Glazer,* Nathan, Ethnicity. Theory and Experience. Cambridge (Mass.) ^{3}1976
Mühlmann, Wilhelm Emil, Homo Creator. Abhandlungen zur Soziologie, Anthropologie und Ethnologie. Wiesbaden 1962
Mühlmann, Wilhelm E., Rassen, Ethnien, Kulturen. Moderne Ethnologie (Soziologische Texte 24, hrsg. v. Heinz Maus und Friedrich Fürstenberg). Berlin 1964
Murray, R., Internationalization of Capital and the Nation State, in: New Left Review 67/1971/84-109
Nairn, Tom, Der moderne Janus, in: ders. u. a., 1978, 7-44
Nairn, T./*Hobsbawm,* E./*Debray,* R./*Löwy,* M., Nationalismus und Marxismus. Antoß zu einer notwendigen Debatte. Berlin 1978
Nasser, Gamal Abdel, Die Philosophie der Revolution, in: Fritz René Alemann (Hrsg.), Nasser über

seine Politik. Frankfurt/M. 1958, 10-56
Naumann, Friedrich, Mitteleuropa. Berlin 1915
Neu, Axel D., Entwicklungstendenzen auf dem Arbeitsmarkt und ihre Auswirkungen auf die Jugendkriminalität. Heidelberg 1984
Neuhäuser-Wespy, Ullrich, Nation neuen Typs. Zur Konstruktion einer sozialistischen Nation in der DDR, in: Deutsche Studien 13/52-1975/357-365
Neumann, F. J., Volk und Nation, eine Studie. Leipzig 1888
Neumann, Heinzgeorg, Das alte Reich und das neue Europa. Mehrstaatliche deutsche Staatsnation im Kraftfeld Europas, in: Europa – Weltmacht oder Kolonie! Wider nationalen Egoismus und Kleinmut (= Initiative 25), hrsg. v. G.-K. Kaltenbrunner, 75-100
Niethammer, Lutz, Traditionen und Perspektiven der Nationalstaatlichkeit für die BRD, in: U. Scheuner, Vorw.: Außenpolitische Perspektiven des westdeutschen Staates, Bd. II: Das Vordringen neuer Kräfte. München/Wien 1972
Nolte, Ernst, Konservatismus und Nationalismus, in: ZfPol. 11/1964/5-20
Nolte, Ernst, Deutschland und der kalte Krieg. München 1974
Nolte, Ernst, Marxismus, Faschismus, Kalter Krieg. Vorträge und Aufsätze 1964 - 1976. Stuttgart 1977
Norden, Albert, Zwei deutsche Nationalstaaten, in: DA 6/1973/416-17
Oestreich, Gerhard, Von der deutschen Libertät zum deutschen Dualismus 1648 - 1789, in: Hinrichs, C./Berges, W., 1960, 125-140
Olson, Mancur, Rapides Wachstum als Destabilisierungsfaktor, in: K. v. Beyme (Hrsg.), Empirische Revolutionsforschung. Opladen 1973, 205-222
Pan, Christoph, Grundelemente zur Theorie der Ethno-Soziologie, in: Th. Veiter (Hrsg.), System eines internationalen Volksgruppenrechtes (= Völkerrechtliche Abhandlungen Bd. 3/2), 281-297
Pan, Christoph, Südtirol als volkliches Problem, Grundriß einer Südtiroler Ethno-Soziologie 1971.
Panizza, Oskar, Über die Deutschen, in: Dialoge im Geiste Huttens. München 1979, 39-56
Papalekas, Johannes Chr. (Hrsg.), Die Ausländerfrage: Gastarbeiter im Spannungsfeld von Integration und Reintegration. Herford 1983
Passic, N., Interests of Social Classes and National Interests in a Multinational State, in: Journal of Constitutional and Parliamentary Studies 8/1974/19-36
Paul, Ulrich, Studien zur Geschichte des deutschen Nationalbewußtseins im Zeitalter des Humanismus und der Reformation. Berlin 1936
Peisl, Anton/*Mohler*, Armin (Hrsg.), Die Deutsche Neurose. Über die beschädigte Identität der Deutschen. Frankfurt/M 1980 (= Schriften der C.F. von Siemens-Stiftung, Bd. 3)
Pennock, J. Roland/*Chapman*, John, Human Nature in Politics. New York 1977, 69-110
Pesch, Ludwig, Die deutsche Teilung – völkerrechtlich gesehen, in: Merkur 24/1970/169-179
Petri, Franz, Zum Stand der Diskussion über die fränkische Landnahme und die Entstehung der germanisch-romanischen Sprachgrenze. Darmstadt 1954
Pfister, Max, Die Bedeutung des germanischen Superstrates für die sprachliche Ausgliederung der Galloromania, in: Beumann/Schröder 1978, 127-170
Picht, Georg, Grundlagen eines neuen deutschen Nationalbewußtseins, in: Merkur 21/1967/1-18
Pieper, H.-U., Nation – Ursache internationaler Konflikte und innerdeutscher Integrationsfaktor, in: Beiträge zur Konfliktforschung 5/1975/117-43
Pi-Sunyer, O., The Limits of Integration: Ethnicitiy and Nationalism in Modern Europe. Amherst 1971
Plessner, Helmut, Die verspätete Nation. Frankfurt/M. 1974
Plessner, Helmut, Wie muß der deutsche Nationalbegriff heute aussehen?, in: Bolewski 1967, 57ff
Plumyène, Jean, Les Nations Romantiques. Histoire du nationalisme. Le 19-siècle. Paris 1979
Possony, S. T., Nationalism and the Ethnic Factor, in: Orbis 10/1967/1214-32
Prignitz, Christoph, Vaterlandsliebe und Freiheit – Deutscher Patriotismus von 1750 bis 1850. Wiesbaden 1981
Prinz, Friedrich, Geschichte, Nation und Regionalismus, in: Regionalismus in Europa. Bericht über eine wissenschaftliche Tagung in Brixen, Südtirol 30.10. - 3.11.1978, Bd. 1, 287-291 (= Seminarbericht der Bayerischen Landeszentrale für politische Bildungsarbeit)
Pross, Harry, Frage nach dem deutschen „Kulturtypus", in: PK 6/5-1979/45-50
Pross, Harry, Zur Problematik heutiger deutscher Kultur, in: PK 7/3-1980/20-34
Pross, Harry, Vor und nach Hitler. Zur deutschen Sozialpathologie. Olten - Freiburg 1982
Pross, Helge, Was ist heute deutsch? Wertorientierungen in der Bundesrepublik. Reinbek b. Hamburg 1982
Puhle, Hans-Jürgen, Nationalismus in Lateinamerika, in: Winkler 1978, 265-286
Ra'anan, Uri, Ethnic Resurgence in Modern Democratic States. A Multidisciplinary Approach to

Human Resources and Conflict. Elmsford, N. Y. 1980
Raasch, Rudolf, Zeitgeschichte und Nationalbewußtsein. Neuwied 1964
Rabl, Kurt, Das Selbstbestimmungsrecht der Völker. Geschichtliche Grundlagen, Umriß der gegenwärtigen Bedeutung. Ein Versuch. 2. umgearb. und erweiterte Auflage. Köln/Wien 1973
Rabl, Kurt, Das Selbstbestimmungsrecht der Völker in neuester Praxis, in: Blumenwitz/Meissner (I) 1984, 123-137
Rapp, Adolf (Hrsg.), Großdeutsch – Kleindeutsch. Stimmen aus der Zeit von 1815 - 1914. München 1922
Rassem, Mohammed, Zerklüftung und Vermittlung. Ein Fragment zur deutschen Anamnese, ohne Prognose, in: Caspar von Schrenck-Notzing/Armin Mohler (Hrsg.), Deutsche Identität. Krefeld 1982, 141ff
Rassem, Mohammed, Im Schatten der Apokalypse. Zur deutschen Lage. Graz 1984
Rauch, Georg von, Rußland: staatliche Einheit und nationale Vielfalt. München 1953
Rauscher, Anton, Der soziale und politische Katholizismus in Deutschland 1803 - 1963. München 1981
Redlich, Clara, Nationale Frage und Ostkolonisation im Mittelalter. Berlin 1934
Reinisch, Leonhard, Der Sinn der Geschichte. München ⁵1974
Rejai, Mostafa/*Enloe,* Cynthia H., Nation-States and State-Nations, in: International Studies Quarterly 13/1969/140-58
Renner, Karl, Das Selbstbestimmungsrecht der Nationen in besonderer Anwendung auf Österreich, (zugl. zweite vollst. umgearb. A. von d. Verf. s. Buch „Der Kampf der Österr. Nationen um den Staat"). Leipzig und Wien ²1918
Renner, Karl, Die Nation: Mythos und Wirklichkeit, Ms.; aus dem Nachlaß hrsg. von Jacques Hannak, mit einer Einleitung von Bruno Pittermann. Wien 1964
Ress, Georg, Die Rechtslage Deutschlands nach dem Grundlagenvertrag vom 21. Dez. 1972. Berlin u. a. 1978
Ress, Georg (Hrsg.), Souveränitätsverständnis in den Europäischen Gemeinschaften. Baden-Baden 1980
Révesz, László, Volk aus 100 Nationalitäten. Eine sowjetische Minderheitenfrage. Bern 1979
Rexroth, Karl Heinrich, Volkssprache und werdendes Volksbewußtsein im ostfränkischen Reich, in: Baumann/Schröder 1978, 275ff
Ritter, Gerhard A., Das deutsche Problem. Grundfragen deutschen Staatslebens gestern und heute. München 2. neu durchgearbeitete und erweiterte Auflage 1966
Rogge, Heinrich, Die antinomische Spannung von Volk und Staat in der nationalen Bewegung, in: FS für Max Hildebert Boehm (= Ostdt. Wiss. Bd. 8, 1961)
Roentgen, Robert E., 200 Jahre USA. Gibt es eine amerikanische Nation? Baden-Baden 1976 (= SWF – Welt von heute, Red.: P. Assall)
Rörig, Fritz, Staatenbildung auf deutschem Boden, in: B. Harms, Bd. I, 45ff
Röpke, Wilhelm, Die deutsche Frage. Erlenbach/Zürich ³1948
Rohlfes, Joachim, Volk, Nation, Vaterland und politische Bildung, in: GWU 20/1969/745-56
Rokkan, Stein, Centre Formation, Nation-Building and Cultural Diversity: Report on a Symposium Organized by Unesco, in: Eisenstadt/Rokkan: Building States and Nations I. Beverly Hills 1973
Romein, J. M., Das Grundmuster menschlichen Verhaltens. Zu Ursprung und Tragweite historischer Theorien (1958), in: Ernst Schulin (Hrsg.), Universalgeschichte. Köln 1974, 225-239
Rosenstiel, Francis, Supranationalität – Eine Politik der Unpolitischen. Köln 1962
Rostow, Walt Whitman, Stadien wirtschaftlichen Wachstums. Eine Alternative zur marxistischen Entwicklungstheorie. Göttingen 1967
Rothermund, Dieter, Probleme der nationalen Integration in Südasien, in: Winkler 1982, 140-156
Rothfels, Hans, Die Nationsidee in westlicher und östlicher Sicht, in: Osteuropa und der Deutsche Osten. Köln u. a. 1956, 7-18
Rothfels, Hans, Zeitgeschichtliche Betrachtungen. Göttingen 1959
Rothfels, Hans, Zur Krise des Nationalstaates, in: ders. 1959, 132ff
Rothfels, Hans, Grundsätzliches zum Problem der Nationalität, in: ders. 1959, 89-111
Rovan, Joseph, Staat und Nation in der deutschen Geschichte, in: Weidenfeld 1983, 229-247
Rudolph, Hermann, Die Gesellschaft der DDR – eine deutsche Möglichkeit? München 1972
Rüddenklau, Harald, Geschichte einer Okkupation. Deutschland unter fremder Besetzung, in: Venohr 1982, 61ff
Ruedorffer, J. J., Grundzüge der Weltpolitik. Stuttgart ⁷1916
Ruffmann, Karl-Heinz, Nation und Demokratie in unserer Zeit. Mainz 1970
Rumpf, Helmut, Land ohne Souveränität. Karlsruhe ²1973
Rumpf, Helmut, Vom Niemandsland zum Deutschen Kernstaat. Beiträge zur Entwicklung der

Deutschlandfrage von 1945 - 1973. Hamburg 1979
Rumpf, Helmut, Die Nation in rechtlicher Sicht, in: Fiedler 1984, 7-22
Rumpf, Helmut, Das Subjekt des Selbstbestimmungsrechts, in: Blumenwitz/Meissner (I) 1984, 47-59
Ruppert, Wolfgang, Bürgerlicher Wandel. Studien zur Herausbildung einer nationalen deutschen Kultur im 18. Jahrhundert. Frankfurt/M. 1981
Rustow, Dankwart A., A. World of Nations: Problems of Political Modernization. Washington D. C. ^{4}1969
Saage, Richard, Herrschaft, Toleranz, Widerstand. Studien zur politischen Theorie der niederländischen und der englischen Revolution, Frankfurt/M. 1981
Salis, J. R. von, Nation: legitim oder illegitim?, in: PK 2/1974/7ff
Salomon, Gottfried, Nation und Nationalität. Erster Ergänzungsband des Jahrbuchs für Soziologie. Karlsruhe 1927
Sauer, Wolfgang, Das Problem des deutschen Nationalstaates, in: Wehler 1981 (^{1}1966), 407-436 und 544ff
Scheel, Heinrich, Deutscher Jakobinismus und deutsche Nation. Berlin 1966
Scheel, Walter, Die Einheit der Deutschen. Berlin 1978
Scheel, Walter (Hrsg.), Die andere deutsche Frage. Kultur und Gesellschaft der Bundesrepublik Deutschland nach dreißig Jahren. Stuttgart 1979
Scheler, Max, Die Ursachen des Deutschenhasses. Eine national-pädagogische Erörterung. Leipzig 1917
Scheler, Max, Von zwei deutschen Krankheiten (1919), in: Ges. Werke Bd. 6, 204-219. Bern, München 1963
Schieder, Theodor, Das Verhältnis von politischer und gesellschaftlicher Verfassung und die Krise des bürgerlichen Liberalismus, in: HZ 177/1954/49ff
Schieder, Theodor, Idee und Gestalt des übernationalen Staates seit dem 19. Jahrhundert, in: HZ 184/1957/336-366
Schieder, Theodor, Die Schweiz als Modell der Nationalitätenpolitik, in: Festgabe für Hans Herzfeld. Berlin 1958
Schieder, Theodor, Das Deutsche Kaiserreich von 1871 als Nationalstaat. Köln/Opladen 1961 (= Wiss. Abhandlung der Arbeitsgemeinschaft für Forschung des Landes NRW 20)
Schieder, Theodor, Partikularismus und nationales Bewußtsein im Denken des Vormärz, in: W. Conze (Hrsg.), Staat und Gesellschaft im deutschen Vormärz. Stuttgart 1962
Schieder, Theodor, Der Nationalstaat in Europa als historisches Phänomen (AG für die Forschung des Landes NRW, Geisteswiss., 100 Sitzg. H. 119). Düsseldorf 1963
Schieder, Theodor/*Deuerlein*, Ernst (Hrsg.), Reichsgründung 1870/71. Tatsachen, Kontroversen, Interpretationen. Stuttgart 1970
Schieder, Theodor (Hrsg.), Sozialstruktur und Organisation europäischer Nationalbewegungen. München/Wien 1971 (Studien zur Geschichte des 19. Jahrhunderts 3)
Schieder, Theodor, Probleme der Nationalismusforschung, in: ders. 1971
Schieder, Theodor/*Alter*, Peter (Hrsg.), Staatsgründung und Nationalitätsprinzip. München/Wien 1974 (= Studien zur Geschichte des 19. Jahrhunderts 7)
Schieder, Theodor/*Dann*, Otto (Hrsg.), Nationale Bewegung und soziale Organisation. München 1978
Schieder, Theodor, Typologie und Erscheinungsformen des Nationalstaats in Europa (^{1}1966), in: Winkler 1978, 119-137
Schlegel, Wolfgang, Geschichtsbild und geschichtliche Bildung als volkspädagogische Aufgabe. Weinheim 1961
Schlesinger, Walter, Kaiser Arnulf und die Entstehung des deutschen Staates und Volkes, in: HZ 163/1941/457ff
Schlesinger, Walter, Die Grundlegung der deutschen Einheit im frühen Mittelalter, in: Hinrichs/Berges 1960, 5-45
Schlesinger, Walter, Die Königserhebung Heinrich I., der Beginn der deutschen Geschichte und die deutsche Geschichtswissenschaft, in: HZ 221/1975/529-552
Schlesinger, Walter, Die Entstehung der Nationen. Gedanken zu einem Forschungsprogramm, in: Beumann/Schröder 1978, 11-62
Schlesinger, Walter, Die Anfänge der deutschen Königswahl (1948), in: Kämpf 1980, 313-385
Schmidt, Gustav, Die Nationalliberalen — eine regierungsfähige Partei? Zur Problematik der inneren Reichsgründung 1870 - 1878, in: G. A. Ritter (Hrsg.), Die deutschen Parteien vor 1918. Köln 1973, 208-223
Schmidt, Walter, Nationalismus im Klassenkampf unserer Zeit, in: Einheit 30/2-1975/196-207

Schmidt, Walter, Nationalgeschichte der DDR und das territorialstaatliche historische Erbe, in: Zeitschrift für Geschichtswissenschaft. Berlin (Ost) H. 5/1981/399-404

Schmidt-Wiegand, Ruth, Stammesrecht und Volkssprache in karolingischer Zeit, in: Beumann/ Schröder 1978, 171-203

Schneider, Friedrich (Hrsg.), Universalstaat oder Nationalstaat. Die Streitschriften von Heinrich von Sybel und Julius Ficker zur deutschen Kaiserpolitik des Mittelalters. Innsbruck 1941

Schneider, Hermann, Erziehung zum Deutschsein. Breslau 1925

Schoenbaum, David, Die braune Revolution. Eine Sozialgeschichte des Dritten Reiches. Köln, Berlin 1968

Schoeps, Hans-Joachim, „Bereit für Deutschland". Der Patriotismus deutscher Juden und der Nationalsozialismus. Frühe Schriften 1930 - 1939. Eine historische Dokumentation. Berlin 1970

Schrenck-Notzing, Caspar von, Die Identitätskrise der Deutschen in der Nachkriegszeit, in: Grosser 1981, 19ff

Schröcker, Alfred, Die Deutsche Nation. Beobachtungen zur politischen Propaganda des ausgehenden 15. Jahrhunderts. Lübeck 1974

Schröder, Hans-Christoph, Die neuere englische Geschichte im Lichte einiger Modernisierungstheorien, in: Koselleck 1977, 30-65

Schröder, Werner, Zum Verhältnis von Lateinisch und Deutsch um das Jahr 1000, in: Beumann/ Schröder 1978, 425-438

Schroers, Rolf, Meine deutsche Frage. Politische und literarische Vermessungen 1961 - 1979. Stuttgart 1979

Schüddekopf, Otto-Ernst, Nationalbolschewismus in Deutschland 1918 - 1933. Frankfurt/M. 1973

Schütrumpf, Eckart, Die Analyse der Polis durch Aristoteles (Studien zur Antiken Philosophie, Bd. 10). Amsterdam 1980

Schütz, Wilhelm Wolfgang, Reform der Deutschlandpolitik. Köln/Berlin 1965

Schulin, Ernst, Universalgeschichte. Köln 1974

Schulin, Ernst, Einleitung zur Universalgeschichte, in: ders. 1974, 11-65

Schultheis, Franz Guntram, Geschichte des deutschen Nationalgefühls. Eine historisch-psychologische Darstellung Bd. 1. Von der Urzeit bis zum Interregnum. München, Leipzig 1893

Schulz, Eberhard, Die deutsche Nation in Europa. Bonn 1982

Schulze, Hagen, Weimar. Deutschland 1917 - 1933 (= Die Deutschen und ihre Nation). Berlin 1982

Schwan, Alexander, Die Staatsphilosophie im Verhältnis zur Politik als Wissenschaft, in: Oberndörfer (Hrsg.), Wissenschaftliche Politik. Eine Einführung zu Grundfragen ihrer Tradition und Theorie. Freiburg i. Br. 1962, 153-195

Schwartlaender, J. (Hrsg.), Menschenrechte. Aspekte ihrer Begründung und Verwirklichung. Tübingen 1978

Schwarz, Hans-Peter, Die außenpolitischen Grundlagen des westdeutschen Staates, in: Löwenthal/ Schwarz (Hrsg.), Die zweite Republik, 25 Jahre Bundesrepublik Deutschland – eine Bilanz. Stuttgart 1974, 27-63

Schwarz, Hans-Peter, Die nationale Frage – morgen. 6 Thesen zur Positionsbestimmung nach 25 Jahren, in: PM 19/154-1974/9-33

Schwarz, Hans-Peter, Brauchen wir ein neues deutschlandpolitisches Konzept?, in: EA 32/1977/ 327-338

Schwarz, Hans-Peter (Hrsg.), Entspannung und Wiedervereinigung. Die deutschlandpolitischen Vorstellungen K. Adenauers 1955 - 58. Stuttgart 1979

Schweigler, Gebhard, Nationalbewußtsein in der BRD und DDR. Düsseldorf 1973

Schweinitz, Karl de, jr., Industrialization and Democracy: Economic Necessities and Political Possibilities. Glencoe, Ill. and London 1964

Schweisfurth, Theodor, Verträge im Zeichen der Einheit der Nation, in: PK 7/3-1980/58ff

Schweisfurth, Theodor, Das Ziel: Blockfreiheit, in: Venohr 1982, 81-101

Schweitzer, Carl Christoph (Hrsg.), Die deutsche Nation, Aussagen von Bismarck bis Honecker. Köln 1979

Seiffert, Wolfgang, Die deutsche Nation zwischen Politik und Recht, in: PK 6/5-1979/40-41

Seiffert, Wolfgang, SED und nationale Frage. Eine aktuelle Bestandsaufnahme, in: Venohr 1982, 161ff

Seiffert, Wolfgang, Kann der Ostblock überleben? Bergisch-Gladbach 1982

Seiffert, Wolfgang, Deutschlandpolitik nach dem UNO-Beitritt, in: VN 5/1983

Seiffert, Wolfgang, Die Natur des Konflikts zwischen SED-Führung und Moskau, in: DA 17/10-1984/1043-1059

Seiffert, Wolfgang, Was bedeutet Respektierung der Staatsangehörigkeit?, in: DA 17/11-1984/ 1121-5

Seipel, Ignaz, Nation und Staat. Wien, Leipzig 1916
Senghaas, Dieter, Friedrich List und die Neue internationale ökonomische Ordnung, in: Leviathan 1975, 292-300
Senghaas, Dieter, Kapitalistische Weltökonomie. Kontroversen über ihren Ursprung und ihre Entwicklungsdynamik. Frankfurt 1979
Shibutani, Tamotsu/*Kwan*, Kian Moon, Ethnic Stratification. A Comparative Approach. N. Y./London 1965
Siebert, Horst, „Gesamtdeutsche Erziehung" in Schulbüchern der DDR und BRD, in: Aus Politik und Zeitgeschichte v. 14.3.1970
Siegler, Heinrich von, Wiedervereinigung und Sicherheit Deutschlands, Bd. 1-2, o. O. 1967/8.
Sieyès, Abbé, Was ist der Dritte Stand? ed. O. Brandt. Berlin 1923 (Politische Schriften)
Simon, Gerhard, Die Sprachenfrage ist das wichtigste Konfliktfeld. Die Nationalitäten und die Regierbarkeit der Sowjetunion, in: FAZ 182/17.8.1984/7
Simon, Hermann, Geschichte der deutschen Nation. Wesen und Wandel des Eigenverständnisses der Deutschen. Mainz 1968
Sitzungsberichte des Kongresses der organisierten nationalen Gruppen in den Staaten Europas in Genf 1925ff, 1926 (in Kommission bei W. Baumüller). Wien, Leipzig 1928
Smith, Anthony D., Theories of Nationalism. London 1971
Smith, Anthony D., Ethnocentrism, Nationalism and Social Change, in: International Journal of Comparative Sociology, 13/1972/1-20
Smith, Anthony D., The Concept of Social Change. London and Boston 1973
Smith, Anthony D., Ethnic Revival. London 1981
Smith, Gordon, A Future for the Nation-State?, in: Tivey 1981, 197-208
Snyder, Louis L., Roots of German Nationalism. Indiana 1978
Solowjew, Wladimir, Die nationale Frage in Rußland (= Deutsche Gesamtausgabe der Werke Bd. 4), hrsg. v. Wilhelm Lettenbauer, München/Freiburg 1972
Sombart, Werner, Kapitalismus und kapitalistischer Geist in ihrer Bedeutung für Volksgemeinschaft und Volkszersetzung, in: B. Harms 1929, I. 280ff
Sonderegger, Stefan, Tendenzen zu einem überregional geschriebenen Althochdetusch, in: Beumann/Schröder 1978, 229-273
Sontheimer, Kurt, Nation und Nationalismus in der Bundesrepublik, in: Hans Steffen (Hrsg.), Die Gesellschaft in der Bundesrepublik, Analysen II. Göttingen 1971, 130-152
Sontheimer, Kurt/*Stammler*, Eberhardt/*Heigert*, Hans, Sehnsucht nach der Nation? Drei Plädoyers. München 1966
Spiess, Hans-Bernd (Hrsg.), Die Erhebung gegen Napoleon 1806 - 1814/15 (= Quellen zum politischen Denken der Deutschen im 19. und 20. Jahrhundert Bd. II). Darmstadt 1981
Stalin, Josef W., Marxismus und nationale Frage (1913).
Stalin, Josef W., Die Nationale Frage und der Leninismus (1929), in: ders. 1976, 323-343
Stalin, Josef W., Marxismus und die nationale und koloniale Frage. Köln 1976, 26-93
Stammen, Theo (Hrsg.), Einigkeit und Recht und Freiheit. Westdeutsche Innenpolitik 1945 - 1955, München 1965
Stavenhagen, Kurt, Das Wesen der Nation. Berlin 1934
Stein, Howard F./*Hill*, Robert, F., The Ethnic Imperative: Examining the New White Ethnic Movement. Pennsylvania 1977
Steinacker, Harold, Austro-Hungaria. Ausgew. Aufsätze und Vorträge zur Geschichte Ungarns und der österreichischen Monarchie. München 1963
Steinbach, Franz, Studien zur westdeutschen Stammes- und Volksgeschichte. Im Anhang: Deutsche Sprache und Deutsche Geschichte. Nachdruck der Ausgabe Jena 1926. Darmstadt 1962
Stengel von *Rutkowski*, Lothar, Was ist ein Volk? Der biologische Volksbegriff. Erfurt ^{3}1943
Straka, Manfred (Bearb.), *Handbuch* der europäischen Volksgruppen. Wien/Stuttgart 1970 (= Ethnos 8)
Straub, Eberhard, Die langwierige deutsche Frage. Eine historische Diskussion in Augsburg, in: FAZ 236/12.10.1981/23
Strauss, Wolfgang, Nation oder Klasse. 60 Jahre Kampf gegen die Oktoberrevolution – Geschichte des Widerstandes in der UdSSR. München 1978
Stürmer, Michael (Hrsg.), Das kaiserliche Deutschland. Politik und Gesellschaft 1870 - 1918. Düsseldorf 1970
Stürmer, Michael, Nationalstaat und Klassengesellschaft im Zeitalter des Bürgers – Ein Versuch, in: Lothar Albertin/Werner Link (Hrsg.), Politische Parteien auf dem Weg zur parlamentarischen Demokratie in Deutschland. Entwicklungslinien bis zur Gegenwart. Düsseldorf 1981, 11-29
Stürmer, Michael, Deutsche Versuchung. Über Sonderwege, Sackgassen und die Sehnsucht nach

Katastrophen, in: PM, Jan. 1983
Stürmer, Michael, Das ruhelose Reich. Berlin 1983
Sturmfels, Wilhelm, Arbeiterschaft und Staat. Leipzig 1924
Stützle, Walther, Kennedy und Adenauer in der Berlin-Krise 1961 - 1962. Bonn-Bad Godesberg 1973
Sulzbach, Walter, Imperialismus und Nationalbewußtsein, in: Erbe 1961, 13ff
Sulzbach, Walter, Zur Definition und Psychologie von „Nation" und Nationalbewußtsein, in: PVS 3/1962/139-158
Sulzbach, Walter, Die Zufälligkeit der Nationen und die Inhaltslosigkeit der internationalen Politik. Berlin 1969
Symmons-Symonolewicz, K., Modern Nationalism: Towards a Consensus in Theory. New York 1968
Tellenbach, Gerd, Wann ist das Deutsche Reich entstanden?, in: Kämpf 1980, 171-212
Teppe, Karl, Das deutsche Identitätsproblem. Eine historisch-politische Provokation, in: Aus Politik und Zeitgeschichte v. 22.5.1976
Terray, E., L'idée de nation et les transformations du capitalisme, in: Temps modernes 29/1973/ 492-508
Thadden, Rudolf von, Gesellschaftsbewußtsein und Identitätsproblem der Deutschen, in: PK 7/3-1980/3ff
Thierse, Paul, Der nationale Gedanke und die Kaiseridee bei den schlesischen Humanisten. Breslau 1908
Tilly, Ch. (Ed.), The Formation of National States in Western Europe. Princeton 1975
Tilly, Richard H., Los von England: Probleme des Nationalismus in der deutschen Wirtschaftsgeschichte, in: Ztsch. f. ges. Staatswissenschaft 124/1968/179-96
Tivey, Leonard (Ed.), The Nation-State, the Formation of Modern Politics. Oxford 1981
Totten, Christine Margret, Deutschland – Soll und Haben. Amerikas Deutschlandbild. 1964
Toynbee, Arnold, Sinn oder Sinnlosigkeit?, in: Reinisch 1974, 83-100
Troeltsch, Ernst, Deutscher Geist und Westeuropa. Ges. kulturphilos. Abhandlungen [1]1925, [2]1966
Tümmler, Hans, „Deutschland, Deutschland über alles". Zur Geschichte und Problematik unserer Nationalhymne, Köln 1979
Ulbricht, Walter, Nationale Frage in heutiger Sicht. Berlin 1966
Valsecchi, F., Nation, Nationalität, Nationalismus im italienischen Denken, in: HZ 210/1970/14-33
Veiter, Theodor, Volk, Volksgruppe, Nation. Theoretische Grundlegung. Wien 1966
Veiter, Theodor, Deutschland, deutsche Nation und deutsches Volk. Volkstheorie und Rechtsbegriffe, in: Aus Politik und Zeitgeschichte vom 17.3.1973
Veiter, Theodor, Der interethnische Friede in der Schweiz – Ideal mit Mängeln, in: EE 37/2-1980/ 58-64
Veiter, Theodor, Innerstaatlicher Schutz von Volksgruppen und Sprachminderheiten im heutigen Europa, in: Wittmann/Bethlen 1981
Venohr, W. (Hrsg.), Europas ungelöste Fragen. Die Probleme nationaler und religiöser Minderheiten. Reinbek b. Hamburg 1971
Venohr, W. (Hrsg.), Die deutsche Einheit kommt bestimmt. Bergisch-Gladbach 1982
Verdross, Alfred, Zum Problem der völkerrechtlichen Grundnorm, in: Rechtsfragen der internationalen Organisation. Festschrift für H. Wehberg, hrsg. von W. Schätzel/H.-J. Schlochauer, Frankfurt/M. 1956, 385-394
Verdross, Alfred/*Simma*, Bruno, Universelles Völkerrecht. Berlin [2]1981
Verhandlungen des 2. deutschen Soziologentages von 1912. Tübingen 1913
Vierhaus, Rudolf, „Patriotismus" – Begriff und Realität einer normalen politischen Haltung, in: Wolfenbütteler Forschungen Bd. 8. München 1980
Vigener, F., Bezeichnungen für Volk und Land der Deutschen vom 10. - 13. Jahrhundert. 1901, Ndr. 1976
Vogelsang, Thilo, Das geteilte Deutschland. München 1966
Vogt, Hannah, Nationalismus gestern und heute. Texte und Dokumente. Opladen 1967
Vollmer, Peter, Nationalismus und politische Emanzipation. Bern 1983
Vossler, Otto, Der Nationalgedanke von Rousseau bis Ranke. München 1937
Wallach, Richard, Das abendländische Gemeinschaftsbewußtsein im Mittelalter (= Beiträge zur Kulturgeschichte des Mittelalters und der Renaissance), hrsg. von Walter Goetz, Bd. 34. Leipzig 1928
Walser, Martin, Händedruck mit Gespenstern, in: Jürgen Habermas (Hrsg.), Stichworte zur geistigen Situation der Zeit, 1. Bd.: Nation und Republik. Frankfurt/M. 1979
Warner, W. Loyd/*Srole*, L., The Social Sytems of American Ethnic Groups (= Jankeelity Series Bd. 3). New Haven 1945
Was bedeuten uns heute Volk, Nation, Reich? Vorträge und Diskussionen auf einer Arbeitstagung der Friedrich-Naumann-Stiftung. Stuttgart 1961

Weber, Max, Soziologie, universalgeschichtliche Analysen, Politik. Stuttgart [5]1973
Weber, Max, Wirtschaft und Gesellschaft. Tübingen [5]1976
Weede, E., Charakteristika von Nationen als Erklärungsgrundlage für das internationale Konfliktverhalten, in: Sozialwissenschaftliches Jahrbuch für Politik 2/1971/327-402
Wehler, Hans-Ulrich, Moderne deutsche Sozialgeschichte. Düsseldorf 1981 ([1]1966)
Wehling, Hans-Georg, Nation und Teilung. Gedanken zur Zukunft Deutschlands als Nationalstaat, in: Der Bürger im Staat 19/1969
Wehrli, Max, Der Nationalgedanke im deutschen und schweizerischen Humanismus, in: B. v. Wiese und R. Keuß (Hrsg.), Nationalismus in Germanistik und Dichtung. Berlin 1967, 126-44
Weidenfeld, Werner, Die Frage nach der Einheit der deutschen Nation. München 1981
Weidenfeld, Werner (Hrsg.), Die Identität der Deutschen. Bonn 1983
Weigel, Hans, Das Land der Deutschen mit der Seele suchend. Bericht über eine ambivalente Beziehung. Zürich - München 1978
Weinacht, Paul-Ludwig, Politische Philosophie, in: ders./U. Kempf/H.-G. Merz (Hrsg.), Einführung in die Politische Wissenschaft. Freiburg 1977, 11-34
Weissel, Bernhard (Hrsg.), Kultur und Ethnos. Zur Kritik der bürgerlichen Auffassung über die Rolle der Kultur in Geschichte und Gesellschaft. Berlin (Ost) 1980
Weltsch, Felix, Judentum und Nationalismus. Berlin 1920
Wenger, Paul-Wilhelm, Wer gewinnt Deutschland? Kleinpreußische Selbstisolierung oder mitteleuropäische Föderation, mit 24 Karten zur politischen Lage. Stuttgart-Degerloch 1959
Wenskus, Reinhard, Die deutschen Stämme im Reiche Karls des Großen, in: Wolfgang Braunfels, Karl der Große, Lebenswerk und Nachleben, Bd. I: Persönlichkeit und Geschichte, hrsg. von Helmut Beumann. Düsseldorf 1965, 178-219
Werminghoff, Albert, Neuere Arbeiten über das Verhältnis von Staat und Kirche in Deutschland während des späteren Mittelalters, in: Hist. Vierteljahrsschrift 11/1908/153-184 und 184-192
Werminghoff, Albert, Nationalgeschichtliche Bestrebungen im deutschen Mittelalter. Stuttgart 1910
Wiesbrock, Heinz, Ist der deutsche Volkscharakter besonders anfällig für Autoritarismus und Nationalismus?, in: Autoritarismus und Nationalismus – ein deutsches Problem?. Eingel. von Karl Holzamer. Frankfurt/M. 1963, 21-34
Willms, Bernard, Die deutsche Nation – Theorie, Lage, Zukunft. Köln 1982
Willms, Bernard, Politische Koexistenz. Zur Theorie des Ost-West-Konflikts, Paderborn 1982
Willms, Bernard, Überlegungen zur Zukunft der deutschen Nation, in: Fiedler 1984, 85-108
Winkler, Heinrich August, Bürgerliche Emanzipation und nationale Einigung. Zur Entstehung des Nationalliberalismus in Preußen, in: H. Böhme (Hrsg.), Probleme der Reichsgründung. Köln 1968, 226ff
Winkler, Heinrich August, Preußischer Liberalismus und der Nationalstaat. Tübingen 1964
Winkler, Heinrich August, Nationalismus. Meisenheim a. Gl. 1978 (NWB 100)
Winkler, Heinrich August, Vom linken zum rechten Nationalismus. Der deutsche Liberalismus in der Krise von 1878 - 79, in: Geschichte und Gesellschaft 4/1978/5-28
Winkler, Heinrich August, Liberalismus und Antiliberalismus, Göttingen 1979
Winkler, Heinrich August, Nationalismus in der Welt von heute. Göttingen 1982
Wittmann, Fritz/*Bethlen*, Stefan Graf (Hrsg.), Volksgruppenrecht – ein Beitrag zur Friedenssicherung. München 1981
Wittram, Reinhard, Das Nationale als Europäisches Problem. Göttingen 1954
Wolf, K., Hans Kohn's Liberal Nationalism. The Historian as Prophet, in: Journal of the History of Ideas 37/1976/651-72
Wollstein, Günter, Das „Großdeutschland" der Paulskirche. Nationale Ziele in der bürgerlichen Revolution 1848/49. Düsseldorf 1977
Wolzendorf, Kurt, Staatsrecht und Naturrecht in der Lehre vom Widerstandsrecht des Volkes. Aalen [2]1968 (Breslau [1]1916)
Wolzendorf, Kurt, Grundgedanken des Rechts der nationalen Minderheiten (= Heft 1 der Schriftenfolge des Ausschusses für Minderheitenrecht. Das Selbstbestimmungsrecht der Deutschen) 1921
Wuermeling, Henric L., Zum vierten Reich? Die nationale und soziale Frage in uns, in: Venohr 1982, 103ff
Yowey, S., Die nationalkommunistische Etappe in der Entwicklung des Marxismus-Leninismus, in: Sowjetstudien 1958, Heft 5, 5-44
Zacher, Hans F., Pluralität der Gesellschaft als rechtspolitische Aufgabe, in: Der Staat 1970/161-186
Zahn, Friedrich, Die Entwicklung der räumlichen, beruflichen und sozialen Gliederung des deutschen Volkes seit dem Aufkommen der industriell-kapitalistischen Wirtschaftsweise, in: B. Harms

1929, I., 220ff
Zechlin, Egmont, Die deutsche Einheitsbewegung. Frankfurt/M. ⁴1979
Zeumer, Karl, Quellensammlung zur Geschichte der deutschen Reichsverfassung im Mittelalter und in der Neuzeit. Tübingen ²1913
Ziebura, Gilbert (Hrsg.), Nationales Interesse oder übernationale Ordnung?, in: ders., Nationale Souveränität und übernationale Integration. Berlin 1966/151-175
Ziebura, Gilbert, Europaidee und Supranationalität in der westdeutschen Außenpolitik, in: Hans Steffen (Hrsg.), Die Gesellschaft in der Bundesrepublik, Analysen II. Göttingen 1971, 153-177
Zieger, Gottfried (Hrsg.), Fünf Jahre Grundvertragsurteil des Bundesverfassungsgerichts. Köln 1979
Zieger, Gottfried, Gebietsveränderungen und Selbstbestimmungsrecht, in: Blumenwitz/Meissner (I) 1984, 73-88
Zieger, Gottfried, Die deutsche Einheit und die europäische Integration, in: Blumenwitz/Meissner (II) 1984, 11-26
Ziegler, Heinz O., Zur Souveränität der Nation, in: Alfred-Weber-Festschrift 1930, 247-262
Ziegler, Heinz O., Die moderne Nation.Tübingen 1931
Ziegler, Leopold, Der deutsche Mensch. Berlin ²1917
Zillessen, Horst (Hrsg.), Volk, Nation, Vaterland. Der deutsche Protestantismus und der Nationalismus. Gütersloh ²1970
Zipf, Georg Kingsley, National Unity and Disunity. The Nation as a Bio-Social Organism. Bloomington 1941
Zorn, Wolfgang, Sozialgeschichtliche Probleme der nationalen Bewegung in Deutschland, in: Schieder 1971
Zorn, Wolfgang, Wirtschafts- und sozialgeschichtliche Zusammenhänge der deutschen Reichsgründungszeit (1850 - 1879), in: HZ 197/1963/318-342
Žukov, E. M., Über die Periodisierung der Weltgeschichte, in: Ernst Schulin 1974, 107-121
Zuleeg, Manfred, Die deutsche Nation im Spiegel des Rechts, in: DVBl 1.5.1983, 486-494
Zuleeg, Manfred, Von den Grenzen nationaler Souveränität und der Begrenzung europäischer Macht. Die EG – Paradebeispiel für eine supranationale Organisation, in: Das Parlament 33/32 – 19.8.1983/6

Personenregister

G.A. Almond 153, 207
P. Alter 24, 28, 124, 178
H. Ammon 188, 210
K.O. Frhr. v. Aretin 53f, 178
Aristoteles 60ff.
H.-J. Arndt 47, 131, 202
Arnulf von Kärnten 41
P. Atteslander 134
H. Aubin 39f, 42f, 45

W. Bagehot 159, 214
E. Bahr 56, 202
A. Baring 55
G. Barraclough 123, 181, 235
H.-J. Bartmus 40, 42, 45
A. Baruzzi 73
O. Bauer 7f, 23, 28, 88, 93, 114, 131, 137, 158, 190, 196f, 200, 203, 205, 211, 217
H. Bechthold 109
J. Becker 22, 87, 233, 235
A. Bein 36, 105, 123, 166
D. Bell 153, 204
W. Bell 185
R. Bendix 7f, 19, 36, 78, 193f, 204f, 207, 214, 215, 225, 227
L. Bergstraesser 83
H. Beumann 21f, 35, 43, 45
O. v. Bismarck 50ff., 84, 87ff., 105, 122, 127, 128ff., 136, 191, 197
P. Blackbourn 55, 117
E. Bloch 74, 79
J. K. Bluntschli 171, 176, 200
E.-W. Böckenförde 35, 72, 76, 101, 130, 186
H. Bodensiek 117
M. H. Boehm 7f, 81, 105, 150ff., 164, 169ff., 173, 176, 194, 217
K. Bosl 43f, 46, 80
K. D. Bracher 174, 187, 227
P. Brandt 188, 210
W. Brandt 56, 137, 201
J. Bromlej 7f, 26, 39, 118, 150ff., 201
O. Brunner 43, 72ff., 79, 172
H. Buchheim 189, 199, 210
W. L. Bühl 99, 183, 205, 207, 219, 222, 227
O. Büsch 139

P. Burian 187
D. Calleo 55, 117, 235
E. H. Carr 35
V. Cathrein 126
K. Celtis 200
H. Christ 114
Cicero 21
W. Conze 7f, 36, 42, 46, 52, 55, 82, 88f, 94, 123f, 142, 185, 199, 214f, 227
F. de Coulanges 81
J. Cropsey 68

R. Dahrendorf 55, 79, 86, 89, 131, 178, 222
O. Dann 36, 88, 124, 164, 209, 215
R. Debray 22, 94, 143, 190
G. Decker 166, 174
A. Dempf 125, 176
W. Dettling 94
K. W. Deutsch 36, 45, 85, 137, 155, 185, 189, 200f, 215, 223, 230, 233
J. Dittberner 55, 137
H. Diwald 125
K. Doehring 130, 174, 186
R. Dutschke 78
F.-Ebert-Stiftung 56, 140
H. Eggers 38, 44, 158
H. Ehmke 55, 91, 180, 210
H. Eichberg 215
G. Eley 55, 117
R. Emerson 7f, 23, 109, 114, 117, 145, 163, 166, 203
C. H. Enloe 24, 109ff., 153ff.
K. D. Erdmann 216, 227
B. Faulenbach 117, 214
J. Fels 126
W. Fiedler 145, 174, 185, 189
J. Fleckenstein 43
E. Fraenkel 175, 179
E. Francis 7f, 28, 30f, 36, 110, 154, 159, 161ff., 172, 200, 209
C. Frantz 177f
Frechulph von Lisieux 22
W. E. Freeman 185
H. Freyer 83, 142, 144, 204, 213, 231
E. Forsthoff 75, 94, 128, 131, 179
J. Gabbe 180, 202

L. Gall 53, 131, 137
G. Gaus 139, 235
J. Gebhardt 214f
A. Gehlen 74, 189, 213
P. Glotz 199
P. Görlich 22, 46
K. Gotto 56
W. Grab 131
M. Greiffenhagen 202
W. G. Grewe 123
I. M. Greverus 134
H. Groepper 186, 202, 232
D. Groh 36, 52, 89
K. Grunwald 172
R. Grulich 126

J. Habermas 74f, 79, 81, 117, 186, 202, 220, 226
J. Hacker 36, 54, 140
E. Häckel 96, 215
S. Haffner 187
H. Haftendorn 227
B. Harms 126, 131
W. F. Harnrieder 235
F. Hartung 131
H. Heine 202
G. Heinemann 233
Heinrich I 42
H. Heller 91
W. Hennis 18, 67, 75, 79f, 117, 155
W. Hellpach 158, 209
R. Hepp 160, 190
G. Héraud 81, 124, 133, 150, 166
J.G. Herder 84, 200
J. Herrmann 39, 41, 45
F. Hertz 35f, 45, 95, 132, 134, 155, 160, 175, 177, 201
H. Herzfeld 36, 176
K. Hesse 130
W. Hessler 38
A. Hillgruber 186, 235
O. Hintze 43, 76, 235
Th. Hobbes 63, 107, 122
O. Höffe 73ff.
St. Hofmann 187
Hrabanus Maurus 21
E. R. Huber 94, 125, 127, 130f, 180f, 185f, 201, 226, 235
G.K. Hugelmann 39, 42, 44f
G. Hubatschek 235
G.G. Iggers 144

H. F. Illy 36, 201, 215
E. Jäckel 95
G. Ipsen 46
H. P. Ipsen 227
P. Joachimsen 42, 44, 119, 127, 137, 158
J. Kaiser 92, 137, 139, 233
K. Kaiser 227
W. Kaltefleiter 56
W. Kamlah 55, 235
Karl der Große 21, 38f, 40, 197
D. Katz 184, 192f
E. Kehr 87, 91
P. Graf Kielmansegg 79, 81
O. Kimminich 54, 130, 174, 186
G.-K. Kindermann 227
A. Kirchhoff 105, 107, 110
B. Kirsch 56
M. Knapp 186
H. Kohl 165, 220, 233
G. Knopp 54, 140
J. Kocka 24, 76, 187, 198, 202, 215
H. Kohn 7f, 204
F. Kopp 140
R. Koselleck 213
A. Kosing 7f, 36, 56, 200
E. Kosthorst 91ff., 139, 199, 211, 233
V. J. Kozlov 158
M. Kriele 235
Chr. Graf v. Krockow 7f, 19, 35, 78, 91, 116, 117, 119, 137, 174, 235
H. Kuhn 67, 73f, 79
Th. S. Kuhn 80
K. M. Kwan 152

A. A. Lamperstorfer 201
D. S. Landes 214
A. Langner 125
R. Laun 160, 176, 201f
G. Leibholz 126, 137, 185
W. I. Lenin 91, 173, 224, 227
E. Lemberg 7f, 21, 24, 26, 31, 34ff., 45, 49, 55, 76, 95, 105ff., 110, 112, 114, 123, 126, 173, 201, 235
H. Lenk 169
R. M. Lepsius 91, 131
D. Lerner 213
B. Lewytzkj 112, 224ff.
O. Liess 112
W. Link 140, 186
W. Lipp 7, 226

S. M. Lipset 206
J. v. Lohausen 196, 235
H. Löwe 38, 43
R. Löwenthal 84, 212, 217
K. Löwith 81, 144
O. Luchterhand 174
H. Lübbe 144f, 199
N. Luhmann 220

Machiavelli 63, 78, 122
H. Maier 75, 77, 124, 125
J. de Maistre 33, 87
Th. Malmberg 132, 134
S. Mampel 131, 174
G. Manzini 89
J. Maritain 79f
O. Marquard 199f
B. Martin 173
K. Marx 59, 100, 224
R. D. Masters 74
U. Matz 79
T. Maunz 130
J. Mausbach 119, 126
P. Mayo 159f
Chr. Meier 76, 80, 200
F. Meinecke 28
B. Meissner 36, 140, 174
A. Mertes 56, 120, 123, 139, 233, 235
Metternich 47
K. Moersch 55
A. Mohler 117, 188
H. Mommsen 7f, 35f, 37, 56, 106, 131, 140, 174, 179, 198, 201, 202, 225, 227, 235
W. J. Mommsen 51, 83, 202
N. Montzel 126
R. Morsey 122, 125
G. L. Mosse 150
K. Motschmann 54, 139f, 235
P. Moynihan 109, 159
W. E. Mühlmann 150ff., 158f

Napoleon 31, 52
W. D. Narr 187
A. D. Neu 93, 102
F. J. Neumann 105
L. Niethammer 48, 101, 198
F. Nietzsche 141, 145
Th. Nipperdey 214
E. Noelle-Neumann 202
E. Nolte 55, 182

M. Nordau 124
Chr. Pan 27, 110, 117, 174, 200f
R. E. Park 151
T. Parsons 155, 159
P. P. Pasolini 118
P. Pernthaler 175
H. Plessner 7f, 55f, 61, 74
H. Pross 199, 202
L. W. Pye 118, 153
H. Quaritsch 93, 172, 235
K. Rabl 104, 166f, 174f
L. Ranke 87
Regino v. Prüm 21, 41
E. Reibstein 175
P. Reichel 117
E. Renan 25, 29, 36, 121
K. Renner 7f, 52, 91, 95, 99, 101, 106, 109, 114f, 131, 134
K. Repgen 125
G. Ress 227
K. H. Rexroth 21f, 38, 41, 44f
G. Rhode 125
G. Ritter 87, 124, 131, 173
G. A. Ritter 87
J. Ritter 71f, 73, 79
St. Rokkan 35, 134
F. Rosenstiel 227
R. Roth 202
D. Rothermund 36
H. Rothfels 36, 134, 233
J. J. Rousseau 63, 74, 122, 125, 163
Rudolf von Fulda 37
H. Rüddenklau 56
J. J. Ruedorfer 189
H. Rühle 235
K. H. Ruffmann 55
H. Rumpf 54, 166, 189
W. Ruppert 214

R. Saage 174
J. R. v. Salis 48
W. Sauer 187
M. Scheler 47, 116
K. M. Schellhorn 227
U. Scheuner 127, 185
Th. Schieder 7f, 26, 35f, 55, 93, 124, 176, 178, 181f, 185, 202, 225
W. Schlesinger 39f, 41, 45
H. Schmidt 29, 50, 95
C. Schmitt 76f, 79f, 81, 122, 125, 130,

135, 162, 172f, 175, 183, 186, 206, 214, 219f, 226f
H. J. Schoeps 124
W. Schröder 39f, 45
W. W. Schütz 49, 55, 137, 233, 235
E. Schulin 36, 173, 223, 225
E. Schulz 7f, 45, 55f, 90, 99, 103, 155, 165, 180, 186
K. Schumacher 180
A. Schwan 68, 79
H. P. Schwarz 19, 48f, 56, 102, 115, 187, 234
Th. Schweisfurth 56
W. Seiffert 137f, 140, 174, 235
I. Seipel 126, 160
D. Senghaas 102
B. C. Shafer 201
T. Shibutani 151ff.
E. Sieyès 33, 36, 88, 162
N. Sithole 189
A. Smith 7f, 40, 45, 117, 153ff., 202
G. Smith 218
A. Solowjew 84, 87, 123, 166
W. Sombart 205, 214
St. Sonderegger 38
Sonnenfeld 56, 232
K. Sontheimer 117, 173
R. Sprandel 46
I. Staff 179
J. Stalin 5, 35, 54, 85, 90, 106, 108, 115, 121, 137, 143, 145, 200, 204, 215
K. Stavenhagen 36, 115, 155
H. F. Stein 154
R. Stemplowski 215
K. Stern 130
F. J. Strauss 180
L. Strauss 68, 73, 75, 78f, 226
M. Stürmer 7f, 54f, 124, 132, 134, 139, 185f, 199, 234
W. Sulzbach 29, 196
H. v. Sybel 51
K. Symmons-Symonolewicz 46, 159
G. Tellenbach 41f, 45

R. v. Thadden 191, 216
L. Tivey 202
F. Tönnies 72, 214
A. Toynbee 83
W. Veit 215
Th. Veiter 28, 110, 115, 159, 174f
W. Venohr 94
E. Voegelin 73
H. Vogt 121, 123
H. Volle 124, 174
M. S. Voslenskij 227
O. Vossler 29
W. Wagner 124, 174
L. Walesa 77
M. Walser 120
W. Wasmund 227
M. Weber 17f, 22, 36, 78, 82, 129, 131, 200, 205f, 213f, 235
W. Wegener 187
H.-U. Wehler 55, 77, 79, 108, 117, 206, 214
P. W. Wenger 124
W. Weidenfeld 7f, 48, 54, 84, 131, 140, 186, 190, 202, 216, 233, 235
P.-L. Weinacht 7, 72, 125
B. Weissel 158
M. Wingen 93
H. A. Winkler 7f, 35f, 48, 55, 107, 117, 124, 128, 183, 200
B. Willms 7f, 17, 19, 47, 56, 69, 73f, 80, 93, 131, 139, 173, 186, 215, 227
G. Wollstein 27, 117, 131
K. Wolzendorf 175
W. Woyke 56
H. L. Wuermeling 89
W. Zapf 207
G. Ziebura 186
G. Zieger 50, 174
H. O. Ziegler 7f, 26, 28f, 81, 123, 131, 143, 163, 172f, 174, 179, 189, 216, 225
E. M. Zukov 225
M. Zuleeg 220

Sachregister

Abstammung 23, 27, 39, 107, 111, 149ff., 168, 172, 189
Aktualisierung der ethnischen Disposition (Ethnos) 158, 171
Amalgamation 151
arabisch 30f., 114
Arbeiterbewegung 34, 52, 88, 227
Armutsrisiko 92
Assimilation 24, 31, 39, 110, 113, 133, 150ff., 163, 173, 189, 204, 206, 214, 224
Assimilationsverweigerung 152f, 163
Auslandsabhängigkeit 99, 102

Baskenland 30, 32
Berlin 90, 210
Beteiligung (s. Teilhabe)
Bevölkerung 31f, 34, 50, 55 (Anm. 87), 89, 92, 100, 105, 113, 121, 136, 155, 224
- sbiologie 251f
- sgeschichte 46
- spolitik 31
Bezugsgesellschaft 193, 204, 213
Black Power 153
Bourgeoisie 51, 88, 118, 223
Bundesrepublik Deutschland 19, 28f, 53, 98ff., 114, 121, 136, 193, 197, 211, 233

Chauvinismus 53, 120, 133

Debellation 184
Demokratie, Demokratietheorie 19, 164
Demos 161ff., 239
Despotie 78f, 90
DDR 19, 26, 31, 40, 42, 56, 70, 91f, 98, 114, 121, 129, 131, 136f, 174, 192f, 194, 198, 200f, 210, 233

Einwanderung 32, 111, 151
Elsaß 117, 133, 150, 176, 191f, 200f, 211, 216
Endogamie 152, 159
England 28, 30f, 35, 42, 98, 106, 112, 205f
Entfremdung 90, 142, 151, 153
ethnische Frage 109ff.
ethnische Nivellierung 89
ethnische Resistenz 24
ethnische Stratifizierung 154
Ethnizität 149ff., 192f
-,Definition 153
Ethnizitätsforschung 156, 241

Ethnogenese 24, 37, 39ff., 150, 157
ethnographisch 111, 149ff., 157ff.
ethnokratisch, Ethnokratie 89, 109, 114, 161, 171
ethnoindifferent 25, 161
ethnopluralistisch 26, 114, 156, 205ff., 219
Ethnos 149ff., 161ff., 239
ethnosozial 89, 149, 154

Familie 22, 67, 92, 94, 100, 118, 120, 149, 153, 159, 198, 205
Feudalismus 43f, 76
Fortpflanzungsgemeinschaft 22, 150, 157
Frankreich 28, 30f, 33f, 39, 42f, 49, 51, 88, 107f, 113, 128, 163, 173, 184, 205, 211, 235
Freiheit 53
Frieden 50, 53, 76, 121, *166*, 174, 226, 234

Gastarbeiter 90, 92f, 96
Geburt 21
Gesellschaftsordnung 17, 19, 43
Größe, deutsche 49f, 55
Grundgesetz 19, 162, 165, 186, 211

Herrschaft 24, *40*, *43*, 59, 66, 69f, 76f, *78*, 80, 83, 90, 104, 109, 118, 136, 162ff., 194, 203, 230
Hostifikation 192f

Identität, nationale 26, 44, 80, 86, 188ff.
Identitätsraum 23, 132, 134
Ideologie 17, 26, 83, 111, 120, 133, 137, 144, 164, 166, 190ff., 194, 197, 200, 206, 223, 225, 229, 233
Imperium (Imperialismus) 26, 42ff., 50, 89, 96, 122, 125, 127, 132, 143, 184, 209, 218f, 222ff.
Individuation 69, 190, 198, 199 (Anm. 110), 219, 226
Industrialisierung, Industrialismus 29, 33, 44, 88f, 95, 182, 205, 222
Inkorporation 151
Integration 90, 172
Integrität, ethnische 168ff., 239f
Israel 104f, 110, 121, 132, 134, 136, 166, 216, 241
Juden, jüdisch 35, 105, 134, 152, 154, 163, 166, 190

Kapitalismus 20, 34, 76, 91, 93, 96, 100, 190, 203, 205ff., 214f, 218ff.
Kirchen 34, 41, 43, 90, 126
Klasse 23, 31, 33, 40, 52, 70, 77, 88ff., 193
Klassenkampf 91, 93, 193
Koloniale Herrschaft 167ff., 182, 189, 218, 225
Kolonisierung, kulturelle 31
Kommunikationstheorie 26, 195f
Konstitutionalismus 127ff., 162
Kontinuität, Kontinuitätsfähigkeit 18, 37, 44, 204, 212f, 240
Kulturnation 23, 27ff., 107, 164, 191, 209, 211, 241
Kurdistan 30, 111, 154, 193

Landesnation 31, 105
Legitimation 59, 66, 76-79, 92, 104, 129, 136f, 162, 164, 170, 210, 239f

Macht 79, 83f, 91, 96, 107, 111, 128, 133, 136ff., 141, 149, 153, 180ff., 206, 222f, 225, 229, 234
Magnettheorie 233
Magyaren 109f
Marxismus-Leninismus 42, 137, 143, 191, 215, 218, 233, 241
Modernisierungstheorie 37, 85, 113, 205ff., 235, 241

Nation
-, Archäologie der 37ff.
-, Definitionsprobleme, Synthese 25
-, Eigenschaften der (Def.) 23ff., 27
-, mittelalterliche 25, 37ff., 41, 42ff.
-, moderne 25
- sforschung 48, 213, 235
-, sozialistische 26, 70, 115, 192, 200
-, Soziologie der 32ff.
-, Theorie der 7, 17ff., 33, 41, 44, 50, 54, 57, 180, 225, 232
-, Typologie der 24ff., 30-32, 34f, 37
-, verspätete 37
-, Wortgeschichte der 21f
- und Demokratie 86, 164f
- und Staat 25, 30
Nationalbewußtsein 31, 37, 44, 46, 119, 124, 137, 139, 188, 192, 196ff.
Nationalcharakter 188, 201
nationale
- Aufgabe 53f
- Entwicklung 23ff., 27, 100, 127, 133, 204, 212, 223
- Frage 18f., 47ff., 53f, 56, 82ff., 87, 224, 233, 239
nationales Interesse 51f, 54, 193, 231
Nationalisierung 24f, 40, 90, 161, 163
Nationalismus 17, 19, 26, 37, 44, 48, 52, 87, 103, 112, 116, 120, 137, 173, 181, 190f, 197, 200f, 202, 208, 210, 225, 230ff.
Nationalitätenstaat 32, 106, 110f, 152, 229, 233, 239
-, Definition 30
Nationalitätsprinzip, Überholtheit des 27, 52, 104, 106, 128
nationalkommunistisch 143
nationalrevolutionär 34
nationalsozialistisch 29, 120, 123, 133, 176, 199
Nationalstaat 17, 24f, 30ff., 41f, 44, 51, 53f, 55, 68, 93, 95ff., 105, 113, 121, 122, 127, 129, 132, 136, 161, 169, 180ff., 196, 211, 218ff., 230f, 239f
Natürlich, Natürlichkeit 22f, 71, 143, 150, 156ff., 219
Natur, Naturrecht 19, 60ff., 71, 157, 162, 170, 175
Neutralität 54, 139
Nihilismus, nationaler 216, 221, 240

Österreich 35, 51, 93, 95, 100, 106f, *108*, 109, 113f. 128, 177, 192f, 194f, 200f, 216, 235, 241

Partikularismus 53, 108, 150, 156, 161, 177, 199
Partizipation (s. Teilhabe)
Papst 22, 122ff.
Pazifismus 53
Philosophie, Politische u. Praktische 59ff., 239
Pioniergesellschaft 206
plastische Kraft (Nietzsche) 142
Polen 28, 30f, 33, 51, 56, 90, 104, 107, 110, 122, 124, 132, 174, 193f
Polis 67ff.
Politische, das (Begriff) 28, 59, 65ff., 69ff., 77, 219
Politische Wissenschaft 7, 17, 19, 71, 83, 222
„Populationskraft" (Renner) 209
Preußen 31, 35, 52, 55, 77, 107, 112, 128,

132, 177, 216
„Primat des 19. Jahrhunderts", Def. 37
Primat des Politischen 86, 220
„produktive Kräfte" (List) 98
Proliferation 151, 156

Rasse, Rassenmerkmale, Rassismus 27, 29, 52, 111, 155f, 168, 175, 189, 218
Realpolitik 47, 51, 55
Rechtswissenschaft 17, 19, 48, 106, 163, 185
Regionalismus 26, 104
Revolution, Französische 21, 25, 88, 162f, 170, 173, 191, 205f
revolutionärer Wandel 203
Rückständigkeit 156, 205, 241

Schweiz 27, 32, 110, 134, 150, 163, 176, 191, 193
Selbstbestimmung 23f, 26, 29, 50, 150f, 108, 111, 133, 162ff., 171, 174f, 186, 190, 192, 234
Sonderweg 19, 28, 54, 115f, 130, 164, 194, 206f, 241
soziale Gruppen 33f, 159 (Anm. 25)
soziale Lage 30, 88
soziale Macht 33
soziale Träger der Nation 32ff.
soziale Wege 34
Sozialgeschichte 28, 33
Sowjetunion 50, 91, 106, 110ff., 115, 132f, 137, 145, 174, 182, 192, 206, 212, 223ff.
Sowjetvolk 32, 158, 224
Sprache 26f, 33, 113ff., 166, 224
Staatsnation (s. a. Nationalstaat) 24ff., 30ff., 104ff., 150ff.
Staatstheorie 17
Stämme 22, 39, 41, 149
Straßburger Eide 38f, 40f
Südtirol 110, 113, 174, 192f, 201

Teilhabe, politische 43f, 52, 66, 70, *78*, 88, 163, 208

Territorium, territorial 23, 33, 43, 84, 115, 132ff., 209, 212, 218
Traditionalismus 106, 194, 204f, 212, 215
Umkehrnationalismus 49, 55 (Anm. 80, Conze)
Universalgeschichte 17, 188, 225
Untertan 66, 77f, 80, 128, 190
USA 32, 97, 102, 105, 121, 127, 130, 136, 150, 152, 163, 172, 182, 193, 204, 212f, 222f, 229 232f

Vergemeinschaftung 150, 155f, 199 (Anm. 110)
-,nationale 23, 82, 235
-,politische 22f, 60, 67, 69, 157, 191, 212, 218, 239
Vergesellschaftung 23, 207
Verantwortungs-/Verpflichtungsgemeinschaft 119, 211
Vietnam 104, 182, 188, 194
Völkerrecht, völkerrechtlich 30, 42, 104, 120, 128, 135, 163ff., 222f, 234
Völkerverschmelzung 89, 91, 224ff.
Volk 24, 26f, 30, 44, 114, 119, 126f, 141ff., 149ff., 164, 175, 239
Volksgeist 27, 143f
Volksgruppen 28, 32, 114, 149, 161, 168, 171, 191, 194, 231, 239
Volksrechte 169ff (s. ethnische Integrität), 241
Volkssouveränität 162ff.
Volkssplitter 149
Volksstaat, sozialer 92

Weltdienst 42
Weltpolitik, weltpolitisch 47, 51, 54, 133, 143, 166f, 212, 222ff., 234
Weltwirtschaft 95ff., 212, 222, 229
Weltrevolution 173
Willensnation 23, 29f

Zionismus 121, 124
Zollverein 34, 139